1314 204

böhlau

Regula Winkelman, Peter Watchorn

Die Cembalistin Isolde Ahlgrimm (1914–1995)

Eine Wegbereiterin der historischen Aufführungspraxis

2016
BÖHLAU VERLAG WIEN KÖLN WEIMAR

Veröffentlicht mit freundlicher Unterstützung
durch die Kulturabteilung der Stadt Wien – MA 7, Wissenschafts- und
Forschungsförderung

Bibliografische Information der Deutschen Nationalbibliothek:
Die Deutsche Nationalbibliothek verzeichnet diese Publikation in der
Deutschen Nationalbibliografie; detaillierte bibliografische Daten sind
im Internet über http://portal.dnb.de abrufbar.

Umschlagabbildung:
Kolorierte Zeichnung von Regula Winkelman

© 2016 by Böhlau Verlag Ges.m.b.H & Co. KG Wien Köln Weimar
Wiesingerstraße 1, A-1010 Wien, www.boehlau-verlag.com

Alle Rechte vorbehalten. Dieses Werk ist urheberrechtlich geschützt.
Jede Verwertung außerhalb der engen Grenzen des Urheberrechtsgesetzes
ist unzulässig.

Korrektorat: Katharina Krones, Wien
Satz: Peter Kniesche Mediendesign, Weeze
Druck und Bindung: BALTO print, Vilnius
Gedruckt auf chlor- und säurefreiem Papier
Printed in the EU

ISBN 978-3-205-79679-4

Inhalt

Vorwort von Peter Watchorn 9
Vorwort zur deutschen Ausgabe von Regula Winkelman 13
Dank 15

Einführung 17
    1. Historische Hintergründe der Wiederbelebung Alter Musik 17
    2. Die Entwicklung des Cembalo-Baus 1900–1950 19
    3. Pioniere des Cembalos und Isolde Ahlgrimms Zeitgenossen 20

Kapitel 1
Kinderjahre und erste Einflüsse 25
    1.1. Kinderjahre 25
    1.2. Lehrjahre und Vorbilder 29
    1.3. Der Weg zurück zur Alten Musik 34
    1.4. Die Weichen werden gestellt 35

Kapitel 2
Die Zeit mit Erich Fiala 39
    2.1. Erich Fiala und die Instrumentensammlung 39
    2.2. *Die Concerte für Kenner und Liebhaber* 1937–1957 41
    2.3. Kriegsjahre – Der Krieg droht 45
    2.4. (Der Kriegt droht) ... und bricht aus 47
    2.5. Die Entscheidung für das Cembalo 54
    2.6. Kriegsnöte 56
    2.7. Kriegsende 59
    2.8. Richard Strauss und die Capriccio-Suite 62
    2.9. Die *Concerte* werden privat 63
    2.10. Der Bach-Zyklus 66
    2.11. Der Entschluss zur Trennung 70
    2.12. Der Einfluss der *Concerte* 72

Kapitel 3
Aufnahmen der Bachwerke durch Philips Phonographische Industrie und weitere Aufnahmen anderer Firmen 74
    3.1. Wien 1951–1956: Die Aufnahmen des Bach-Zyklus 74

3.2. Aufnahmen nach 1957 88
3.3. Der Abschluss, 20 Jahre später 91

Kapitel 4
Isolde Ahlgrimms Interpretationsstil 94
4.1. Die richtige Verwendung des Legato 95
4.2. Artikulation 95
4.3. Verzierungen 98
4.4. Rhythmus 99
4.5. Rubato 99
4.6. Handzüge und Pedale: Ahlgrimms Registrierung 100
4.7. Die Wichtigkeit von Raum und Ruhe 102
4.8. Der romantische Aspekt 102
4.9. Tempo 103
4.10. Virtuosität 104
4.11. Stil 104

Kapitel 5
Neuanfang und Karriere 105
5.1. Neuorientierung 105
5.2. Unterrichten 105
5.3. Konzerte 111
5.4. Musikwettbewerbe 121
5.5. Meisterkurse 122
5.6. Wissenschaftliche Arbeit und Publikationen 123

Kapitel 6
Letzte Jahre 128
6.1. Loslassen 128
6.2. Das Lebenswerk Ornamentik 130
6.3. Krankheit und Tod 131

Kapitel 7
In den Erinnerungen ihrer Schüler 135
7.1. Kim Kasling 135
7.2. Peter Watchorn 140
7.3. Alexander Sung 142
7.4. Christian Lambour 143
7.5. Regula Winkelman 146

Kapitel 8
Zusammenfassung 150

Bildteil 153

Anhang 175
1. Diskographie 175
   1.1. J. S. Bach, Sämtliche Werke für Clavicembalo, Aufnahmen
        1951–1957 175
   1.2. Bachaufnahmen für andere Firmen 178
   1.3. Neuauflagen der ersten Aufnahmen von Philips 179
   1.4. Weitere Aufnahmen anderer Komponisten 179
   1.5. Neuauflagen und Downloads 180
   1.6. Radio- und Fernsehaufnahmen 181
2. Begleittexte zu den Schallplatten-Aufnahmen sämtlicher Werke für
   Clavicembalo von J. S. Bach 182
   2.1. Vorwort der Firma Philips Phonographische Industrie 182
   2.2. Erich Fiala: Einleitende Notizen zu den von Philips
        aufgenommenen sämtlichen Werken für Clavicembalo von
        Johann Sebastian Bach 182
   2.3. Sämtliche Werke für Clavicembalo I:
        Das Wohltemperierte Klavier I 185
   2.4. Sämtliche Werke für Clavicembalo II/III: *Französische Suiten* 189
   2.5. Sämtliche Werke für Clavicembalo II/III: 20 kleinen Präludien 190
   2.6. Sämtliche Werke für Clavicembalo IV:
        Die sechs *Englischen Suiten* 192
   2.7. Sämtliche Werke für Clavicembalo V: Die *sechs Partiten* 195
   2.8. Sämtliche Werke für Clavicembalo VI:
        Das Wohltemperierte Klavier II 196
   2.9. Sämtliche Werke für Clavicembalo VII: *Goldberg-Variationen* 201
   2.10. Sämtliche Werke für Clavicembalo VIII:
         Die drei Sonaten für Flöte und obligates Cembalo 205
   2.11. Sämtliche Werke für Clavicembalo IX: Die *Kunst der Fuge* 208
   2.12. Sämtliche Werke für Clavicembalo X: *Musikalisches Opfer* 212
   2.13. Sämtliche Werke für Clavicembalo XI:
         Drei Sonaten für Viola da gamba und obligates Cembalo 215
   2.14. Sämtliche Werke für Clavicembalo XII:
         Zweistimmige Inventionen BWV 772–786,
         Dreistimmige Inventionen (Sinfonien) BWV 787–801 218

2.15. Sämtliche Werke für Clavicembalo XIII:
       Fantasien, Präludien und Fugen 218
2.16. Sämtliche Werke für Clavicembalo XIV: *Toccaten* 221
2.17. Addendum: Cembalo-Konzerte/Das Amati-Orchester 224
3 Chronologie 228
4. Die *Concerte für Kenner und Liebhaber* 233
5. Repertoire und Konzert-Orte 250
   5.1. Repertoire 250
   5.2. Konzert-Orte 253

Endnoten 255

Quellen- und Literaturverzeichnis 264
Abbildungsnachweise 266
Sachregister 269
Personenregister 274

Zusatzmaterialien auf www.boehlau-verlag.com:
Anhang 6 Publikationen von Isolde Ahlgrimm
Anhang 7 „Das letzte Concert" von Erich Fiala
Anhang 8 Notenbeispiele

Vorwort von Peter Watchorn

In 1968, in Newcastle, Australia, I first heard Isolde Ahlgrimm's playing of Bach's *Das Wohltemperierte Clavier*. My piano teacher, Margaret Lloyd, had owned the *Philips* LPs from the "Complete Works for Harpsichord" since she was in college, and these old records completely changed the course of my life. Something about the musicianship on these LPs brought me back again and again – the playing haunted me. By 1984 I had found a way to get in touch with Frau Ahlgrimm and by 1985 I had arrived in Vienna and taken my first lessons with her, though, as she told me, astonished, I knew her playing by that time "even better than she did".

I returned every summer to Vienna for the next eight years. One day I said to Ille (as I called her by then): "Someone should write your biography." Her reply was simple, modest and direct, like her: "Who on earth would want to read it?" I was not quick enough to answer her immediately. Nevertheless, undeterred, I began to gather the material and then interview her about her amazing life and career. In this regard I was greatly assisted by my old school friend, later doctor and professional violinist, Richard Hallinan, who had lived in Vienna for years and who helped greatly with the structure of the original book and conducted many of the interviews. She began as a skeptic, but gradually came around to become an active collaborator. I think she actually came to enjoy the process of digging through the past and making sense of it all. The first thing I ever wrote about Isolde Ahlgrimm was a feature article in observance of her 80th birthday, which was published in the journal *Musicology Australia* in 1994 by my friend Prof. Michael Noone. Ille, then living in retirement on Türkenschanzplatz in Vienna's 18th district was thrilled. She wrote to me: "Your article arrived just in time!" She was at least able to proudly show it to people visiting for her birthday as proof of what she had achieved in her former life. To her, living sadly in that place, it was a life-line, a way of re-connecting with her true identity as one of Vienna's – and Europe's – most significant musicians. She never lived to see the book that was published by Ashgate in the United Kingdom in 2007 though she knew by the time she held the article in her hands that it would become a reality. She died on October 11, 1995. With others (though not nearly enough, in my opinion), including long-time friend, American fortepianist Virginia Pleasants and the violinist Eduard Melkus, I attended her funeral in the Vienna Hochschule's Ursulinen-Kirche, where five chorale-preludes by Bach were played as part of the memorial service. Perhaps the last, hand-written letter she ever wrote was sent to me apparently on her final day (it was even dated, obviously incorrectly, October 13: I guess she had by then, in the Kaiserin Elisabeth Hospital, lost all track of time). In it she thanked me for all I had done for her, which was far less than she had done for me: she wrote that our work together on her biography had helped provide a final focus in her life, which by the end was marked by serious illness and depression at her inevitable decline. I knew her only in retirement, but Regula Winkelman, my co-author, Virginia Pleasants, Larry Palmer and others had known her in her prime, when she must have been an amazing bundle of energy (an observation they all made about her).

The book took eighteen years from our very first discussion in 1989 to its final appearance in December 2007. Looking at it now I can easily see (and explain, if not excuse) its defects: it was written before computer and internet made research and writing much easier; it was based almost solely on her own memories of events that had occurred decades before; and I was limited by my own lack of personal acquaintance with her other students and some of the other figures in her long life (although I knew Ginny Pleasants, one of her closest friends very well and she filled in many of the gaps. Larry Palmer, Ahlgrimm's American student from the late '50s and '60s also assisted). I was also constrained in the writing by being personally still in awe of her – the adulation of a childhood hero (as she was to me) is hard to overcome. There was one other significant stumbling block: Erich Fiala her husband whom she had divorced. Although she always insisted on the primary role of Erich Fiala (who died in 1978), in her own transformation from modern pianist to fortepianist and harpsichordist, she initially didn't even want him mentioned in her own biography, so painful were the memories. It took a lot of persuading from me to be permitted to write the biography that eventually emerged, in which Fiala's story was crucial, for better and worse. However, I'm sure that Fiala's role was still not properly understood or presented: perhaps it can never be.

The 2007 book, important as it was as a first step, provided what was still far from a complete picture of a remarkable and important artist who, despite obstacles, had enjoyed an extraordinarily long and successful career. In 1985 in Boston, after my big competition victory I briefly met a Swiss Ahlgrimm student, Regula Winkelman, who was also a wonderful painter (Ille was very interested in painting and the visual arts, herself dabbling a bit in painting and drawing) and, as it turned out, an astute observer. For years Regula and I had no contact beyond our original, single meeting at the Boston festival. When she got in touch with me once again via email (which had not existed when we first met) it was to suggest a collaboration on a German-language edition of my book, plus the inclusion of a wealth of new material, including Ahlgrimm's extensive writings on musicology and performance practice, which had all been published in her native language. I was happy to take advantage of this opportunity to present the biography to German-speaking audiences in a new and improved edition, and this work is a true collaboration: as much Regula's as it is mine, and, now with Isolde Ahlgrimm speaking extensively in her own words – and language – as well. Our mission was to produce the best, most complete and authoritative work about this great musician that we could come up with. I was pleased for the opportunity to correct old mistakes and to come closer to the goal of providing a definitive biography and research tool for those interested in Ahlgrimm's life and career. The 2007 book succeeded in bringing her once again to public notice, but much remained to be done. The present collaboration is the next step and it has been good to get to know the younger Isolde Ahlgrimm through the eyes of students and friends who interacted with her in person well before I did. To Regula I am eternally grateful for this opportunity.

We are still waiting for Ahlgrimm's recorded legacy to be digitally restored and re-released by her recording company, *Philips*, now owned by *Universal Music,* having corresponded with *Philips* since 1974 on this topic. Finally, in 2016, the Australian division of Universal, under the direction of Cyrus Meher-Homji undertook to re-release the Complete Bach recordings on digitally remastered CDs on the *Eloquence* label, under my supervision and with my own annotations, beginning with the Art of Fugue, the Well-Tempered Clavier, Toccatas, Fantasias, Preludes & Fugues, Inventions and Sinfonias. A major drawback of publishing her original biography in 2007 was that readers had no opportunity to hear her play, a situation that will soon change for readers of the present work. My own personal musical tribute to her will be completed this year with my own recordings of all of Bach's solo harpsichord works (released on the *Musica Omnia* label), based very much on our years of study together.

Of course, recordings can never provide more than a glimpse of the activities of such an extraordinary concert artist and teacher. As Ille wrote once to an organist from Denmark who asked her about her recordings: "I was almost never really able to play [for recording] the way I truly felt", so recordings clearly have their limitations. Still, a partial view is better than none. It now seems that readers of the German edition of her biography will be able to catch more than a glimpse of this remarkable musician and "First Lady" of the harpsichord and fortepiano.

Peter Watchorn, Cambridge, MA, July 14, 2016

Vorwort zur deutschen Ausgabe von Regula Winkelman

Die englische Ausgabe der Ahlgrimm-Biographie erschien 2007 beim renommierten britischen Musikverlag Ashgate. Ihr Autor, Peter Watchorn, Isolde Ahlgrimms letzter Schüler, hatte sich zum Ziel gesetzt, ihr den ihr zukommenden Platz in der Geschichte der Alten Musik zu sichern. Ihm war das Erscheinen einer deutschsprachigen Ahlgrimm-Biographie ein wichtiges und leidenschaftliches Anliegen. Als ehemalige Schülerin Isolde Ahlgrimms, zu der ich in einer herzlichen Beziehung gestanden habe, vertraut mit Alter Musik, der Terminologie und der Situation der damaligen Wiener Akademie, bot ich an, das Buch zu übersetzen. Peter Watchorn hatte eine unschätzbare Arbeit geleistet mit der Aufbereitung der Quellen, die er zu einem großen Teil von Isolde Ahlgrimm selber bekommen hatte. Allerdings kam seit 2007 noch viel weiteres Material dazu, von Freunden und Schülern von Isolde Ahlgrimm, aus meinem eigenen Fundus und vor allem aus dem Archiv der *mdw* Wien (Universität für Musik und darstellende Kunst), dem Isolde Ahlgrimm ihren gesamten Nachlass vermacht hat. Mit dem neuen Material drängte sich eine Überarbeitung der Biographie auf. Mit Peter Watchorns Einverständnis ordnete und formulierte ich das biographische Material neu, fügte die neuen Erkenntnisse ein, ließ aber wichtige Kapitel wie seine Analyse über ihren Interpretationsstil und seine Bemerkungen zu den Tonaufnahmen stehen. Sie sind hier erstmals in freier deutscher Übersetzung zugänglich. Auch die Einführung beruht größtenteils auf seinen Angaben.

In diesem Buch – mit Zusatzmaterialien auf www.boehlau-verlag.com – erscheinen nun neben den biographischen Angaben, die vollständigen Texte aller ihrer musikwissenschaftlichen Publikationen, die nicht in Buchform existieren, ihre Essays zu den Schallplatten, die kaum mehr erhältlich sind, eine erstmalige Zusammenstellung der Programme ihrer berühmten *Concerte für Kenner und Liebhaber,* ihr Repertoire mit Übersicht über die Konzertorte sowie auch Notenbeispiele ihrer Ausarbeitungen.

Peter Watchorn und ich teilen das Ziel, die Erinnerung an unsere verehrte Lehrerin weiterleben zu lassen.

Regula Winkelman, Basel, August 2016

Dank

Für ihre Mithilfe bei diesem Buch möchte ich mich herzlich bedanken bei:

Peter Watchorn, dem ursprünglichen Initianten des Projekts „Ahlgrimm" und Autor des Buches *Isolde Ahlgrimm, Vienna and the Early Music Revival*, für seine Unterstützung und gute Zusammenarbeit bei dieser Neufassung und sein Vertrauen in meine Arbeit.

Herrn Johannes van Ooyen, Wien, für die Aufnahme des Buches in das Programm des Böhlau Verlags, Frau Sandra Hartmann, Köln, für die typographische Gestaltung des Buches und die Betreuung der Drucklegung.

Der Ashgate Publishing Company, Burlington, VT 05401-4405, USA für die Überlassung der Rechte an der ersten englischen Biographie.

Der Leiterin und den Mitarbeitern des Archivs der Universität für Musik und darstellende Kunst, Wien, *mdw*, Frau Dr. Lynne Heller, Frau Ingrid Rapf und Herrn Erwin Strouhal für ihre Unterstützung bei den Nachforschungen im Nachlass von Isolde Ahlgrimm.

Den folgenden Institutionen und Verlagen für die Überlassung der Werknutzungsrechte:

Der Universität für Musik und darstellende Kunst Wien *mdw*, der Arbeitsgemeinschaft Musikerziehung Österreich AGMÖ, dem Bärenreiter-Verlag, der Evangelischen Verlagsanstalt Leipzig, dem Verlag „musikzeit" Österreich, der *new academic press*, vormals Braumüller, sowie dem Verlag Peters/Kunzelmann, Leipzig und Zürich. Besonderer Dank gilt Herrn Mag. Paul Hofmann für die grosse Arbeit bei der Abklärung der rechtlichen Grundlagen.

Für Fotorechte bedanke ich mich beim Archiv der *mdw* Wien, bei Peter Watchorn, Cambridge USA, Frau Marianne Plas, Amsterdam, Mag. Bernhard Prammer, Freistadt und dem Bildarchiv der Österreichischen Nationalbibliothek.

Der stellvertretenden Leiterin der Bibliothek der *mdw*, Frau Kathrin Hui Gregorovic, für die Bereitstellung von Unterlagen.

Meinem Kollegen Christian Lambour, der mir unermüdlich bei den Recherchen half und mir sein Material zur Verfügung stellte.

Frau Krystyna Reeder, Paris, für wertvolle, kritische Hinweise.

Kim Kasling, Christian Lambour, Alexander Sung und Peter Watchorn für ihre Textbeiträge.

Herrn Dr. Rudolf Hopfner, Direktor der Instrumentensammlung des Kunsthistorischen Museums Wien, für die Auskunft über die Sammlung Fiala/Ahlgrimm.

Frau Prof. Helga Scholz-Michelitsch, Wien, für ihre Ausführungen zur Publikation des Kompendiums über Ornamentik und unser persönliches Gespräch.

Herrn Wladek Glowacz von der Tudor Recording AG, Zürich für viele wichtige Auskünfte und die Überlassung von Ton- und Bildmaterial.

Herrn Prof. Paul Angerer für seine Auskunft über ein Cembalokonzert. Herrn Thomas Steiner, Cembalo- und Clavichordbauer, Basel, für fachspezifische Auskünfte.

Frau Dr. Elisabeth Bauchhenß für die Gastfreundschaft während meiner Wiener Recherchen, ihre Hilfe bei der Anpassung meiner Schweizer Hochsprache an die deutsche Ausdrucksweise und ihre unermüdliche Korrekturarbeit.

Der langjährigen Freundin Isolde Ahlgrimms, Frau Vicky Goppelsroeder, Oberwil BL, Schweiz, für Dokumente über die Schweizer Konzerte.

Und last but not least geht mein Dank an Frau Verena Bähler, Ettingen, und Frau Susanne Kupper, Schaffhausen, für die geduldige Kleinarbeit bei den allgemeinen Korrekturen.

Regula Winkelman, Basel, August 2016

Einführung

1. Historische Hintergründe der Wiederbelebung Alter Musik

Isolde Ahlgrimm verfügte über die Begabung, die Intelligenz und den Fleiß, um eine große Musikerin zu werden. Aber nur im Kontext mit ihrer Zeit und ihrem Umfeld war es möglich, dass sie zu einer der frühesten Wegbereiterinnen der historischen Aufführungspraxis werden konnte.

Alte Musik im Originalklang hörte sie zum ersten Mal 1930 in England, als sie der belgischen Musikerin Juliette Matton-Painparé[1] begegnete. Die vielseitige Musikerin – Sängerin, Gambistin und Dirigentin – leitete damals in London eine professionelle Gruppe von Musikern, die Shakespeare-Aufführungen mit Musik aus der Zeit und auf historischen Instrumenten begleiteten. In England hatte man bereits hundert Jahre früher begonnen, Alte Musik so zu spielen, wie sie zur der Zeit, als sie komponiert wurde, vermutlich geklungen hat.

Um 1830 – in der Blütezeit der Romantik – war ein generelles Interesse an der Kultur der Vergangenheit erwacht, als Komponisten und Schriftsteller in England begannen, neue Inspirationen aus den Werken Shakespeares und anderer elisabethanischer Dramatiker zu schöpfen. Bereits ab 1837 gab Ignaz Moscheles (1794–1870) in London Cembalokonzerte, auch Carl Engel (1818–1882) sammelte und spielte historische Klavierinstrumente. Ihm tat es der 1851 aus Wien zugewanderte Ernst Pauer (ein Nachkomme der Klavierbauer-Familie Streicher) gleich, der sich für die Entwicklung der Klavierinstrumente ab 1600 interessierte und sich für eine historische Aufführungspraxis einsetzte. Um 1880 entwickelte sich eine Art Mini-Renaissance, angeführt von der Bewegung der Prä-Raffaeliten[2]. Sie öffneten den Weg für Arnold Dolmetsch, der 1915 sein Werk *The Interpretation of Music in the 17th and 18th Centuries* veröffentlichte und als treibende Kraft bei der Wiederentdeckung der Alten Musik gilt. Das von William Morris geleitete britische *Arts and Crafts Movement* lenkte Dolmetschs Interesse auf die Rekonstruktion von alten Musikinstrumenten. Unter den Kunden seiner Werkstatt, die zugleich auch seine Schüler waren, fanden sich der berühmte Pianist und Komponist Ferrucio Busoni, die erste weibliche Cembalistin Englands, Violet Gordon Woodhouse, sowie der amerikanische Cembalist Ralph Kirkpatrick.

Auch andere europäische Länder wurden von dieser Strömung beeinflusst. Die Bach-Renaissance in Deutschland hatte 1829 mit einer Wiederaufführung der Matthäus-Passion unter Leitung von Felix Mendelssohn begonnen. Zwanzig

Jahre später wurde zum hundertsten Todestag von Bach die Leipziger Bach-Gesellschaft gegründet mit dem Zweck, eine genaue Gesamtausgabe der Werke J. S. Bachs zu editieren. Mitglieder der Gesellschaft waren zahlreiche namhafte Musiker jener Zeit, finanziell unterstützt von einer großen Anzahl Subskribenten. Entsprechende Projekte zur Herausgabe von Händels und Couperins Werken folgten in andern Ländern, denn mit dem im 19. Jahrhundert aufkommenden Nationalismus erwachte überall der Wunsch, das kulturelle Erbe zu bewahren. So erschienen innerhalb relativ kurzer Zeit auch die Schöpfungen von Jean-Baptiste Lully und Jean-Philippe Rameau in Frankreich, von Heinrich Schütz in Deutschland und von Jan Pieterszoon Sweelinck in den Niederlanden. Die Ausgabe *Denkmäler der Tonkunst in Österreich* in 83 Bänden, von 1896 bis 1936 von Guido Adler produziert, sammelte die Werke von Joh. Jakob Froberger, Joh. Josef Fux, Heinrich Isaak und anderen. Durch diese Neuausgaben wurden Komponisten und Werke unter einem anderen Blickwinkel betrachtet und das bewirkte bedeutende Änderungen in der Ansicht über Alte Musik.

Wenn man dies liest, bekommt man das Gefühl, dass mit der Barockmusik und ihrer Aufführungspraxis alles auf dem besten Weg war. Man darf sich aber nicht darüber hinwegtäuschen lassen, dass alle diese Anstrengungen Einzelner gegen den Mainstream der romantischen bis spätromantischen Konzerte verschwindend wenig Einfluss hatten und nur ein kleines Publikum erreichten.

Dies änderte sich um 1900, als Wanda Landowska (1879–1959), eine polnische Pianistin und Cembalistin, in Berlin und später in Paris erfolgreich das Cembalo als Konzertinstrument einzusetzen begann.

Auch in Wien wirkten einige wichtige Pioniere der Alten Musik. Für die Bach-Pflege setzte sich der 1857 geborene Eusebius Mandyczewski ein. Er gab 400 Arien aus Bach-Kantaten bei Breitkopf & Härtel heraus und veranstaltete in seiner Wohnung Konzerte mit Werken von Bach. Nach ihm wirkte Alexander Wunderer, Erster Oboist bei den Wiener Philharmonikern, Direktor der Akademie für Musik und daneben Dirigent und Komponist. 1913 gründete er die *Bachgemeinde Wien*. Diese Musiker wurden, auch wenn sie keine Cembalisten waren, Isolde Ahlgrimms Mentoren und Vorbilder in der Zeit ihres wachsenden Interesses an Alter Musik. Eine sehr einflussreiche Person im Wiener Musikleben war Josef Mertin (1904–1998): Musiker, Musikhistoriker und Instrumentenrestaurator – ein Universalgenie, ein großer Mensch und begnadeter Lehrer. Er begann 1925 als Erster in Wien wieder Musik aus Renaissance und Barock aufzuführen. Er unterstützte die junge Isolde Ahlgrimm in ihren Bestrebungen. Zu seinem 90. Geburtstag wurde er mit einer Festschrift geehrt, die seine fachlichen Verdienste und seine Menschlichkeit würdigt[3].

2. Die Entwicklung des Cembalo-Baus 1900–1950

Wie oben erwähnt, war Arnold Dolmetsch eine maßgebliche Person in der Bewegung der Alten Musik in Amerika, Frankreich und England[4]. Er initiierte verschiedene Werkstätten für historischen Tasteninstrumentenbau, so 1908 bei der Klavierfabrik Chickering in Boston, 1925 bei Gaveau in Paris und zuletzt in Haslemere (Surrey), England. Er baute selber Kopien alter Instrumente, die den Originalen sehr nahe kamen, restaurierte auch historische Instrumente und kannte so deren Charakteristika aus erster Hand[5]. Einige Clavichorde, gebaut in England in den 1890er Jahren, sowie ein Dutzend Cembali, die zehn Jahre später bei Chickering in Boston entstanden, setzten einen Maßstab für Authentizität.

In Paris hatten Pleyel, Erard und Tomasini bereits im Jahr 1889 an der Pariser Weltausstellung Nachbauten von Cembali ausgestellt. Diese waren historischen Vorbildern viel ähnlicher als das um 1912 in Zusammenarbeit mit Wanda Landowska entwickelte moderne Konzertcembalo (Modell „Bach") mit seinem Gussrahmen, zwei Manualen (16', 8' sowie 8', 4') sowie sieben Pedalen, die es erlaubten, innerhalb des Stückes die Register zu wechseln.

In Deutschland verlief die Entwicklung parallel. Karl Maendler-Schramm orientierte sich anfänglich an historischen Vorbildern. Er stellte sein erstes Cembalo im Jahre 1907 fertig. Zu Beginn der 1920er Jahre trat er dann mit neuartig anmutenden Instrumenten, die er als „Bachklaviere" bezeichnete, an die Öffentlichkeit. Diese Cembali verfügten über eine sehr umfangreiche, sogenannte „dynamische" Registratur. Ein Instrument aus dem Jahr 1925 – heute im *Deutschen Museum* in München – besitzt acht Pedale, mit welchen die diversen Register aktiviert bzw. kombiniert werden können. Er stattete die Springer dieser Cembali mit insgesamt drei Federn aus, um eine Anschlagsdynamik ähnlich derjenigen des Hammerklaviers zu erreichen, und erhielt sogar ein Patent (DRP Nr. 39 39 67) dafür. Klavierähnliche Merkmale, z. B. eine eiserne Anhang-Platte, waren ebenfalls typisch für seine Instrumente. Das Ziel seiner Bemühungen lag in der technischen Umsetzung der damals kursierenden, stark subjektiv gefärbten Klangvorstellungen von der „Bach-Zeit", aber er hatte damit einen nicht geringen Anteil an der Renaissance des Cembalos in der ersten Hälfte des 20. Jahrhunderts. Auch ihm gelang es, bekannte Künstler zu finden, die speziell seine Instrumente für die Interpretation Alter Musik wählten. So kam 1922 in München unter anderem J. S. Bachs Konzert für vier Claviere auf Maendler-Schramm-Cembali zur Aufführung. Die 1931 in die USA ausgewanderte Wiener Cembalistin, Gabriela (Yella) Elsa Pessl, eine Pianistin und Cembalistin, die in den 1930er Jahren eine ähnliche Berühmtheit wie Wanda Landowska erlangt hatte – dies auch dank ihrer Interpretation der *Goldbergva-*

riationen – schätzte den Klang und die mechanischen Eigenschaften ihres Maendler-Schramm über alles.

Isolde Ahlgrimm spielte hauptsächlich auf Ammer-Instrumenten, die im 3. Kapitel durch Peter Watchorn näher beschrieben werden. Über das erste Cembalo, das sie besaß, schrieb sie:

> Dank der Sammlung meines Mannes ist es mir möglich, tatsächlich auf originalen Instrumenten dieser Zeit zu spielen [sie erwähnt Hammerklaviere]. Unser Cembalo wurde, da wir bis jetzt noch kein konzertfähiges, originales Instrument auffinden konnten, von Hermann Moeck in Celle gebaut[6].

Sie besaß nie ein originales Cembalo und erst ab 1972 spielte sie auf einer Kopie nach Taskin 1779/1780 von David Rubio, Duns Tew, UK.

1970 verkaufte Isolde Ahlgrimm ihr erstes Ammer an den holländisch/schweizerischen Musiker Christian Lambour, der bis etwa 2012 eine umfangreiche Sammlung historischer Tasteninstrumente besaß. Sie war froh, ihren liebsten Kameraden in guten Händen zu wissen. Noch am 20. September 1993 schrieb sie:

> Ich freue mich ganz unbändig, dass es meinem alten Cembalo so gut geht, und dass Du so sehr für einen meiner besten Freunde sorgst. Ich hatte ja immer das Gefühl, dass es schöner wäre als alle anderen, die zu seiner Zeit gebaut worden sind. Ich hörte darin einen Schmelz im Klang, den ich damals bei den meisten Instrumenten vergeblich suchte.[7]

3. Pioniere des Cembalos und Isolde Ahlgrimms Zeitgenossen

Wanda Landowska studierte in Warschau und Berlin und gab bereits 1903 ein erstes Cembalo-Rezital. Mit einem Konzert beim Breslauer Bach-Fest 1912 begann ihre eigentliche Karriere als Cembalistin. Sie wandte, jedenfalls nach 1912, eine russisch beeinflusste Technik auf einem modernisierten Typ von Cembalo an. Von 1913 bis 1918 unterrichtete sie an der Musikhochschule Berlin und dann ab 1918 in Paris, wo sie 1925 eine Schule für Alte Musik gründete. Sie war schon früh musikwissenschaftlich tätig und publizierte zusammen mit ihrem Mann, Henri Lew, um 1900 das Buch *Musique Ancienne*. Ihre Vorliebe für Bach bewegte den Dirigenten Arthur Nikisch dazu, sie eine „Bachantin" zu nennen. Landowska hatte, wie später Ahlgrimm, ihre Karriere als Klaviervirtuosin begonnen und blieb, im Gegensatz zu ihrer jüngeren Kollegin, neben dem Cembalo dem modernen Klavier treu. Als bedeutende Mozart- und Haydn-Interpretin strebte sie danach, die auf einem Fortepiano möglichen Effekte auf den modernen Steinway-Flügel zu übertragen.

Sie schrieb:

> Für das richtige Verständnis dieser Werke Mozarts mit ihrer Vielfalt von klanglichen und ausdrucksmäßigen Mitteln, ist es von höchster Wichtigkeit für alle heutigen Pianisten, sich mit den Möglichkeiten und Effekten eines Fortepianos des 18. Jahrhunderts auseinanderzusetzen und sie anzuwenden. Sie [die Pianisten] sollten sowohl das Wissen wie das Können erwerben, um auf dem modernen Klavier einen Anschlag zu entwickeln, mit dem sie die tonliche Ästhetik der Mozart-Zeit getreu reproduzieren können.[8]

Am Cembalo wurde sie die größte Koryphäe ihrer Zeit. Es gelang ihr, den Respekt des Publikums für ein Instrument zu gewinnen, das von den meisten Musikern der Zeit missachtet wurde.

Der amerikanische Cembalist Ralph Kirkpatrick, der das Privileg hatte, Schüler sowohl von Wanda Landowska als auch von Arnold Dolmetsch gewesen zu sein, teilte eine wichtige Erfahrung mit Isolde Ahlgrimm, (die er leider nie persönlich kennenlernen konnte); beide Musiker hatten direkten Zugang zu originalen Instrumenten und waren davon spontan eingenommen. Das erste historisch gebaute Instrument, das Kirkpatrick hörte und sah, war ein Instrument seines Lehrers Arnold Dolmetsch an der Harvard University in Cambridge (MA). Ab 1931 studierte er in Paris bei Nadja Boulanger und Wanda Landowska. Er verfiel aber nicht, wie die meisten andern, dem Charisma der Übermutter des Cembalos, sondern suchte seinen eigenen Weg, auch mit Hilfe von Paul Brunold, Organist zu St. Gervais[9], der im Besitz eines alten Cembalos war. Die direkte Erfahrung mit diesem authentischen Instrument überzeugte Kirkpatrick von der Überlegenheit der Originale. Ralph Kirkpatrick war vielseitig. Er spielte auch Clavichord und Fortepiano, war offen für moderne Musik und veröffentlichte bereits 1940 eine neue Ausgabe der Sonaten von Domenico Scarlatti.

In Deutschland war es Fritz Neumeyer, der zu einem Pionier der Alten Musik wurde. Seit 1928 beschäftigte er sich mit historischen Instrumenten und der Aufführungspraxis Alter Musik. Als Gründer der „Saarbrücker Vereinigung für Alte Musik" und später als Mitglied des „Kammermusikkreises Scheck-Wenzinger" hat er entscheidend zur Wiederbelebung des historischen Klangbildes beigetragen. Von 1939 bis 1944 war er Professor an der Berliner Musikhochschule und von 1946 bis 1968 an der Musikhochschule Freiburg/Brsg. Er sammelte und spielte historische Tasteninstrumente, die im Schloss von Bad Krozingen[10] ausgestellt sind. Die Sammlung wurde von Rolf Junghanns und Bradford Tracey erweitert und nach deren Tod einer Stiftung übergeben, die regelmäßig Konzerte auf historischen Instrumenten veranstaltet.

1933 war der deutsche Cembalist Erwin Bodky, Autor eines Buches über alte Klaviermusik[11] erst nach Holland und später in die USA emigriert. Während seiner Zeit in Holland setzte er sich für eine historisch richtige Ausführung des Generalbasses ein. Sein holländischer Kollege Hans Brandt-Buys kämpfte seit den 1930er Jahren um die Anerkennung des Clavichords und spielte 1950 als Erster die *Kunst der Fuge* auf einem Cembalo. Die Alte Musik stand in Holland anfänglich auf hartem Boden[12]. Janny van Wering war 1933 die Erste, die in Holland ein Cembalo-Diplom erwarb.

Weitere Cembalisten/innen, die gleichzeitig oder etwas früher als Isolde Ahlgrimm ihre Karrieren begannen, waren die Schweizerin Isabelle Nef und die Deutsche Eta Harich-Schneider, die beide frühe Landowska-Schülerinnen waren. Eta Harich-Schneider, eine Expertin auch für Japanische Hofmusik[13], ging Ahlgrimm als Lehrerin an der Akademie voraus. In Deutschland repräsentierte Edith Picht-Axenfeld das Cembalo, in Basel wirkten Eduard Müller und Antoinette Vischer (die sich maßgeblich für moderne Cembaloliteratur einsetzte), George Malcolm in England, Silvia Kind in Berlin und den USA, Li Stadelmann in München, Aimée van der Wiele in Brüssel und Paris (auch sie eine Landowska-Schülerin wie der Italiener Ruggiero Gerlin und die Wienerinnen Alice Ehlers und Yella Pessl). 1935 spielte Greta Kraus in Wien ein erstes Cembalo-Rezital. Sowohl Pessl wie Kraus verließen in den 1930er Jahren Europa.

Eine halbe Generation nach Isolde Ahlgrimm wurde Gustav Leonhardt (1928–2012) in Amsterdam geboren. Durch ein Cembalo im Familienbesitz war ihm das Instrument seit seinen Kindertagen vertraut. Nach dem Krieg studierte er in Basel an der Schola Cantorum bei Eduard Müller und bildete sich ab 1950 in Wien weiter, wo er die wichtigsten Vertreter der Alten Musik, Josef Mertin, Isolde Ahlgrimm, Alice und Nikolaus Harnoncourt kennenlernte. Von 1952 bis 1955 unterrichtete er an der Akademie in Wien und übernahm ab 1954 auch die Professur für Cembalo in Amsterdam. Er wurde durch seine charismatische, noble Persönlichkeit, sein gründliches Wissen, künstlerische Integrität, musikalisches und technisches Können ein Vorbild für andere Cembalisten und eine Inspiration für die wachsende Bewegung der Alten Musik.

Mit der Ära Leonhardt begann die Zeit der historischen Originale und Kopien.

Wanda Landowska hatte alte Cembali besessen, benutzte sie aber nicht. Yella Pessl spielte zwar auf historischen Instrumenten, verwendete aber während ihrer ganzen Konzerttätigkeit ihr Maendler-Schramm Cembalo mit einem Eisenrahmen. Sie wandte sich erst nach Abschluss ihrer Karriere historischen Instrumenten zu. Keiner der Cembalisten (außer Fritz Neumeyer) besaß und benutzte Instrumente aus der Zeit, wobei zu sagen ist, dass solche Instrumente damals allgemein auch nicht zur Verfügung standen. Selbst an der Schola Cantorum Basiliensis spielte Leonhardt sein Diplomkonzert auf einer „nicht an historischen Cembali orientierten Neuschöpfung"[14]. Isolde Ahlgrimm selbst besaß erst 1972 eine Kopie und konnte nur während der letzten 10 Jahre ihrer Karriere vom historisch echten Klang profitieren.

Kapitel 1
Kinderjahre und erste Einflüsse

1.1. Kinderjahre

„Am Schluss standen alle um mich herum". Ein winziges siebenjähriges Mädchen hatte eben einen Satz einer Haydn-Sonate zur Aufnahme in die Vorbereitungsklasse der Akademie gespielt. Mit „alle" waren die erstaunten Klavierprofessoren der Wiener Akademie gemeint, die kaum glauben konnten, was sie gehört hatten. Isolde Ahlgrimm schrieb selber:

> Bei der Aufnahmsprüfung [sic] lachte das ganze Professorenkollegium über mich kleinen Zwerg, als ich das Prüfungszimmer betrat. Ich war so klein, dass man dicke Bücher auf den Klaviersessel legen musste, damit ich spielen konnte, und meine Füße erreichten das Pedal bei weitem nicht.[15]

„Aber, nein –, ein Wunderkind sei sie nicht gewesen":

> Ich habe mit 4 Jahren angefangen, Klavier zu lernen. Das kam dadurch, dass mein 10 Jahre älterer Bruder schon fest geigte und meine Mutter diplomierte Klavierlehrerin war (im alten Wiener Konservatorium im Musikvereinsgebäude, sind jetzt noch die Schülerlisten da![16]) Ich wollte damals allerdings immer spielen. Endlich sagte meine Mutter: „Gut, aber dann ordentlich, oder sonst gibst a Ruh."[17]

Der erste Musikunterricht war recht einfach. Die kleine Isolde bekam den Auftrag, eine Seite zehn Mal zu spielen. Wenn sie fand, es sei nun genug, rief die Mutter aus dem Nebenzimmer: „Nein, nein, das waren nur acht Male, jetzt spielst du es noch zweimal."[18]

Ihre Eltern waren beide gebürtige Wiener. Die Familie des Vaters, Karl Friedrich, 1874 geboren, stammte väterlicherseits jedoch aus dem norddeutschen Mecklenburg[19], eine Herkunft, auf die Isolde Ahlgrimm immer stolz hinwies und der sie, wie sie sagte, ihren Fleiß verdankte. Das künstlerische Erbe der väterlichen Seite war die graphische Begabung. Den Großvater, Friedrich (Xylograph, gest. 1908), hatte Isolde nicht mehr gekannt. Auch ihr Vater, Karl Friedrich, war im graphischen Gewerbe tätig, war Prokurist und Verlagsleiter einer Druckerei[20] und später Lehrer an der Graphischen Anstalt in Wien.

Isolde Ahlgrimm erzählt im Radiointerview von 1992, dass sie selber auch eine gewisse Begabung für Malen und Zeichnen gehabt habe und ihr Vater sie gerne an seiner Schule gesehen hätte, dass aber die Mutter bestimmend gewesen sei bei ihrer Berufswahl. Sie bedauert in diesem Interview, nicht mehr über ihre Eltern zu wissen. Zu ihrer Zeit hätten Eltern wenig mit ihren Kindern geredet und vor allem wenig über persönliche Verhältnisse erzählt. Isolde Ahlgrimm sagte, dass sie über Bachs Lebensumstände später viel mehr gewusst hätte als über ihre eigene Familie. Gefühle wurden in jener Zeit, auch innerhalb der Familie, nicht offen gezeigt, aber aus allem, was von den Eltern überliefert ist, kann man erkennen, dass sie ihre Kinder liebten und mit Sorgfalt und Einsicht erzogen. – Eine Erinnerung, die einer zarten Kinderseele erhalten blieb, war, dass sie im Frühjahr, wenn die ersten Waldblumen blühten, von ihrem Vater in den Wienerwald geführt wurde. Diese Sehnsucht nach der Natur, die zu oft nicht gestillt werden konnte, blieb immer in ihr wach.

Karl Friedrich hatte am 14. Februar 1904 seine Sekretärin, die 26-jährige Camilla Maria Aloisia Christoph geheiratet. Sie war eine hochbegabte Pianistin, die nach Aussagen Isolde Ahlgrimms das absolute Gehör besaß und bereits als Kind bei einer Anzahl von Konzerten mitgewirkt hatte. Musik gehörte in gebildeten Wiener Familien um 1890 zum gesellschaftlichen Leben, und einer der regelmäßigen Gäste im Elternhaus von Camilla war Johannes Brahms (1833–1897), der es genoss, mit den Eltern Tarock[21] zu spielen und sich mit ihnen zu unterhalten[22]. Er scheint das Kind Camilla spielen gehört zu haben, denn Isolde erzählte, dass der berühmte Mann deren Begabung gelobt hätte. Camilla selber hat viele Jahre später auf einer Postkarte an eine jüngere Verwandte geschrieben: „Dieser Brahms, liebe Hertha, hat auch mit deiner Tante mal sehr lieb gesprochen, ihr fest die Hand gedrückt und gesagt, sie ist ein sehr liebes talentirtes [sic] Mäderl. Auf das bin ich heute noch stolz."[23]

Isolde Ahlgrimm hatte sich einen ganz besonderen Geburtsort ausgesucht.

Wien um 1900 – es war eine großartige Zeit, als noch die alte k.u.k.- Herrlichkeit über der Stadt wehte, die Trambahnen bereits über den Ring fuhren und die ersten Autos, welche in den nächsten Jahren zunehmend die letzten Kutschen verdrängen würden, unter den (zwar noch kleinen) Alleebäumen der neuen, prächtigen Ringstraße fuhren.

Wissenschaft, Medizin, Psychologie hatten Wien um die Jahrhundertwende zu einem wichtigen intellektuellen Zentrum gemacht. Neben Brahms und Bruckner gaben vor allem jüdische Musiker wie Gustav Mahler, Arnold Schönberg, Egon Wellesz, Erich Korngold, Alexander Zemlinsky, Emmerich Kálmán, Leo Fall und Edmund Eysler den Ton an, wie auch Johann Strauß Sohn, der Wiener Walzerkönig. Nun stand bereits die neue Generation mit Arnold Schönberg und Alban Berg bereit. Die Sezessionisten um Klimt zeigten neue Wege in der bildenden Kunst, Architekten wie Adolf Loos, der eine neue Schlichtheit postulierte, lösten die frühfunktionalistische Jugendstil-Architektur Otto Wagners ab und die Wiener Werkstätten begannen erfolgreich, das Kunsthandwerk zu beeinflussen.

Wien war aber auch eine der ersten multi-ethnischen Metropolen Europas, ein Schmelztiegel von Menschen aus Mitteleuropa und vor allem aus dem Balkan, die in dieser Stadt lebten und sie prägten. Eine Folge davon war, dass das Wien jener Zeit in einer Überfremdungsangst lebte, die dem Antisemitismus und später dem Nationalsozialismus die Tür öffnete. Aber noch war scheinbar Ruhe.

1914, im Jahr von Isolde Ahlgrimms Geburt, würde sich mit dem Ausbruch des Ersten Weltkrieges das Gesicht Europas zu ändern beginnen.

Camilla schenkte ihrem Mann zwei musikalisch außerordentlich begabte Kinder. Das erste, Johann Friedrich Hugo, Hans genannt, wurde am 10. November 1904 geboren. Bereits im Alter von fünf Jahren erhielt er von seiner Mutter den ersten Klavierunterricht, begann im folgenden Jahr Violine und später auch Bratsche zu spielen. Mit 8 Jahren hatte er seinen ersten öffentlichen Auftritt. Eine frühe Fotografie zeigt einen hübschen Jungen mit ernsten Augen, im damals modischen Matrosengewand, sein kleines Schwesterchen im Arm. Das Original dieses Fotos blieb ein gehüteter Schatz bis zu Isoldes Lebensende.

Isolde Karoline Louise war am 31. Juli 1914 geboren worden, kurz vor dem Ausbruch des ersten Weltkrieges. Sie war gleichermaßen hochbegabt wie ihr Bruder und eiferte ihm in allem nach. Während des Krieges begann Camilla zu unterrichten, um die finanzielle Lage der Familie aufzubessern. Sie erwarb sich bald einen Namen als exzellente und methodische Klavierlehrerin und brachte damit ihre Familie durch, als der Vater, wie zu vermuten ist, zum Militärdienst abkommandiert worden war. Isolde Ahlgrimm konnte dies jedoch nicht sicher bestätigen.

Die beiden Geschwister waren trotz des beträchtlichen Altersunterschiedes eng miteinander verbunden. Wie herrlich, einen großen Bruder zu haben! Hans erwiderte Isoldes Liebe, indem er versuchte, das Schwesterchen in jeder Hinsicht zu fördern. Er wurde ihr Lehrmeister und Vorbild, unterrichtete sie in den Grundlagen der Musik und lehrte sie lesen und schreiben. Isolde Ahlgrimm erinnerte sich, bei Schuleintritt mit sechs Jahren bereits gute Kenntnisse in diesen Fertigkeiten gehabt zu haben. Hans' Hochbegabung ging einher mit einer großen Sensibilität. Seine große Passion war die Literatur. So sollte auch Isolde, „Ille" genannt, Freude an Büchern bekommen. Er suchte den Lesestoff für sie aus und führte sie, als sie etwas älter war, in die deutsche Literatur ein; Heine, Schiller, Goethe und Nestroy wurden später die tägliche Kost. Isolde lernte so viel von ihm, dass sie auch später noch von diesem Vorsprung profitieren konnte, als ihr neben dem Üben nicht viel Zeit für die Schularbeit blieb.

In einem Elternhaus aufzuwachsen, welches von Musik erfüllt war, blieb natürlich nicht ohne Einfluss auf diese zwei aufgeweckten Kinder. Zahlreiche Musiker kamen zu Gast, musizierten und diskutierten. Die Mutter begann frühzeitig, mit ihrer Tochter Klavierauszüge von Symphonien, Opern und Konzerten der von ihr am meisten geschätzten Komponisten, darunter Wagner, zu spielen, was Isoldes Fertigkeit im Blattlesen förderte und bald auch Hinweise auf ihr phänomenales Gedächtnis gab.

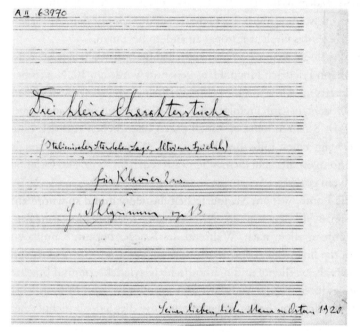

Abb. 1 Hans Ahlgrimm, Drei kleine Charakterstücke 1920

Bei Hans zeigte sich in dieser Zeit bereits die kompositorische Begabung. Beide Eltern wurden von ihm zu Feiertagen jeweils mit kleinen Kompositionen beschenkt.

1919 trat Hans in die Wiener Akademie ein und begann zuerst bei Julius Stwertka und später bei Otakar Ševčik mit dem Studium von Violine und Bratsche.

1922 bestand, wie schon erwähnt, die noch nicht 8-jährige Isolde die Aufnahmeprüfung für den Vorkurs zu einem späteren Musikstudium an der Wiener Musikakademie bei Ferdinand Rebay[24]. Damit war eine zukünftige Berufswahl bereits vorprogrammiert:

„Sie ist doch so begabt", sagten alle und denken gar nicht, was sie damit einem Kind aufhalsen.[25]

Die Hausmusik nahm immer mehr Raum ein und Isolde begleitete begeistert den Bruder, der sie liebevoll weiter förderte. Dass sie auch viel Spaß miteinander hatten, zeigt ein Knittelverschen, das ein Bild des „Duos" an Weihnachten 1925 begleitete[26].

> Der Hansl spielt die Violin
> Die Ille spielt Klavier
> und grinsen tun's für vier;
> die Ohren war'n andren hin!

Zu dieser Zeit, mit elf Jahren, gab sie mit ihrem Bruder bereits ein Rezital im Wiener Konzerthaus, u. a. mit der Frühlingssonate Opus 24 von Beethoven. Beide spielten auswendig.

1.2. Lehrjahre und Vorbilder

Die Volksschule ließ Isolde genügend Zeit für ihre musikalischen Studien. Mit dem Eintritt in die Realschule 1925 änderte sich das jedoch und so wurde ab Schuljahr 1926/27 der Unterricht an der Akademie unterbrochen und sie bekam für die nächsten zwei Jahre Privatunterricht bei Walter Bricht (1904–1970)[27]. 1929 kehrte sie an die Akademie zurück und begann ihr Vollzeitstudium in der Ausbildungsklasse von Dr. Viktor Ebenstein (1888–1968), einem der angesehensten Lehrer in Wien, „der aber zu nervös war, um zu konzertieren", wie seine ehemalige Studentin später bemerkte. Sie erinnerte sich lebhaft an die erste Begegnung mit ihrem neuen Lehrer und an eine unliebsame Überraschung:

> „Bevor ich bei Ebenstein studierte, war ich gewohnt, der Gegenstand allgemeiner Bewunderung zu sein. Deshalb erwartete ich ein großes Lob, als ich ihm als Erstes Beethovens A-Dur Sonate vorspielte. Du kannst dir die Überraschung (und meine Enttäuschung) vorstellen, als er mir, statt der erwarteten Komplimente sagte, dass ich zwar eine ersichtlich große, natürliche Begabung, aber daneben keine Ahnung vom Klavierspielen hätte. Danach zerpflückte er meine Spielweise und gab mir, ohne mich im Geringsten zu ermutigen, eine dreimonatige strenge Diät von technischen Übungen, um Kraft und Genauigkeit der Technik zu entwickeln[28]"

In ihrem Interview von 1992 erzählte sie weiter, sie habe sich zuerst davor gedrückt, diese Übungen zu machen. Ebenstein sei, wie es seine Gewohnheit gewesen sei, immer am Fenster gestanden und habe ihrem Spiel uninteressiert zugehört. Als sie dann doch einmal eine Woche lang ihre Fingerübungen gemacht hatte und in der Stunde zu spielen begann, habe er sich plötzlich vom Fenster weg ihr zugewandt und gerufen: „Sie haben ja geübt!" Dies beeindruckte sie so sehr, dass sie seit diesem Moment an den Wert der Übungen glaubte und sie auch brav machte.

Sie versäumte später nie, Ebensteins bestimmende Rolle in der Entwicklung ihrer perfekten Technik, ihres lockeren Handgelenks und ihres leichten, elastischen Anschlags anzuerkennen. Sicher sei ihr auch deswegen der Wechsel zu den historischen Tasteninstrumenten so leicht gefallen.

Um diese Zeit wirkten an der Akademie, die Wiens wichtigste musikalische Ausbildungsstätte war, eine bedeutende Anzahl berühmter Lehrer. Diese zogen zahlreiche internationale junge Musiker an, denen die Reputation der Schule eine Trittleiter für späteren Erfolg sein mochte, die aber im Gegenzug auch für eine gesunde Konkurrenz unter den Studenten sorgten. Die junge Pianistin Ahlgrimm und der tschechische Geiger Jaroslav Suchý, mit dem sie oft zusammenspielte, galten damals als die Wunderkinder der Schule.

Bruder Hans hatte seine Ausbildung auch weiter verfolgt, hatte Musikgeschichte, Kontrapunkt und Orchesterleitung studiert, doktoriert und sich daneben auf sein Geigendiplom vorbereitet. Während seiner Studienzeit leitete er das Studentenorchester der Akademie, was ihn die Bekanntschaft mit Dirigenten wie Clemens Krauss und Karl Böhm machen ließ. Krauss dirigierte dann auch das Orchester, als Hans 1929 sein Abschlusskonzert mit dem anspruchsvollen Violinkonzert in d-Moll op. 11 (im ungarischen Stil) von Joseph Joachim gab.

Neben seinen Studien hatte er weiterhin seine Verpflichtungen in Innsbruck wahrgenommen, daneben mit dem Rothschild-Quartett Erfolge eingeheimst und zudem noch am Wiener Volkskonservatorium unterrichtet. Nun erhielt er eine Anstellung an der Berliner Staatsoper. Die Trennung vom geliebten Bruder bedeutete einen schmerzlichen Einschnitt in Isoldes Leben. So mochten die Eltern versucht haben, ihren Schmerz zu lindern, indem sie ihrer Tochter einen Studienaufenthalt in England ermöglichten. Es war im Sommer 1930, vor Beginn von Isoldes letztem offiziellem Studienjahr, als die 16-jährige Isolde ihre erste Auslandsreise antrat. Ziel war das kleine, damals sehr exklusive Seebad Frinton-on-Sea, das durch die regelmäßigen Besuche Edwards, des Prinzen of Wales, in diesen Jahren einen gewaltigen Aufschwung genommen hatte. Isolde sollte ihre Kenntnisse der englischen Sprache verbessern. War es Zufall oder Vorsehung, dass sie hier eine Begegnung hatte, deren Auswirkungen damals für sie noch in keiner Weise voraussehbar waren?

Man hatte für sie eine Klavierlehrerin engagiert und so begegnete sie Juliette Matton Painparé, die ihr einen ersten Einblick in eine andere Welt der Musik geben sollte. Juliette Matton gehörte zur wachsenden Gemeinschaft der Freunde Alter Musik[29] in England. Die Belgierin, geboren 1880 in Antwerpen, war Gründerin des *London Consort of Singers and Viol Players* und des *Casa d'Arte Music Circle*. Sie hatte sich auf die Erforschung von Alter Musik spezialisiert und ihre Ensembles begleiteten Aufführungen von Werken Shakespeares mit Musik aus der Epoche.

Isolde Ahlgrimm berichtet über diese Bekanntschaft:

> Ich verbrachte drei Monate an einer kleinen Schule, wo ich zwar nicht Musik studierte, jedoch auf einem ordentlichen Klavier üben konnte. Die Musiklehrerin, Madame (Juliette) Matton Painparé[30], welche mich eine alte Dame dünkte, war erfreut über die Art, wie ich spielte, und lud mich ein, sie in London zu besuchen und ihren Unterrichtsraum zu sehen. Es war dies ein kleiner Konzertsaal, auf dessen Podium ein Cembalo mit zwei Manualen stand – möglicherweise ein historisches.
>
> Sie bat mich, darauf zu spielen. Ich genoss den ungewöhnlichen Klang dieses altmodischen Instrumentes und spielte das *Italienische Konzert* von Bach. Frau Painparé war äußerst erstaunt, als ich ihr sagte, dass dies mein erster Versuch auf einem Cembalo sei, und rief ganz aufgeregt, dass ich für dieses Instrument geboren sei und unbedingt nach London kommen und ihrem Ensemble von professionellen Musikern beitreten solle, die auf verschiedenen historischen Instrumenten spielten.
>
> Ich jedoch sah mich als berühmte Pianistin, sah förmlich die Lorbeerkränze, die auf die Bühne getragen wurden, lehnte deshalb ihr Angebot ab und kehrte nach Hause zurück. Ich wusste, dass meine Eltern sehr unglücklich darüber gewesen wären, ihre Tochter auf diese Art zu verlieren!
>
> Viele Jahre später schrieb ich ihr einen Brief, erhielt aber keine Antwort. Möglicherweise hatte sie sich zurückgezogen von ihrer Arbeit oder war sogar bereits gestorben. Aber eigentlich hätte ich ihr gerne gesagt, dass ich am Ende nun doch eine Cembalistin geworden sei.[31]

Nach dieser ersten Begegnung mit dem Cembalo kehrte Isolde zurück nach Wien zur täglichen Routine ihres Klavierstudiums an der Akademie.

Nachdem sie ihre Grundausbildung bei Viktor Ebenstein 1932 (Diplomprüfung mit höchster Auszeichnung) abgeschlossen hatte, trat sie nun für weiterführende Studien in die Spezialklasse von Ebenstein ein und ab 1935 in die Meisterklasse von Franz Schmidt, der seit 1925 Direktor der Wiener Musikakademie und ein angesehener Komponist war. Im Gegensatz zu seinen Zeitgenossen Mahler und Strauss hatte er auf eine Dirigentenkarriere verzichtet und sich auf seine Unterrichtstätigkeit und das Komponieren fokussiert. Einige von Schmidts schönsten Kammermusikwerken sind dem einarmigen Pianisten Paul Wittgenstein gewidmet, speziell zu erwähnen die drei Quintette für Klavier und weitere Instrumente, die von 1926 bis 1938 entstanden, bis zu der Zeit, da Wittgenstein aus Wien emigrierte.

Isolde Ahlgrimm:

> Bei Schmidt war ich noch sehr jung und er war schon recht krank. Die Verbindung mit ihm war noch nicht so aussagekräftig. Aber an eine Stunde erinnere ich mich. Ich war noch zu schüchtern, mich musikalisch auszudrücken und immer gehemmt, wenn ich so grob spielen musste, es liegt mir nicht. Schmidt schaute mich an und sagte: „Sagen Sie mal, Sie wollen doch das Richtige, warum tun sie es nicht!" Da ist mir ein Licht aufgegangen. Es war Schmidt, der mich ermutigte, meine Ausdrucksfähigkeit zu entwickeln. Er hatte eine intuitive Art, zu spüren, worum es dem Schüler ging, und half ihm, seine Vorstellungen umzusetzen. Immer wieder sagte er, dass jeder Student die Fähigkeit habe, musikalische Ideen auszudrücken und sie zu projizieren, wenn man ihm nur den Weg weise. Er betrachtete es als seine Aufgabe, die inneren Kräfte zu wecken und nicht nur von außen zu beeinflussen. Leider war er zu meiner Studienzeit nicht mehr gesund und so war der Unterricht nicht regelmäßig.[32]

Isolde Ahlgrimms nächster wichtiger Lehrer in der Meisterschule war Emil von Sauer, der zwar Schüler von Liszt und Leschetizky war, sich aber immer auf Nikolai Rubinstein berief.

Sauers Spielweise vereinigte Eleganz und Geschmeidigkeit, konnte aber, wenn angebracht, ein bemerkenswertes technisches Feuerwerk entzünden. Er war einer der wichtigen Vertreter der spätromantischen Klavierschule, bei der, neben einer formidablen Virtuosität, vor allem die individuelle Expressivität den höchsten Stellenwert einnahm.

Emil von Sauer war zu jener Zeit der umschwärmte Maestro und von ganz anderer Wesensart als Schmidt. So unterschieden sich auch ihre Unterrichtsweisen grundlegend:

> Sauer jedoch gab nur Gruppenunterricht. Ich erinnere mich, wie er hoheitsvoll und beeindruckend im Kreis der Schüler saß. Als poetischer Klavierspieler war er ein Gegner von zu schnellen Tempi. Immer und immer wiederholte er: „Zu schnell, zu schnell!" Ich kann mich lebhaft erinnern, dass er sich, nach dem Spiel eines meiner eher undifferenziert spielenden Mitstudenten, ans Instrument setzte, um uns zu zeigen, wie er es meinte, indem er mit seinem unnachahmlichen Anschlag, Ton und Rubato die Sache auf den Punkt brachte. Und immer waren seine Tempi, wenn gleich langsamer als unsere, genau richtig und ließen unsere als hastig erscheinen.[33]

Isolde Ahlgrimm beendete ihre Studien an der Wiener Akademie am 30.4.1934. Sie selber fand, dass der Schwerpunkt der Ausbildung an der Wiener Akademie damals hauptsächlich auf einer totalen technischen Beherrschung des Instruments lag und dass daneben theoretischen Fächern wie Harmonielehre, Kontrapunkt und dem Solfège (das um 1910 in Frankreich entwickelt worden war) viel zu wenig Aufmerksamkeit geschenkt wurde. In späteren Jahren beurteilte sie ihre Ausbildung an der Akademie als extrem eng und letztlich einschränkend.

Während ihrer Studienjahre war sich Isolde Ahlgrimm jedoch der wichtigen Traditionen des Klavierspiels bewusst geworden, die sie von ihren Lehrern vermittelt bekommen hatte. Sie hatte bei den besten Lehrern ihrer Zeit studiert. Während sie den Einfluss der großen romantischen Klavierschule von Liszt/Nicolai Rubinstein über Emil von Sauer erhielt, lernte sie die andere wichtige Strömung, die Schule von Leschetitzky[34], durch Viktor Ebenstein und Franz Schmidt kennen. Später schreibt sie im Text auf der Schallplattenhülle „Das Bach-Portrait" zum *Wohltemperierten Klavier II* der Philips-Aufnahmen, dass praktisch jeder deutsche Pianist die „Bach-Schule" von seinen Lehrern gelernt habe, und verweist auf ihre „Abstammung" von Bach über die Linie Bach – Homilius – Hiller – Neefe – Beethoven – Czerny – Liszt – von Sauer bis zu sich selber.

Speziell die Beziehung zu von Sauer war wichtig für sie, genau wie die spätere Freundschaft mit dem deutschen Komponisten Richard Strauss.

Sie sprach Zeit ihres Lebens mit Zuneigung und Respekt über ihre Lehrer, bewahrte bis zum Tod ihre signierten Fotografien auf und erinnerte sich noch Jahrzehnte später an Eindrücke und Erfahrungen aus ihrer Studienzeit.

Das Repertoire, das Isolde Ahlgrimm während ihres Studiums zu erarbeiten hatte, setzte sich zumeist aus Werken der romantischen und spätromantischen Periode zusammen. Es enthielt beinahe nichts, was aus der Zeit vor Beethoven stammte, nicht einmal Werke der Wiener Klassik und der frühen Romantik, wie Kompositionen von Mozart, Haydn und Schubert. Wurden diese Stücke überhaupt gespielt, dann hatten sie sich allerlei Adaptionen gefallen zu lassen. So wurde Schuberts Impromptu in Ges-Dur op. 90 Nr. 3 von den Pianisten des 19. Jahrhunderts meist in G-Dur gespielt. Auch von Sauer folgte dieser Mode und spielte dieses Werk meist in der Ausgabe von Liszt, mit Oktav-Verdopplungen und einer „Korrektur" von Schuberts Harmonien. Ein Wohltätigkeitskonzert von 1935, an dem Isolde Ahlgrimm mitwirkte, setzte sich aus entsprechenden Werken zusammen. Sie selber spielte die Bach-Busoni-Version der Fantasie in g-Moll und die Bearbeitung des Johann Strauss-Liedes „Man lebt nur einmal" durch Carl Tausig (1841–1871): ein Hit von damals!

Wurde bei seltenen Gelegenheiten einmal Bach gespielt, dann ebenfalls in den Bearbeitungen von Busoni, Hans von Bülow und Tausig, welche unter den Pianisten viel beliebter waren als die originalen Fassungen. Selbst die Bemühungen der Bach-Gesellschaft, welche sich seit 1850 für die Herausgabe der Werke in wissenschaftlich korrekter Weise einsetzte, konnte nichts daran ändern, dass Interpreten und Publikum die spätromantischen Bearbeitungen mit ihren wuchtigen Oktaven, eingeschobenen Takten und einem Überfluss an Tempoangaben und dynamischen Bezeichnungen vorzogen und dass damit sowohl bei den Musikern wie auch beim Publikum viel zu einem verfälschten Bachbild beigetragen wurde. Dergestalt galten Bachs Werke mehr als Herausforderung für Pianisten und als pädagogische und technische Studien wie als Konzertmusik. Nach Isolde Ahlgrimms Bemerkungen schien selbst der geschmeidige Ebenstein geglaubt zu haben, dass Bach mit seinem streng kontrapunktischen Stil und seiner strikten Befolgung der Fugenform eine zurückhaltende, trockene Annäherung mit eiserner Anschlagstechnik verlange.

1.3. Der Weg zurück zur Alten Musik

Das Bekenntnis zur Musik der spätromantischen Periode an der Wiener Musikakademie – und die hier praktisch vollkommene Abwesenheit jeglicher Musik aus vorromantischer Zeit – war nur eine der beiden in Wien vorhandenen Strömungen.

Die andere, der auch Johannes Brahms angehörte und die von vielen Anhängern der virtuosen Klavierschule Liszts als konservativ und teutonisch gemieden wurde, war um einiges aufgeschlossener gegenüber der Musik früherer Perioden. Als Komponist fühlte sich Brahms als Nachfolger und Erbe der Ideale von Beethoven, Schubert, Mendelssohn und Schumann und erwies ihnen eine zu dieser Zeit unübliche Hochachtung. Er bewunderte auch die Werke Bachs, Händels und Couperins und machte seinen Einfluss geltend, um die Arbeit der Leipziger Bach-Gesellschaft zu unterstützen. Sein Name erschien dann auch auf der ersten Seite der Liste wichtiger Subskribenten der ersten Ausgabe. Brahms' Interesse war nicht nur flüchtig, denn er arbeitete anschließend mit dem Herausgeber der Händel-Ausgabe, Friedrich Chrysander, an der ersten wissenschaftlichen Edition des kompletten Cembalowerkes von François Couperin mit[35]. Diese wegweisende Ausgabe war die erste, die Couperins Werke einem größeren Kreis Musik-Interessierter zugänglich machte und heute noch brauchbar ist.

Als Nächstes folgte im Jahr 1913 die Gründung der Bach-Gemeinde Wien durch den 1. Oboisten der Wiener Philharmoniker, Alexander Wunderer, der Chor und Orchester dieser neuen Vereinigung leitete. Auch Gustav Mahler wurde von diesem Geist erfasst und stiftete um die Jahrhundertwende ein Pleyel-Cembalo für die Wiener Oper.

Man darf auch den Beitrag der Neuen Wiener Schule zu dieser Wiederbelebung der älteren Musik nicht vergessen, besonders nicht Anton Webern, der beim Musikologen Guido Adler studiert hatte und seine Dissertation an der Universität Wien über die Musik Heinrich Isaaks aus dem 15. Jahrhundert schrieb. Weberns Kollege Alban Berg zitierte einen Bach-Choral in seinem Violinkonzert und interessierte sich wie sein Lehrer Arnold Schönberg für die europäische Volksmusik. Alte Musik wurde also beachtet, wenn auch nur in einem Kreis von interessierten und eher progressiven Wiener Musikern. Diese Musik war damals weder einem größeren Publikum zugänglich noch in Konzerten zu hören. Betrachtet man ein zufällig herausgegriffenes Programm des Musikvereins z. B. von März 1930, so fanden 20 Konzerte mit 110 Werken statt; Mozart wurde einmal gespielt, Beethoven sechsmal, darunter die Missa Solemnis. Kein Komponist aus der Zeit vor Mozart wurde berücksichtigt. Ein einziges Konzert mochte aus der Reihe gefallen sein: Unter der Leitung von Anton Webern wurde ein nicht definiertes Programm mit einem Cembalo gespielt. Alle übrigen gespielten Werke waren romantische, spätromantische und zeitgenössische Kompositionen.

1.4. Die Weichen werden gestellt

Isolde Ahlgrimm mit ihrem romantischen Rucksack, den sie an der Akademie gepackt bekommen hatte, war noch meilenweit entfernt von dem Ziel, das sie später anstreben würde.

Sie hatte für den Moment zwar hervorragende Voraussetzungen für eine Konzertlaufbahn, nach erfolgreichen Auftritten mit dem Chopin-Konzert im Konzerthaus und mit Brahms-Variationen op. 21 und der Chopin-Phantasie f-Moll im Musikverein. Aber ihr und anderen hoffnungsvollen Pianistinnen standen im Wien der 1930er Jahre viele Hürden im Weg. Die Vorstellung einer Frau als Klaviervirtuosin war den meisten Leuten fremd. Die Anschauung darüber hatte sich seit den Zeiten von Fanny Mendelssohn und Clara Schumann noch nicht sehr geändert. Fanny musste sich dem gesellschaftlichen Druck beugen, um ins Rollenbild der Frau zu passen, und es ist bezeichnend, dass die Familie ihre Kompositionen erst 1965 freigab. Auch Clara Schumann, welche die erfolgreichste Karriere einer weiblichen Musikerin im 19. Jahrhundert hatte, betrachtete sich hauptsächlich als Klavier spielende und komponierende Hausfrau, die ihre kompositorische Leistung bei ihrem Klaviertrio op. 17 (1848) als „Frauenzimmerarbeit" abtat. Und noch 1959 stand als Titel des Artikels: Porträtskizzen Wiener

Musikerinnen (u. a. Isolde Ahlgrimm) „Musik erblüht auch unter Frauenhänden"[36]. Musik blieb in Wien noch lange eine männliche Domäne. Die Wiener Symphoniker ließen erst ab 1980, die Philharmoniker sogar erst ab 1997 (außer der Harfenistin) Musikerinnen zu.

Isolde Ahlgrimm, die sich sehr wünschte als Pianistin Erfolg zu haben, schien sich unter diesen Umständen der Schwierigkeiten beim Aufbau einer Solistenkarriere selber bewusst zu sein. Um sich abzusichern, beschloss sie, ihre weitere und breitere Ausbildung in die eigene Hand zu nehmen mit dem Ziel, das Abitur abzulegen, das ihr den Weg an die Universität öffnen würde. So schrieb sie sich an einer privaten Maturaschule ein, verlangte die Lehrpläne und bereitete sich Fach um Fach mit eiserner Disziplin auf die Prüfungen vor, die sie im Februar 1935 bestand. Einzig in Mathematik fand sie es nötig, den Klassenunterricht zu besuchen. Der Weg zu einem Studium an der Universität stand ihr nun offen, aber erst 1966 erlaubten es ihre Lebensumstände, sich zu immatrikulieren. Eine weitere Absicherung war 1936 der Erwerb der Staatsprüfung an der Akademie, einem Lehrdiplom, mit dem sie an österreichischen Schulen unterrichten konnte. Da sie die Klavierausbildung bereits mit der Reifeprüfung abgeschlossen hatte, wurde sie vom Instrument befreit. Alle pädagogischen Fächer bestand sie mit „Vorzüglich".

Trotzdem waren ihre Eltern immer noch besorgt, ihre Tochter auf diesen schwierigen, unsicheren Weg ziehen zu lassen. Hans, der nun als Philharmoniker in Berlin wirkte, hatte die traditionell starke elterliche Unterstützung erhalten, die dem erstgeborenen Sohn zukam, während der Vater für seine begabte Tochter viel eher wünschte, dass sie gut heiraten und eine Familie gründen würde, statt eine künstlerische Karriere aufzubauen. Damit entsprach seine Ansicht derjenigen eines typischen mittelständischen Wiener Vaters jener Zeit. Camilla, selber eine Pianistin von professionellem Niveau, stand der Idee einer Pianistenlaufbahn ihrer Tochter positiver gegenüber, wenngleich Isolde Ahlgrimm später sagte, dass keiner der beiden Eltern eine professionelle Karriere für sie damals als real möglich betrachtet hatte. Zudem wünschte sie sich im Grunde selber, zu heiraten und eine Familie zu gründen, also ganz im Sinn ihrer Eltern. Als Vorbereitung dazu absolvierte sie nebenbei mit ihrem üblichen Fleiß eine zweijährige Haushaltsschule und lernte kochen und nähen.

Um passende Heiratskandidaten zu finden, war es nötig, ein gesellschaftlich aktiveres Leben zu führen. Als ihre Mutter sie jedoch auf einen der vielen Wiener Bälle begleitete, verbrachte sie die meiste Zeit damit „auf den Boden zu schauen und gehen zu wollen" anstatt sich unter die Tanzenden zu mischen[37]. Gut erzogen, hübsch und zierlich wie sie war, fehlte es ihr nicht an Bewunderern, von denen sie einige ihren Eltern vorstellte. Zweimal war sie verlobt, einmal mit einem Ungarn, den sie sehr geliebt haben muss und für den sie ungarisch lernte, ein zweites Mal mit einem Italiener, einem „eleganten jungen Mann", der sie in sein Heimatland entführen wollte. Am Scheitern der ersten Beziehung waren andere schuld und beim zweiten Verlobten verhinderten, wie sie sagte, „kulturelle Unterschiede" eine weitere Entwicklung.

Statt auf die Bälle, die nicht ihre Welt waren, ging sie öfters mit Freude zu den musikalischen Nachmittagen im Rathaus-Café, wo regelmäßig Musikstudenten für die Besucher und für Kollegen spielten und sich so einem kritischen, aber freundlichen Publikum vorstellten. Bei einem dieser Nachmittagskonzerte wurde Isolde aufgefordert, teilzunehmen, und so spielte sie das f-Moll Konzert von Chopin, ohne Orchester, aber mit der Untermalung von klirrenden Gläsern und Kaffeetassen. Dieses Werk hatte sie in der Meisterklasse von Sauer studiert und kurz zuvor mit dem Akademie-Orchester im Konzerthaus vorgetragen. Nachher kam ein sichtlich begeisterter junger Mann zu ihr und lud sie ein, an den Kammermusikabenden mitzuwirken, die er mit seinen Kollegen veranstalte. Sie nahm mit Freude an und begann, sich mit einigen Hauptwerken der Kammermusikliteratur zu beschäftigen.

Am 7. Juni 1935 verbuchte die junge Pianistin ihren bislang wichtigsten Erfolg auf dem Internationalen Musikfest in Hamburg mit der Uraufführung eines modernen Klavierkonzertes, eines Kompositionsauftrags an den österreichischen Komponisten Friedrich Bayer. Das Orchester dirigiert ein unbekannter junger Deutscher, Eugen Jochum (1902–1987), der kurz zuvor als Musikdirektor an die Hamburger Oper berufen worden war. Die Reaktion des Publikums auf die Aufführung war, in ihren eigenen Worten (und es war nicht ihre Art, zu übertreiben), „stürmisch".

Das Hamburger Fremdenblatt brachte am nächsten Tag, dem 8. Juni, eine sehr begeisterte Kritik über Ahlgrimms Spiel.

> Der größte Gewinn [beim Anhören dieses Werkes] war die Bekanntschaft mit der jungen und anmutigen Wiener Pianistin, Isolde Ahlgrimm. Schon nach den ersten Akkorden ist hier eine ungewöhnliche Begabung zu erkennen, der man bald gerne einmal in einem der großen klassischen Konzerte begegnen möchte. Ihr Anschlag singt und klingt, ihr Spiel verströmt mit natürlichem handwerklichem Können die Seele des echten Musikers. Bewundernswert, wie die mädchenhaft junge Künstlerin frei aus dem Gedächtnis ihre anspruchsvolle, doch undankbare Aufgabe löste und meisterte.

Ebenfalls am 8. Juni schrieben die Hamburger Nachrichten:

> ... der Erfolg war geteilt, den größeren Teil nämlich beanspruchte die junge, zwanzigjährige Pianistin Isolde Ahlgrimm aus Wien für sich. Sie spielte so ausgezeichnet, überlegen und

selbstverständlich, sie überwand die schwierigen Ansprüche des Werkes mit so leichter und anmutiger Hand, dass ihre Begabung für höhere Aufgaben vorgemerkt werden müsste. Wiederum hat das Tonkünstlerfest in dieser Pianistin eine Entdeckung gemacht. Da Entdeckungen selten sind, lohnt es sich, sie nicht zu vergessen.

In der Reihe der guten Presseberichte erschien auch ein Lob im Fränkischen Kurier:

> [Isolde Ahlgrimm] ... setzte ihr großes pianistisches Können und ihre plastische Gestaltungskraft mit einer bewundernswerten objektiven Zähigkeit für diese Aufgabe ein.[38]

Einige Monate später spielte Isolde Ahlgrimm das Werk nochmals in Berlin und am 16. Oktober in Wien. Als Folge dieser Konzerte erhielt sie zahlreiche Angebote für weitere Konzerte in Europa. Was sie gerne angenommen hätte, waren Aufführungen des Klavierkonzerts in f-Moll von Chopin in Düsseldorf. Die erträumten Lorbeerkränze waren in Reichweite!

Aber nun, an der Schwelle zur ursprünglich ersehnten Solisten-Karriere, traf Isolde Ahlgrimm eine unerwartete Entscheidung. Sie lehnte alle Angebote ab und gab ihrer Karriere eine gänzlich andere Richtung.

Was war geschehen?

Kapitel 2
Die Zeit mit Erich Fiala

2.1. Erich Fiala und die Instrumentensammlung

1934 war Isolde Ahlgrimm zum ersten Mal dem jungen Dr. Erich Fiala begegnet, der soeben seine Ökonomiestudien an der Wiener Universität beendet hatte. Sie beschrieb die Begegnung folgendermaßen:

> Einige Monate vor meinem Hamburger Konzert lernte ich einen jungen Mann kennen, der einen bestimmenden Einfluss auf mein Leben haben sollte. Ich nahm an einem Hauskonzert teil, wo ich Bachs *Chromatische Fantasie und Fuge* in d-Moll spielte, und zwar in der Version von Busoni. Ich bekam den erwarteten Applaus, aber einer der Zuhörer zeigte sich mit meinem Spiel unzufrieden. Am Schluss rief ich irritiert: „Wenn Sie es doch so viel besser wissen, warum spielen Sie das Stück nicht selber!" und dachte, ihn damit in seine Schranken zu weisen. Er sagte, er hätte dieses Stück nie studiert, wäre aber bereit, mir das *Italienische Konzert* vorzuspielen, das sich nicht so schlecht für ein modernes Klavier eigne. Es war für mich eine völlig neue Art, Klavier zu spielen, und eine neue Art, Bach zu hören. Anschließend sprach der junge Mann von alten Instrumenten, Erstausgaben und alten Abhandlungen. Am Schluss des Abends begleitete er mich heim und seit damals waren wir unzertrennlich und später ein Ehepaar.[39]

Fiala war der Freund jenes jungen Mannes, der sie zur Teilnahme an seinen Kammermusikabenden eingeladen hatte. Viele davon fanden im Haus von Fialas Eltern in der Jörgerstraße im 17. Bezirk statt. Nicht alle Mitwirkenden waren professionelle Musiker, aber alle hatten, wie sich Isolde Ahlgrimm später erinnerte, ein sehr gutes Niveau. Die Ansprüche waren entsprechend hoch und das Studium der Dvorak-, Schumann- und Brahmswerke bedeutete auch für sie viel Arbeit[40].

Zusätzlich zu den Meisterwerken der Kammermusik spielten Isolde Ahlgrimm, Erich Fiala und andere Teilnehmer öfter Werke für Klavier zu vier Händen, für Isolde eine Reminiszenz an ihre Kinderjahre, als sie noch mit ihrer Mutter Duette gespielt hatte.

Zur Zeit ihres Hamburger Konzertes stand sie mit Erich Fiala bereits in einer engeren Beziehung und damit völlig unter seinem Einfluss, der sie weit weg von ihren ursprünglichen Zielen führen sollte; ihr Leben und die Vorstellungen über ihre berufliche Entwicklung veränderten sich vollständig.

Erich Fiala war der Sohn einer wohlhabenden Familie[41], ein begeisterter Kunstliebhaber und Sammler, ein begabter Klavierspieler, dazu ein origineller, innovativer Denker, der seine Ideen und Pläne zielstrebig verfolgte. Er besaß zu dieser Zeit bereits eine bedeutende Kunstsammlung und handelte neben seiner Arbeit im Familienbetrieb mit diesen Objekten[42]. Mit bildender Kunst stieß er bei Isolde ebenfalls auf lebhaftes Interesse, da sie durch Vater und Bruder auf diesem Gebiet einiges an Wissen und Können erworben hatte.

Eine seiner Visionen war, historische Instrumente in perfekt restauriertem Zustand nicht nur optisch, sondern auch akustisch zu erleben und erleben zu lassen: mit Musik aus der Zeit und gespielt von Musikern, die sowohl stilistisch als auch technisch fähig waren, mit solchen Instrumenten umzugehen. Der redegewandte und charismatische junge Mann verlor keine Zeit, Isolde von seinen Ideen zu überzeugen. Er fühlte, dass sie zu Großem fähig sein würde. Wollte sie nicht Konzertpianistin werden? Bewies sie nicht ihre intellektuelle Neugierde, ihren Fleiß und ihren Willen mit dieser Entscheidung? Sein Enthusiasmus sprang bald auf die wohlbehütete und beeinflussbare junge Frau über. Die Musikerkollegen und -freunde fanden Erich Fialas Ideen oft extrem, abwegig oder, etwas freundlicher gesagt, idealistisch – genau wie es auch Isolde Ahlgrimm zu Beginn tat. Hatte sie nicht vor ihrer ersten Begegnung gehört, er sei „etwas verrückt"?

In ihrer eigenen Erinnerung sah sie Erich als jemanden, der mit berührendem Eifer seine Visionen vertrat, auch wenn dies oft in sehr undiplomatischer Weise geschah, ein Zug, der sich in den kommenden Jahrzehnten leider immer mehr in Richtung Destruktivität entwickeln sollte.

Er jedoch war nach seiner ersten Begegnung mit Isolde davon überzeugt, dass sie die einzig Richtige wäre, sein Konzept einer authentischen Aufführungspraxis vor einem größeren Publikum zu präsentieren. Um sie in seine Richtung zu lenken, benutzte er ihre Konstitution (sie maß nur 156 cm) als Argument, um ihr recht unverblümt zu sagen, dass sie sich doch bei diesen körperlichen Voraussetzungen und mit ihren kleinen Händen überhaupt nicht für diese spätromantische Klavierliteratur eignen würde. Er höre sie lieber mit Mozart und Haydn, wo ihr leichter Anschlag sowohl ihr als auch der Musik zu Gute käme.

Isolde Ahlgrimm erinnerte sich selbst an folgende Bemerkung Fialas, die sie davon abbrachte, alle die großen Klavierwerke von Chopin, Schumann und Brahms meistern zu wollen:

> Der Anblick einer winzigen Frau auf der Bühne, die darum kämpft, mit massiven Kompositionen auf einem monströsen Instrument fertigzuwerden, gefiel ihm nicht. Er sagte immer, dass Frauen die Art Musik spielen sollten, die zu ihnen passe, statt einer Zuhörerschaft zuzumuten, den Nacken der Pianistin blau anlaufen zu sehen vor Anstrengung; dies sei ästhetisch unzumutbar. Musikalische Aufführungen hätten auch optisch ansprechend zu sein.[43]

Sie ließ sich also, verliebt wie sie war, von Erich Fialas Argumenten überzeugen und konzentrierte sich nun vermehrt auf das Studium klassischer Werke und deren historisch richtiger Interpretation, während er, als leidenschaftlicher Sammler, durch die Beziehung zu Isolde animiert wurde, sein Interesse noch stärker auf Musikinstrumente zu richten. Nun wurde es eine Notwendigkeit, originale Instrumente zu finden, die sie in Konzerten verwenden konnten.

Im Frühjahr 1936 begegneten sie den berühmten Brüdern Rück aus Deutschland, die damals überall Instrumente für ihre Sammlung erwarben, welche später einmal den Kern der Instrumentensammlung des Germanischen Nationalmuseums in Nürnberg bilden sollte. Die Rücks machten reiche Beute in Österreich und kauften in Wien zahlreiche Instrumente auf, die sie dann unter den Augen der österreichischen Kulturbehörden nach Deutschland verschoben.

Isolde Ahlgrimm und Erich Fiala, in ihrem leidenschaftlichen Bemühen, ihren Weg in die Welt der Instrumentensammler zu finden, baten die Brüder Rück nun um ein Gutachten über ein Klavier, das sie gerade erworben und von Rudolf Stelzhammer hatten restaurieren lassen. Sie hatten die Absicht, es für Mozart und Haydn zu benutzen. Die beiden Deutschen identifizierten das Instrument als typisch für 1830, brauchbar vielleicht für Schubert, aber sicher nicht richtig für Mozart und Haydn. Vor den Kopf gestoßen und tief enttäuscht gingen die beiden Jungsammler heim. Erich Fiala hatte aber nun realisiert, was diese Sammler taten. Er war zutiefst betroffen, ja schockiert (wie Isolde Ahlgrimm später sagte), über die beachtliche Anzahl von wunderbaren Instrumenten, die hier weggeholt wurden, und entsetzt über die Nachlässigkeit der Behörden, deren Aufgabe es gewesen wäre, das kulturelle Erbe Österreichs zu hüten. (War da auch etwas Neid im Spiel, dass ihm jemand zuvorgekommen war?)

Wie sollten sie ihren Traum aber verwirklichen – den Traum von brauchbaren und repräsentativen Klavieren aus der Zeit, die sie dann das Wiener Publikum in Konzerten als kulturelles Erbe Wiens hören lassen konnten? – Die Idee der *Concerte für Kenner und Liebhaber* nahm immer mehr Gestalt an.

2.2. *Die Concerte für Kenner und Liebhaber* 1937–1957

Für das nun festgesetzte Datum des ersten Konzertes, am 20. Februar 1937, mussten sie jetzt dringend ein Instrument finden, das sich für die Aufführung der klassischen Klavierliteratur eignete. Sie zogen Erkundigungen ein und folgten einer Reihe von Hinweisen (wie Isolde Ahlgrimm später sagte „von Händler zu Händler")[44], bis sie eines Tages in ein altes Haus auf der anderen Seite der Donau kamen. Sie stiegen zahllose Treppen hinauf, „bis fast unters Dach", und fanden dort ein Fortepiano von einem in Vergessenheit geratenen Wiener Klavierbauer, Michael Rosenberger, das um 1790 gebaut worden war und sich in einem ordentlichen Erhaltungszustand befand. Das Instrument wurde für die lächerliche Summe von 20 Schilling[45] erworben, ein Beweis dafür, wie wenig alte Klavierinstrumente damals galten. Sie brachten es, wie zuvor das Instrument von 1830, zu Rudolf Stelzhammer, der Tag und Nacht daran arbeitete, um es bis zum Konzerttermin eine Woche später fertigzustellen.

Nachdem Stelzhammer das Instrument geliefert hatte, blieben Isolde Ahlgrimm noch genau zwei Tage, um sich darauf einzuspielen; ein schneller Prozess dank ihres bei Ebenstein erworbenen, ungewöhnlich leichten Anschlags, wie sie später sagte. Schon bald fühlte sie, „dass sie zu diesem Instrument gehöre, und das Instrument zu ihr".

Das erste Konzert war außerordentlich erfolgreich und das Publikum, das zuerst etwas irritiert schien von dem ungewohnten Klang, war bald begeistert. Ebenfalls von der Pianistin, die das Programm „recht anmutig und mit Differenzierungsvermögen" darbot, „ihr technisches Können und die feine Musikalität bewies" und so „für dieses Instrument wie geschaffen sei"[46].

Den Kritikern war jedenfalls bewusst geworden, dass hier etwas Neues im Entstehen war, das vom Pfad des üblichen Konzertlebens abwich.

> Als etwas Besonderes muß das Erste *Concert für Kenner und Liebhaber* im historischen Figaro-Saal hervorgehoben werden. Unter dem Protektorat eines Sammlers gelang es hier einigen jungen Menschen, selbst das verwöhnte Wiener Publikum in Begeisterung zu versetzen.[47]

Die beiden jungen Wiener Enthusiasten entschieden sich nach diesem Erfolg, eine weiterführende Serie solcher Konzerte zu organisieren, die zu einem Fixpunkt in Wiens reichem musikalischen Leben werden sollte.

Da die ersten Instrumente nun bereitstanden, war Erich Fiala natürlich erpicht darauf, sie auch eine weitere Öffentlichkeit hören zu lassen. Kurz nach dem ersten *Concert* ergaben sich zwei weitere Gelegenheiten, das echte Mozart-Clavier einzusetzen. Die erste war eine Einladung zu Radioaufnahmen in Budapest, verbunden mit einem Hauskonzert mit exklusiven geladenen Gästen, darunter vielen Musikern. Die Beurteilung? „Zartes zerbrechliches Mädchen spielt auf einem zarten zerbrechlichen Instrument […] mit fabelhaft ausgearbeitetem ziseliertem Stil"[48].

Die andere bot sich, als Isolde Ahlgrimm verpflichtet wurde, die Aufführungen des Salzburger Marionettentheaters[49] in Wien zu begleiten. Diese seit 1913 international bekannte kleine Bühne war spezialisiert auf Opern- und Ballettaufführungen. In den 1930er Jahren wurde die Begleitmusik direkt durch Sänger und Musiker gespielt und so wurde auch Isolde Ahlgrimm eingeladen, dies zu tun. Sie, die in ihrer Seele immer das Kind bewahrt hatte, war derart von den Puppen entzückt, dass sie mehr auf diese achtete als auf ihr eigenes Spiel.

Diese Erfolge waren natürlich Ansporn für die beiden Sammler, weitere Instrumente für ihre Serie zu suchen und zu erwerben. Es muss zu dieser Zeit ein besonderer und spaßiger Anblick gewesen sein, den großen, bärtigen und bebrillten Erich Fiala mit der winzigen Isolde im Schlepptau durch die Straßen Wiens stürmen zu sehen. Wenn er um 5 Uhr nachmittags seine Arbeit in der Schokoladenfabrik beendet hatte, fingen die Entdeckungstouren bei Trödlern, Antiquitätenhändlern und Klavierbauern an. Und sie kauften viel – nicht nur, wie eigentlich vorgesehen, Klaviere, sondern, nicht weiter verwunderlich bei Fialas breitem Interesse, auch alle möglichen anderen Instrumente. Jahre später besaßen sie eine riesige Sammlung von ungefähr 600 Klavieren, Saiten-, Zupf-, Blech- und Holzblasinstrumenten. Im Rückblick beschrieb Isolde Ahlgrimm ihr Leben mit diesem ehrgeizigen und fanatischen Sammler so:

> An instrument collector is born, not made. The interest begins in early childhood with the strangest things. Later, when, say, a violin with all the right papers, which you bought for a few Schillings as a precious instrument (as we did) turns out to be worthless you learn from your mistake. Your interest is aroused and you begin to become more ambitious and discriminating. Unless one is a millionaire, of course, it is necessary to constantly buy and sell, as Erich Fiala did, which for me as a fortepianist and harpsichordist meant that the instruments at my disposal were constantly changing. Although it would have been better for me as a performer to have been able to keep those instruments that I grew to like, the life of partner to Erich Fiala was a challenge and in many ways it was an inspiration to live with someone involved in the business of instrument collecting.[50]

Sie stimulierten sich gegenseitig in ihrem gemeinsamen Interesse. Erich Fialas visionärer Weg wurde geebnet durch die außerordentlichen Fähigkeiten seiner Partnerin. Er brauchte Isolde, denn nur mit seinem eigenen Können wäre es ihm nie möglich gewesen, das konservative und anspruchsvolle Wiener Publikum von seinen Ideen zu überzeugen. Sie andererseits erhielt die Möglichkeit, eine Karriere aufzubauen, und beide waren klug genug, einzusehen, dass es ohne Zusammenarbeit mit anderen erstklassigen und namhaften Musikern nicht gehen würde.

Sie engagierten deshalb von Anbeginn bekannte lokale Musiker als Mitspieler, wie den Flötisten Ludwig von Pfersmann, der eine Holzflöte von 1835[51] spielte. Diese Zusammenarbeit hielt sich bis zum Schluss der Konzertreihe und Ahlgrimm nahm später mit Pfersmann, dessen Spiel sie sehr schätzte, drei der Flötensonaten und das *Musikalische Opfer* von J. S. Bach auf Schallplatte auf. Die Cellistin Luitgard Wimmer-Stöhr konzertierte mit Isolde bis zum Ende des zweiten Weltkriegs. Beide gehörten zur großen Anzahl von freischaffenden Musikern, die in verschiedenen Orchestern mitspielten, aber ohne feste Anstellung waren.

Das Konzept bewährte sich, und die Konzertreihe wurde ein fester Teil des Wiener Konzertlebens für die nächsten zwanzig Jahre, allein unterbrochen während des letzten Jahres des 2. Weltkriegs und bei einer länger dauernden Erkrankung von Isolde Ahlgrimm. Die Bezeichnung der Konzertreihe: *Für Kenner und Liebhaber* definierte den Zuhörerkreis. Der Name kam von einer Serie von Sonaten, Rondos und Fantasien für Cembalo, die Carl Philipp Emanuel Bach zwischen 1779 und 1787 komponiert und herausgegeben hatte. Wie Bachs Sammlung war es nun auch das Ziel der Konzertreihe, Musik verschiedenster Art in einem weiten Kreis von Kennern und Liebhabern zu Gehör zu bringen.

Isolde Ahlgrimm hatte seit Beginn ihrer Konzerttätigkeit Notizen gemacht – eine *Chronologie,* die auch die *Concerte für Kenner und Liebhaber* einschließt[52]. Ihr Bericht gibt Einblick in das Repertoire und beschreibt die Reaktionen des Wiener Publikums während der ungefähr zwanzig Jahren der Durchführung. Einige markante Konzerte sollen hier anhand ihrer Notizen vorgestellt werden.

Das erste Konzert:

> Die Serie der *Concerte für Kenner und Liebhaber* wurde eingeführt durch das – für das damalige Wien – revolutionäre, erstmalige Unternehmen, Musik des 18. Jahrhunderts auf Instrumenten aus der Zeit zu spielen. Das erste dieser Konzerte fand am 20. Februar 1937 im Palais Palffy statt.

Das zweite Konzert, am 3. Juni 1937, im kleinen Saal des Musikvereins, war der Kammermusik von Wolfgang Amadeus Mozart und einigen seiner Klavierwerke gewidmet. Seine Musik war in Wien seit langer Zeit vernachlässigt worden war. Die Ausführenden, Erich Graf, Violine, Ernst Kriß, Viola und Walter Kurz, Violoncello, waren Mitglieder der beiden großen Orchester, der Wiener Philharmoniker und der Wiener Symphoniker. Den Klavierpart spielte Isolde Ahlgrimm mit ihrem Rosenberger Hammerflügel. Die Instrumente aus der Sammlung Fiala-Ahlgrimm wurden im Programm ebenfalls erwähnt:

> Violine, Bernardus Wutzelhofer, Brünn, 1801;
> Viola, Andreas Nikolaus Bartl, Wien, 1757;
> Violoncello, Marcus Guggemos, Füssen 1766;
> Fortepiano, Michael Rosenberger, Wien, 1790.[53]

Titel und Opus-Zahlen der Werke entsprechen in der Schreibweise dem Original des Komponisten, was diesem musikalischen Experiment zusätzliche Authentizität gab.

Die frühen *Concerte für Kenner und Liebhaber* bezeugen Isolde Ahlgrimm als erste moderne Spielerin auf einem Fortepiano des 18. Jahrhunderts, was im November der Kritiker des einflussreichen „Neuen Wiener Tagblatts" so würdigte:

> Isolde Ahlgrimm [ist] der gute Geist der Bestrebungen, die der Erhaltung eines der reizvollsten Kulturgüter österreichischer Vergangenheit dienen[54].

2.3. Kriegsjahre – Der Krieg droht…

Am 12. März 1938 marschierten die deutschen Truppen in Österreich ein und erzwangen den Rücktritt von Bundeskanzler Kurt Schuschnigg. Zwei Tage später erfolgte Hitlers triumphaler Einzug in die österreichische Hauptstadt und am 15. März hielt er seine erste Rede an die Wiener Bevölkerung vom Balkon der ehemaligen kaiserlichen Hofburg aus. Mehr als 300 000 Menschen hatten sich auf dem Heldenplatz versammelt, um ihn reden zu hören. Österreich wurde nun formell ein Teil Großdeutschlands mit dem Namen Ostmark. Fiala hatte darauf bestanden, vom Haus seiner Eltern im 17. Bezirk in die Innenstadt zu fahren, um Hitler zu hören, und so waren er und Isolde unter den begeisterten Massen. Fiala war völlig hingerissen und feierte mit, während Isolde, die sah, welchen Einfluss Hitler auf die Menschen ausübte, sich entsetzlich fürchtete. 1989 erinnert sie sich, gedacht zu haben, „dass ein falsches Wort oder eine falsche Geste genügt hätten, „die von Hitlers Worten hypnotisierte Menge dazu zu bringen, sich gegenseitig zu zerfleischen – sie schienen mir keine menschlichen Wesen mehr zu sein." Sie realisierte, dass nun Gefahr drohte. Wegen der Menschenmengen ließen sie den Wagen an der Oper stehen und traten den Heimweg zu Fuß an, Isolde bedrückt von der Vorahnung eines drohenden Krieges[55].

****

Am 23. Juni 1938 wurde die musikalische Zusammenarbeit von Erich Fiala und Isolde Ahlgrimm mit der Heirat besiegelt. Die Anzeige war grafisch gleich gestaltet wie die Programme ihrer *Concerte*, ein Zeichen, wie sehr sich die beiden mit ihrer Konzertreihe identifizierten. Begeistert entgegengenommen wurde das Hochzeitsgeschenk von Erichs Eltern, ein Cembalo der Brüder Michael und Alois Ammer, Eisenberg/Thüringen, das für das junge Paar angefertigt worden

Abb. 2   Heiratsanzeige

war. Es war eine lange Verlobungszeit gewesen – vier Jahre –, „viel zu lange für mich", wie Isolde sagte.

Nach ihrer Heirat erwarben sie eine sehr geräumige Neubauwohnung im Stil der Neuen Sachlichkeit in der Strudlhofgasse 17 im 9. Bezirk, gerade oberhalb der Strudlhofstiege und in der Nähe des Palais Liechtenstein. An dieser schönen und geschichtsträchtigen Wohnlage war nun auch Platz für die wachsende Instrumentensammlung[56].

****

Unterdessen hatte sich die politische Situation weiter zugespitzt. In Wien begann ab Oktober 1938 unter dem Innenminister Arthur Seyss-Inquart, einem Mitglied der von den Nazis eingesetzten Marionettenregierung, eine Umstrukturierung Wiens nach dem Vorbild Hamburgs. 97 niederösterreichische Dörfer wurden gegen ihren Willen eingemeindet – Groß-Wien war entstanden.

Die antisemitische Bewegung, die sich gegen Ende des 19. Jahrhunderts vor allem in studentischen Kreisen gebildet hatte, war nach dem ersten Weltkrieg auf die Linie der Nationalsozialisten eingeschwenkt. Die Wirtschaftskrise hatte das Ihre dazu getan, der nationalsozialistischen Bewegung und ihren Ideen noch mehr Einfluss zu verschaffen. Beim Pogrom vom 9. November 1938 wurden auch in Wien die Synagogen zerstört und alle Juden aus Staatsstellen und akademischen Positionen entfernt. Vielen von ihnen, darunter auch mit Isolde Ahlgrimm befreundeten Musikern, gelang es, noch im letzten Moment zu fliehen und sich in die Vereinigten Staaten oder die wenigen neutralen Staaten in Europa in Sicherheit zu bringen. Hier stellt sich zum ersten Mal die Frage, wie es Isolde Ahlgrimm möglich war, nach diesem so schrecklichen Ereignis und dann auch während des Krieges weiter Konzerte zu geben. Die Antwort kann nur sein, dass dies die einzige Art war, wie sie diesen Gräueln begegnen konnte. Das Einzige, was sie tun konnte, war: Spielen – und dies mit dem Wunsch, den Menschen Mut und etwas Freude zu machen und ein Zeichen der Hoffnung zu setzen, dass das Leben weitergehe.

2.4. (Der Kriegt droht) … und bricht aus

Das Paar hatte den Sommer in seinem Sommerhaus bei Innsbruck verbracht. Als am 1. September 1939 der Krieg ausbrach, konnten sie wegen der Verknappung von Treibstoffen nur mit Mühe genügend Benzin auftreiben, um heim nach Wien zu kommen, wo sie einen unter der Tür durchgeschobenen Marschbefehl für Erich fanden.

****

Aus der Chronologie:

> *4. Concert für Kenner und Liebhaber*. Das Programm umfasst 4 Komponisten, die jeder auf dem entsprechenden Instrument vorgetragen werden: Bach, Mozart, Beethoven, Schumann. Erstes Auftreten als Cembalistin mit Bach! Die *Concerte für Kenner und Liebhaber* genießen großes Ansehen. Als Mitwirkende werden erste Kräfte der Wiener Philharmoniker herangezogen.

Das Konzert fand am 3. Dezember 1938 im Brahms-Saal des Wiener Musikvereins statt und hatte durch seine neue und experimentierfreudige Programmgestaltung bemerkenswerten öffentlichen Erfolg. Das Publikum konnte sich sowohl mit Bekanntem wie mit Unbekanntem auseinandersetzen. Beethovens *Mondscheinsonate* op. 27, ein in Wien beliebtes Repertoire-Stück, wurde nun auf einem Instrument aus Beethovens Zeit gespielt, mit Befolgung der Anweisung des

Komponisten: „pianissimo, ohne Dämpfer", was wahrscheinlich seit der Mitte des 19. Jahrhunderts niemand mehr getan hatte[57].

Da Isolde Ahlgrimm seit dem ersten *Concert* als Spezialistin auf alten Klavieren galt und das Publikum begann, mit diesen „neuen" alten Klängen vertraut zu sein, benutzte der Kritiker der „Wiener Neuesten Nachrichten" die Gelegenheit, etwas mehr über die Hintergründe zu schreiben:

> Die Frage nach der stilgetreuen Wiedergabe alter Musik wird wohl kaum endgültig entschieden werden können. Denn zwischen den beiden Extremen der bedenkenlosen Verwendung moderner Klangmöglichkeiten und der strengen Beschränkung auf die Ausdrucksmittel der das Werk umschließenden Zeitspanne, bleibt eine ganze, große Skala von mehr oder weniger vertretbaren Zwischenlösungen. Einen ungemein fesselnden, lebendigen Beitrag zu diesem Fragengebiet bietet Isolde Ahlgrimm durch die Wiedergabe einer Reihe von Werken auf alten Instrumenten, darunter drei kostbaren Stücken aus der Sammlung Dr. Erich Fialas … Die nun folgenden Wiedergaben eines Werkes von Bach, Mozart, Beethoven, Schumann auf den aus ihrer Zeit geborenen Instrumenten erwuchs zu wahrhaft einmaliger, erlebnishafter Wirkung. Besonders für Beethoven – Isolde Ahlgrimm hatte die Sonate Op. 27 gewählt – ergab sich eine völlig neue Deutung: Das pseudoromantische Zwielicht, in das gerade die „Mondscheinsonate" oft bis zur Unkenntlichkeit ihres eigentlichen Inhaltes getaucht wird, zeigte sich in dem herben Klangbild des Instrumentes von einer kraftvollen, die Größe des Werkes überzeugend erschließenden Klarheit.[58]

Diese Rezension – mit einer für diese Zeit bemerkenswerten Voraussicht – drückte sowohl Sympathie für Ahlgrimms künstlerischen Absichten als auch erfreuliches Verständnis für das gestellte Thema aus.

****

Das Jahr 1940 verlebte Erich Fiala als Soldat der Wehrmacht im okkupierten Polen und wurde anschließend nach Deutschland verlegt.

Währenddessen bekam Isolde Ahlgrimm eine Einladung, um bei einer bedeutenden Veranstaltung im *Kunsthistorischen Museum* zu spielen. Unter dem Titel „Bemerkenswerte Klaviere" sollte der neu restaurierte Erard-Flügel aus Beethovens Besitz zum ersten Mal seit dessen Tod wieder erklingen. Ahlgrimm erzählte[59], dass sie anfänglich große Ehrfurcht empfunden hätte, ein Instrument zu spielen, das der Meister selber benutzt hatte, dass sie aber, sobald sie davor saß, all dies vergaß und nur noch hoffte, „dass die Tasten funktionieren würden und sie das Fis träfe."

Im gleichen Jahr spielte Ahlgrimm am „Tag der deutschen Hausmusik"[60] in der alten Universität von Wien. Auf dem Programm stand das *Forellenquintett* von Franz Schubert, bei dem der erste Geiger ein Instrument aus dem früheren Besitz von Franz Schubert spielte, mit dessen eingraviertem Namen auf dem Boden. Die übrigen Streichinstrumente stammten als Leihgabe der Wiener Hofkapelle vom gleichen Geigenbauer, Antony Posch.

Der innovative Erich Fiala hatte unterdessen wieder eine neue Idee; er gründete am 1. September die Strudlhofgalerie, die Isolde nun während seiner Abwesenheit zu betreuen hatte und um derentwillen sie ihr Instrument für mehr als ein Jahr vernachlässigte. Sie machte sogar am Ratshaus-Museum[61] eine Ausbildung zur Restauratorin, um ihre neue Arbeit gut zu machen.

> Die Künstlerin widmet sich fast ausschließlich dem Kunsthandel und beschäftigt sich intensiv mit der Restaurierung alter Gemälde. Die erste Sammlung Fiala-Ahlgrimm geht in den Besitz des Staatsmuseums[62] über. Viele Klaviere, Streich- und Zupfinstrumente verlassen das Haus der beiden Sammler, denen vom Staatsmuseum zugestanden wird, diese Stücke auch in Zukunft noch für einzelne Aufführungen verwenden zu dürfen.[63]

Diese Bemerkung von Isolde Ahlgrimm wegen der Instrumente scheint allerdings etwas summarisch zu sein. Erich Fiala hatte zwischen 1939 und 1975 immer wieder Instrumente an die Instrumentensammlung des Kunsthistorischen Museums verkauft oder aber auch verschenkt. Alles in allem handelte es sich um 39 Instrumente, alle spielbereit, die auch übernommen wurden, um bei Konzerten des Museums verwendet zu werden. Die Übernahme erfolgte jedoch nicht als Konvolut[64].

Bereits während seines Militärdienstes hatte Fiala seine Frau angewiesen, sich um ein zweites Cembalo zu kümmern für den Fall, dass das Ammer-Cembalo zerstört würde. Es gelang ihr, ein mit einem Rautenmuster intarsiertes Pleyel-Cembalo zu kaufen, das sie bereits seit zwei Jahren in Miete hatte[65]. Dieses Instrument wurde später gegen ein weiteres Ammer-Cembalo von 1941, ein Serieninstrument aus dem Besitz der Wien-Film AG getauscht. Im Jahr 1941/42 war Ahlgrimm von eben dieser staatlichen Wiener Filmkompanie verpflichtet worden, in einem Film über Mozart mitzuwirken. Sie hatte für einen Pianisten einzuspringen, der mit dem alten Hammerflügel nicht zurechtkam. In der Kritik wurde dann „Dr. Wührers" männliche Spielart gelobt[66], was jedoch später umgehend berichtigt wurde.

Im Juni 1941 erhielt sie einen Brief vom eben zurückgetretenen ersten Konzertmeister der Berliner Philharmoniker, Siegfried Borries, der ihr mitteilte, dass das Violinkonzert ihres Bruders Hans nun vollendet sei und dass dieser hoffe, es 1942 mit Furtwängler oder Böhm aufführen zu können[67]. In den Brief eingeschlossen waren Lebensmittelmarken, „die er von Isolde Ahlgrimm entliehen hatte und nun zurückgeben wolle; genau was er von ihr entliehen hätte: 400 gr. Fleisch, 180 gr. Fett, 800 gr. Brot" – die Zeiten waren hart geworden.

Später im Jahr kehrte Erich Fiala heim, nachdem er nach einer Operation aus dem Kriegsdienst entlassen worden war. Er bekam die Erlaubnis, neben seinen dienstlichen Verpflichtungen seine Kunsthändlertätigkeit wieder aufzunehmen, welche sein Haupteinkommen war. Er realisierte, dass Isolde ihm ein Opfer gebracht hatte, als sie wegen der Galerie nicht mehr gespielt hatte, und er ermunterte sie, zusammen mit ihrem früheren Kollegen, dem tschechischen Geiger Jaroslav Suchý[68], ein Duo zu formen. Isolde war einverstanden, allerdings mit der Einschränkung, dass sie nicht bereit wäre, nur irgendwelche Orchesterauszüge von Begleitungen zu spielen (was damals im Konzert durchaus noch üblich war). Sie beharrte auf einer gleichwertigen Partnerschaft. So nahm sie mit Suchý unter anderem die Sonate op. 18 von Richard Strauss ins Programm auf.

Am Ende des Jahres wurden sie zu einem Weihnachtsanlass der Wien-Film eingeladen, eine Einladung, die weitreichende Folgen hatte:

> An der Weihnachtsfeier der Wien-Film, 1942[69], gab es einen deutschen Offizier, der sich sehr wichtig machte mit „seinem großen Freund Strauss". Endlich sagte ich zu ihm: „Wenn Sie so eng mit ihm befreundet sind, wäre es Ihnen sicher ein Leichtes, für uns ein Vorspiel zu arrangieren, damit er uns sagen könnte, wie er seine Sonate für Klavier und Violine gespielt zu haben wünscht." Zu unserem großen Erstaunen erhielt ich kurz nachher einen Anruf von diesem Offizier, der uns eine Telefonnummer gab und uns anwies, wann wir zu telefonieren hätten für das Treffen. Wir begannen, wie verrückt zu üben. Zum vereinbarten Termin begleiteten mein Mann und ich Suchý zum Wohnort von Strauss. Als wir ankamen, saß die ganze Familie Strauss ruhig da und wartete auf uns. Nachdem wir gespielt hatten, küsste mich Frau Strauss und Strauss kam auf uns zu und sagte zu seiner immer noch ruhig sitzenden Familie: „Nun, das sind endlich wieder einmal zwei junge Leute, die zu spielen verstehen!" Wir waren sehr stolz. Das war der Beginn unserer Freundschaft mit Strauss, wenn man überhaupt von Freundschaft sprechen darf bei einem so bedeutenden Mann.[70]

Strauss riet den jungen Musikern, die Musik nicht zu ernst zu nehmen, und fügte hinzu: „Als ich jung war, spielte auch ich genauso. Nehmen Sie es leicht!"[71] Nach dem Vorspiel stellte Fiala dem bejahrten Komponisten eine interessante Frage, um seine Ansicht zur Philosophie einer authentischen Aufführungspraxis zu hören. Wie sollte eben diese Sonate, die er vor 60 Jahren geschrieben hatte, heute gespielt werden? So, wie Strauss sie damals, 1887, empfunden hatte, oder so, wie er sie heute empfand, mit all seiner Lebenserfahrung und seinen veränderten Einsichten? Der Komponist sagte ohne Zögern, dass das Stück so gespielt werden sollte, wie es der heutigen Zeit und Ansichtsweise entspreche. Um dies zu illustrieren, setzte er sich ans Klavier und spielte einige Ausschnitte aus früheren Versionen, um zu zeigen, wo er geändert hatte und wo die Verbesserungen waren.

1942 gab das neue Duo sein Debüt im Brahms-Saal des Musikvereins mit einem anspruchsvollen Programm, zum großen Erstaunen des Publikums auswendig vorgetragen. Gespielt wurden die „Teufelstriller-Sonate" von Giuseppe Tartini, die Sonate D-Dur von Johannes Brahms, die Sonate A-Dur von César Franck und die Sonate op.18 von Richard Strauss.

Nachdem Isolde 1940/41 nicht konzertiert hatte, schreibt sie nun in ihrer Chronologie:

> Der außerordentliche Erfolg des Sonatenabends mit Jaroslav Suchý hat viele Bitten des Wiener Publikums zur Folge, Frau Ahlgrimm solle doch wieder auf dem Podium erscheinen.

Mit dem nächsten Konzert am 23. April 1942 brach sie aus der Tradition der Kammermusikkonzerte aus und spielte mit großem Orchester, eine Erinnerung an ihre alten Träume von Solistenlorbeeren[72]:

> 7. *Concert für Kenner und Liebhaber*. Zum ersten Mal ist ein großes Orchester (*Wiener Symphoniker* unter Hans Weisbach) für den Großen Konzerthaussaal engagiert. Der Programmtitel lautet: *Vergessene Virtuosenmusik*. Das Klavierkonzert a-Moll von J. N. Hummel bringt einen außerordentlichen Publikumserfolg. Rasch folgen zwei weitere Konzerte.

Die nächsten zwei Konzerte waren Programme mit Werken von Schubert und Schumann. Sie zeigen, dass Isolde Ahlgrimm ihr Repertoire früher romantischer Musik weiter vergrößert hatte und auch andere Typen von Klavieren spielte. Das Schumann-Programm wurde im Kunsthistorischen Museum auf dem Flügel von Conrad Graf gespielt, den Clara Wieck als Hochzeitsgeschenk von Robert Schumann erhalten und den sie nach Schumanns Tod Johannes Brahms geschenkt hatte[73]. Bei der Eröffnung des neu renovierten Geburtshauses von Schubert spielte sie Kompositionen für Klavier Solo und wieder das *Forellenquintett*. Zu dieser Zeit gründete Ahlgrimm auch ein barockes Ensemble, das *Wiener Trio für Alte Musik*, mit zwei Mitgliedern einer prominenten Streicherfamilie, Margot und Sylvia Grümmer (Viola d'amore und Viola da gamba). Das Ensemble hatte ein breites Repertoire von Musik aus dem 17. und 18. Jahrhundert, eingeschlossen Werke von Couperin, Rameau, Telemann, Buxtehude, Poglietti, Lotti und Caix d'Hervelois und erweiterte damit das Spektrum der *Concerte*.

Nun stand die spezielle Konzertreihe bereits sicher auf den Beinen. Das Wiener Publikum war treu und kam mit wachsenden Besucherzahlen zu den Veranstaltungen, und die Werke der unbekannten Komponisten und der Klang der vergessenen Musik und vergessenen Instrumente wurden immer mehr zu einem festen Bestandteil der Wiener Musikszene. Unter den zahlreichen historischen Sälen Wiens wählten Ahlgrimm und Fiala mit Geschick solche, die außer einem schönen Rahmen auch die richtige Größe und Akustik hatten für den eher zarten Klang der Instrumente.

Zum Jubiläumskonzert am 19. Februar 1943 schreibt Isolde Ahlgrimm: Chronologie:

> 10. Festliches Concert für Kenner und Liebhaber. In den Räumen der Sammlung alter Musikinstrumente des Kunsthistorischen Museums im Palais Pallavicini am Josefsplatz zu Wien gestaltet die Museumsleitung dieses Jubiläumskonzert zu einer vielbemerkten Feier für die Künstlerin und bringt den Dank der Sammlung, die zu einem guten Teil ihrer Sammeltätigkeit zu verdanken ist, zum Ausdruck. Die erste Entwicklungsperiode ist abgeschlossen. Die Künstlerin wird von den gesamten Wienern und Deutschen (infolge des Krieges fehlte die Internationalität) als die unbestritten erste Interpretin früher Klaviermusik (C. Ph. E. Bach, Mozart, Haydn, Beethoven, Hummel und Schumann) begeistert gefeiert. Inzwischen hat schon ein intensives Studium des Cembalos begonnen. Die nächsten Konzerte sind fast ausschließlich diesem Instrument und seiner Musik gewidmet.
>
> [...] diese *Concerte für Kenner und Liebhaber*, die aus dem Musikleben Wiens nicht mehr wegzudenken sind und deren zehntes erwünschten Anlass bot, die Initiatoren gebührend zu ehren.[74]

Bei diesem Konzert wurde auf die Programmidee des 4. *Concerts* zurückgegriffen. Diesmal spielte Ahlgrimm auf vier originalen Instrumenten von Ferdinand Hofmann (Haydn), Tafelklavier von Anton Walter (Mozart), Michael Rosenberger (Beethoven) und André Stein (Schumann) aus der Sammlung des Kunsthistorischen Museums.

Nach sieben Jahren mit den *Concerten* hatte sich das Fortepiano etabliert.

Zu dieser Zeit wurde Isolde Ahlgrimm vom bekannten Wiener Maler Josef Dobrowsky gemalt. Das schöne Bild einer versunken lesenden Isolde zierte später die Umschlagseite der ersten Biographie von Peter Watchorn. Isolde Ahlgrimm hinterließ es der Universität, wo es im altvertrauten Cembalo-Unterrichtszimmers in der Lothringerstraße an sie erinnert.

****

So erfreulich die berufliche Entwicklung mit den *Concerten* war, so problematisch wurde nun die private Situation mit Erich. Wegen seiner anfänglichen Begeisterung für Hitler war er vor dem Krieg Parteimitglied der NSDAP geworden. Während seines Einsatzes in Polen wurde er vom Saulus zum Paulus, als er realisierte, was die tatsächlichen Ziele der Nazis waren. Nun schloss er sich dem Untergrund an. Seine Neigung, direkte und indiskrete Bemerkungen zur falschen Zeit zu machen, begann nun plötzlich, gefährlich zu werden.

1943 besuchten Ahlgrimm und Fiala einen engen Freund, den beliebten Burgschauspieler und Sänger Richard Eybner, der sich in einem Spital von einer Operation erholte. Ein anderer Besucher Eybners, ein Hamburger Geschäftsmann, linientreu wie auch Eybner, beschrieb die schlimme Situation in seiner Heimatstadt und erzählte Geschichten über den stoischen Gleichmut der deutschen Bevölkerung. Sich in Abscheu abwendend erwiderte Fiala, dass dies eher ein weiteres Zeichen für die „starrköpfige Dummheit der Deutschen" sei[75]. Der Deutsche war schockiert von Fialas Reaktion und sagte: „Wenn alle so denken würden wie Sie, Herr Fiala, würde Deutschland den Krieg nie gewinnen." Fiala erwiderte: „Es wäre das größte Unglück, wenn Deutschland den Krieg gewinnen würde".[76]

Einige Tage später wurde Fiala von seinem Büroposten beim Wiener Zweig der Wehrmacht suspendiert und vorläufig unter Hausarrest gestellt. Dank seiner guten Beziehungen zum Wiener Untergrund fand Isolde einen tüchtigen Anwalt zu seiner Verteidigung. Seine Kameraden rieten ihr, einen deutschen Juristen zu wählen, da diese kompetenter seien für solche Fälle. Fiala hatte sich beim Kriegsgericht einzufinden, wo er wegen militärischer Sabotage angeklagt und zu einer Gefängnisstrafe von drei Monaten verurteilt werden sollte. Ein milder Richter änderte jedoch das Urteil und gewährte Aufschub für diese Strafe. So war Fiala nominell frei, aber der Fall war in Schwebe und er blieb weiterhin von seiner Arbeit suspendiert. Nun waren sie wirklich personae non gratae und selbst ihre Freunde getrauten sich nicht, mit ihnen offen zu verkehren. Dass der Prozess nicht abgeschlossen wurde, wirkte sich ein Jahr später verhängnisvoll aus.

Am 11. Juni 1943, dem 79. Geburtstag von Richard Strauss, spielte Isolde Ahlgrimm öffentlich auf einem modernen Flügel einen Abend mit Kammermusikwerken von Strauss.

> 13. Concert für Kenner und Liebhaber. Richard Strauss ist an diesem Konzert persönlich anwesend und gibt seiner Freude und Zustimmung lebhaftesten Ausdruck. Auf seinen persönlichen Wunsch wird dieses Konzert wenige Wochen später an den Salzburger Festspielen wiederholt.[77]

Ahlgrimm spricht in ihrem Radiointerview von diesem Konzert, erwähnt es aber [irrtümlich] als das Konzert zu Strauss' 80. Geburtstag. Sie erzählt, dass bei einer schweren Stelle im Quartett plötzlich jemand geklatscht hätte. Als sie nach unten schielte, sah sie, dass es Strauss war, der in der ersten Reihe saß. Nachher sagte er: „Na wissen S', das haben S' so schön gespielt, ich habe die Stelle selber nie z'samm'bracht."

Dem Konzert mit den frühen Sonaten für Violine und Klavier (op.18, 1887), für Cello und Klavier (op. 6, 1880–1883) und dem Quartett in c-Moll für Klavier und Streicher (op. 13, 1883/4) wurde von einem „ekstatischen" Publikum applaudiert. Die mitwirkenden Künstler waren Jaroslav Suchý, der Bratschist Rudolf Streng und die Cellisten Richard Krotschak und Otto Stiglitz, alles bekannte Wiener Musiker und Mitglieder der Wiener Philharmoniker. Das Konzert wurde am 7. August auf Wunsch von Richard Strauss im Mozarteum in Salzburg wiederholt.

2.5. Die Entscheidung für das Cembalo

Ausgerechnet während dieses Konzertes, bei dem nur moderne Instrumente zum Zug kamen, kündigte Isolde Ahlgrimm offiziell den Wendepunkt in ihrer Karriere an, nämlich sich in Zukunft nur noch dem Cembalo zu widmen. Die Mitteilung wurde mit Bedauern aufgenommen.

> [...es] gab dem mit seiner Familie persönlich anwesenden Meister und den tausend, den Mozartsaal des Konzerthauses dichtfüllenden Zuhörern große künstlerische Freude. Die virtuos gebrachten Werke rissen dem Publikum den Beifall förmlich aus den Händen. Den Wunsch der Künstlerin in Ehren, leicht hat sie uns freilich diesen Abschied nicht gemacht.[78]

Es hatte recht lange gedauert, bis sich Isolde Ahlgrimm endlich für das Cembalo entscheiden konnte. Sie war Pianistin und empfand das Cembalo anfänglich als klangarm und unflexibel und musste erst Zugang dazu finden. Was für einen Wechsel sprach, war, dass jedes der verwendeten alten Klaviere eine andere Mensur hatte. Dies war bei ihrem Perfektionismus ein schwerwiegender Nachteil, weil durch die verschiedenen Tastengrößen ihr Gefühl für die Spannweiten der Intervalle litt und sie Gefahr lief, unsauber zu spielen, zu „hudeln". Sie bezeichnete jedoch ihre Zeit mit den alten Klavieren als wunderbares Erlebnis[79].

Nun hieß es für sie, sich vertieft mit der Musik des Barocks zu beschäftigen. Sie richtete ihre Aufmerksamkeit hauptsächlich auf das Werk ihres bevorzugten Komponisten, Johann Sebastian Bach, und damit bekam das Cembalo als das für diese Musik adäquate Instrument einen hohen Stellenwert. Endlich begann die erste Begegnung, die sie 1930 in England mit diesem Instrument hatte, Früchte zu tragen.

Ihre Entscheidung für das Cembalo hatte aber noch einen weiteren Grund. Sie fand im Klang des Instrumentes eine Entsprechung zu ihrem eigenen Wesen. Sie formulierte es so:

> Ich habe gerne Klänge, die absolut klar sind und sauber, wo ich sagen kann, das ist dieser und dieser Ton – und bitte nicht zu viel Pedal, lieber gar keines. Das ist der diametrale Gegensatz zu dem, was das romantische Klavier hergibt und was der romantische Pianist möchte. Wenn man am Klavier einen Ton falsch erwischt, so streift man ihn und man weiß nicht, war es nun falsch oder richtig. Das Cembalo ist unerbittlich, weil jeder Nebenton, der nicht dazugehört, genauso laut klingt wie der richtige Ton. Man kann absolut nichts verbergen, nichts verheimlichen. Es muss alles ganz ehrlich sein. Man wird selber ehrlich, wenn man das Instrument spielt.[80]

In ihrer Chronologie, die sie viele Jahre später niederschrieb, vermerkte sie ausdrücklich, dass das Konzert, mit welchem sie sich wirklich als Künstlerin auf dem Cembalo definierte und das ihre weitere Karriere vorbestimmte, „das *14. Concert* im Oktober 1943 war, mein erster Bach-Abend und den *Goldberg-Variationen* (BWV 988) geweiht".[81]

Die *Goldberg-Variationen*, dieses Werk Bachs, das alle Möglichkeiten des Cembalos auslotet, wird immer ein Prüfstein für Cembalisten sein, und es ist interessant, zu sehen, wie plötzlich verschiedene Musiker, wie wenn die Zeit dafür reif geworden wäre, sich mit diesem Werk auseinandersetzen.

Wanda Landowska hatte sie bereits in den 1920er Jahren studiert und im privaten Rahmen gespielt. Aber erst durch ihre Einspielung bei *His Masters Voice* wurden sowohl das Werk wie auch das Cembalo als Instrument einem weiteren Publikum bekannt. Landowskas berühmtes New Yorker *Town Hall* Konzert, das dann 1942 stattfand und bei dem sie ebenfalls die *Goldberg-Variationen* spielte, diente hauptsächlich dazu, ihre Karriere in den Staaten zu lancieren. Die erste Cembalistin, welche 1931 dieses Werk in Wien aufgeführt hatte, war Yella Pessl, kurz bevor sie in die USA auswanderte. Es ist anzunehmen, dass Isolde Ahlgrimm nichts von Landowskas New Yorker Debüt gehört hatte, als sie dieses Werk wählte und ein Jahr später in Wien aufführte. Auch sie hatte erkannt, dass dieses cembalistisch interessanteste und fortschrittlichste Werk Bachs auch eines der dankbarsten und publikumswirksamsten Konzertstücke ist. Man kann sich keinen größeren Gegensatz vorstellen, als die beiden Cembalistinnen spielen zu sehen. Ahlgrimms Souplesse und Zartheit, ihre Hände, die sich so ruhig bewegen, dass es eher an ein Gleiten gemahnt, und im Gegensatz dazu die fast krallenartig gebogenen Finger Landowskas, die mit Verve und Attacke das Cembalo angehen. Aber – beide waren große Musikerinnen, jede in ihrer eigenen Art.[82]

Ahlgrimms Wechsel von der vielseitigen Pianistin auf verschiedenen Fortepianos zur Cembalo-Virtuosin wurde nun von der Wiener Musikwelt mit zahlreichen Pressebeiträgen der Kritiker kommentiert: „Isolde Ahlgrimm, die führende Wiener Cembalistin".

Am 1. Oktober 1943 hatte sie ihr Debüt als Cembalistin gegeben. Einen Tag später, am 2. Oktober, starb ihre Mutter Camilla Ahlgrimm[83], die immer mit großer und liebevoller Anteilnahme die Entwicklung ihrer Tochter verfolgt hatte. Sie war ihre Vertraute, Mentorin und ihr treuer Hort gewesen. Für Isolde Ahlgrimm war der frühe Tod der Mutter ein schwerer Verlust. Camillas Wunsch auf dem Sterbebett war, noch einmal Richard Wagners *Meistersinger* zu hören.

2.6. Kriegsnöte

Wien und seine Bevölkerung litten gegen Ende 1943 unter der beängstigenden Bedrohung der zunehmenden Bombardements durch die Alliierten und den immer prekärer werdenden Folgen des Kriegs. 1944 begann der Angriff auf Wien: Zerstörte Wasserleitungen, zerbombte Kanalisationen – ganze Teile der Stadt wurden zu Trümmerfeldern. Isolde Ahlgrimm beschrieb die damalige Situation Jahrzehnte später, die Schrecken und Gefährdungen der Situation immer noch frisch im Gedächtnis. Sie erinnerte sich deutlich an die Veränderungen in ihrer Stadt, an die Brutalisierung und Unmenschlichkeit, die, neben noch viel schlimmeren Dingen, einen ihrer alten Lehrer zwang, die Straßen zu kehren. Ihr älterer Kollege Josef Mertin, der damals eines der Wiener Orchester dirigierte, pflegte während der Razzien seine Proben endlos zu verlängern, um seine jüdischen Musiker zu schützen[84].

****

Ab 1944 begann der Fokus der *Concerte für Kenner und Liebhaber* sich immer ausschließlicher auf Alte Musik zu richten. Das moderne Klavier verschwand, außer bei den Mozart-Konzerten, aus den Programmen. Die *Concerte* hatten von Beginn an zwei Zwecke erfüllt, einen musikalischen und einen informativen, denn Ahlgrimms und Fialas Forschungen auf dem Gebiet der Aufführungspraxis sowie der Verwendung alter Instrumente wurden dem Publikum systematisch mit interessanten und instruktiven Konzert-Einführungen präsentiert.

> Wir konnten die Reihe aufrechterhalten, sogar während der Kriegsjahre, nur dass die Kammermusik zugunsten von Solo Abenden vernachlässigt werden musste. Die Fortepianos wurden fast vollständig durch das Cembalo ersetzt. Die einzige Ausnahme bildete die Kam-

mermusik von Richard Strauss, die stets an seinem Geburtstag gespielt wurde, natürlich auf einem modernen Klavier wie auch 1944 zu Strauss' achtzigstem Geburtstag, wo wir wieder die Sonate op.18 für Violine und Klavier, nun im Palais Pallavicini aufführten[85].

Nachdem Ahlgrimm sich für das Cembalo entschieden hatte, spielte sie für Richard Strauss einmal Sonaten von Haydn auf diesem Instrument. Der bejahrte Komponist war sehr berührt durch dieses für ihn neue Erlebnis und versicherte, dass er nun davon überzeugt sei, dass das Cembalo wirklich ein ernst zu nehmendes Instrument sei[86][!]. Er erzählte, wie sich sein Zugang zur Musik in Folge seiner Beschäftigung mit Werken der klassischen Periode, speziell mit Mozart, verändert habe. Strauss' vermehrtes Interesse an frühen Kompositionsformen ist in vielen späteren Werken erkennbar, wie den pasticcioartigen Bearbeitungen von Lullys Werk *Le Bourgeois Gentilhomme* und in seiner letzten Oper *Capriccio* (1941).

****

Am 20. Juli 1944 überlebte Hitler knapp ein Attentat, was zur Folge hatte, dass die Kontrolle über die Bevölkerung verschärft wurde. Auch die Prozesse gegen renitente Bürger wurden wieder aufgegriffen und so wurde Fiala ebenfalls neuerlichen Gerichtsverhandlungen ausgesetzt. Er wurde verhaftet und für seine unvorsichtigen Worte, die er vor einem Jahr ausgesprochen hatte, in Berlin vor Gericht gestellt. Wieder versuchte Isolde, mit Hilfe ihrer Beziehungen zum Untergrund, einen guten Anwalt zu finden. Sie musste dazu nach Berlin reisen. Auch hier wurde bombardiert und nachts musste sie sich im Keller des Hotels vor den nächtlichen heftigen Bombardements in Schutz bringen. Sie mochte bei diesem Berlin-Aufenthalt sicher ihren Bruder Hans noch einmal getroffen haben, vielleicht zum letzten Mal.

Trotz der Anstrengungen seines Verteidigers wurde Fiala zu drei Jahren Haft verurteilt und nach Leipzig gebracht. Er hatte insofern Glück, als sein Anwalt und ein gnädiger Richter ihm erträgliche Bedingungen verschafften. Das Urteil hätte genauso gut ein Todesurteil sein können.

Die durch die Haft bedingte Abwesenheit ihres Mannes war nun für Isolde die größte existenzielle Bedrohung, die sie in ihrem Leben je erfahren hatte. Als Frau eines Reichsgefangenen hatte sie Sanktionen zu ertragen und auch die Einkünfte aus den wenigen Konzerten waren minimal. Von der Familie ihres Mannes kam nur insofern Hilfe, als der Schwiegervater, der sie liebte, zu ihr hielt. Die Schwiegermutter jedoch hatte kein Mitgefühl mit ihr und gab ihr nun zu verstehen, dass ihr Sohn unter seinem Stand geheiratet hätte[87]. Isolde war in dieser schwierigen Situation weitgehend sich selbst überlassen. Ihre Mutter lebte nicht mehr, ihr

Bruder unter steter Lebensgefahr in Berlin und der Vater, betagt, noch immer in der Lammgasse. Wenige treue Freunde standen ihr bei.

****

Die Kriegswirren in Wien gingen Ende 1944 ihrem Höhepunkt entgegen. Einige der Konzerträume waren von den heftigen Bombardements bereits beträchtlich zerstört und mussten geschlossen werden.

Genauso wie viele öffentliche Gebäude und Wohnhäuser in Trümmern lagen, fielen auch Isolde Ahlgrimms *Concerte* der Wintersaison 1944/45 der Inhaftierung von Fiala und den Kriegsereignissen zum Opfer.

Die sieben Konzerte hätten Musikbeispiele aus der gesamten barocken Periode umfasst[88], mit zwei Ausnahmen: einer Auftragskomposition des österreichischen Komponisten Franz von Leeder für ein Cembalo-Konzert „im barocken Stil" und einem Programm mit Klavierkonzerten (KV 459, KV 595 und KV 488) von W. A. Mozart, gespielt auf einem modernen Bösendorfer-Flügel und begleitet von einem Kammerorchester von 25 Musikern. Für das erste Konzert dieser Saison war die komplette Aufführung des Musikalischen Opfers von Bach (BWV 1079) geplant gewesen. Das letzte Konzert, mit der *Chromatischen Phantasie und Fuge*, dem *Italienischen Konzert* und den vollständigen *Goldberg-Variationen*, wäre der strahlende Höhepunkt geworden. Wenigstens dieses letzte Programm erklang dann doch noch zwei Jahre später, am 10. April 1947, im *30. Concert*.

Die wertvolle Instrumentensammlung der Fialas, die sie vor dem Krieg aufgebaut hatten, war ebenfalls Risiken ausgesetzt:

[4. November 1944] Wir führten ein Konzert mit barocker Kammermusik in der Wiener Urania auf[89]. Während des Konzertes ertönte der Alarm und es wurde uns gesagt, dass wir eventuell in den Keller gehen müssten. Es blieb aber ruhig und so spielten wir das Konzert zu Ende. Wir ließen die großen Instrumente, mein Cembalo und eine Bassgeige von Johannes Schorn[90] stehen, um sie am andern Morgen abzuholen. In der Nacht kamen dann die Bomben und am Morgen hörten wir im Radio, dass die Urania getroffen worden sei[91]. Ich rannte, so schnell ich konnte, dahin, um zu sehen, was mit den Instrumenten passiert sei. Mein Cembalo, das Ammer von 1937, war an einen Flügel angerückt worden, der die Gesteinsbrocken der einstürzenden Wand auffing. Aber beide Instrumente standen nun ungeschützt praktisch auf der Straße. Da ich wegen des Cembalos nichts tun konnte, nahm ich wenigstens die wertvolle Bassgeige, fand einen Strick und jemanden, der sie mir auf den Rücken band und machte mich auf den Heimweg durch Trümmer und Schutt. Dies dauerte sicher ein halbe Stunde [sehr knapp gerechnet]. Anscheinend muss es ein eigenartiger Anblick gewesen sein, eine kleine Person (ich war ja nur 156 cm) mit einem so großen Instrument auf dem Rücken. Viele Leute blieben stehen, schauten und lachten, aber niemand bot mir Hilfe an[92].

Die Luftangriffe während des letzten Kriegsjahres gipfelten in einer massiven Zerstörung des Dachs von Wiens Wahrzeichen, dem Stephansdom. Isolde Ahlgrimm beschreibt später die schlimme Situation, in der sich die Bevölkerung Wiens befand, und wie sehr sie trotzdem nach Musik hungerte:

> 1945 fand am Morgen eines Konzertes ein heftiges Bombardement statt und zwar im Bezirk, wo ich abends spielen sollte. Ich dachte, dass es wenig Sinn machen würde, dorthin zu gehen, aber ich beschloss, es zu versuchen. Es sah deprimierend aus. Ich ging durch Straßen voll Trümmer und zerbrochenem Glas und erreichte schließlich den Konzertsaal, wo ich ein erwartungsvolles, hungriges und kriegsmüdes Publikum vorfand, das den Weg dahin ebenfalls gefunden hatte. Ich spielte Mozart, auch die d-Moll-Fantasie. Nie vorher in meinem Leben war mir Musik dermaßen als göttliche Gabe erschienen wie an diesem Abend, denn während dieser Minuten war sie, für mich und für die Zuhörer, einfach himmlisch und alle Sorgen waren vergessen.[93]

Als Isolde Ahlgrimm am 12. März 1945 eine Aufführung in der Staatsoper besuchte, wurde diese Ziel des größten Bombenangriffs auf Wien. Isolde kam knapp mit dem Leben davon, ihr Bruder Hans aber starb bei der Bombardierung der Philharmonie durch die Alliierten am 23. April 1945, nur zwei Wochen vor Kriegsende. Isolde, die seit jeher eine enge Beziehung zu diesem einzigen Bruder gehabt hatte, war untröstlich. Sein Tod war nicht nur ein persönlicher Verlust für sie, sondern auch für die Musikwelt, die einen begabten Künstler verloren hatte. Er hinterließ seine Frau Gertrude, eine Sängerin[94].

2.7. Kriegsende

> Mein letztes Konzert während des Krieges spielte ich im Konzerthaus und da wir keine Möglichkeit hatten, das Cembalo zurückzutransportieren, blieb es in den letzten Kriegstagen da stehen und ich musste dorthin gehen, um zu üben. Es stand in einem Korridor. Es gab keine Heizung und es war so kalt, dass ich immer nur mit einer Hand üben konnte und die zweite tief in der Manteltasche zu wärmen suchte. Während dieser Zeit war die ganze Stadt voller russischer Soldaten und einige trieben sich auch im Konzerthaus herum, wenn ich da übte. Die Musik schien ihnen zu gefallen und um mir eine Freude zu machen, goss mir einer der Soldaten eine Flasche Parfüm über den Kopf.[95]

Isolde Ahlgrimm, die fürchtete, zu den Trümmerfrauen eingezogen zu werden, stellte sich den Besatzern als arbeitende Künstlerin vor. Um einen gültigen Ausweis zu bekommen, nahm sie mit Richard Eybner und dem Sänger Otakar Kraus an einer Aufführung für die Besatzer in einem kleinen Kinotheater teil. Ihr Lohn war ein Kilogramm Mehl und, was viel wichtiger war, der Ausweis der Stadtbehörde über ihren Status als Künstlerin. Dies bedeutete, dass sie ihre Arbeit nun unter den neuen Zuständen fortsetzen durfte. Zudem profitierte sie von einem Privileg für Musiker; sie durfte zu Aufräumungsarbeiten entweder gar nicht herangezogen werden oder nur zu solchen, die keine dauerhafte Berufsschädigung verursachen konnten.

Fiala war bei Kriegsende noch in Leipzig inhaftiert. Als er hörte, dass er durch das russische Militär nach Wien zurücktransportiert werden sollte, benutzte er eine Gelegenheit bei der Verladung, um zu fliehen. Er wusste, dass er als einstiger Wehrmachtsoldat und zudem als ehemaliges Mitglied der NSDAP keine freundliche Behandlung von den Russen zu erwarten hatte. Wie viele seiner Mitgefangenen hätte er es vorgezogen, in die Hände der Amerikaner zu fallen. Er floh also zuerst Richtung Norden, um den Russen zu entgehen, und schlug dann einen Bogen Richtung Wien. Auf dem Weg zurück rief er bei Richard Strauss in Garmisch-Partenkirchen an, der gerade kurz zuvor eine Radiosendung mit Isolde gehört hatte, um zu sagen, dass er lebe und auf dem Heimweg sei; er möge es Isolde mitteilen. Er erreichte Wien im Juli 1945 und Isolde beschwor ihn, die Stadt, die teilweise in der Hand der Russen sei, sofort zu verlassen und sich in ihre Wohnung bei Innsbruck in Sicherheit zu begeben. Sie begleitete ihn und reiste in den nächsten Monaten zwischen den beiden Städten hin und her. Das *22. Concert*, das noch vor Fialas Rückkehr in Wien stattgefunden hatte, fand erst anfangs 1946 eine Fortsetzung mit zwei Konzerten in Innsbruck.

Wien war nun unter vier Besatzungsmächten aufgeteilt, wobei der 9. Bezirk unter amerikanischer Verwaltung stand. Im September dieses Jahres klopfte es an die Türe der Strudlhofgasse und Ahlgrimm, die durch den Türspion gesehen hatte, dass da ein großer Mann in der Uniform eines Hauptmanns der 5. US-Besatzungsarmee vor der Türe stand, öffnete eingeschüchtert die Türe. Sie vermutete, dass er käme, um ihr zu sagen, dass die Wohnung beschlagnahmt sei [was sie später auch wurde]. Er stellte sich vor als Henry Pleasants[96] und er käme in einer musikalischen Mission: Er suche ein Cembalo und eine Lehrerin für seine Frau Virginia, die nun zwar noch in Paris sei, aber bald nach Wien kommen würde. Damit begann eine langjährige Freundschaft zwischen Isolde Ahlgrimm und Virginia Pleasants, die nach ihrer Rückkehr nach Amerika ihrerseits eine der Wegbereiterinnen für das Fortepiano- und Cembalospiel wurde[97].

Virginia Pleasants schrieb im Vorwort zur englischen Ahlgrimm-Biographie[98]:

> There are today not many who have known Isolde Ahlgrimm for fifty years. I am fortunate to be one of them. One day in September 1945, an American captain with the occupying

5th Army in Austria, my husband, Henry Pleasants, knocked on the door of the Strudlhofgasse 17, and an apprehensive Isolde answered. She could not have known that he had come on a musical mission, not a military one. I joined him soon after that, and so began a musical and personal friendship which has endured to this day as I write this modest tribute. Her many accomplishments await the reader of these pages. The post-war years were difficult in so many ways, but through total dedication, uncompromising belief, integrity — and talent, she continued through thick and thin – and sometimes, very thin. For her strength of character and singleness of purpose, I happily write these few words from deepest friendship and love.

Diese wunderbaren Worte der Zuneigung und des Verständnisses von Virginia Pleasants wären für Isolde Ahlgrimm sicher ein Trost gewesen – jemand der verstand, wie schwierig diese Zeit, die sie auch in ihrem beruflichen Wirken fast völlig auf Wien beschränkt hatte, für sie gewesen war.

****

Isolde Ahlgrimm setzte ihren Bericht über die *Concerte für Kenner und Liebhaber*, die im letzten Kriegsjahr für eine kurze Zeit gefährdet gewesen waren, mit einer Beschreibung des ersten Programms nach dem Krieg fort: einem Programm, das sie in einer von vier Mächten besetzten, zerbombten Stadt mit hungrigen und verzweifelten Menschen gaben. Es war das *21. Concert*, drei Wochen nach Kriegsende, von dem leider kein Programmblatt mehr existiert[99].

Die Konzerte der Saison 1946/47 hätten im Konzerthaus stattfinden sollen, einem der wenigen Konzerträume Wiens, die relativ unbeschädigt geblieben waren. Aber in diesem Jahr erkrankte Isolde Ahlgrimm an Tuberkulose, was sich nachher als falsche Diagnose herausstellte. Am 22. Februar 1947 berichtete sie nämlich in einem Brief an [?]Willet[100], „dass eine lange dauernde Rippenfellentzündung sie gehindert hätte, ihren Konzertverpflichtungen nachzukommen; dass sie nur das 25. und 26. *Concert* der Saison 46/47 hätte spielen können und die anderen abgesagt hätte, um sich zu schonen."

Die Konzerte dieser Saison hätten auf die Programme der Saison 1945/46 zurückgegriffen, die damals nicht hatten stattfinden können und nun teilweise noch einmal verschoben werden mussten. Einige wichtige Konzerte außerhalb der Reihe der *Concerte* spielte sie trotzdem: „am 26. Februar unter Erich Leinsdorf von der Metropolitan das *5. Brandenburgische Konzert* und dann erst im April wieder ein Konzert mit der *Chromatischen Fantasie*, dem *Italienischen Konzert* und den *Goldbergvariationen*. Ein weiteres Konzert im April würde dann eine Aufführung des Konzertes für 2 Klaviere in Es-Dur von Mozart sein, mit Virginia Pleasants."

Dieser Brief enthält aber noch weitere Informationen, die recht nachdenklich stimmen. Sie schreibt über ihre Wohnverhältnisse:

> Mit der Wohnung ist es insofern besser geworden, als der lebenslustige Captain ausgezogen ist, dafür ist jetzt ein Universitätsprofessor mit Frau und Tochter hier. Freilich hat man uns nur einen Raum gelassen und Sie können sich wohl denken, dass das Leben zweier arbeitender Menschen, zusätzlich Sekretärin und Bedienerin nicht ganz einfach ist, aber mit einigem guten Willen geht es...

Sie spricht weiter über ihre Konzerte und fährt dann fort:

> Das sind alle Neuigkeiten und verglichen zur allgemeinen Lage muss man wohl sagen, dass es glückliche und erfolgreiche Monate waren. Objektiv gesprochen freilich, entsprechen sie dem Tiefstand des nahezu auf den Nullpunkt gesunkenen Lebensstandards dieses armen Landes. Aber wir glauben fest daran, dass die Fleißigen und die Tüchtigen zum Schluss doch die Erfolgreichen sein werden und lassen den Mut und die gute Laune nicht sinken.

2.8. Richard Strauss und die Capriccio-Suite

Ein sehr wichtiges Konzert für Isolde Ahlgrimm konnte jedoch stattfinden, die Uraufführung eines ganz besonderen Werkes, der *Capriccio-Suite* von Richard Strauss. Dass zu dieser Zeit ein Werk für Cembalo geschrieben wurde, war die Folge von Ahlgrimms Mitwirkung bei der Uraufführung seiner letzten Oper Capriccio op. 85 am 1. Februar 1944. Sie war 1941 vollendet und vom Dirigenten Clemens Krauss als Einakter eingerichtet worden. Es war Strauss' ausdrücklicher Wunsch, dass Isolde Ahlgrimm den Cembalo-Part eines Stückes, das er als Teil der Bühnenmusik geplant hatte, spielen sollte[101].

Im Juni nach der Aufführung ermächtigte er Isolde, die drei Tänze für kleines Kammerensemble – Passepied, Gigue und Gavotte – als eigenständiges Solostück für Cembalo einzurichten. Der Biograph von Strauss, Norman del Mar, beschrieb diese Episode folgendermaßen:

> Strauss war so begeistert von Ahlgrimms Künstlerschaft, dass er zu ihr ging und sagte: „Also, wie wäre es denn, wenn Sie die Ballettmusik aus Capriccio in ihren Konzerten spielen würden?" Etwas unsicher erwiderte sie, dass es vielleicht schwierig sein würde, die beiden Streicher zu finden, und dass es ein gewagtes Unterfangen sei, es allein zu tun, da es in der originalen Form schon schwer genug sei. „Oh, Sie werden es schon schaffen", war Strauss' Ant-

wort und so machte sie sich ans Werk. Schließlich erhielt sie einige Monate später einen lauten Schluss, komplett mit Widmung und Datum (5. Juni 1944).[102]

Ahlgrimm selber erzählt es so:

> Anlässlich der Wiener Premiere von der Oper *Capriccio* von Strauss (am 1. März 1944) hatte ich die Ehre, den Cembalopart der Bühnenmusik spielen zu dürfen. Das sind drei kleine Sätze in der Besetzung Violine, Cembalo und Violoncello. Richard Strauss meinte nachher, ich solle diese Suite in die Programme meiner „Concerte für Kenner und Liebhaber" aufnehmen. Ich sagte, dass ich nicht so gerne Kammermusik spiele, da die guten Musiker meist keine Zeit für Proben hätten und mit weniger guten zu musizieren wäre keine rechte Freude. „Na, dann spielen Sie's eben allein" war Straußens Antwort. Das erschien mir etwas schwierig. Ich meinte: „Es ist schon zu dritt nicht leicht, wie soll ich das allein spielen?" Straußens Antwort: „Sie können das schon!" Schließlich erwiderte ich noch, die Tänze hätten ja keinen richtigen Schluss. „Den schreib ich Ihnen" und damit war das Gespräch zu Ende. Zwei Wochen später läutete das Telefon. Es war Strauss. „Also, was wollen S', an leisen oder an lauten Schluss?" In meiner Überraschung konnte ich nur sagen: „Das muss ich doch ganz Ihnen überlassen." „Also an lauten", meinte Strauss. „Gut, kriegen S' an lauten!" Und kurze Zeit später erhielt ich von ihm die kleine Schlußkadenz, die er mir mit alleinigem Aufführungsrecht gewidmet hat.[103]

Strauss hatte es mit der Widmung zur Bedingung gemacht, dass das Stück nicht vor Kriegsende aufgeführt werden solle. Die Uraufführung fand also erst am 6. November 1946 im Mozart-Saal des Wiener Konzerthauses statt. Von da an nahm Isolde Ahlgrimm die *Capriccio-Suite* regelmäßig in ihre Programme auf.

2.9. Die *Concerte* werden privat

Die *Concerte* für die Saison 1946 waren neu in die Abonnementsreihe der Konzerthausgesellschaft aufgenommen worden mit einer sehr positiven Vorbesprechung im Generalprogramm, die auch die Ankündigung eben dieser Uraufführung von Richard Strauss enthielt:

> Zum erstenmal hat die Wiener Konzerthausgesellschaft die *Concerte für Kenner und Liebhaber* von Isolde Ahlgrimm in ihr Abonnement aufgenommen. Damit soll dokumentiert werden, welche Bedeutung die Gesellschaft gerade dieser Reihe, die sich seit Jahren im Wiener Konzertleben einen festen Platz sichern konnte, beilegt. Wieder werden wie bisher in erster Linie Musik des deutschen und italienischen Barock (Bach, Händel, Scarlatti, Frescobaldi,

Locatelli u. a.) und Werke der Klassik (Jos. Haydn, und W. A. Mozart) aufgeführt werden. Die schon viel besprochene und immer wieder als entwicklungsgeschichtlich bedeutsam empfundene Verwandtschaft moderner und barocker Musik findet diesmal mit der Einfügung von fünf Uraufführungen sichtbaren Ausdruck. Am 6. November 1946 werden zur Feier des 25. *Concerts für Kenner und Liebhaber* Werke von Robert Neßler, Fritz von Leeder, Hans Ahlgrimm, Richard Strauß und Friedrich Wildgans zum erstenmal gespielt werden[104].

Die nächste Saison der *Concerte* fand dann 1947/48 im Brahms-Saal des Musikvereins statt mit fünf sehr erfolgreichen Cembalo-Solo Abenden. Isolde Ahlgrimm erwähnt die Konzerte nur beiläufig in ihrer Chronologie. Hingegen schreibt sie, dass sie auf Wunsch ihres Publikums nun die *Concerte* im privaten Rahmen abhalten werde. Diese Formulierung in der Chronologie war eine Vertuschung, mit der sie ihren Mann decken wollte. Der eigentliche Grund war Erichs Streit mit dem Musikverein:

> Nachher wurde für die folgenden Konzerte immer zwischen dem Brahms-Saal des Konzerthauses und dem Mozart-Saal des Musikverein abgewechselt, bis uns der unglückliche Streit zwischen meinem Mann und dem Direktor der „Gesellschaft der Musikfreunde" (1947) zwang, die Konzerte in unserer Wohnung im Höller'schen Haus an der linken Wienzeile 42 abzuhalten.

Die Ursache des Zerwürfnisses lag darin, dass Fiala gedroht hatte, Isolde Ahlgrimm würde nur spielen, wenn er die Orchesterleitung übernehmen könne. Diese Bedingung war jedoch für den Direktor des Musikvereins nicht akzeptabel. Wohl hatte Erich Fiala Unterricht in Orchesterleitung bei Karl Böhm gehabt, wo er „zwar gelernt hatte, den Auftakt richtig anzugeben", was ihn aber keinesfalls qualifizierte, Konzerte im Musikverein zu dirigieren.

Neben dem Verlust des wichtigsten Konzertsaals war eine zweite unerfreuliche Folge dieser „unglücklichen Auseinandersetzung" – Erichs Streitlust war anscheinend auch durch schlechte Erfahrungen nicht gemäßigt worden –, dass Isolde Ahlgrimm nun vom offiziellen Konzertbetrieb abgeschnitten war und ihr in Zukunft die wichtigste Verbindung zwischen Künstler und Publikum, die Wiener Kritiker, nicht mehr zur Verfügung standen. Ihr wurde bewusst, dass diese Situation ihre Karriere verbaute. Dazu kam, wie sie selber sagte, dass Erich sie zwar „berühmt wie Alexander den Großen sehen wollte"[105], aber nur in Ausnahmefällen damit einverstanden war, dass sie sich außerhalb ihrer Konzertreihe engagierte. Sie wünschte sich sehr, auswärtige Angebote annehmen und Konzertreisen machen zu können, vor allem auch, da sie eine Notwendigkeit sah, mehr zu verdienen, da ihre Einkünfte kaum ihre Unkosten deckten.

Die *Concerte* werden privat | **65**

Als die Wiener Akademie für die Bregenzer Festspiele 1948 Konzerte arrangierte und sie gebeten wurde, das erste Konzert mit Werken alter österreichischer Komponisten zu bestreiten, reiste Isolde Ahlgrimm freudig mit ihrem Cembalo nach Bregenz. Ihre dortigen Erlebnisse schilderte sie in einem langen, in reizend kuriosem Englisch abgefassten Brief an Michael F. Cullis[106]. Unter anderem gibt dieser Brief auch Einblick in die politischen Zustände nach dem Krieg. Bei diesem Konzert mit einem Referat von Prof. Wilhelm Fischer[107] über Wiener Barock und die Wiener Hofmusikkapelle spielte Isolde Ahlgrimm Werke von Hofhaimer, alte Volkstänze, Froberger, Poglietti und Wagenseil. Bregenz lag damals in der französischen Besatzungszone und darum hatten auch französische Musiker eingeladen werden müssen. Diese fragten Isolde Ahlgrimm bereits bei der Ankunft, ob sie ihr Cembalo ausleihen dürften, was sie drei Tage lang ablehnte „da man doch sein Instrument nicht hergibt, vor allem, wenn man noch 8 Stunden daran gearbeitet hat." Der Landeshauptmann kam persönlich, um sie zu bitten. Sie sagte „nein". Man versprach ihr ein eventuelles Engagement in der französischen Schweiz, aber sie sagte, „sie würde lieber engagiert werden, weil sie eine gute Künstlerin sei und nicht, weil sie ihr Instrument ausgeliehen hätte". Am Konzerttag spielte sie ihr Konzert um 17 Uhr vor begeistertem Publikum. Das Konzert der Pariser war für 21 Uhr vorgesehen. Nach dem Spielen vernahm sie, dass ihr Cembalo für die nächsten vier Tage konfisziert sei – „I was verry angry [sic]". Mit Unterstützung des Sicherheitsdirektors von Vorarlberg konnte sie die Franzosen dazu bringen, das Instrument wenigstens am folgenden Tag wieder freizugeben. (Der politische Hintergrund der Geschichte war, dass die Bregenzer die Einreisebewilligung der deutschen Musiker mit der Einladung der Franzosen hatten erkaufen müssen.)

Und ihre große Enttäuschung: Die Kritik redete nur von den Franzosen.

In diesem Brief wurde nun auch erstmals die neue Wohnung im Höller'schen Haus an der linken Wienzeile erwähnt. Isolde Ahlgrimm schrieb über die Renovation, die Ende Mai 1948 begonnen hatte, über die vielen Handwerker, den Lärm und den Dreck und dass sie nun lauter Schlösser aus dem 17. Jahrhundert an den Türen hätten. Sie sei jedoch krank geworden wegen des ständigen Durchzugs und ihre geliebte Katze hätte ihr Junges verloren, aber endlich hätten sie mehr Platz!

Nachdem die Situation mit dem Musikverein aus dem Ruder gelaufen war, hatten sie nun die Möglichkeit, ab 1949 ihre *Concerte* als Abonnementskonzerte in privatem Rahmen weiterzuführen. So war das fünf Mal wiederholte, sehr spezielle Faschingskonzert[108] vom 15. bis 19. Februar auch ein Anlass, die Konzertbesucher auf die neue Situation einzustimmen. Und: „Das Publikum blieb uns treu, sogar so, dass wir jedes Programm an vier aufeinander folgenden Abenden,

Mittwoch bis Samstag zu spielen hatten, um alle Abonnenten zu berücksichtigen".[109]

2.10. Der Bach-Zyklus

Trotz dieses Erfolgs erkannte Isolde Ahlgrimm die Gefahr, die in der Isolation der *Concerte* lag und sie sah in dieser Situation nur eine Rettung, die Flucht nach vorne. Sie reagierte mit einer gewaltigen Leistung, dem Bach-Zyklus. 1992, in ihrem Radiointerview, sagte sie, dass sie sich etwas Außergewöhnliches hätte ausdenken müssen, um die Leute auf sich aufmerksam zu machen, sodass sie sagen würden: „Diese Frau kann man nicht einfach so untergehen lassen." Das Bach-Jahr 1950 stand vor der Tür und sie beschloss:

> Jetzt lern' ich den ganzen Bach. Ich kann das und sonst macht das niemand. – Ich hätte diese Arbeit nur mit Bach machen können. So schön Mozart ist, irgendwann ist er melancholisch, traurig und krank; er hat eine Stimmung, die einen unter Umständen traurig und krank machen könnte, mich zumindest. Aber wenn ich Bach spiele, und ich habe doch ein Jahr lang oder zwei nur Bach gespielt, dann werd' ich gesund. Wenn etwas gegen den Strich lief: Hinsetzen und üben – gut war's.[110]

Der erste Bach-Zyklus bestand aus zehn abendfüllenden Programmen (*Concerte Nr. 36–45*) mit dem gesamten Werk für Cembalo solo, einem Projekt, dass noch kein Musiker in Wien vorgestellt hatte – alle originalen Cembalowerke, mit Ausnahme der siebzehn Konzert-Bearbeitungen von Vivaldi und anderen Komponisten.

Sie stellte nun einen peinlich genauen Zweijahresplan zum Studium des gesamten Werkes auf, um es im Herbst 1949 auswendig bereit zu haben, und verwendete die besten Ausgaben und alles Quellenmaterial, dessen sie habhaft werden konnte, um eine authentische Interpretation zu gewährleisten.

Vom 5.–8. Oktober 1949 fand das *36. Concert* statt, der erste Abend des Bach-Zyklus, der über zehn Abende gehen sollte[111]. Im *45. Concert* erklang das gesamte Musikalische Opfer mit dem 6-stimmigen Ricercar, zum ersten Mal in Wien auf dem Cembalo gespielt. Dies war wie ein Vorspiel zur Aufführung der kompletten *Kunst der Fuge*, die einige Jahre später folgte.

Im Bach-Jahr starb ihr Vater Karl Friedrich und wurde auf dem Hernalser Friedhof bestattet. Sie hatte neben der ungeheuren Anspannung mit ihren Konzerten auch noch die Trauerarbeit zu bewältigen. Der Gedanke, nun als Einzige der Familie übrig geblieben zu sein, beschäftigte sie. All diese Belastungen ließen in ihr den Wunsch nach einem Ruhejahr aufkommen, aber da die Hauskonzerte ihr auch Lebenssinn und Freude gaben, wollte sie doch nicht auf sie verzichten. Also:

> Nach dem ersten Bach-Zyklus folgte, in den Concerten 46 bis 54, der Mozart-Zyklus, gespielt auf historischen Fortepianos.[112]

Sie hatte sich, seit dem ersten *Concert* 1937, für das Studium von Mozarts Klavierwerken immer mehr auf Fortepiano und Clavichord verlegt. Für diesen Mozart-Zyklus von 1950/51 verwendete sie verschiedene Fortepianos, darunter ein Instrument von Anton Walter, gebaut 1787, welches später an Gustav Leonhardt verkauft wurde[113]. Sie hatte den Klang der Fortepianos immer geliebt, bezeichnete ihn als zart, lebendig und durchsichtig und von einer Qualität, die auch der beste Pianist auf einem modernen Instrument nie erreichen würde.

Zusätzlich zu den Solowerken für Klavier nahm sie nun auch die Sonaten für Violine und Klavier ins Programm, die eigentlich, wie auch Mozart sie bezeichnete, Klaviersonaten „mit Begleitung einer Violine" sind. Der Violinist Paul Kling sollte sie auf einer Amati-Geige der Sammlung Fiala spielen. Auch Kammermusikwerke in größerer Besetzung erschienen auf den Programmen, so die Klaviertrios und die beiden Klavierquintette. Isolde Ahlgrimm wurde mit den Vorbereitungen tatsächlich fertig und das erste der Konzerte konnte wie geplant vom 18. bis 21. Oktober 1950 stattfinden.

Alle neun Abende des Zyklus' mussten je viermal wiederholt werden, von Mittwoch bis Samstag. Mit dem Konzert vom 24. Februar 1951 erreichte Isolde Ahlgrimm den Meilenstein ihres *50. Concerts*. Der Anlass wurde groß gefeiert und das Festprogramm bot einen Rückblick auf den Beginn der Konzertreihe, mit Werken von Mozart, der Fantasie d-Moll, KV 397, und der Sonate A-Dur, KV 331, die sie genau 14 Jahre früher gespielt hatte. Auch dieses spezielle Jubiläumskonzert wurde fünf Mal wiederholt, denn der Erfolg des Mozart-Zyklus übertraf alle Erwartungen. 4500 Menschen kamen in diesem Jahr, um die authentischen Konzerte zu hören.

Der private Raum hatte trotz der Beengung auch einen Vorteil. Man fühlte sich als Gast und unter den regelmäßigen Besuchern entstand ein Gefühl des „Dazugehörens" und alle freuten sich immer auf das nächste *Concert*.

Nach dem künstlerischen und persönlichen Erfolg des Mozart-Zyklus von 1950/51würde man annehmen, dass es dem Ehepaar Fiala auch materiell glänzend ging. Dass dies nicht der Fall war, zeigt der Brief von Isolde Ahlgrimm, den sie am 25. April 1951 an eine Freundin in England schrieb:

Wir werden dieses Jahr nicht an den Attersee fahren, auch wir haben kein Geld. Die Teuerung hier ist fürchterlich. Mit dem Kunsthandel kann man momentan kein Geschäft machen. Erich arbeitet wieder ein bisschen in der Firma seiner Verwandten. Obwohl wir uns beide sehr plagen, reicht das Einkommen kaum aus, ein bescheidenes Leben zu erhalten.

Also Arbeit und nochmals Arbeit für Isolde. Das Konzertieren war im Moment das einzige Hilfsmittel zum Überleben.

Nun kehrte sie zu Bach zurück. Ihre Idee der Erweiterung des originalen Zyklus von 1949/1950 mit Bachs viel diskutiertem umstrittenen letzten Werk *Die Kunst der Fuge* BWV 1080 und der Verwendung eines Pedals ging auf die Begegnung mit dem bekannten deutschen Musikologen Heinrich Husmann (1908–1983) zurück. Sie hatte seine Ausgabe von Bachs Werken, die 1938 in Leipzig erschienen war, intensiv studiert. Husmann hatte zudem einen wichtigen Artikel im Bach-Jahrbuch von 1938 über „Die *Kunst der Fuge* als Klavierwerk: Besetzung und Anordnung" herausgegeben. Obwohl Isolde Ahlgrimm die Schriften von Donald Francis Tovey und Rudolf Steglich auch kannte, die beide sehr für eine Ausführung auf Tasteninstrumenten plädierten, fand sie, dass sich vor allem Husmanns Forschungen mit ihren eigenen deckten. 1950 hielt sie einen öffentlichen Vortrag, in dem sie ihre Ergebnisse bekanntgab und in dem sie sich als Ausgangspunkt auch auf die Erkenntnisse von Husmann stützte. Sie demonstrierte diese Erkenntnisse mit der Interpretation von Teilen dieses letzten, kontrapunktischen Meisterwerks von Bach.

Um diese Zeit war ein junger holländischer Cembalist, Gustav Leonhardt, der kurz vorher bei Eduard Müller in Basel sein Diplom gemacht hatte, nach Wien gekommen, um bei Hans Swarowsky Orchesterleitung zu studieren und in Wiens Musikbibliotheken nach alten Manuskripten zu forschen. Er besuchte verschiedene der *Concerte*, als er sich mit Wiens musikalischem Leben vertraut machte, und war zufälligerweise anwesend, als Isolde Ahgrimm bekanntgab, dass sie in nächster Zeit Bachs *Kunst der Fuge* erstmalig in Wien auf dem Cembalo spielen würde.

Leonhardt gab sein erstes wichtiges Konzert im Brahmssaal des Musikvereins mit *der Kunst der Fuge* – sechs Wochen, nachdem Ahlgrimm ihre eigenen Absichten bekanntgegeben hatte, und: Es war die erste Wiener Aufführung auf einem Cembalo. Auch wenn Leonhardt später zugab, dass er sich damit übernommen habe[114], hatte er doch Isolde Ahlgrimm den Bissen vor der Nase weggeschnappt. Nach ihrem Vortrag 1950 hatte Isolde Ahlgrimm dem interessierten jungen Kollegen Husmanns Artikel im Bach-Buch von 1938 empfohlen. 1952 publizierte Leonhardt ein Essay, das ihm den Ruf eines Bach-Kenners eintrug[115], und im selben Jahr erhielt er die Berufung als Professor der Cembaloklasse in Wien, die er bis 1955 beibehielt. Man kann sich leicht vorstellen, dass Isolde

Ahlgrimm mit ihrer eben vollbrachten grandiosen Leistung hinter sich und einem weiteren harten Lebenskampf vor sich, enttäuscht war, übergangen worden zu sein.

Aber sie bekam eine andere Chance. Während des ersten Bach-Zyklus war ein Gast gekommen, der eine neue Epoche in Isolde Ahlgrimms Schaffen einleiten würde, Marius van der Meulen, der Aufnahmeleiter von *Philips Phonographischer Industrie* in Baarn, Holland. Nach Probeaufnahmen wurde der Vertrag für die Aufnahme des Gesamtwerkes von Bach unterschrieben[116].

Ihr Ruhm nach dem ersten Bachzyklus war nicht nur nach Holland gelangt. Es kamen nun Angebote für Konzerte aus der Schweiz und aus England. Endlich wäre ihre Karriere international geworden. Durch den Kontrakt mit Philips musste sie nun aber ihre Konzerttätigkeit reduzieren und auf die meisten dieser Verpflichtungen verzichten. Die nächsten Jahre bis zum Frühling 1956 verbrachte Isolde Ahlgrimm vor dem Mikrofon. Die *Concerte* traten in den Hintergrund. In der Presse erschienen Artikel, die über den Grund der Kürzung der Konzerttätigkeit berichteten. 1953 schrieb die „Österreichische Zeitung":

> Dieses bedeutende Vorhaben – die Künstlerin bezeichnet es als ihr Lebenswerk – macht es erklärlich, dass Isolde Ahlgrimm zum Leidwesen aller Kenner und Liebhaber ihrer Konzerte für längere Zeit sich der Öffentlichkeit entziehen muss. Allerdings wird ihr Spiel, auf Platten gebannt, den zahlreichen Freunden der Künstlerin und den Verehrern des großen Meisters, dem sie mit dem Einsatz ihres hohen Könnens dient, eine wertvolle Entschädigung bieten.[117]

Den zweiten Bachzyklus führte sie aber trotzdem noch durch, auch wenn jedes Programm auf zwei Abende beschränkt wurde. Der Zyklus von sechzehn verschiedenen Programmen und zwei Jahren Dauer war sofort ausabonniert. Als eines der interessantesten Programme beschreibt Isolde Ahlgrimm in der Chronologie den Abend mit den Violinsonaten im Januar 1952:

> Das 58. Concert für Kenner und Liebhaber bringt mit Paul Kling[118] die 6 Violinsonaten. Die Aufführung stützt sich völlig auf die richtige Aufführungspraxis. Frau Ahlgrimm spielt das Cembalo concertato, daneben werden ein accompagnierendes zweites Cembalo und ein kleiner Kontrabass verwendet. Als Violine wurde eine Geige von Amati verwendet, die völlig den Erfordernissen des ausgehenden 18. Jahrhunderts entsprechend ausgerüstet wurde. Außerdem wurde der Geiger mit dem Gebrauch des damals üblichen Bogens vertraut gemacht. So ist es gelungen, diese Werke nun ganz im Gewande ihrer Entstehungszeit darzubieten. Trotz des beschränkten Raumes sieht das Haus der Künstlerin an zwei Abenden fast 300 Gäste, die der Aufführung einen triumphalen Erfolg bereiten. An Kühnheit und

umfassender Pionierarbeit kann dieses letzte Konzert vielleicht als Höhepunkt aller bisher stattgefundenen 58 Konzerte angesehen werden.

2.11. Der Entschluss zur Trennung

Die langjährige Zusammenarbeit von Ahlgrimm und Fiala hatte wunderbare Höhepunkte, aber auch denkbar schwierige Momente gebracht. Als Peter Watchorn plante, ihre Biographie zu schreiben,[119] bat Isolde Ahlgrimm darum, schonungsvoll mit ihrem Privatleben mit Erich Fiala umzugehen, ihn womöglich auszuklammern. Ihr Mann spielte aber eine so tragende Rolle in ihrem Leben, dass man die Geschichte verfälschen würde, wenn man seine Persönlichkeit wegließe.

Erich Fiala war ein Exzentriker, daneben aber eine charmante, intelligente, starke und kreative Persönlichkeit. Isolde war seine große Liebe, und seine Bewunderung für sie war unendlich. So konnte er, nachdem sie schon geschieden waren, am 18. August 1957 schreiben:

> ... dass Du selbst zu jenen wenigen lieben Menschen gehörst, die man sich im Laufe des Lebens erwerben kann, weißt du selbst ganz genau. Wäre die Behauptung nicht verletzend für andere und an sich zu tragisch, würde ich sagen, dass Dir noch immer der erste Platz zusteht.[120]

Neben dieser emotionalen Seite war er beherrschend, aufbrausend, zynisch und durch sein unvorhersehbares Benehmen ein ständiger Grund zur Besorgnis für Isolde. Die vielen Möglichkeiten, die dem Paar dank seiner Ideen, seinem sozialen Status und seinen Mitteln in guten Zeiten offenstanden, wogen die persönlichen Schwierigkeiten nicht auf. Sie trieben Isolde immer weiter von ihm weg. Sie nahm es ihm übel, dass sie seinetwegen viele wichtige berufliche Gelegenheiten nicht hatte wahrnehmen können, weil er sich mit allen wichtigen Leuten zerstritt. Trotz ihrer Zartheit und ihrer ruhigen Erscheinung war sie mental außerordentlich stark, zielstrebig, und auch wehrhaft, was sie auch während der Bedrohungen, denen Fiala während des Krieges ausgesetzt war, bewiesen hatte. Ihrem konventionellen Frauenbild entsprechend, ordnete sie sich lange Zeit unter. Sie war, wie sie selber sagte, keine Emanze. Die Kinderlosigkeit, unter der sie sehr gelitten hat, hatte die Individualität bei beiden zwar gefördert, doch war ihnen durch ihre musikalische Mission auch ein gemeinsamer Lebenssinn entstanden.

Zur Zeit der Bachaufnahmen hatte die Beziehung von Isolde Ahlgrimm und Erich Fiala ihren Tiefpunkt erreicht. Sie war es müde geworden, weitere Schwierigkeiten und negative Erlebnisse mit ihm zu ertragen. Als Fiala gegen ihren und der Musiker Willen darauf bestand, während der Aufnahmen das Orchester zu dirigieren, und er sich deswegen auch mit Philips zerstritt, wurde es sehr schwierig für alle Mitwirkenden. Ahlgrimm verhielt sich jedoch ruhig, weil sie die Aufnahmen zu Ende bringen wollte. Sie versuchte selbst, mit Otto Glastra van Loon, einem der Leiter von Philips, eine „Versöhnung" zu erreichen, indem sie schrieb:

> Ich selbst versuche, sogar unter auf mich nahme [sic] von Opfern im Hinblick auf meine 22 jährige Verbindung mit Erich, die mir viel Kummer, aber auch viel Positives gebracht hat, die Trennung so ruhig und schmerzlos zu vollziehen, als es nur überhaupt möglich ist.
> Gilt für die Verbindung Erich – Philips nicht das Gleiche? Wenn sie schon gelöst werden soll, kann man nicht versuchen, die Lösung so menschlich wie möglich zu vollziehen? Das hieße in diesem Fall, dass man ihm ein paar gute Worte sagt, damit er sich nicht wie ein Hund vor die Türe gesetzt fühlt. Verzeihen Sie bitte diesen Exkurs ins Menschliche, aber ich fühle mich sowohl Erich als mir gegenüber dazu verpflichtet.[121]

1956 wurde die Scheidung ausgesprochen. Die wenigen Jahre der ökonomischen Sicherheit seit der Beendigung des Krieges waren nun vorbei. Bereits vor der offiziellen Scheidung hatte sie die Wohnung an der Linken Wienzeile verlassen, wo noch immer die prachtvolle Sammlung von Instrumenten stand, die sie zusammen mit Erich in jahrelanger Arbeit aufgebaut hatte. Diese war nach 20 Jahren auf ungefähr 600 Instrumente angewachsen. Eine ausreichende Dokumentation ist nicht verfügbar.[122] Isolde Ahlgrimm hatte sich bei der Trennung zu entscheiden zwischen Alimenten und Instrumenten. Sie entschied sich für die Instrumente, die sie aber größtenteils noch bei Erich Fiala ließ. Der Rest der Sammlung blieb im Besitz von Erich Fiala, der sie im Lauf der Jahre nach und nach verkaufte. Ein Teil ging an die Instrumentensammlung des Kunsthistorischen Museums Wien über, der Rest zerstreute sich in alle Winde.

Zehn Jahre später schloss sie ihre Notizen zu den *Concerten für Kenner und Liebhaber,* die so viel zu ihrer musikalischen Persönlichkeit und zu ihrer künstlerischen Identität beigetragen hatten, mit folgenden Worten:

> Durch die Scheidung von meinem Mann, der in seiner Rolle als Instrumentensammler so viel zu diesen Konzerten beigetragen hat, kommt diese Serie mit dem 74sten Konzert zu einem traurigen Ende.

Erich Fiala kündigte das Ende der Ära auf seine Art an. Er ließ ein Heft erscheinen, das optisch wie die Programme der *Concerte* gestaltet war, kündigte aber an Stelle des Programms das Ende der Zusammenarbeit an[123]. Er gab darin einen

Überblick über die [seine] Zielsetzungen, die Aktivitäten, die Interpreten, Komponisten und Instrumente. Das Heft erregte Erstaunen und Missfallen bei den Musikliebhabern und verletzte Isolde Ahlgrimm zutiefst.

Erich Fiala blieb in Wien und heiratete noch zweimal. Als er 1978 starb, ging Isolde Ahlgrimm sein Tod trotz allem nahe. „Die letzten Wochen waren sehr schwer für mich und ich bin noch lange nicht überm Berg – am 17.04. ist mein Mann plötzlich gestorben. Es ist erstaunlich, dass nach einer so langen Trennung, die ich nie bereut habe, der Tod so ein Schock sein kann."[124]

2.12. Der Einfluss der *Concerte*

Der Einfluss, den Ahlgrimm während der 20-jährigen Reihe der *Concerte* auf eine jüngere Generation von Musikern ausgeübt hat, darf nicht unterschätzt werden. Vor allem zwei junge Wiener Pianisten, Paul Badura-Skoda und Jörg Demus, erschienen immer wieder zu ihren Mozart-Konzerten und ließen sich inspirieren. Paul Badura-Skoda bestätigte, wie wichtig diese Konzertreihe aus dem Jahr 1951 für ihn gewesen sei und welchen Eindruck Isolde Ahlgrimm, die Künstlerin, bei ihm hinterließ:

> Ich verdanke ihr meine erste Bekanntschaft mit dem Cembalo und dem Fortepiano. Wann immer ich über meine „Bekehrung" zu diesen Instrumenten rede, erwähne ich, wie wichtig die „Concerte für Kenner und Liebhaber" für mich waren. Ich erinnere mich an ihre erste Aufführung der gesamten Mozart-Sonaten, alles auswendig und mit Leidenschaft und Eleganz gespielt. Sie fügte dem Programm mit den Sonaten auch Variationen und andere Werke hinzu. Ein anderer enthusiastischer Hörer war mein Freund Jörg Demus. Natürlich konnten wir nicht alle Concerte hören, aber ich erinnere mich speziell an die Sonate B-Dur, KV 333. Nach diesem Anlass begannen wir, ebenfalls alte Instrumente (von Schantz oder Walter) zu sammeln und immer wieder darauf zu konzertieren.[125]

Selbst 2012 sagte er noch in einem Interview mit dem Bösendorfer Magazin, dass diese Zyklen von Bach und Mozart „mit der genialen Isolde Ahlgrimm" eine Offenbarung für ihn gewesen seien[126].

Andere junge Musiker, die zum Teil an den Concerten mitgewirkt hatten, begannen in den 1950er Jahren, eigene Gruppen zu formen, die sich ebenfalls der historischen Aufführungspraxis verschrieben. Sie folgten damit Ahlgrimms und Fialas wegweisender Arbeit seit den 1930er Jahren. Nikolaus Harnoncourt und seine Frau Alice gründeten den *Concentus Musicus Wien* 1953, während sie auf Ahlgrimms Programmen noch als Interpreten erschienen. Der Wiener Geiger

Eduard Melkus, der ebenfalls Gast bei den *Concerten* war, formierte die *Capella Academica Wien*, ein Ensemble, das in den 1960er und 1970er Jahren zu einem der führenden Interpreten der historisch orientierten Archiv-Produktionen der Deutschen Grammophon wurde. Gustav Leonhardt gründete während seiner kurzen Professur an der Wiener Akademie mit Unterstützung von Hans Swarowsky 1953 das erste seiner historisch instrumentierten Ensembles, das *Leonhardt Baroque Ensemble*. Während er Ahlgrimms Einfluss auf sein eigenes Spiel nicht gelten ließ, bestätigte er 1995, dass er sich „an ihr fantastisches Fortepiano-Spiel erinnere, das der Zeit weit voraus war"[127] sowie an die außergewöhnliche Sammlung von Saiteninstrumenten, die von den Fialas restauriert und unterhalten worden waren.

Wien war einer der Grundpfeiler der Alten Musik und ihrer Aufführungspraxis geworden.

Kapitel 3
Aufnahmen der Bachwerke durch Philips Phonographische Industrie und weitere Aufnahmen anderer Firmen

Die folgenden zwei Kapitel sind Beiträge von Peter Watchorn, übersetzt aus der englischen Biographie und mit seiner Mithilfe überarbeitet.

3.1. Wien 1951–1956: Die Aufnahmen des Bach-Zyklus[128]

A.) *Wohltemperiertes Klavier I*, *Französische* und *Englische Suiten*, *20 kleine Präludien*, *Partiten*

Isolde Ahlgrimm erwarb ihren internationalen Ruhm als Bachinterpretin durch ihre Einspielung des Cembalowerkes von J. S. Bach, die von der damals neu gegründeten holländischen *Philips Phonographische Industrie* produziert wurde. Das Projekt einer Gesamtaufnahme der Werke Johann Sebastian Bachs war zu jener Zeit ein gewaltiges Unternehmen und das erste Mal, dass das gesamte Cembalowerk Bachs von einer einzigen Person eingespielt wurde. Isolde Ahlgrimm bekam damit eine einmalige Chance, ihre wichtigsten künstlerischen Aussagen zu dokumentieren.

Ihre Verpflichtung erwies sich für beide Seiten als Glücksfall. Der Kontrakt kam auf sonderbare Weise zustande. Fiala hatte mit der Zeit begonnen, sich mehr und mehr als einziger Mentor und Manager seiner immer erfolgreicheren Frau zu fühlen. Ahlgrimm beschrieb ihn in seiner Rolle ironisch als „Svengali"[129] und erzählte, wie es zu diesen Aufnahmen kam:

> Wir hatten eine sehr lange Liste von Subskribenten für die *Concerte*, so dass wir nicht alle persönlich kannten. Eines Tages schickte eine der treuen Hörerinnen eine Entschuldigung, dass sie nicht teilnehmen könne, aber dafür einen Freund schicken werde. (Das an diesem Tag gespielte Programm war das *Wohltemperierte Clavier I*).
> Es stellte sich heraus, dass dieser Freund Marius van der Meulen war, der Aufnahmeleiter der kürzlich gegründeten Philips Kompanie in Holland[130]. Er war beeindruckt von meiner Leistung und empfahl mich bei Philips (da sie wenig Cembalomusik im Katalog hatten) und bot mir an, die sechs *Französischen Suiten* aufzunehmen.[131]

Nach Meinung der Produzenten von Philips reichte es, mit einer Aufnahme der sechs kurzen *Französischen Suiten* eine relativ unbekannte österreichische Cembalistin vorzustellen.

Isolde freute sich sehr über das Angebot, denn sie hoffte, mit den Aufnahmen ein größeres Publikum zu erreichen und vielleicht Möglichkeiten zu weiteren Aufnahmen zu erhalten. Sie hätte sofort und ohne Bedingungen den Kontrakt unterschrieben. Fiala aber, mit seinem fast fanatischen Glauben an ihre Fähigkeiten und an seine Sendung als ihr Förderer, protestierte – zur großen Verlegenheit seiner Frau – laut gegen dieses Angebot und sagte, dass eine solche Leistung, wie sie sie erbringe, nur mit der Aufnahme des gesamten Bachwerkes honoriert werden könne: „Ahlgrimm spielt alles oder nichts!"[132]

Sie reagierte verzweifelt mit den gleichen Worten, die sie schon früher bei anderen bedrohlichen Situationen gebraucht hatte: „Was hast du nun schon wieder gemacht?!"

Sie war sicher, dass die Arroganz Fialas diese Chance nun genauso zerstören würde, wie es damals beim Streit mit dem Direktor des Musikvereins geschehen war.

Dann kam aber, zu ihrer (und sicher auch Fialas) vollkommener Überraschung, eine positive Reaktion der Verantwortlichen bei Philips, die sich durch Fialas unangemessenes Benehmen nicht hatten beeindrucken lassen. In seinem unverrückbaren Glauben an ihr musikalisches Genie hatte er dieses Risiko auf sich (und auf sie) genommen, nur hatte die heikle Situation diesmal einen positiven Ausgang.

Ahlgrimms Erleichterung und Freude waren unbeschreiblich. Sie konnte ihr Glück nach den vielen Rückschlägen der letzten Jahre fast nicht fassen. Dieser Erfolg entschädigte sie für die vielen Jahre harter Arbeit und totaler Hingabe. Trotz ihrer Bescheidenheit wusste sie, was sie konnte, und zweifelte nie daran, dass sie dieser riesigen Aufgabe gewachsen sein würde. Der Vertrag wurde am 29. Mai 1951 unterzeichnet, nachdem sie probeweise das 6-stimmige *Ricercar* aus dem *Musikalischen Opfer* aufgenommen hatte. Marius van der Meulen war davon genauso begeistert wie damals von ihrem Wiener Konzert.

Ungefähr 30 Langspielplatten sollten unter seiner Aufnahmeleitung eingespielt werden. Offensichtlich wollte sich die neu gegründete Plattengesellschaft mit diesen Aufnahmen zum kommenden Bach-Jahr auch selber etablieren. Philips kündigte also Ahlgrimms Cembalo-Aufnahmen gleichzeitig mit dem kompletten Orgelwerk Bachs an, das durch ihren jüngeren Wiener Kollegen Anton Heiller[133] eingespielt werden sollte. Dies war nicht ganz risikolos, da Isolde Ahlgrimm, im Gegensatz zu Heiller, außerhalb Österreichs praktisch unbekannt war, aber für Philips war sie die einzig richtige Wahl.

Außer den Solowerken sollten auch die Cembalo-Konzerte und alle Kammermusikwerke mit obligatem Cembalo aufgenommen werden. Die Fiala-Ahlgrimm-Sammlung, unterdessen wahrscheinlich die feinste private Sammlung, würde alle nötigen authentischen Instrumente zur Verfügung stellen können. Diese Tatsache mochte ein mitentscheidender Faktor gewesen sein bei der Auftragsvergebung.

Isolde Ahlgrimm nahm nun im Hinblick auf diese Aufnahmen die Kammermusikwerke ins Programm des zweiten Wiener Bach-Zyklus auf, der im Oktober 1951 mit sechzehn abendfüllenden Programmen beginnen würde.

Marius van der Meulen hatte einen guten Namen als Aufnahmeleiter. Er hatte 1939 die berühmt gewordene Aufnahme der *h-Moll Messe* unter dem Dirigenten Willem Mengelberg geleitet. 1950 stieß er zu Philips und produzierte für diese Firma die ersten Aufnahmen mit Dirigenten wie Willem van Otterloo, Paul van Kempen, Eduard van Beinum und Antal Dorati, dann mit Pianistinnen und Pianisten wie Clara Haskil, Cor de Groot, Alexander Uninsky, Abbey Simon und Theo van der Pas, den Violinisten Herman Krebbers und Theo Olof, den Sopranistinnen Jo Vincent und Gré Brouwenstijn, den Organisten Anton Heiller und Albert Schweizer und nun – mit der Cembalistin Isolde Ahlgrimm.

Die Aufnahmen von Philips waren auf dem besten technologischen Stand der Zeit. Am 9. November 1951 wurde als Erstes das *Wohltemperierte Klavier I* eingespielt, das Isolde Ahlgrimm von ihrem ersten Bach-Zyklus her noch frisch im Gedächtnis hatte. Die Aufnahmen dauerten zwei Wochen. Ahlgrimm benutzte für diese ersten Aufnahmen das Ammer-Cembalo von 1941 mit dem Pedal, da ihr anderes Instrument nach der starken Beanspruchung der letzten Jahre neu bekielt werden musste[134].

Diese zuerst veröffentlichte Aufnahme wurde ein großer Erfolg mit ausgezeichneten Beurteilungen in ganz Europa. Eine große Hörerschaft erlebte nun Isolde Ahlgrimms direkte und authentische Annäherung an Bach und das erste Beispiel einer erkennbar „historischen" Spielweise war publiziert.

Zur gleichen Zeit erschienen diese ersten Aufnahmen Ahlgrimms (WTK I) auch in den USA, in Lizenz von Philips, auf *Columbia Masterworks Label*. Nachdem die Aufnahmen in Europa so positiv aufgenommen worden waren, erstaunt die negative Beurteilung des angesehenen Kritikers Putnam Aldrich. Er benutzte Ahlgrimms Aufnahme in einem Vergleich mit den Aufnahmen Landowskas, die für ihn das Non plus Ultra waren, und den Bachaufnahmen auf Klavier von Rosalyn Tureck. Die Letzteren lehnte er ab wegen Mangel an Authentizität, Ahlgrimm bezichtigte er einer distanzierten Annäherung, mit der Begründung, dass sie der Musik Bachs keinen persönlichen Stempel aufdrücke[135]. Außer den *Französischen Suiten*, die gleichzeitig auf den Markt kamen, wurden in den USA keine weiteren Aufnahmen mehr veröffentlicht, wahrscheinlich als Folge dieser Kritik.

Isolde Ahlgrimm hatte als Grundlage für das Studium die Bachausgabe von Francis Tovey von 1924 benutzt, welche um 1950 die wissenschaftlich Genaueste war. Anhand von Quellen und Bachs eigenem Autograph ergänzte sie diese Ausgabe. Ihre sorgfältige Vorbereitung erkennt man in den von ihr benutzten Noten, bei denen sie alle möglichen Fingersätze mit Bleistift einzutragen pflegte, um dann die gewählten mit Tinte zu betonen: eine Methode, die sie mit Landowska teilte.

Innerhalb von drei Monaten hatte Ahlgrimm auch die *Französischen Suiten* und die *Zwanzig kleinen Präludien* aus dem *Clavierbüchlein für Wilhelm Friedemann* aufgenommen. Diese erschienen als Album mit zwei Langspielplatten. Drei weitere Platten mit den *Sechs Englischen Suiten* folgten in den nächsten drei Monaten. Vier Monate dauerten die Aufnahmen der *sechs Partiten*, womit die Serie der Suiten vollständig war. Innerhalb nur eines Jahres hatte Ahlgrimm elf Langspielplatten eingespielt.

Einschub: Ahlgrimms Instrumente

Da der Cembaloklang eines der typischen Merkmale dieser ersten Philips-Aufnahmen ist, soll hier näher auf die verwendeten Instrumente eingegangen werden, vor allem auch, weil Isolde Ahlgrimm diese Instrumente während wichtiger Jahre ihrer Karriere verwendet und bis 1970 benutzt hatte. Ihr Klang war nicht zu vergleichen mit den gleichzeitig gebauten Serieninstrumenten von Pleyel in Frankreich und Neupert und Maendler-Schramm in Deutschland.

Ahlgrimms Instrumente waren große, zweimanualige Instrumente mit einem Umfang von fünf Oktaven. Beide wurden in Thüringen von der dritten Generation der eingesessenen Klavierbaufirma Ammer in Eisenberg gebaut. Die Brüder Alois und Michael hatten 1927 oder 1929 unter dem Firmennamen „Gebr. Ammer" eine Spezialwerkstatt zum Bau von historischen Tasteninstrumenten gegründet[136]. Sie hatten ohne eine reguläre Ausbildung zum Klavierbauer ihre praktischen Kenntnisse empirisch erworben und gingen unbelastet an den Bau ihrer Cembali.

Das erste Cembalo von 1937 hatte Isolde Ahlgrimm als Spezialanfertigung erhalten, während das zweite ein Serieninstrument war. Die beiden furnierten Instrumente unterschieden sich deshalb optisch voneinander. Beim Instrument von 1937 war der Abschluss der rechten Wange am Kopf rechtwinklig, die Zarge am Schwanzende geknickt (wie meist bei historischen Cembali). Es hatte folgende Disposition: Oberes Manual, 8' 4', (8' mit Lautenzug), unteres Manual 8' und 16'(mit Lautenzug, resp. Theorbe). Wie üblich bei den deutschen Cembali der Vorkriegszeit gab es nur einen Saitenbezug für beide 8', der von beiden Manualen aus bespielt werden konnte. Das etwas jüngere Instrument (1941) hatte ebenfalls die Standard-Disposition, abgeschrägte Wangen und eine geschwungene rechte Zarge, wie später die meisten Fabrikinstrumente der Nachkriegszeit. Dieses Merkmal wird oft für eine moderne Erfindung gehalten, geht aber auf den Wiener Klavierbau und noch weiter auf österreichische und süddeutsche Vorbilder zurück.

Die Brüder Ammer kamen bei diesen Instrumenten einem authentischen Klang schon recht nahe. Ihre Instrumente unterschieden sich relevant von den Erzeugnissen anderer Bauer dieser Zeit. Das erste von Ahlgrimms Cembali, das sie bevorzugte, zeigt eine Ähnlichkeit mit dem klassischen Klang deutscher Instrumente, mit seinem dunklen muselar-ähnlichen 8'[137] auf dem unteren Manual und dem nasal klingenden 8' auf dem oberen. Hier enden aber die Ähnlichkeiten mit einem historischen Instrument. Wie alle großen deutschen Cembali mit einem 16'-Register waren Ahlgrimms Ammer-Instrumente mit Stahlsaiten und im Bass mit umsponnenen Messingsaiten bezogen, welche oberhalb des 8'-Saitensatzes über den gleichen aufgedoppelten Steg liefen[138]. Der relativ starke Saitenzug und die Platzierung des 4' auf dem oberen Manual gaben dem Ammer-Cembalo einen spröden Klang, wenn alle Register gekoppelt waren, ein Grund, weshalb Ahlgrimm sehr oft ohne Kopplung spielte. Im Vergleich zum Pleyel (das interessanterweise mit dem 4' auf dem unteren Manual eine klassische Disposition hatte), blieb es jedoch klar im Klang, auch bei vollem Werk. Wie Isolde Ahlgrimm bestätigte, war es nicht so laut wie die späteren Kopien alter Originale, hatte aber eine viel bessere klangliche Präsenz als alle andern damals erhältlichen Fabrik-Cembali, auch als diejenigen aus der Nachkriegszeit.

Für die Cembalobauer des 20. Jahrhunderts war es üblich, das 4'-Register auf das obere Manual zu legen, sobald sie ein 16'-Register bauten. Dies ging auf ein zweimanualiges Cembalo mit 16'und 8' auf dem unteren und 8' und 4' auf dem oberen Manual zurück, heute im Musikinstrumentenmuseum Berlin (Nr. 316), von dem behauptet wurde, es sei nach den Angaben J. S. Bachs für ihn selbst gebaut worden. Das Cembalo wird der Werkstatt Harrass in Grossbreitenbach zugeschrieben. Die Untersuchungen des *Staatlichen Instituts für Musikforschung SIM, Preussischer Kulturbesitz* haben jedoch bis heute keinen stichhaltigen Beweis erbracht, dass das Instrument je im Besitz der Familie Bach war. Da die Umbauten der Register wohl nach 1750 erfolgten, hätte J. S. Bach es ohnehin in seiner heutigen Gestalt nicht kennen können und damit ist auch der sogenannten „Bach-Disposition" die historische Grundlage entzogen.

Zusätzlich zu diesen zwei Instrumenten erhielt Isolde Ahlgrimm von Ammer am 9. Januar 1951 ein Pedalcembalo, das sie mit ihren Instrumenten kombinieren konnte. Da von Pedal-Cembali keine historischen Vorbilder, sondern nur noch Beschreibungen existierten, baute Ammer das bestellte Instrument als großen Kasten mit abgeschrägter Diskantseite, auf den man das eigentliche Instrument stellen konnte. Dazu wurden für die beiden Ammer-Cembali spezielle Gestelle (nun mit gedrechselten Beinen) angefertigt, damit beide mit dem Pedal verwendet werden konnten. Das Pedal-Cembalo hatte Fußhebel zum Einschalten der Register. Dass die Gebrüder Ammer sich um historische Tatsachen gekümmert hatten, zeigte sich darin, dass das Pedal gerade gerichtet war wie bei norddeutschen Orgeln und nicht, wie bei den gleichzeitig gebauten Pedalen von Neupert, Sabathil oder Challis, konkav/bogenförmig. Das Cembalo hatte, ebenfalls im Gegensatz zu Instrumenten von Challis und Herz, die nach dem Krieg entstanden, keinen venezianischen Schweller, um die Lautstärke zu kontrollieren.

B.) Fortsetzung: Wien 1951–1956: Die Aufnahmen des Bach-Zyklus

Nach den Tanzsuiten wendete sich Isolde Ahlgrimm wieder dem Kontrapunkt zu. Ab 1953 stand ihr wieder ihr erstes Cembalo zur Verfügung und sie bereitete nun den 2. Teil des *Wohltemperierten Klaviers* und die *Kunst der Fuge* vor. In zwei Sitzungen mit einem Abstand von sechs Monaten waren die Aufnahmen verwirklicht. Das andere Instrument wurde erst wieder benutzt, als sie mit ihrer ehemaligen Studentin Friederike Bretschneider die *Cembalo-Doppelkonzerte* und die für zwei Cembali gesetzten Teile der *Kunst der Fuge* einspielte.

Die Soloaufnahmen entstanden alle in Ahlgrimms Wohnung in der Linken Wienzeile. Der hohe Raum des riesigen Wiener Musikzimmers mit dem Parkettboden und den Stuckdecken hatte eine gute Akustik für die Unternehmung. Aber hier gab es auch das, was der Schrecken jedes Toningenieurs ist: Straßenlärm.

> Wir waren im 3. Stock und die großen Fenster, die vom Boden bis an die Decke reichten, gingen hinaus auf den großen Gemüse- und Fleischmarkt. Es war lärmig, mit nur einer ruhigen Zeit zwischen 20 Uhr und 24 Uhr, da nach Mitternacht bereits wieder die neuen Waren für den nächsten Tag mit Lastwagen herangebracht wurden. Wir versuchten oft, bis 2 Uhr morgens durchzuarbeiten, aber der Lärm wurde zu störend. Es geschah oft, dass wir eine Aufnahme wegen eines plötzlichen Lärms unterbrechen mussten. Die Aufnahmeleiter und zwei Techniker arbeiteten unermüdlich, ohne zu klagen, auch dann nicht, wenn im unglücklichsten Moment meine Katze kam und störte.

Endlich hatte Erich eine glänzende Idee, welche ihm auch nur kommen konnte, weil er ursprünglich als Geschäftsführer in einer Wiener Schokoladenfabrik gearbeitet hatte. Kakaobohnen! Er beschaffte sich so viele Säcke wie nötig, um alle Zwischenräume zwischen den doppelten Fenstern nach der Straße aufzufüllen. Der Tag wurde zur Nacht in der Wohnung und die Sitzungen konnten ihren Fortgang nehmen, im herrlichen Duft erstklassiger Kakaobohnen – und zwischen viel Staub – aber die meisten Nebengeräusche waren weg. Trotzdem mussten wir immer noch nachts arbeiten.[139]

Für die Cembalokonzerte, die Kammermusikwerke und verschiedene Orgelwerke (eingeschlossen die *Passacaglia in c-Moll*), die alle zwischen 1954 und 1957 aufgenommen wurden, konnten sie dann einen Saal des barocken Palais Liechtenstein benutzen, der sich ganz in der Nähe der Strudlhofgasse im 9. Bezirk befindet. Die dort (in einer viel ruhigeren Umgebung) entstandenen Aufnahmen haben entschieden mehr Nachhall als diejenigen von der Linken Wienzeile.

C.) Übersicht über die vierzehn Alben der ersten Bachaufnahmen

Es war Isolde Ahlgrimms Anliegen, ihre wissenschaftlichen Erkenntnisse zu den Bachwerken an die Hörer ihrer Platten weiterzugeben. Sie verfasste Begleittexte, die zwar auch von Fiala mitunterzeichnet wurden, aber doch hauptsächlich von ihr stammten. Viele beruhen auf den Einführungen, die sie jeweils für die *Concerte* gemacht hatte. Sie schrieb über musikwissenschaftliche Themen, über historische Tatsachen oder gesellschaftliche Gepflogenheiten aus der Zeit Bachs oder auch über die sich wandelnden Interpretationsstile im Lauf der letzten 200 Jahre. Diese Texte gingen weit über das hinaus, was sonst zu dieser Zeit auf Plattenhüllen beigefügt wurde[140]. Außer ihr hat nur Landowska selber Texte für ihre Ausgaben verfasst. Die übrigen Interpreten dieser Zeit überließen diese Aufgabe den Musikologen der Schallplattenfirmen.

Hier wird nun zusammenfassend auf jedes Album Bezug genommen. Die originalen Texte der Schallplattenhüllen sind im Anhang 2, „Begleittexte zu den Schallplattenaufnahmen" von Philips, zu finden.

Album I: *Das wohltemperierte Klavier I*

Ahlgrimms Artikel behandelt das Problem der Temperierung und versucht die Hintergründe zu zeigen, die es Bach möglich machten, in seinem Werk die Charaktere aller 24 Tonarten zu demonstrieren. Die Lehre vom Charakter der Tonarten hatte damals allgemeine Gültigkeit. Der Weg zur gleichschwebenden Stimmung führte über viele Versuche mit Irrungen und Fehlern. Ahlgrimm selber war überzeugt, dass die Verwendung der gleichschwebenden Stimmung für das Spiel des *Wohltemperierten Klaviers* richtig sei.

Album II/III: *Französische Suiten, 20 kleine Präludien*

In den Notizen über die *Französischen Suiten* beschreibt sie Bachs Studienzeit in Lüneburg und seine Begegnung mit französischer Kultur, Musik und Tanz durch den Tanzmeister Thomas de la Selle.

Die kleinen Präludien nehmen Bezug auf die Erziehung des jungen Wilhelm Friedemann und das häusliche Leben Bachs.

Album IV: *Englische Suiten*

Durch ihre eigenen Erfahrungen und Forschungen kam Isolde Ahlgrimm auf einen von den meisten Musikern vernachlässigten Aspekt der barocken Aufführungspraxis, den Tanz und seine Ausführung. Die Tempowahl sollte so sein, dass dazu getanzt werden konnte. Sie fasste es in einem Satz zusammen: „Die Wiener sagen, nur wer einen Walzer tanzen kann, kann ihn auch spielen." Sie spricht in diesem Artikel auch über die Stimmhöhe und plädiert für eine tiefere Stimmung. Ihr Cembalo wurde (damals unüblich) auf A=422 Hz gestimmt, die Stimmhöhe in England zu Händels Zeiten. Auch Harnoncourt benutzte später diese Stimmhöhe während der Anfangszeit des *Concentus musicus*. Bereits in den ersten Jahren der *Concerte* entschieden Ahlgrimm und Fiala sich für eine tiefere Stimmung, da nur so auch Originalinstrumente (vor allem Blasinstrumente) benutzt werden konnten, die für eine tiefere Stimmung gebaut worden waren. Auf die Stimmung 415 Hz (einen Halbton tiefer) einigte man sich erst mit dem Erscheinen der ersten Cembalo-Nachbauten, die es ermöglichten, das Instrument durch Verschieben der Klaviaturen zu transponieren.

Album V: *Sechs Partiten*

Der Text der Schallplattenhülle handelt vom Verlagswesen des 18. Jahrhunderts
Die einzigen Werke, die Bach selber herausgab, waren die *Partiten*. Dies nahm Isolde Ahlgrimm zum Anlass, über das Verlagswesen des 18. und 19. Jahrhunderts zu schreiben. Ahlgrimm lobt die Tätigkeit der *Bach-Gesellschaft* und plädiert für die Verwendung von Urtext-Ausgaben. Sie zitiert auch Clara Schumann und Brahms, die beide für die Anerkennung der Alten Musik eingetreten waren.

Kommentar von PW: Die *Sechs Partiten* sind die umfangreichsten und vielfältigsten Cembalo-Suiten Bachs und Isolde Ahlgrimm erbrachte hier eine große Leistung, zum Beispiel mit der herausragenden Interpretation der 6. Suite – vom Beginn der großartigen *Toccata* mit dem gewaltigen, fugierten zweiten Teil bis hin zur finalen Gigue mit dem durch Überpunktierung noch erhöhten eckigen Thema – alles auf einem hohen Level von Differenziertheit in Charakter und Stil.

Album VI: *Das Wohltemperierte Clavier II*

Text auf der Schallplattenhülle: Der Artikel zu diesem Album bezieht sich auf ein Bachporträt, das Erich Fiala erworben hatte und dessen Echtheit er zu beweisen versuchte. Daneben wird über die Zeit von Bachs Wirken in Weimar berichtet.

Kommentar von PW: Wie die Aufnahme des ersten Bandes ist auch diejenige des Zweiten ein beeindruckendes Zeugnis ihrer Kunst. Sie spielt mit perfekter rhythmischer Kontrolle, konsequenter Anwendung der barocken Rhetorik und einer feinen Kantabilität. In den Präludien D-Dur, Fis-Dur und G-Dur zeigt sie Beispiele einer sinnvollen Verwendung der Überpunktierung. Ihre makellose technische Beherrschung, die auch immer in Konzerten bewundert wurde, ist in den schwierigen Fugen in cis-Moll, g-Moll und b-Moll hörbar. Licht und Schatten beleuchten ihr Spiel in den tänzerischen Fugen in F-Dur und Fis-Dur. Zusätzlich wird das Pedal eingesetzt als Verstärkung in der c-Moll- und g-Moll-Fuge. Mit vollem Werk spielt sie die anspruchsvollen Fugen in a-Moll und b-Moll. Interessant ist, dass sie stilistische Unterschiede macht bei den mit zwanzig Jahren Unterschied entstandenen Werken. Alle Fugen des 2. Bandes zeigen wieder meisterhaft die Tiefe und den musikalischen Reichtums dieses Werkes.

Album VII: *Die Goldberg-Variationen*

Text auf der Schallplattenhülle: Artikel über Ornamentik und Verzierungen

Kommentar von PW: In dieser Aufnahme wurde die Regel durchbrochen, dass Repetitionen (außer wenn ein erster und zweiter Schluss ausgeschrieben ist) bei Aufnahmen weggelassen werden, damit das Werk auf einer 25-minütigen Langspielplatte Platz hatte. Isolde Ahlgrimm spielte diesmal alle Wiederholungen dieses Werks, das als Parade-Beispiel der Ornamentik gilt. Das Werk umspannt das ganze Spektrum von tiefster Innerlichkeit bis zu größter Virtuosität. Die Aria im Stil einer Sarabande erklingt ohne Sentimentalität, kristallklar die kontrapunktischen Variationen.

Zusätzlich zu ihrem Cembalo von 1937 wurde in weiteren Werken das Pedalcembalo benutzt, bei der *Aria variata alla maniera italiana* BWV 989 und dem Fragment der *Aria mit Variationen* BWV 991.

Album VIII: *3 Sonaten für Flöte und obligates Cembalo*
Text der Schallplattenhülle: Über die barocke Traversflöte

Für 1954 und 1955 waren die Aufnahmen der Kammermusikwerke, der Cembalo-Konzerte, der Flötensonaten und der Gamben- und Violinsonaten mit obligatem Cembalo geplant. Diese Werke hatten 1952 während des 2. Bach-Zyklus der *Concerte für Kenner und Liebhaber* vier weitere abendfüllende Programme ergeben.

Die Flötensonaten h-Moll, A-Dur und Es-Dur nahm sie mit ihrem bewährten Flötisten Ludwig von Pfersmann auf, der auf einer konisch gebohrten Flöte von J. M. Bürger, Strassburg 1835[141], spielte, dies als Kompromiss, weil man damals allgemein glaubte – auch Ahlgrimm tat das –, dass die barocke Traversflöte nicht zu gebrauchen sei. Sie schrieb: „Die Barockflöte, von Bach Traverso genannt, sagt dem modernen Ohr nicht zu. Das ist bedauerlich, weil sie eines der repräsentativsten und charakteristischsten Instrumente des Barocks ist." Dies ist eine erstaunliche Aussage von jemandem, der sich für historische Instrumente einsetzt. Sie sagte jedoch später, dass damals einfach niemand da war, der dieses Instrument richtig spielen konnte.

1950 befand sich das Spielen auf barocken Blasinstrumenten in den Anfängen. Versuche machten Michel Piguet 1954 und das *Leonhardt Baroque Ensemble* mit der Einspielung der Bachkantate BWV 170, *Vergnügte Ruh, beliebte Seelenlust*. Die Advokaten eines historisch orientierten Flötenspiels, Frans Vester und Frans Brüggen, wurden erst in den 1960er Jahren aktiv.

Von den drei aufgenommenen Flötensonaten ist nur die in h-Moll unbestritten ein Werk von Bach. Die Autorschaft der Sonate Es-Dur wurde lange angezweifelt, beziehungsweise als Jugendwerk eines Bach-Sohnes betrachtet. Die A-Dur Sonate ist leider unvollständig, da der Mittelteil des ersten Satzes fehlt. Heutzutage wird er in einer komplettierten Fassung gespielt oder, wie es Ahlgrimm und Pfersmann auf Wunsch des Aufnahmeleiters taten, unterbrochen und dann wieder fortgesetzt; also wurden „nur die Noten, die Bach schrieb" gespielt.

Die Basslinie wurde verstärkt durch Josef Herrmann, der ein sehr spezielles Instrument spielte: eine fünfsaitige Gambe aus dem frühen 16. Jahrhundert von Johannes Maria aus Norditalien.

Album IX: Die *Kunst der Fuge*

Der Text der Schallplattenhülle bezieht sich auf das Werk.

Zwischen April und Dezember 1953 entstand Isolde Ahlgrimms Aufnahme der *Kunst der Fuge*[142]. Es war die zweite Einspielung dieses Werkes auf Cembalo, nachdem Leonhardt es kurz zuvor für das Label *Vanguard* aufgenommen hatte.

Ahlgrimm hatte sich viele Jahre mit der *Kunst der Fuge* beschäftigt und wurde vor allem auch durch die Schriften von Heinrich Husmann, Rudolf Steglich und Donald Francis Tovey darin bestärkt, dass dieses Werk für Cembalo konzipiert sei. Als Ahlgrimm ihre Recherchen begann, wurde die *Kunst der Fuge* hauptsächlich als theoretisches Werk angesehen. Sie hingegen zitierte in ihrem Essay zur Aufnahme von Philips die Aussagen von Marpurg und Mattheson, dieses Werk sei von den Zeitgenossen als Prüfstein für Cembalospieler betrachtet worden.

In Isolde Ahlgrimms Aufnahme der *Kunst der Fuge* erklingt auch die letzte unvollendete Fuge und das eröffnende Choral-Präludium „*Vor deinen Thron tret' ich hiermit*", welche vom damaligen Herausgeber als Entschädigung für die fehlende letzte Fuge hinzugefügt wurde. Leider wurde bei der neuen Ausgabe 1974 dieses Choral-Präludium entfernt, was Joop Schrier in seiner sehr positiven Besprechung sehr bedauerte.

Wenn ich [PW] dieses Werk höre, bin ich beeindruckt, sowohl von der Schwierigkeit wie auch von den hohen Ansprüchen, die an den Spieler gestellt werden, besonders aber auch von der Transzendenz der Musik – bei der Bach sich selber übertrifft. Isolde Ahlgrimm war zu Recht berühmt für ihre Aufführungen der *Kunst der Fuge*. Ahlgrimm wird assistiert von ihrer ehemaligen Schülerin Friederike Bretschneider am zweiten Cembalo.

Die Aufnahme dieses enorm schwierigen Werkes war 1953 beendet. Fünf lange und anstrengende Sitzungen waren nötig gewesen, manche über Wochen dauernd, unterbrochen von Aufnahmen des *Wohltemperierten Klaviers*.

Album X: *Musikalisches Opfer* (BWV 1079)

Der Text der Plattenhülle widmet sich Friedrich dem Großen und der Geschichte des *Musikalischen Opfers*.

Im 10. Album erklingt das ganze *Musikalische Opfer* mit Rudolf Baumgartner, Alice Harnoncourt, Kurt Theiner, Nikolaus Harnoncourt und Ludwig von Pfersmann. Der Flötist Ludwig Pfersmann fällt hier besonders positiv auf. Auch *das musikalische Opfer* war lange Zeit als Theoriewerk angesehen worden, speziell die kryptisch notierten Kanons. Diese Aufnahme war die erste je gemachte in Bachs originaler Instrumentation. Die nächste authentische Aufnahme entstand erst 20 Jahre später, nach Aufnahmen in den 1960er Jahren, wo die Ricercare mit einem Orchester gespielt wurden.

Album XI: *Die Sonaten für Gambe und obligates Cembalo* (BWV 1027–1029)

Text der Schallplattenhülle: Von Gamben und Gambenspielern

Bei dieser Aufnahme der Gambensonaten mit Nikolaus Harnoncourt spielt Josef Herrmann wieder die Bassstimme mit. Für Bewunderer von Harnoncourt mag es interessant sein, diese frühen Aufnahmen zu hören. Das Gamben-Spiel war damals noch sehr in den Anfängen und nahm erst Aufschwung mit August Wenzinger in Basel, mit Harnoncourt selbst, später noch mehr mit Wieland Kuijken in Belgien und seinem besten Studenten, Jordi Savall. Diese frühen Aufnahmen waren die ersten, bei denen eine Gambe anstatt eines Cellos gebraucht wurde, und wenn sie auch weit unter dem heutigen Standard sind, so sind sie doch ein wichtiges Zeugnis für ein innovatives musikalisches Unternehmen jener Zeit. Harnoncourt spielte ein siebensaitiges Instrument von Christoph Klingler, 1683, das später in ein Cello umgebaut und von Fiala 1937 wieder in seinen originalen Zustand zurückversetzt worden war. Das Instrument wurde wieder mit Bünden versehen, ungewöhnlich für diese Zeit, spielte doch der Holländer Carel van Leeuwen Boomkamp[143] 1950 eine bundlose Gambe. Herrmann benutzte als Continuo-Instrument wieder den Bass von Johannes Maria von 1530.

Zusammen mit den Gambensonaten wurde die *Trio-Sonate* BWV 1083 mit Rudolf Baumgartner auf einer Geige aus der Amati-Schule, von Pfersmann mit seiner Flöte von 1835 und Nikolaus Harnoncourt mit einem Ruggieri-Cello von 1683 aufgenommen. Baumgartner, den Ahlgrimm sehr schätzte, kam gut zurecht auf dem barocken Instrument, wenn er auch noch mit einem Kinnhalter spielte. Auch Pfersmann spielte nicht so, wie man es heute erwarten würde – aber die historische Aufführungspraxis musste ja irgendwie beginnen.

Album XII: *Inventionen, Sinfonien* und die Theorie von der Rhetorik

Dieses zwölfte Album ist den *Inventionen und Sinfonien* gewidmet und gehört zu Ahlgrimms schönsten und schlichtesten Aufnahmen.

Der Begleittext beschäftigt sich mit dem Gebiet der Rhetorik. Dieser Artikel wurde erweitert und publiziert unter dem Titel *Rhetorik in der Barockmusik*[144], mitunterzeichnet von Erich Fiala. Eine gründliche Kenntnis der rhetorischen Prinzipien war Bach schon in seiner Jugend vermittelt worden. Auch der Ausdruck „inventio" stammt aus dieser Lehre, deren Anwendung für Ahlgrimm essenziell war zum Verständnis der barocken Musik. Die Prinzipien eines öffentlichen Vortrages in Musik und Sprache waren für Ahlgrimm identisch.

Album XIII: *Chromatische Fantasie*, Fantasien und Fugen

Ahlgrimms Text zu diesem Album mit der *Chromatischen Fantasie und Fuge* (BWV 903) und den virtuosen Fantasien und Fugen handelt von der Art, wie Passagen, die mit *arpeggio* überschrieben sind und nur aus halben Noten bestehen, improvisatorisch behandelt werden sollen. Dieses Thema beschäftigte sie über Jahre und resultierte in zahlreichen Vorträgen, Demonstrationen und einer weiteren Publikation[145]. Dieser Text auf der Schallplattenhülle enthält selbst die

Noten der Versionen der *Chromatischen Fantasie* und der *Fantasie* zur a-Moll Fuge (BWV 844), die sie ausgearbeitet hat[146]. Entsprechend dem Wesen einer Improvisation spielte sie in Konzerten nicht immer genau das, was sie ausgearbeitet hatte.

Isolde Ahlgrimm stellte fest, dass die simplen Aufwärts-abwärts-Arpeggi eher im Stil von Carl Philipp Emanuel waren als im Stil von Johann Sebastian Bach. Da die *Chromatische Fantasie* nicht in einer originalen Handschrift, sondern nur in Abschriften von Schülern existiert, ist nicht festzustellen, ob das Beispiel für das Arpeggio im ersten Takt von seiner Hand herrührt. Isolde Ahlgrimms Version ist bestechend. Sie spielt das Stück mit großer Virtuosität, eine Konkurrenz für die berühmte Aufnahme Landowskas, auch wenn sie sich, im Vergleich, sehr zurückhält bei Registerwechseln.

Ahlgrimm wurde für diese Interpretation weltbekannt. Sie benutzte die Fantasie oft als Zugabe nach der *Kunst der Fuge*, und gefragt weshalb, antwortete sie: „Nun, es ist die gleiche Tonart."

Album XIV: Die sieben *Toccaten* (BWV 910–916)

Text der Schallplattenhülle: Über das Pedalcembalo

Kommentar PW: Die sieben *Toccaten* gehörten für Ahlgrimm in die Nähe von Bachs Orgelmusik. Die letzte in G-Dur ist eigentlich ein dreiteiliges Konzert, ähnlich den Bearbeitungen von Konzerten Vivaldis und anderer Komponisten, die sowohl für Cembalo wie für die Orgel bestimmt sind. Bei den *Toccaten* drängte sich das Pedal auf und Isolde Ahlgrimm hatte hart zu üben. Das Resultat lohnte die Mühe. Sie war auf dem Höhepunkt ihres Könnens. Die Interpretation ist originell, technisch makellos, musikalisch ausgereift. Sie klingt strahlend, ohne den melancholischen Zug der Aufnahmen von fünf Jahren früher. Ihre wahrscheinlich beste Aufnahme, die auch die meisten Einspielungen von anderen Musikern in den Schatten stellt, ist die der *Passacaglia in c-Moll*, bei der auch ihr Pedalspiel äquivalent ist zu ihrer manualen Ausführung. In dieser Aufnahme spürt man eine rhetorische Kraft, die über alles hinausgeht, was sie je gemacht hat. Durch die Anwendung der Gesetze der Rhetorik werden musikalische Phrasen zur Sprache. Damit konnte sie auch schwer verständliche Stellen meistern, an denen viele andere Musiker scheitern. Der dritte Satz der e-Moll-*Toccata* ist nur ein Beispiel davon. Bei der *Toccata* in d-Moll spielt sie den Anfang als Pedalsolo mit einem dramatischen Accelerando. In BWV 911 (c-Moll) legt sie die erste Hälfte der langen Fuge größtenteils auf den 8' des oberen Manuals. Mit dem 16' betont sie dann den Beginn des finalen Themeneinsatzes. Ein kurzes, virtuos aufblühendes rhetorisches Zwischenspiel verbindet die beiden Hälften. Das Subjekt erscheint wieder, diesmal begleitet von einem lebhaften Kontrasubjekt in Sechzehntel-Noten. Dieser ganze Abschnitt wird mit dem vollen Werk gespielt, zusätzlich mit einem Pedaleinsatz am Ende, der dem Schluss einen besonders dramatischen Effekt gibt. Bachs Transformation des Subjektes ist eines der Wunder des Werkes und Isolde Ahlgrimms Ausführung ist höchste Vollendung und der Gipfelpunkt cembalistischen Könnens.

D.) Verschwundene Tonbänder

Gleichzeitig mit den anderen Kammermusikwerken wurden auch die Aufnahmen der sechs Violinsonaten mit obligatem Cembalo (BWV 1014–1019) mit Rudolf Baumgartner gemacht. Sie begannen am 11. Mai 1954. Isolde Ahlgrimm hatte diese Sonaten bereits im 58. *Concert* aufgeführt, allerdings mit dem Violinisten Paul Kling, einem zweiten sekundierenden Cembalo und einer Gambe für das Continuo. Aus unbekannten Gründen wurden die Aufnahmen mit Baumgartner nie veröffentlicht. Es ist auch zweifelhaft, dass die Aufnahmen komplett gemacht wurden. Als Peter Watchorn dies mit Ahlgrimm 1989 diskutierte, meinte sie, dass Philips sich nicht traute, dieses Experiment mit einer Barockvioline als Soloinstrument zu machen. Sie vermutete, dass es zu diesem Zeitpunkt einfach zu gewagt und [geschäftlich] zu riskant gewesen sei. Sie stellte aber fest, dass die Aufnahme gelungen war und Baumgartner seinen Part gut gemeistert hatte[147]. Bis heute ist der Verbleib der Aufnahmen ein Rätsel und damit ist leider ein wichtiges Dokument in der Geschichte der Alten Musik verloren.

Ebenfalls verschollen sind die Aufnahmen der Vier Duette (BWV 802–805) aus der *Clavierübung*, wie auch das *Italienische Konzert* (BWV 971), die Partita in b-Moll *(Französische Ouverture* BWV 831*)* , das *Capriccio* in B-Dur (BWV 992) und das *Pastorale* in F-Dur (BWV 590) sowie verschiedene Fugen nach Albinoni (BWV 946, 948, 952, und 953). Alle diese Werke werden auf Ahlgrimms eigener Diskographie für 1956 und 1957 erwähnt, aber aus einem nicht feststellbaren Grund wurden sie nicht herausgegeben.

E.) Addendum: Aufnahme des Amati-Orchesters unter Erich Fiala

Text auf der Schallplattenhülle: Das *Amati-Orchester*
Im *74. Concert* (24./25. Mai 1956) wurden die Bach-Cembalokonzerte wiederholt, die im November und Dezember 1955 sowie im April 1956 eingespielt worden waren. Das Orchester setzte sich folgendermaßen zusammen: Rudolf Baumgartner Konzertmeister, Alice Harnoncourt, Josef Lehnfeld, Paul Trimmel, Karl Trötzmüller und Kurt Theiner Violinen, Paul Angerer Viola, und Nikolaus Harnoncourt Cello sowie andere bekannte Wiener Musiker. Fiala war kein erfah-

rener Dirigent, zwar begabt, aber zu wenig geschult. Ahlgrimm war sich sehr bewusst, dass mit seinem Auftreten als Dirigent das Vorurteil gegen die Alte-Musik-Szene geschürt würde und ihr Unternehmen einen dilettantischen Anstrich bekommen könnte. Sie unterstützte ihn zwar treu in seiner Sammlertätigkeit und seinen Bemühungen, ein Orchester auf die Beine zu stellen, aber sein Beharren, als Dirigent aufzutreten, war ein ständiger Grund zu Diskussionen. Trotzdem war sie solidarisch, wie im (ursprünglichen) Text der Schallplattenhülle *Das Amatiorchester* nachgelesen werden kann.

1956 ging das riesige Projekt der Gesamtaufnahme ihrem Ende entgegen. Gleichzeitig mit Ahlgrimms Aufnahmen erschienen die letzten Aufnahmen von Landowska in Amerika bei RCA-Victor. Diese zwei Aufnahmen sind diametral verschieden. Diejenigen von Isolde Ahlgrimm weisen jedoch deutlich den Weg zum heutigen Verständnis der „historischen" Spielweise.

Die Philips-Aufnahme des *Musikalischen Opfers* wurde im Jahr des Erscheinens bei einem Schallplattenwettbewerb ausgezeichnet,[148] und die Zürcher Weltwoche schrieb einen Kommentar zu den Aufnahmen der Inventionen und der Flöten- und Gambensonaten, der hier das Schlusswort dieses Kapitel sein soll[149]:

> Was wir früher schon dem Spiel Isolde Ahlgrimms zum Lobe gesagt haben, lässt sich für alle drei Platten wiederholen; ihre vollendeten technischen Mittel stellt sie in den Dienst einer Gestaltungskunst, die ihren Grund in einer subtilen Kenntnis des Bachstiles hat. Davon legen auch die kenntnisreichen Begleittexte Zeugnis ab, die die Künstlerin selbst verfasst hat.

3.2. Aufnahmen nach 1957

Warum Philips den Erfolg der Bacheinspielungen nicht mit einer Folgeproduktion der Klavierwerke Mozarts fortsetzte, ist nicht nachvollziehbar. Sie hätten mit Isolde Ahlgrimm eine bedeutende Künstlerin mit perfekter Beherrschung des Repertoires gehabt, die Instrumente wären zur Verfügung gestanden und zudem wäre der Zeitpunkt günstig gewesen, denn das Mozartjahr 1956 stand vor der Tür. Nach dem 1951 gespielten erfolgreichen Mozart-Zyklus von neun Abenden wären Isolde Ahlgrimm die Mozart-Einspielungen sehr willkommen gewesen. Dass es nicht dazu kam, erklärte sie einesteils damit, dass dieses Unternehmen mit der Benutzung eines originalen Hammerflügels selbst für die innovativen Leiter von Philips damals zu radikal war. Sie räumte aber auch ein, dass die Schwierigkeiten der sich anbahnenden Scheidung sowie die Tatsache, dass Fiala den dafür notwendigen Walter-Flügel von 1787 an Gustav Leonhardt verkauft hatte, Philips davon abgehalten haben mochte, weiter mit ihr zu arbeiten.

In den folgenden Jahren kamen nun alle Angebote für Aufnahmen aus dem Osten, damals hinter dem Eisernen Vorhang. Ostdeutschland hinkte jedoch in jeder Beziehung hinter dem Westen her. So war auch der Cembalobau im Rückstand und damit standen Isolde Ahlgrimm keine optimalen Instrumente zur Verfügung. In der Folge gaben diese Aufnahmen mit ungenügenden Instrumenten und stilistisch ungeschulten Orchestern ein negatives Bild und repräsentierten weder Ahlgrimms Erkenntnisse in Sachen Aufführungspraxis noch ihr tatsächliches Können. Diese neuen Aufnahmen verbreiteten sich rapide und machten sie bekannt, überschatteten aber die wegweisenden Leistungen ihrer früheren, weit progressiveren Einspielungen. Als dann die ersten Bach-Aufnahmen aus dem Programm von Philips verschwanden[150] und nur noch die schlechteren Neuaufnahmen auf dem Markt waren, erhielt Ahlgrimm das Image einer älteren „modernen" Cembalistin, die keine Ahnung von historischer Aufführungspraxis und authentischen Instrumenten hatte. Vor allem junge Cembalisten, die sie nur von diesen Aufnahmen kannten und sie nie selber spielen gehört hatten, wussten nichts mehr von ihrer Pionierleistung und hatten ein falsches Bild von ihr.

Bedauerlicherweise kann man bei allen Aufnahmen hören, wie sehr Ahlgrimm unter den Restriktionen ihrer Situation zu leiden hatte. Ihre Aufnahmen können nicht mit denen von Gustav Leonhardt aus derselben Zeit konkurrieren. Leonhardt hatte sich damals bereits mit dem innovativsten Cembalobauer der Zeit zusammengetan, mit Martin Skowroneck, der als Erster in Europa Instrumente nach alten Vorbildern baute. Leonhardt erwarb 1962 ein Cembalo von ihm, eine freie Kopie nach einem Instrument von Dulcken aus dem Jahr 1745, das dann für lange Jahre seinen Aufnahmen den typischen Klang gab. Dieses historisch gebaute und herrlich klingende Instrument machte den Hörern bewusst, was echter Cembaloklang war[151]. Skowronecks erstes wirklich historisch gebautes Instrument war sein Opus 7, ein im Auftrag von Harnoncourt 1956 für den *Concentus Musicus* gebautes italienisches Cembalo. Skowroneck meldete Bedenken an, ob ein historischer Nachbau möglich sei, und erklärte sich erst zu einem Versuch bereit, als ihm Harnoncourt eine finanzielle Garantie bot, falls die Konstruktion misslänge[152].

1962 kam das begeisterte Publikum erstmals in den Genuss des Klanges eines originalen Ruckers von 1640, mit dem Leonhardt im Schloss Ahaus in Westfalen für die deutsche Firma *Harmonia Mundi* eine unvergessliche Froberger-Einspielung machte[153].

So wie Ahlgrimm 1951 mit Marius van der Meulen einen erstklassigen Aufnahmeleiter und die damals bestmöglich klingenden Instrumente gehabt hatte, konnte nun Leonhardt zehn Jahre später mit Wolf Erichson, dem jungen, dynamischen Aufnahmeleiter der Firma *Telefunken*, unter dem Label „*Das alte Werk*" – *Musik und ihre Zeit* eine erste Serie mit Aufnahmen von stilistisch und klanglich authentisch gespielten Werken herausgeben.

Zum Zeitpunkt ihrer neuen Aufnahmen in Wien fehlten Isolde Ahlgrimm sowohl ein gutes Instrument als auch ein erstklassiger Aufnahmeleiter. Hier nahm sie für die kleine Schallplattengesellschaft *Belvedere* die *Französischen Suiten* (BWV 812–817) auf, danach die *Partiten* (BWV 825–830), die *Goldberg-Variationen* (BWV 988) und die restlichen Teile der *Clavierübung*, nämlich das *Italienische Konzert* (BWV 971), die *Französische Ouverture* (BWV 831) und schließlich die *Vier Duette* (BWV 802–805).

Das *Wittmayer* Studio-Modell, das um 1965 üblicherweise für Aufnahmen verwendet wurde, und die trockene Akustik waren dem Resultat abträglich. Ahlgrimm erlag trotzdem nicht der Versuchung, durch häufigere Registerwechsel etwas mehr Farbe zu erhalten, sondern blieb authentisch sparsam.

Im gleichen Jahr wurde sie von der ostdeutschen Firma *Eterna* für die Aufnahmen der Konzerte für mehrere Cembali von Bach verpflichtet, zusammen mit Hans Pischner, Zuzana Růžičková, Robert Veyron-Lacroix und der Staatskapelle Dresden unter der Leitung des bekannten Flötisten Kurt Redel. Die verwendeten ostdeutschen Fabrikinstrumente waren vom Übelsten, was man sich vorstellen kann, und die Staatskapelle war ein typisches modernes Orchester ohne Ahnung von historischem Stil und historischer Spielweise. Das Resultat war enttäuschend stumpf und die an verschiedenen Orten platzierten Cembali produzierten das typische Geklingel der „Zupfklaviere" der Nachkriegszeit.

Diese Aufnahmen, genau wie die ebenfalls eingespielten Soloaufnahmen von *Belvedere*, bedeuteten einen gewaltigen Schritt rückwärts, wenn man sie mit dem Resultat der Aufnahmen des *Amati-Orchesters* auf historischen Instrumenten vergleicht, die zehn Jahre früher von Marius van der Meulen gemacht wurden.

1968 machte Ahlgrimm endlich ihre ersten Erfahrungen mit Aufnahmen auf einem historischen Instrument. Sie spielte auf dem Ruckers-Cembalo (von 1599), das sich im Besitz des Händel-Hauses in Halle befindet, die *Großen Suiten* von G. F. Händel ein. Dieses Instrument hatte damals eine traurige Geschichte von durch die Jahrhunderte hindurch schlecht gemachten Reparaturen hinter sich und war nicht zu vergleichen mit dem typischen Ruckers-Klang von Leonhardts Aufnahmen in Ahaus. Durch den falschen Diskant und die schlechte Aufnahmequalität der ostdeutschen Firma wurde der Eindruck von Ahlgrimms feinem Spiel getrübt[154].

Im gleichen Jahr nahm sie in Dresden eine Platte mit österreichischer Cembalomusik auf. Sie spielte auf einem Neupert-Cembalo Werke von *Fux, Froberger,*

Wagenseil, Poglietti und *Muffat* ein. Wie immer war sie im Stande, das Beste aus dem verfügbaren Instrument zu machen. Ihr Spiel ist wunderbar und ihre Interpretation von *Frobergers Tombeau de M. Blancrocher* ist ein gelungenes Beispiel für das rhetorische Pathos des 17. Jahrhunderts.

Eine Einspielung der *Kunst der Fuge*, 1974, mit ihren auf 440 Hz gestimmten Ammer-Instrumenten wurde produziert vom Schweizer Label *Tudor*. Partnerin war wieder Friederike (Resele)-Bretschneider. Obwohl mit wenig Hall und mit den Mikrophonen dicht bei den Instrumenten aufgenommen, ergab sich doch das klanglich beste Resultat aller ihrer Aufnahmen der 1960er Jahre. Erst mit ihrem Rubio-Cembalo wird sie den Klang ihres „Hochzeitsgeschenks" übertreffen können.

1974 und 1975 fuhr Ahlgrimm mit ihren Schallplattenaufnahmen in Dresden fort, diesmal in anerkennenswert guter Aufnahmequalität. Es ist interessant, sie einmal mit Aufnahmen von Werken eines andern Komponisten als Bach zu hören. Sie ergänzte die *Acht großen Suiten* mit einer Anzahl Variationen, gespielt mit stupender Verzierungskunst auf einer historischen Kopie der Firma Ammer. Die Stimmung des Instrumentes wurde nach einer von Ahlgrimm entdeckten Anweisung aus dem Umkreis von G. F. Händel angelegt. Paradoxerweise klingen die Aufnahmen auf ihrem Ammer-Cembalo der Vorkriegszeit immer noch besser als diejenigen auf dem neueren Instrument. Trotzdem hinterlässt das Instrument einen positiven Eindruck im Vergleich mit den allgemein verwendeten Serieninstrumenten. Diese Aufnahme der Händel-Suiten, die 1974/75 gemacht und 1976 publiziert wurde, gehört zu den interessanteren Aufnahmen aus dieser Periode und sollte mehr gehört werden, da sie ein gutes Beispiel für Isolde Ahlgrimms Spielweise ist.

3.3. Der Abschluss, 20 Jahre später

Es war ein Glücksfall, dass Ahlgrimm gegen Ende ihrer Karriere noch einmal Bach-Aufnahmen machte, und zwar wieder für Philips. Sie sollten diejenigen aus den 1950er Jahren ersetzen, die verloren gegangen waren (darunter die *Französische Ouverture* und das *Italienische Konzert*). Diese neuen Aufnahmen wurden auf einem Cembalo französischen Typs von David Rubio gemacht[155]. Die Aufnahme ist sehr hell im Klang, hat jedoch die Energie und die Spannkraft ihres reifen Spiels. Die klangliche Verschmelzung der Ornamente mit der Hauptstimme gelang bei ihrer komplexen und expressiven Spielart mit dem Rubio-Cembalo deutlich besser als mit dem Ammer-Cembalo, dessen klar strukturierende Tonqualität diese Verschmelzung weniger zuließ.

Obwohl die Aufnahme von der Interpretation her spannend ist, war sie in einem Punkt doch ein Rückschritt. Während die Ammer-Cembali der ersten Aufnahmen in alter Stimmung waren, wurde hier die moderne Stimmung A=440 Hz verwendet, trotz der authentischen Bauweise des Instruments.

Isolde Ahlgrimm selber beurteilte diese Aufnahmen in späteren Jahren als gelungen. Vor allem die Interpretation des *Capriccio* B-Dur und die *4 Duette* bezeichnete sie als das Beste, was sie aufgenommen hätte[156].

Die Aufnahme der *Französischen Ouverture* ist stolz, ausdrucksstark und schwungvoll, aber hier wurden leider wieder die Wiederholungen weggelassen. Interessant jedoch sind die konsequent angewendeten kurzen deutschen Vorschläge, im Gegensatz zu den üblicherweise halblang gespielten Appoggiaturen. Ahlgrimm wandte ihre übliche Sorgfalt darauf an, alle Ornamente in ihrer harmonischen und melodischen Funktion richtig zu spielen. Ihre jahrelange Beschäftigung mit alten, bislang nicht bearbeiteten deutschen Quellen ermöglichte ihr einen fundierten Zugang zu diesem Gebiet.

Joop Schrier, Mitarbeiter des holländischen Schallplatten-Magazin „Luister" schrieb:

> Als vor 20 Jahren die ersten Philips-Aufnahmen mit Isolde Ahlgrimm erschienen, war man erstaunt über die Wahl der Interpretin; sie war in Holland anfangs der 1950er Jahre völlig unbekannt. Es wäre falsch zu behaupten, dass ihre Spielweise sogleich akzeptiert wurde. Sie war eine der ersten, die Musik aus dem 18. Jahrhundert rhythmisch frei und mit Rubato spielte und die Tempi von Suiten so wählte, dass dazu praktisch getanzt werden konnte. Ihre Interpretationen unterscheiden sich markant von denjenigen ihrer Zeitgenossen. Karl Richters oder Ralph Kirkpatricks Aufnahmen aus dieser Zeit erscheinen nun altmodisch, während diejenigen Ahlgrimms immer noch aktuell sind.[157]

1974 folgten Schallplattenaufnahmen in Zürich für die Schallplattenfirma *Tudor*, die Nachfolgerin des Labels *Belvedere*. Für die *Englischen Suiten* benutzte sie diesmal ein Cembalo von Dowd[158], Paris, eines der nun in den Studios zur Verfügung stehenden guten Instrumente. Die Aufnahmen gerieten jedoch akustisch etwas zu trocken. Die Tanzsätze, die ohne Wiederholungen gespielt wurden [was Ahlgrimm allerdings oft tat], wirken miniaturhaft.

Die letzten Aufnahmen waren eine weitere *Eterna* Produktion aus den späten 1970er Jahren und galten den Kammermusikwerken von Bach, die Isolde Ahlgrimm mit drei sehr jungen ostdeutschen Musikern aufnahm; die 3 Sonaten für Viola da gamba mit Siegfried Pank (eine seiner ersten Aufnahmen) und die Flötensonaten mit Johannes Tast, der allerdings eine moderne Böhmflöte spielte. Mit den gleichen Musikern spielte sie die drei *Trio-Sonaten* ein. Von diesen Aufnahmen beurteilte Isolde Ahlgrimm diejenige mit Pank am besten. Die Aufnahme selber wurde jedoch der Ausführung nicht gerecht. Das Cembalo, eine Ammer-Kopie, klingt schwach und schlecht platziert, während die Akustik des Studios Lukaskirche trocken und undifferenziert ist.

Ein Überblick über alle Aufnahmen Isolde Ahlgrimms findet sich im Anhang dieses Buches.

Kapitel 4
Isolde Ahlgrimms Interpretationsstil

Am Beispiel des *Wohltemperierten Klaviers*

Pedal und Allgemeines/Legato/Artikulation und Phrasierung/Verzierungen/ Rhythmus/Rubato/Registrierung/Raum und Ruhe/Tempo/romantischer Aspekt/ Virtuosität/Stil

Ahlgrimms Quellenstudien hatten ergeben, dass Bach für manche seiner Cembalowerke ein Pedalcembalo verwendet hatte. Diese Möglichkeit einer offensichtlichen klanglichen Bereicherung faszinierte Isolde Ahlgrimm. Nach dem Erwerb eines Pedalcembalos begann sie, Unterricht in Pedaltechnik zu nehmen. Damit stand einer Erweiterung ihrer Programme mit weiteren Bachwerken, wie der *Passacaglia in c-Moll* und später von der *Kunst der Fuge*, nichts im Weg[159]. Sie verwendete das Pedal ebenfalls beim *Wohltemperierten Klavier*.

Die Aufnahme dieses Werkes gibt uns die Möglichkeit, ihre Interpretation stilistisch zu analysieren. Als Erstes wird einem klar, dass ihr Zugang zu Bach und zum Cembalo sich sehr von dem unterschied, was das Publikum damals von andern Cembalisten zu hören gewohnt war. Mehr als fünfzig Jahre später wirken diese Aufnahmen immer noch frisch und „modern" durch eine Spielart, die selbst ihr damals berühmtester Zeitgenosse, Ralph Kirkpatrick, noch nicht erreicht hatte.

Ihre Interpretation verzichtet auf das ständige Wechseln der Register, das den reinen Cembaloklang verfälscht und den Fluss der Musik zerreißt. Sowohl ihre Instrumente wie ihre Spielweise stehen im Gegensatz zur Interpretation der romantisch beeinflussten, eigenwilligen, aber fesselnden Künstlerin Wanda Landowska am Pleyel-Cembalo mit den sieben Registrierungspedalen.

Der Unterschied zwischen Ahlgrimms Interpretation und dem damals üblichen Stil ist bereits im ersten Präludium des ersten Bandes ersichtlich. Sie spielt es auf einem einzigen 8', wobei sie die Noten der gebrochenen Akkorde liegen lässt, um mit diesem Überlegato den Klang zum Blühen zu bringen, während das dominante Pedal allein beim Höhepunkt die Andeutung eines ritardando hören lässt. Die anschließende Fuge erklingt ohne jeden Registerwechsel (wie auch die andern Fugen) und mit dem vollen Werk (ohne 16'), wie es dem bei Bach üblichen organo pleno bei den Orgelwerken entspricht. Diese Art, zu spielen, ist heutzutage allgemein, aber 1950 war es noch üblich, jeden Themeneinsatz in einer Fuge mit einer Änderung der Registrierung zu betonen. Ahlgrimms historische Annäherung unterscheidet sich also grundlegend vom damals üblichen, vielfarbigen Aufführungsstil. Obwohl die Ammer-Instrumente historischen Cembali und guten Nachbauten, wie sie heute verfügbar sind, nicht die Stange halten konnten, ist es doch erstaunlich, wie Isolde Ahlgrimm sie dank ihrer Anschlagskultur zum Klingen brachte.

4.1. Die richtige Verwendung des Legato

Man kann mit Worten schwer beschreiben, was ihr Spiel im Detail ausmachte. In all diese vielen Stufen der Differenzierung muss man sich einfach einhören, um sie zu schätzen. Trotzdem gibt es einige Charakteristiken, die hier als Hilfe für die Hörer aufgeführt werden sollen. Diese waren seit ihren ersten Aufnahmen von 1951 erkennbar und blieben immer wichtige Elemente ihres Spiels. Sie glaubte, wie Couperin, dass es wegen des mechanischen Zupfens der Saiten, die größte Kunst sei, auf dem Cembalo ein echtes Legato zu erzielen. Ahlgrimm verglich dieses Legato mit einem glatten Stoff, auf den die ganze Auswahl von Expressionen und Artikulationen geheftet wurden. Sie war nie der Ansicht, dass es gerade nur zwei Anschlagstechniken gäbe – legato und staccato –, wie einige Kritiker, die anscheinend nur flüchtig hingehört hatten, auch von ihr behaupteten. Ihre Meinung vertrat sie akribisch in zahlreichen Artikeln, die sie im Lauf der Jahre verfasste.[160]

4.2. Artikulation

Wie viele Studenten im Laufe der Jahre bezeugten, wies Ahlgrimm immer darauf hin, wie wichtig ein breites Spektrum an Artikulationsmöglichkeiten war, um die Struktur des Werkes und der Phrasen deutlich zu machen und dem Cembalo den Anschein von dynamischen Kontrasten zu geben. Die Artikulation sei durch das Werk selber gegeben und könne aus der Struktur des Stückes heraus gelesen werden. Es war ihr zudem äußerst wichtig, eine Beziehung zwischen Text und Musik herzustellen und die musikalischen Strukturen im Licht der zeitgenössischen Ideen von Rhetorik und Syntax zu sehen. Ihre Vorträge und Schriften zu diesem Thema stammen aus den 1950er Jahren, basieren aber auf ihrer Beschäftigung mit dem Lehrwerk von C. Ph. E. Bach (*Versuch einer Anweisung ...*) in den 1930er Jahren. Musikalische Rhetorik definierte auch ihr Spiel. Artikulation und Phrasierung ergeben den musikalischen Sinn des Stückes und hatten auch das gesangliche Element der Barockmusik zu betonen. Ruhepausen innerhalb eines Stückes waren für sie von äußerster Wichtigkeit.

Der im Vergleich zu historischen Instrumenten langsamere Klangrückgang des Ammer, bedingt durch die Lederplektra, die Saitenlänge und den massiveren Bezug mit starren Stahlsaiten, ließ bei ihren ersten Aufnahmen von 1951 das Legato durchgehender erscheinen als bei den späteren Aufnahmen. Sie war jedoch eine entschiedene Gegnerin jener ständigen kurzen Mikro-Artikulationen, die später durch die holländische Schule unter Gustav Leonhardt allgemein üblich wurden. Sie missbilligte diese grundsätzlich, fand sie neurotisch und unruhig. Sie war aber auch schnell bereit, einen Unterschied zu machen zwischen Gustav Leonhardts eigenem Spiel („er ist ein großer Musiker") und seinen Schülern, die ihn einfach manieristisch imitierten, wobei sie vergaßen, auch seine rationale und strenge Art zu übernehmen, mit der er sich der Musik näherte. Seine, wie auch Ahlgrimms, Interpretationen beruhten auf dem Wissen um die rhetorischen Prinzipien der barocken Komponisten. Wenn sie dieser minimalistischen und undifferenzierten Spielweise als Jurorin bei Wettbewerben begegnete, hielt sie wenig davon und beurteilte sie als langweilig und ohne Farbunterschiede und Kontraste. Wenn sie diese übertriebene Kleingliedrigkeit, die größere Gesten nicht zuließ, auch ablehnte, bedeutete dies jedoch nicht, dass ihr Spiel nicht von subtilster Feinheit und Vielfältigkeit war. Sie beherrschte alle Artikulationsmöglichkeiten, vom Über-Legato bis zum kürzesten Staccato und wusste sie dem musikalischen Kontext entsprechend einzusetzen. Dadurch, dass sie mit völlig entspanntem Unterarm und weichem Handgelenk spielte, konnte sie mit den Fingerkuppen den Druckpunkt des Instrumentes spüren und den Klang beeinflussen.

An einigen Beispielen aus dem ersten Band des *Wohltemperierten Klaviers* kann man die Essenz ihres Stiles erkennen. Generell spielte sie die zweistimmigen Präludien in Cis-Dur und d-Moll und das vierstimmige in f-Moll mit sanftem, singendem und melodiösem Legato und sonorem Klang. Die Noten der gebrochenen Akkorde werden liegen gelassen, wenn sie konsonant sind. Ihnen gegenüber steht die klar artikulierte Bassstimme. Für Isolde Ahlgrimm war ein gutes Legato unabdingbar sowohl für den schönen Klang, aber auch als Kontrast zu den kurz artikulierten Gegenstimmen. Sie lehnte die Gewohnheit, alles kurz zu spielen genauso ab wie den ausschließlichen Gebrauch des Legato, denn die Unterschiede der beiden Artikulationen ermöglichten es dem Ohr doch, die Töne voneinander zu unterscheiden. Die Artikulation entsprach für sie dem Atem des Sängers und um diese klar und deutlich hervortreten zu lassen, brauchte sie den Klangteppich des Legato als Kontrast.

Einer der am meisten beachteten Aspekte von Ahlgrimms Können war ihr überlegenes Spiel von kontrapunktischer Musik. Wie kompliziert die Musik auch sein mochte, sie erklang immer kristallklar. Mit drei Beispielen möchte ich diesen

Aspekt zeigen. Die Klarheit und absolute Beständigkeit in der Führung und Artikulation der einzelnen Stimmen in den dreistimmigen Fugen Cis- (Nr. 3), Es- (Nr. 7) und F-Dur (Nr. 11) suggerieren dem Hörer, dass hier drei und nicht nur zwei Hände spielen.

Im Unterricht wies Ahlgrimm immer wieder darauf hin, wie wichtig es sei, Subjekt und Kontra-Subjekt mit konsequenter Artikulation auszuführen. Sie verlangte eine Analyse des Stückes, um sich über den Aufbau des Stückes klar zu werden. Erst dann konnte die definitive Artikulation gewählt werden.

Wir gehen nun zum schwierigen virtuosen F-Dur Präludium über, das von einer durchsichtigen, dreistimmigen tänzerischen Fuge in der Art eines *Passepied* gefolgt wird. Dieses Präludium ist, wie das vorhin erwähnte arpeggierte Präludium in G-Dur, ein Prüfstück für Cembalisten (und Pianisten) und gekennzeichnet durch eine Vielzahl von schwierigen Trillern mit Vor- und Nachschlägen, die abwechselnd in beiden Händen erscheinen, bei schnellen Sechzehntel-Figuren in der jeweils anderen Hand. Dieses Werk diente ihr als Beispiel, um ein Phänomen der akustischen Perzeption zu erklären. In Allegro-Sätzen, wie zum Beispiel auch in diesem Präludium, sollten Triller in der rechten Hand, die einen Takt oder länger dauern, langsamer gespielt werden, als wenn sie in der linken Hand erscheinen. Der Grund ist, dass die Triller der rechten Hand eine melodische Funktion haben und deshalb als Teil der melodischen Linie gehört werden. Im Gegensatz dazu seien sie, wenn sie in der linken Hand notiert sind, Teil der Basslinie. Sie müssten deshalb schneller gespielt werden, um die Harmonie der Oberstimmen nicht zu stören. Das Ohr nimmt sie verschieden wahr, entsprechend der Stimmung und der harmonischen und melodischen Funktion.

Die Aufnahmen von 1951 illustrieren dies deutlich. Ahlgrimm spielt die Triller mit perfekter Kontrolle, indem sie eine genaue proportionale Beziehung zwischen dem Tempo der rechten und der linken Hand aufrechterhält. Der Effekt ist schillernd und flexibel. „Die Triller sollen nicht klingen wie ein Feuerhorn, das losgeht", wie sie einmal treffend sagte, als sie mir diese Weise zu trillern während einer Unterrichtsstunde im Jahr 1989 demonstrierte, auch als Warnung, nie in diese Falle zu tappen.

Es ist tatsächlich diese Kombination von technischer Perfektion und Flexibilität, die ihr Spiel von denjenigen ihrer bedeutenden Kollegen Leonhardt und Landowska abhebt, welche beide bei diesem Stück zu untypischer hölzerner Phrasierung verführt worden sind.

4.3. Verzierungen

Isolde Ahlgrimm hatte ein immenses Wissen über Verzierungen, was sie nicht hinderte, die Notierung der Triller und Vorhalte auf kreative Weise auszulegen, auch wenn es kontrovers zur Lehrmeinung war. Sie verwendete zusätzliche Verzierungen und improvisierte Ergänzungen in fantasievoller Art, wenn sie fühlte, dass diese am Platz waren. Auch einfach notierte Schlusskadenzen wie bei den Präludien D-Dur und d-Moll bereicherte sie mit Verzierungen. Ihre Ansicht zu diesem komplexen Thema veröffentlichte sie in zahlreichen Abhandlungen[161].

Typische Beispiele ihrer meisterlichen Leistung sind die fantasievolle Arpeggierung und Auszierung der Akkorde in der Chromatischen Fantasie (BWV 903) und in der gesamten Fantasie (BWV 944), die der längsten Fuge Bachs vorangeht.[162]

Es konnte vorkommen, dass sie Verzierungen nicht immer, wie es der Regel entsprach, auf den Schlag spielte, was ihr manchmal angekreidet wurde. Ihre Antwort auf diese Kritik war,

> [...] dass die Ornamententabellen nur skelettartige Diagramme, und nur als Suggestionen im weitesten Sinne zu verstehen sind, denn die eigentliche Ausführung der Ornamente ist eine komplexe Geschichte, bei der auch der musikalische Kontext sowie der persönliche Geschmack eine Rolle spielt. Verzierungen müssen Persönlichkeit haben und den entsprechenden Affekt der Stelle betonen.[163]

Natürlich kannte sie die Regeln, aber sie machte zahlreiche Ausnahmen im Interesse einer größeren Expressivität oder auch dort, wo es harmonisch sinnvoll war. Ihre Spielweise erreichte dadurch eine Flexibilität und Flüssigkeit, welche dem mechanistischen Charakter des Cembalos entgegentrat. Auch diesen Standpunkt vertrat sie in ihren Aufsätzen.

Ein anderer wichtiger Ausgangspunkt für sie war die Ausführung der Appoggiatura, welche üblicherweise die Hälfte des Notenwertes beträgt. Neben dieser üblichen Spielweise spielte sie die Vorhalte entweder sehr kurz (als Akzent, wie er in der deutschen Musik üblich war und später Acciaccatura genannt wurde) oder sehr lang, wobei der Vorhalt erst auf den ersten Schlag des neuen Taktes aufgelöst wurde (wie bei J. J. Quantz und anderen erwähnt).

4.4. Rhythmus

Isolde Ahlgrimm benutzte die doppelte Punktierung, wo sie historisch und musikalisch richtig angebracht waren, vor allem bei Französischen Ouvertüren und bei Stücken mit einem schweren, pompösen Charakter.

Sie richtete sich dabei nach den Anweisungen von C. Ph. E. Bach, J. J. Quantz und François Couperin. Sie spürte, dass der Gestus bei der Erzielung des Effektes wichtiger war als die genaue Ausführung der Notation. Beispiele dafür sind die Fuge in D-Dur und das Präludium in-Moll, welche sie in der Art einer stolzen und königlichen Sarabande spielte und damit einen starken Kontrast zu den expressiven dreistimmigen Fugen erzeugte. Mit diesen Interpretationen griff sie einer Diskussion vor, die Jahrzehnte später durch den Musikologen und Pianisten Frederick Neumann[164] begonnen wurde, der sich in endlosen Kontroversen mit dem Thema der rhythmischen Alteration auseinandersetzte. Obwohl Ahlgrimm sein Fachwissen schätzte (das sich ja mit ihrem deckte), konnte sie sich nicht mit seiner dogmatischen Weise anfreunden. Sie fand sie unmusikalisch, da sie sich einem instinktiven Zugang entgegenstellte, der Ahlgrimms Meinung nach richtig sein konnte, auch wenn er den Regeln nicht entsprach. Auch hier vertrat sie die gleiche Meinung wie bei den Verzierungen, nämlich, dass die Theorie nie vollständig mit der Praxis übereinstimmen könne, noch Ersatz für eine eigentliche emotionale Annäherung sein solle. Der Instinkt eines Musikers, der seine Hausaufgaben gemacht hatte, sollte in diesem Fall der Richter sein.

Ein weiteres typisches Kennzeichen von Ahlgrimms Spielweise, das sie über Jahre beibehielt, war ihre Interpretation von Schlusskadenzen in schnelleren Sätzen, wo sie die Penultima scharf punktierte, um dann mit einer kleinen Pause ein Maximum an dramatischem Effekt bei der Auflösung zu erzielen. Pausen und Ruhe waren für Ahlgrimm gleich wichtig wie die Noten. Im Laufe ihres Lebens änderte sie, wie alle Musiker, teilweise ihre Ansichten über Details, aber den großen Linien blieb sie während ihrer langen Karriere treu.

4.5. Rubato

Es gibt einige Beispiele bei Ahlgrimms Aufnahmen, die es wert sind, speziell betrachtet zu werden, da sie hier demonstriert, wie expressiv ein Cembalo klingen kann. Ein perfektes Beispiel ist das Präludium in g-Moll (Nr. 16), welches sie in der Art eines langsamen Satzes einer Triosonate spielt, mit zwei gleichwertigen Stimmen als Dialogpartner über einer laufenden Bassstimme. Die außergewöhnlich langen Verzierungen während der ersten Hälfte des Stückes entfalten sich langsam in großer Expressivität und Biegsamkeit gegenüber der gleichmäßig laufenden Bassstimme. Das Accelerando innerhalb der Verzierungen entfaltet sich in kaum wahrnehmbarer Weise und geht verlangsamt wieder auf den nächsten Schlag. Dies erzeugt eine so starke Crescendo- und Decrescendo-Wirkung, dass man in der eher zweidimensionalen Klangwelt des Cembalos wirklich eine dritte Dimension zu hören glaubt.

Das e-Moll Präludium (Nr. 10) zeigt Ahlgrimms einzigartige Weise der Anwendung des Rubato, bei der sie die rechte Hand agogisch frei der rhythmisch spielenden linken Hand gegenüberstellt, welche das Stück metrisch zusammenhält. Es demonstriert auch ihr vorzügliches Verständnis der Ornamentik im französischen Stil, in diesem Fall mit speziell ausgeschriebenen Schlusswendungen und im *Style brisé*, bei dem die Akkorde in beiden Richtungen, sowohl aufwärts wie abwärts, gebrochen werden.

Diese Elemente bestimmen den Gesamtcharakter des Stückes, welches hier, im Gegensatz zu der öfters gehörten etüdenhaften Spielweise, fließend und expressiv erscheint. Ahlgrimms Gebrauch des Rubato mit der freien rechten Hand, die gegenüber der linken fluktuiert, lässt uns an das Chopinspiel von Alfred Cortot denken. Bei Ahlgrimms Bachspiel ist es ähnlich effektiv und, nach ihrer Meinung, nicht weniger authentisch. Sie stimmte nie mit ihrem Lehrer Ebenstein überein, der noch einen „eisernen" Bachstil doziert hatte.

4.6. Handzüge und Pedale: Ahlgrimms Registrierung

Nirgends in den Aufnahmen der dreißig Langspielplatten hat Isolde Ahlgrimm die beiden 8' Register kombiniert verwenden können, wie es heutzutage gang und gäbe ist. Wie bereits gesagt, besaßen die Ammer-Cembali der Vorkriegszeit nur einen einzigen 8' Bezug, der es nicht erlaubte, gekoppelt zu spielen. Es war aber möglich, beide 8' gleichzeitig zu gebrauchen, indem jede Hand auf einem anderen Manual spielte. Ahlgrimm benutzte diese Möglichkeit oft, um Stimmen voneinander abzuheben. Nach dem Krieg begann man, jedem 8'-Fuss seinen eigenen Saitenbezug zu geben, aber auch dann vermied es Ahlgrimm, zu koppeln. Auf die Frage nach dem Grund erklärte sie, dass vor allem bei den deutschen Cembali der Nachkriegszeit, mit ihren Lederkielen und der starken Besaitung, die Kombination der Register sich nicht gut mische, das Instrument den Charakter verlöre und dumpf töne.

Sie hatte es notwendig gefunden, über einen lauter klingenden 8' zu verfügen und hatte deshalb das untere Manual mit stärkeren Lederkielen versehen lassen als das obere, mehr nasale Register (was man auf den Aufnahme mit ihrem ersten

Ammer deutlich hören kann.) Da das 4'-Register auf dem oberen Manual war, lag es auf der Hand, dieses mit dem oberen 8' zu kombinieren. Der Klang dieser Registrierung ist herb und etwas spröde. Der runder klingende untere 8' bildete dazu einen Gegensatz. Diese Nebeneinanderstellung verschiedener Registrierungen erzeugte einen starken klanglichen Kontrast. Ein Beispiel dafür finden wir in der chromatischen Fuge (BWV 903).

Allerdings muss gesagt werden, dass die einzelnen Register dieses Ammer-Cembalos zu ausgeprägt waren, um sich im Plenum ideal zu mischen.

Wie schon früher bemerkt, registrierte Isolde Ahlgrimm kaum einmal innerhalb eines Satzes um, außer wenn die Veränderung der Registrierung einen neuen Abschnitt oder ein neues Thema betonen sollte. Für die Zeit von 1951 war dies sehr ungewöhnlich. Eine Ausnahme bei dieser Beschränkung machte sie, wenn sich innerhalb eines Stückes die Stimmen kreuzten. In diesem Fall war für sie die Verständlichkeit das Wichtigste. Ein Beispiel dafür ist die erste Fuge der c-Moll *Toccata* (BWV 911). Hier benutzte sie zwei Manuale, um die Stimmführung bei sich kreuzenden Stimmen klar hörbar zu machen. Bei weniger komplexen Werken beschränkte sie sich auf einen 8', damit sie sich vollkommen auf Artikulation und Phrasierung konzentrieren konnte. Beispiele für diese Schlichtheit, dokumentiert auf ihren Aufnahmen, sind die Präludien und Fugen F-Dur und f-Moll aus dem zweiten Band des *Wohltemperierten Klaviers*.

Die Ursache ihres zeitlosen Stils[165] liegt darin, dass sie all ihr Wissen aus ihrem Quellenstudium verwendete, um die musikalischen Strukturen der gespielten Werke zu unterstützen. Wenn auch der Klang des Ammer-Cembalos selber nicht strikt authentisch war, waren doch seine einzelnen Register klar und resonant, wie bei einem klassischen Instrument. So konnte sie sich erlauben, mit nur einem einzelnen Register längere Stücke zu spielen. Der Klang der Pleyel-Cembali, die Landowska und ihre Schüler Putnam Aldrich, Isabelle Nef, Ruggiero Gerlin und Sylvia Marlowe benutzten, ist ein anderes Kapitel. Der dicke, unreine Ton rührte davon her, dass steifer Draht mit viel zu großer Spannung auf einem Instrument klassischer Mensur verwendet wurde. Der Resonanzboden hatte eine Dicke wie bei einem Klavier und wurde beim Spielen nicht ausreichend „geladen", um die Energien leiten zu können. So blieb der Klang erwartungsgemäß leblos und dies rief nach einem Wechsel der Register.

Ahlgrimm fügte den 16' nur bei, wenn sie bewusst einen massiven, vollen Klang wünschte. Es kam jedoch vor, dass sie, um eine dunklere Klangfarbe zu haben, den 16' eine Oktave höher im 8'-Klang benutzte. Entsprechendes tat sie mit dem 4', den sie dafür eine Oktave tiefer bespielte, um damit die Helligkeit eines Klangs von Federkielen zu imitieren. Diese Effekte wurden jedoch nur selten eingesetzt. Da der Einsatz des 16' die 8'-Stimme verdoppelt und den Klang massiert hätte, zog es Ahlgrimm vor, die dunkel gewünschten Stimmen auf dem Pedal zu spielen, um sie klarer zu zeichnen, ihnen mehr Gewicht zu geben oder um besonders wichtige Stellen hervorzuheben. Gute Beispiele sind ihr Gebrauch des vollen Werkes im Pedal bei der Fuge c-Moll (2b) und der Fuge g-Moll (16b). Sie brauchte das Pedal (volles Werk 16', 8' und 4') beim letzten Einsatz des Themas der c-Moll-Fuge und der g-Moll-Fuge, ebenfalls, um den sonst unspielbaren Orgelpunkt am Ende der a-Moll-Fuge (20b) realisieren zu können. Welche Klangfülle und Tiefe ein volles Werk bei der Kombination von Cembalo und Pedalcembalo ergeben kann, zeigt sich in den beiden 5-stimmigen Fugen c-Moll und b-Moll (Nummern 4 und 22) im 2. Band des *Wohltemperierten Klaviers*. Hier benutzte sie das Pedal sinnvoll beim Einsatz der 4. Stimme der cis-Moll Fuge, beim g-Moll Präludium, wo sie die Basslinie durchgehend auf dem Pedal spielt, sowie am Ende der g-Moll Fuge.

4.7. Die Wichtigkeit von Raum und Ruhe

Das Pedalcembalo hatte noch eine andere vorteilhafte Eigenschaft: Durch die länger mensurierten und stärker gespannten Saiten erhielt der 16' den Charakter eines orgelähnlichen Soloregisters, dessen Klang länger andauerte als der des manualen Cembalos und damit bei langsamen Sätzen einen klingenden Boden legte. Ahlgrimm wurde berühmt für ihre zwingende, rhythmische Kontrolle, etwas, was auch ihre Kritiker immer wieder betonten. Dieses spezielle Gefühl für Ruhe und Raum trägt sie durch die ganze Aufnahme der Bachwerke. Es blieb ein Merkmal während ihrer Karriere und verfeinerte sich noch im Lauf der Zeit.

4.8. Der romantische Aspekt

Die alten Aufnahmen – *Wohltemperiertes Klavier, Französische und Englische Suiten, Partiten und kleine Präludien* – erstaunen durch ihre Introspektion in den langsamen Sätzen. Manche Tempi sind so gemäßigt, dass weniger subtile Musiker daran scheitern würden. Die A-Dur-Fuge aus WTK I und die g-Moll-Fuge aus WTK II sind extrem langsam, viel langsamer, als Ahlgrimm es später je einem Studenten angeraten hätte. Sehr oft ist ihr Spiel überaus legato, aber nie unartikuliert, manchmal traurig und wehmütig, als wenn sie es für sich selber auf dem Clavichord spielte. Für Ahlgrimm hatte alle Musik einen romantischen Aspekt. Eigene persönliche Erfahrungen sollten durch die Musik wieder erweckt werden.

Diese Introspektion wird aber auf der andern Seite durch eine gehörige Portion von Feuer, Freude und virtuoser Energie aufgewogen, mit lebhaften Tempi, rhythmischer Präsenz und unglaublicher Vitalität. Bei genauem Hinhören erkennt man in diesen ersten Aufnahmen des Wohltemperierten Klaviers, welche gewaltige Vielfalt von Stimmungen und Affekten in Bachs Musik enthalten ist und wie Ahlgrimms Interpretationen diese Mannigfaltigkeit an Kontrasten, Artikulationen und Klangverschiedenheiten in einer Weise darstellt, wie es viele der heutigen Cembalisten nicht wagen würden.

Wer Ahlgrimms „romantischen" Stil kritisiert, vergisst, dass Bach zwar Musik für dreihundert Kantaten mit zeitgenössischen „pietistischen" Texten geschrieben hat, daneben aber auch ein vollendeter Experte im Schreiben von absolut expressiver und bildhafter Musik war, mit der er in lebhafter Weise alle Arten von Emotionen ausdrücken konnte. Genau betrachtet, gab es nie eine Periode in der Musikgeschichte, die nicht „romantisch" ist. Isolde Ahlgrimm versuchte konsequent, die Ausdruckskraft der Sänger und Melodie-Instrumente auf das Cembalo zu übertragen; die größte Herausforderung, die das Cembalo an den Spieler stellen kann. Sie machte dabei Gebrauch von allen Möglichkeiten, die sowohl Musik als Instrument boten[166].

4.9. Tempo

Ahlgrimms grundlegende Formel für die Tempowahl war ganz einfach: Sie suchte die Stelle mit der verzwicktesten Passage und wählte das Tempo so, dass sie diese noch klar und deutlich wiedergeben konnte. Wenn das gewählte Tempo den Zuhörer auch anfänglich erstaunen mochte, so wurde er im Lauf des Stückes davon überzeugt, dass dies das allein richtige Tempo war. Es gelang ihr mit der Wahl eines langsamen Tempos unerwartete Schönheiten zu enthüllen. Nach ihrer Meinung ergab sich das persönlich gewählte Tempo aus der Komposition und aus Stimmung und Charakter des Interpreten. Verschieden gewählte Tempi ergaben verschiedene Wahrheiten und spiegelten verschiedene unvorhergesehene Stimmungen wider. Diese Freiheit erlaubte sie sich jedoch nicht bei Tänzen, bei denen das Tempo immer in Relation zu den bekannten Tanzschritten stehen sollte. Weitere Faktoren für die Tempowahl waren das Instrument sowie die akustischen Verhältnisse. Das künstlerische Element in der Musik war für sie die Freiheit, ein Werk immer wieder neu zu gestalten und ihm damit seine Aktualität zu erhalten.

4.10. Virtuosität

Die späteren Aufnahmen der *Toccaten*, Fantasien und der virtuosen Präludien und Fugen sind Beweise für die stupende technische Meisterschaft von Isolde Ahlgrimm. Von Bachs Werken bezeichnete sie aber nur die *Goldberg-Variationen* und das *Italienische Konzert* als virtuose Musik.

4.11. Stil

Da Isolde Ahlgrimm nie einen Lehrer für Cembalo hatte, war sie darauf angewiesen gewesen, von ihren Erfahrungen, die sie beim Fortepiano Spielen gemacht hatte, abzuleiten, zu extemporieren. Dies scheint eine eigenartige Aussage zu sein, aber tatsächlich sind sich Cembalo und Wiener Hammerflügel hinsichtlich Anschlag und Tastengröße ähnlich, wurden sie doch nebeneinander in den gleichen Werkstätten gebaut. Das Fortepiano wurde in Deutschland als Weiterentwicklung des Clavichords angesehen, mit den gleichen Ausdrucksmitteln, aber größeren dynamischen Möglichkeiten. Das Einzige, was mit dem Fortepiano nicht realisiert werden konnte, war die Bebung, eine Art Vibrato, die mit variablem Fingerdruck erzeugt wurde. Isolde Ahlgrimm versuchte mit ihrer eigenen Sensibilität, die Ausdrucksfähigkeit der Hammerklaviere auf das Cembalo zu übertragen. Damit erfüllte sie ein allgemeines Bestreben der Cembalospieler des 18. Jahrhunderts: Die Erreichung eines ausdrucksvollen Spiels.

Kapitel 5
Neuanfang und Karriere

5.1. Neuorientierung

Das Jahr 1956 war ein wichtiger Wendepunkt in Isolde Ahlgrimms Leben. Es bedeutete den Beginn einer neuen Freiheit als Mensch und als Künstlerin. Damit verbunden waren aber auch gravierende äußere Veränderungen. Die Trennung von Erich Fiala erforderte, dass sie ihr Heim an der Linken Wienzeile verlassen musste, wo sie mit ihm seit 1948 gelebt hatte. Am liebsten wäre sie nun in ihre Wohnung in der Strudlhofgasse zurückgekehrt, aber diese war nicht frei. Sie hatten sie nach dem Abzug der Amerikaner an Freunde vermietet. Diesen zu kündigen war schwierig, auch wegen der strengen Wiener Mieterschutzgesetze. Nach einem Gespräch waren die Freunde bereit, ihr wenigstens ein Zimmer (in gemeinsamer Nutzung) zu überlassen.

Ihre zwei Ammer-Cembali, das Pedalcembalo, ein paar Streichinstrumente und ihr persönliches Eigentum waren das Einzige, was sie aus der ehelichen Wohnung mitnahm. Sie musste nun in so beschränkten Umständen leben, wie es nicht einmal während des Krieges nötig gewesen war. Erst ein Jahr später fing sie an, sich gegen die beengten Wohnverhältnisse zu wehren, vor allem auch, weil sie keine Privatsphäre hatte, ihre Instrumente nicht schützen konnte und keine Möglichkeit hatte, ungestört zu arbeiten oder Gäste zu empfangen. Zudem wartete noch ein Hammerflügel beim Klavierbauer auf sie, den sie nun, da ihr die gemeinsam aufgebaute Instrumentensammlung nicht mehr zur Verfügung stand, für die Gestaltung neuer Programme brauchte.

Nach der Trennung mit über 40 Jahren nun das erste Mal allein zu sein und für sich selber sorgen zu müssen, war für sie eine ganz neue Situation, die Ängste und Unsicherheit mit sich brachte. Im Grunde schüchtern, war es ihr unangenehm, sich selber vermarkten zu müssen. Sie musste vor allem darauf vertrauen, dass die nun veröffentlichten Bach-Aufnahmen ihr helfen würden, international bekannt zu werden und Konzertengagements zu erhalten. Wovon sollte sie also leben? Welche Möglichkeiten standen ihr offen?

5.2. Unterrichten

Eine Möglichkeit, ihren Lebensunterhalt zu bestreiten, sah sie in der Unterrichtstätigkeit. Bis dahin war dies nur eine gelegentliche Beschäftigung für sie gewesen.

Sie hatte einmal von September 1937 bis Ende Juni 1938 am Horak-Konservatorium Klavier unterrichtet. 1938[167] hatte ihr die Akademie eine Professur für Cembalo angeboten mit der Auflage, zunächst einen Lehrplan auszuarbeiten. Sie reichte das Konzept, eine Liste ihres Repertoires und vorhandene Kritiken ein. Die neu geschaffene Stelle wurde jedoch aus unerfindlichen Gründen an Professor Bruno Seidlhofer vergeben, der neben seinen Klavierstudenten nun auch die wenigen Cembalisten zu unterrichten hatte. Wohl war sie enttäuscht, aber sie war zu jenem Zeitpunkt finanziell nicht von einer Anstellung abhängig. Während der Kriegsjahre, als Erich Fiala monatelang nichts zum Unterhalt beitrug, konnte sie sich dann mit Unterricht für die Angestellten der amerikanischen Botschaft über Wasser halten, „gegen Entlöhnung mit Lebensmitteln, Seife und Waschmitteln"[168], und damit auch pädagogische Erfahrungen sammeln.

Nach Kriegsende trat die Akademie mit einem neuerlichen Angebot an sie heran. Sie bekam einen Lehrauftrag von sechs Wochenstunden unter dem Vorbehalt, dass bei der Polizei eingeholte Auskünfte einen guten Leumund und ein staatsbürgerlich korrektes Verhalten ergäben. Mit dieser Anstellung bekam ihr Lehrplan von 1938 mit seiner Gewichtung auf historische Aufführungspraxis endlich eine Chance, umgesetzt zu werden. Sie hatte nun eine Möglichkeit, dem bislang noch spärlich bewirtschafteten Feld der Alten Musik in Wien und Umkreis mehr Bedeutung und Ansehen zu verschaffen und ihre Kenntnisse über die Aufführungspraxis der Alten Musik und deren Instrumente weiterzugeben. Aber bereits 1947 wurde ihr Status geändert. Statt Cembalo im Hauptfach zu unterrichten, wurde sie nun Lehrbeauftragte für das Nebenfach „Vorläufer des Klaviers".

Wieder zwei Jahre später wurde sie aufgefordert, zum 30. September 1949 freiwillig von ihrer Stelle zurückzutreten. Der Direktor ließ im Gespräch die Bemerkung fallen, dass, wie auch der Vorstand wüsste, keine Gründe zu einer Entlassung vorliegen würden und daher die Stelle nur als vakant erklärt werden könne, wenn sie selber um die Entlassung bitten würde. Er argumentierte mit ihrem vollen Konzertkalender und dass sie sicher viel Zeit für die Vorbereitung der anspruchsvollen Programme zum Bach-Jahr 1950 benötige. Sie war schockiert und in Tränen, als sie es hörte, ihr Mann hingegen sagte wütend: „Du betrittst dieses Haus nie wieder."[169] Der wahre Grund war nicht auszumachen und so vermuteten sie ungute schulpolitische Machenschaften dahinter. Ob aus Konsternation, fehlender Wehrhaftigkeit oder aus mangelndem Nachdenken über die Konsequenzen – sie willigte ein, ohne sich weiter zu wehren, auch mit der Überlegung, dass es ja doch nur wenige Studenten gewesen wären.

Jetzt, zur Zeit ihrer Scheidung, realisierte sie, dass der Verzicht auf die Stelle ein Fehler gewesen war, den sie nun bitter bereute[170]. Da sie damals den Fuß aus der Türe genommen hatte, gelang es ihr erst 1962 wieder, diese renommierte Stelle zurückzuerhalten – dreizehn Jahre und vier Dozenten später (1949 Bruno Seidlhofer, ab 1950 Anton Heiller, 1952 bis 1955 Gustav Leonhardt und vor ihr die Landowska-Schülerin Eta Harich-Schneider).

Dass sie aber doch im Bewusstsein der österreichischen Kulturkommissionen war, zeigte sich, als sie 1957 angefragt wurde, 1958 auf der Weltausstellung in Brüssel als Repräsentantin Wiens im Musikpavillon Österreichs mitzuwirken. Sie hatte vom 27. August bis 17. September täglich ein zweistündiges Cembalo-Seminar zu erteilen. Im gleichen Jahr wurde sie von Dr. Bernhard Paumgartner ans Mozarteum Salzburg berufen und erhielt einen einjährigen Vertrag für zehn Wochenstunden Cembalo Hauptfach und zehn Wochenstunden Kammermusik. Sie war glücklich, dass sie nun arbeiten konnte und ihre finanzielle Not gelindert war. Allerdings stellte sich bald heraus, dass diese Stelle sie nicht genügend auslastete, und sie schlug vor, Vorlesungen zu Themen der Alten Musik zu halten, die auch für andere Instrumentalisten interessant wären: nämlich Musikkultur, Entwicklung des Konzertwesens, Ornamentik, Phrasierung, Tempo und Rhythmik, Tanz und Suite, Instrumente und Besetzung, Rhetorik und Musik. Sie hätte dies mit Erfolg in Rotterdam getan mit bis zu 100 Hörern und fände das sinnvoller, „als in einer Klasse zu warten, ob sich nicht doch vielleicht ein junger Cembalist dahin verirrt."

Salzburg wurde insofern sehr wichtig für sie, als sie hier Kontakte in die USA knüpfen konnte durch die Austauschstudenten von Oberlin OH, einer der berühmtesten Musikhochschulen der Staaten. Diese Hochschule offerierte damals ihren Studenten die Möglichkeit, das 4. Studienjahr am Mozarteum zu absolvieren[171]. So gab es unter den 88 Studenten eine Anzahl junger Cembalisten, wie Larry Palmer, Max Yount, C. David Harris und Kim Kasling, die sich später an verschiedenen Schulen in ihrer Heimat als Lehrer etablierten. Ihnen konnte Isolde Ahlgrimm wegweisende Impulse geben. So schrieb Larry Palmer:

> Es war ein großer Glücksfall für uns, dass Isolde Ahlgrimm 1958 am Mozarteum einen Lehrauftrag für Cembalo und barocke Aufführungspraxis erhalten hatte. Es waren nur wenige Cembalostudenten eingeschrieben. Ihr Lehrauftrag war stundenweise und so dauerten unsere Lektionen oft 2 Stunden und länger. Ihre heutigen Studenten würden neidisch sein über die entspannte Atmosphäre; sie, die nun ihre Unterrichtszeit mit Ahlgrimms zunehmenden Konzertverpflichtungen und ihrer Arbeit an ihrem Werk über Ornamentik teilen müssen.[172]

Für sie selber waren diese amerikanischen Studenten auch eine neue Erfahrung. Sie schrieb später an Peter Watchorn:

> Als die erste Gruppe Studenten in Salzburg ankam, war es schwierig, sowohl für sie als auch für mich als Lehrerin. Wir mussten uns erst aneinander gewöhnen. Als ich später, 1962, zum erstenmal nach Amerika kam, um in Oberlin zu unterrichten, verstand ich, wie schwierig es für die jungen Amerikaner in Salzburg gewesen sein musste: Essen, Klima, Stundenpläne, alles war so anders. Auch das Verhältnis zwischen Lehrer und Studenten war verschieden, viel entspannter und weniger formell als in Wien und Salzburg. Ich war erstaunt über die amerikanische Arbeitskapazität, auch über die Art, wie die Studenten ihren Lehrer durch endlose Fragen und stete Herausforderung beanspruchten.

Ihre begeisterten Schüler waren zurück nach Amerika gegangen und mussten da ihren Ruhm so verbreitet haben, dass sie ab Februar 1962 für ein Semester als Gastprofessorin nach Oberlin eingeladen wurde. Vielleicht hat diese Einladung an die renommierte Schule bei den Zuständigen der Wiener Akademie doch Eindruck gemacht, denn gegen Ende desselben Jahres kam endlich die Berufung an die Akademie. Sie erhielt einen ersten befristeten Arbeitsvertrag für Hauptfach Cembalo ab 1.10.1962 bis 30. 9.1963 und kündigte ihre Anstellung beim Mozarteum.

Zu dem letzteren Zeitpunkt sollte Eta Harich-Schneider, ihre Vorgängerin, pensioniert werden. Isolde Ahlgrimm sagte später, dass ihre Kollegin wohl nicht glücklich über ihre Anstellung gewesen sei und nicht wusste, dass sie, Ahlgrimm, die Vorarbeiten bei der Schaffung der Lehrstelle im Jahr 1938 gemacht hatte. Jedenfalls gab es Spannungen, ja Feindseligkeiten während der ersten Zeit, in der sich die Lehraufträge noch überlappten, und es kam vor, dass Studenten bei beiden Professorinnen Unterricht nahmen und nicht wagten, es ihnen zu gestehen.

Zwei Jahre später schrieb Isolde Ahlgrimm in einem Weihnachtsbrief, dass sie sich über ihre Schüler freue, aber dass es sie mehr belaste, wenn diese einen Vortragsabend hätten, als wenn sie selber spiele. Der Brief ist verziert mit einigen Takten aus einer Bachkantate zum Jahreswechsel[173].

1967 erhielt Isolde Ahlgrimm das Angebot, für ein Jahr an der University of Washington in Seattle zu unterrichten. Es war nicht leicht, abzuwägen, ob sie dieses verlockende Angebot annehmen sollte. Sie wollte ihre nun feste Anstellung in Wien nicht gefährden und hatte zudem eine volle Agenda mit Konzerten in Europa. So lehnte sie ab.

Die Verleihung der außerordentlichen Professur an der Akademie am 31.3.1969 war für sie die Anerkennung ihrer Arbeit. Ein Jahr danach änderte die Akademie ihren Status und hieß nun: Hochschule für Musik und darstellende Kunst.

Von diesem Zeitpunkt an hatte Isolde Ahlgrimm ein volles Pensum von meist 18 bis 20 Studenten, daneben Konzerte, für die sie selber üben musste, Aufnahmen und Kurse – ein gerütteltes Maß an Arbeit, aber: „Man soll nicht über zu viel Arbeit klagen, besser zu viel als zu wenig." Es immatrikulierten nun immer mehr Studenten aus dem Ausland und so kam es ihr zugute, dass sie gute umgangssprachliche Kenntnisse in Englisch, Französisch, Italienisch, Holländisch und Ungarisch hatte und in diesen Sprachen auch unterrichten konnte.

Abb. 3   Isolde Ahlgrimm hütet ihre Gänschen

1972 schrieben sich 19 Studenten an der Hochschule für ihre Klasse ein – „mehr oder weniger alle lieb. Scheinbar werden durch die sanften Klänge des Cembalos die angeblich so wilden Gemüter der heutigen Studenten ganz besänftigt." Damit nahm sie Bezug auf die Studentenunruhen jener Zeit, die anscheinend nicht bis in ihre Cembaloklasse gedrungen waren.

In einem formellen Brief vom 16. Januar 1973 bot ihr der Dekan des Oberlin College die neu zu schaffende Lehrstelle für Cembalo an, mit Beginn im Herbst 1973. Es war eine Gastprofessur für zwei Jahre, zweifellos mit einer Option zur Verlängerung, und damit eine Schlüsselposition in Amerika. Aber sie, die sich nach langen schwierigen Jahren durch ihre Anstellung als Außerordentliche Professorin endlich einmal sicher fühlte, konnte sich wieder nicht entscheiden, das Angebot anzunehmen. Sie war „heimattreu", wie sie in einem Brief einmal sagte.

Kim Kasling, ein Fulbright Absolvent, der in den 60er Jahren Schüler von sowohl Isolde Ahlgrimm wie auch Anton Heiller gewesen war, schrieb 1977 eine grundlegende Betrachtung zu Ahlgrimms Unterrichtsmethode: Sie verlangte ein gründliches Wissen über historischen Instrumentenbau, Quellenkenntnisse von Diruta über Rameau, Couperin bis C. Ph. E. Bach. Anschlag und Artikulation waren für sie die Werkzeuge bei der Strukturierung der Phrasen und für die Darstellung von rhetorischen Komponenten der Musik. Ein sehr wichtiges Thema für sie war eine fließende und einfache Fingersetzung. Für ältere Literatur verlangte sie die Anwendung von alter Applikatur und was generell wichtig war, die Vermeidung von Daumen und kleinem Finger auf Obertasten[174].

Fingersätze waren und blieben für sie sehr wichtig. Auch viele Jahre später, als sie sich gerade intensiv mit Hartung beschäftigte, schrieb sie in einem Brief:

> Freilich sind alte Fingersätze naturgegeben. Aber H. [Hartung] wählt sie nicht aus hist[orischen] oder phrasier[ungstechnischen] Gründen, sondern weil es einfacher ist, die Hand so auf den Untertasten zu führen, als die sehr ungleich kürzeren und längeren Finger 1 und 5. Der Beginn des Spiels auf Tasteninstrumente entspricht diesen „kindlichen" Versuchen, aber das will man heute nicht sehen. Die Entwicklung des heutigen Fingersatzes ist ein sehr langer Lernprozess, bedingt durch die Ausweitung der Tonarten (Obertasten), die wiederum durch neue Arten der Stimmung möglich geworden war. [...] Übrigens hat sich auch der Wandel des kompositorischen Stils auf den Fingersatz ausgewirkt, vermehrte und verlängerte Tonleitern spielen dabei eine große Rolle.[175]

Sie sah den Unterricht nicht nur als eine Vermittlung von fachlichem Wissen, technischem Können und musikalischer Gestaltung, sondern ebenso auch als Hilfe zur Entwicklung von seelischen und moralischen Qualitäten.

> Ich glaube an die Kraft des Geistes, die weitergegeben werden kann und die sich ebenso erhält wie die Materie. Und hierin sehe ich meine Aufgabe den Studenten gegenüber – nicht nur Cembalo spielen, sondern auch Güte, Hilfsbereitschaft, Disziplin etc. was eben alles dazugehört [zu vermitteln]. Aber auch der Umwelt gegenüber, im weitesten Sinn. Wenn du willst: den Bergen, Seen, den Blumen und Tieren gegenüber, um ein sehr abgebrauchtes Wort zu brauchen, der Schöpfung. Wer weiß, was mit der Erde einmal geschieht, ob sie nicht einmal völlig unbewohnt und tot sein wird? Aber der Geist wird immer noch irgendwo herumschwirren. Diesen zu bilden, zu bessern, das finde ich heute eine wesentliche Aufgabe jener Menschen, die andere als nur materielle Interessen haben.[176]

Im Herbst 1973 hatte ihre Klasse 16 Studenten und sie, die nun ihr gutes Rubio-Cembalo zu Hause hatte, fand es immer unerträglicher, die Studenten noch auf den alten Bachmodellen von Neupert oder Wittmayer zu unterrichten, unwürdig einer Musikhochschule. Sie schrieb:

> Das Neupert wird zur Reparatur geschickt und das Wittmayer ist in der Klasse und verträgt das Klima nicht. Einer Kopie komme ich langsam näher – es ist schrecklich, gegen so viel Unverstand kämpfen zu müssen. Aber nun lasse ich nicht mehr locker, es ist ja wirklich eine Schande.[177]

Aus dieser Zeit datieren zahlreiche Briefe an sämtliche Cembalobauer mit der Anfrage um Offerte. Sie ließ sich jeweils auch Pläne der Klaviaturen geben, um sich ein genaues Bild über die Maße der Tasten machen zu können. Gustav Leonhardt hatte zu dieser Frage bereits 1965 abschließend in einem Brief geschrieben: „Wenn noch immer die selben Cembali in der Akademie sind wie noch vor 10 Jahren, dann brauchen Sie wohl etwas neues! [sic]"[178]

1975 folgte die Ernennung zur Ordentlichen Professorin. Ahlgrimm konnte ihre Unterrichtstätigkeit bis Ende des Schuljahrs 1985/1986 noch weiterführen.

5.3. Konzerte

Neben der Unterrichtstätigkeit entwickelte sich Isolde Ahlgrimms solistische Karriere im Lauf der Jahre stetig. Zahlreiche Bittbriefe von 1956 und 1957 an Konzertveranstalter zeigen aber, dass sie sich am Anfang um Konzerte bemühen musste. Es ging um zweierlei Arten des Überlebens, um das physische Dasein und, was für sie viel wichtiger war, um ihre künstlerische Existenz und ihr Ansehen als Cembalistin.

Wenn sie auch in erster Linie als Bachspezialistin galt, so war doch ihr Repertoire durchaus vielfältig. Sie war in der Wahl der Stücke sehr kritisch. So schrieb sie einmal: „Die gefährlichste und mühsamste Arbeit ist das Zusammenstellen der Programme – denn man ist ja mit diesen Stücken dann verheiratet für sein Leben."[179] Damit bezog sie sich auf neue Werke, die sie in ihr Repertoire integrieren wollte, was für sie bedeutete, sie auswendig zu lernen.

Sie hatte ein sehr klares Urteil über die Qualität einer Komposition und sie amüsierte sich manchmal über den Eifer, mit dem die Studenten in der Bibliothek nach verborgenen Schätzen gruben. Sie sagte „Weißt du, da gehen sie hin und finden irgendwelche Stücke, wovon sie dann denken, was es sei – aber am Schluss, was bleibt übrig? Der Bach, der Mozart, der Beethoven"[180].

Neben Bachprogrammen spielte sie auch häufig gemischte Programme mit Beachtung einer guten Abfolge der Tonarten. Sie wählte oft bildhafte Stücke wie die programmatischen *biblischen Historien* von Kuhnau, die Poglietti-Suite *Il Rossignolo* oder die *Toccata sopra la ribellione di Ungheria,* woraus sie aber meist nur die *Aria Allemagna con alcuni Variazioni Sopra l'Età della Maestà Vostra* spielte, also ein Werk über das Zeitalter Josefs I. Von den *Ordres* von François Couperin liebte sie die vierzehnte mit den Vogelstimmen-Imitationen sowie solche, deren oft geheimnisvolle Titel Neugier und Wissensdurst bei ihr geweckt haben mussten, denn sie konnte viele davon deuten.

Vor Publikum zu spielen war für sie wichtig. Spielen ohne den Austausch mit Hörern fand sie sinnlos. Obwohl sie sehr unter Lampenfieber litt, liebte sie es, vorzuspielen. Kam sie auf die Bühne, eilte sie förmlich zum Instrument, verbeugte sich schüchtern und kurz vor dem Publikum und setzte sich auf den Stuhl. Nun geschah die Verwandlung: Sie spielte mit einer Souveränität und Ruhe, die ihre Erscheinung wachsen ließ. Ihr Körper bewegte sich organisch und fast unmerklich mit der Musik, ihr Gesicht drückte tiefe Konzentration aus. Keine Spur von Effekthascherei war je auszumachen. Sie war und blieb immer eine bescheidene Dienerin ihrer großen Herrin, der Musik, und vergaß ihr Publikum, das atemlos lauschte. Im Saal hörte man dann nur das leise Umblättern der Noten, die, vor allem wenn sie das *Wohltemperierte Klavier* spielte, von zahlreichen Leuten mitgelesen wurden. Ihr Anspruch an sich selber war riesig. Einmal beklagte sie sich, dass sie während einer Aufführung dieses Werkes in Wien einen Ton nicht erwischt habe. Einen!

Dank ihrer sorgfältigen Art, mit ihren Unterlagen umzugehen, und ihrem Entschluss, ihren Nachlass der Universität zu vermachen, war es möglich, einen ungefähren Überblick über die Konzerte nach 1956 zu erhalten[181]. Erst nach ihrer Trennung von Erich Fiala konnte sie ihren Radius ausweiten. Vorher hatte sie praktisch exklusiv (mit wenigen Ausnahmen) für die Reihe der *Concerte* gespielt. Einige Momentaufnahmen ihres Konzertlebens in chronologischer Reihenfolge mögen hier Einblick geben in ihre Konzerttätigkeit zwischen 1956 und 1983:

Noch während der Periode der *Concerte* wurde 1955 das Programm mit den Violinsonaten von J. S. Bach mit Rudolf Baumgartner und Nikolaus Harnoncourt in der Wasserkirche in Zürich wiederholt. Abwechselnd mit den Violinsonaten spielte sie zwei *Englische Suiten*.

Zum Ausklang des Mozartjahres erklangen im Dezember 1956 dessen Werke im Kunsthistorischen Museum auf Instrumenten der Sammlung, unter anderem auf einem Walter-Flügel und einem süddeutschen Clavichord. „Das war wirklich wie ein Märchen", schrieb der Kritiker der „Österreichischen Neuen Tageszeitung"[182]. Er erwähnte das Clavichord, auf dem erste Menuette Mozarts erklangen, die Klarheit des Stein-Flügels, dessen Klang zwar mit dem eines modernen Konzertflügel nicht wetteifern könne – aber dass man für zwei Stunden in einer wiedererstandenen Epoche leben konnte.

Nachdem die Philips-Aufnahmen 1956 beendet waren, gab es eine Promotionstour für Isolde Ahlgrimm und die neuen Bachaufnahmen in den Städten Amsterdam, Rotterdam und Den Haag sowie in Hamburg und Brüssel. Die Ammer-Cembali wurden mit der Bahn an die verschiedenen Orte transportiert und Isolde Ahlgrimm wartete jeweils nervös an den Bestimmungsorten auf ihre Ankunft. Die Angst, dass den großen Instrumenten etwas zustoßen könnte, war für sie, wie sie später sagte, die größere Aufregung als die Konzerte selber. Die Tournee war ein großer Erfolg.

Der Baarnse Courant schrieb am 25. Januar 1957:

> Es gibt im Leben eines Berichterstatters Momente, in denen er bei sich denkt: „Da kann ich nichts darüber schreiben, alle Worte sind hier zu wenig." Diesen Gedanken hatte auch unser Berichterstatter, als er gestern die Wiener Cembalistin Isolde Ahlgrimm in Musis Sacrum spielen hörte (und sah!). Aber da es nun einmal seine Aufgabe ist, etwas zu schreiben, dann dies: Wenn man das Publikum sieht, das kaum zu atmen wagt wenn es dieser begnadeten Frau zuhört, wird einem klar, dass sie die Gabe hat, die Menschen über den Alltag heraus zu heben und man kann nur dankbar sagen: „Das ist wahre Kunst göttlichen Ursprungs."

Auf der Weltausstellung 1958 in Brüssel war Isolde Ahlgrimm Repräsentantin der Stadt Wien im Österreichischen Musikpavillon. Sie spielte verschiedene Programme für Cembalo und Hammerklavier[183], die sowohl innerhalb des Hauses wie auch nach draußen übertragen wurden.

Ihr Auftritt am 30. Januar 1959 im Carlton Hotel in Nürnberg mit der *Chromatischen Fantasie und Fuge*, der g-Moll Suite von Händel, der Haydn-Sonate D-Dur und Pogliettis T*occatina e Aria con alcuni variazioni sopra l'età della Maestà vostra* hatte königlichen Lohn: Helgoland-Hummer, Schildkrötensuppe, Filet in Blätterteig, Prinzessbohnen, Auflaufkartoffeln, Chicoréesalat, gefüllte frische Ananas, Stilton-Käse und Mokka.

John Henry van der Meer, der Kurator des Gemeentemuseum Den Haag, lud sie im Januar 1961 in die bedeutende Sammlung für Tasteninstrumente ein, um in einem Konzert auf verschiedenen Instrumenten zu musizieren.

Der Diskurs, ob das *Wohltemperierte Klavier* für das Klavier (Clavichord), für die Orgel oder wirklich nur für das Cembalo bestimmt sei, war 1962 noch sehr aktuell. So spielten in Linz sowohl der Pianist Jörg Demus wie auch Isolde Ahlgrimm dieses Werk für ein wachsendes Publikum. Dieses erteilte ein „Unentschieden". Manche Präludien und Fugen seien auf Cembalo, manche auf Klavier schöner und beide Spieler seien einander ebenbürtig.

Im Jahr darauf (1963) gab es Konzerte in fünf verschiedenen Städten der Schweiz mit dem Zürcher Kammerorchester unter Edmond de Stoutz, dazu Radio- und

Fernsehaufnahmen. Nach dieser kleinen Tournee folgte 1964 eine wichtige in die Vereinigten Staaten mit zahlreichen Konzerten. Das erste in Columbus OH in der Reihe der *Prestige Concerts,* dann wieder, wie das Jahr zuvor, in Atlanta bei der *American Guild of Organists*. In Kalifornien spielte sie Konzerte mit dem Peninsula Orchester, weitere Rezitals in Washington und, wieder, in Oberlin.

Das Repertoire, das sie für jedes Konzert anders zusammengestellt hatte, enthielt die Werke:

Paul Angerer: 3 *Toccaten*; J. S. Bach: *Wohltemperiertes Klavier I, Chromatische Fantasie und Fuge, Italienisches Konzert, Goldbergvariationen, 5. Brandenburgisches Konzert*. François Couperin: 14ième ordre, Poglietti: *La Ribellione*; Haydn: Sonate D-Dur (1780); Strauss: *Capriccio-Suite*.

Von ihrer Belastung gibt der Weihnachtsbrief 1964[184] eine Vorstellung:

> Als ich von meiner letzten Konzertreise nach Hause gekommen war, wurde mir mitgeteilt, dass ich am 31. Dezember die Goldbergvariationen auf Schallplatten spielen sollte. Für diese Aufgabe stehen mir 16 Tage zur Verfügung. Zusätzlich müsste ich noch eine Woche lang unterrichten, auch muss ich täglich an der *Kunst der Fuge* üben, sonst wäre es mir unmöglich, dieses Werk am 16. 2. zu spielen. Bitte habt darum Verständnis, wenn ich diesmal nicht mehr schreiben kann. Ich wünsche Allen ein schönes Weihnachtsfest und ein glückliches Neues Jahr.[185]

Sie hatte dieses Jahr an 12 verschiedenen Orten gespielt, darunter bei Festivals mit mehreren Konzerten, meist sehr schwere Programme mit großen Werken von Bach.

Damit sie auf ihren vielen Reisen in den Hotels eine Übungsmöglichkeit hatte, nahm sie ein Reiseclavichord mit – genau wie Mozart.

In Zürich interpretierte sie 1965 die *Kunst der Fuge* und schrieb nachher:

> ... wenn sie mich auch alle loben, sind sie [die Kritiken] für mich doch kaum zu verwerten. Debatten über: ob, wie, etc. man die KdF [*Kunst der Fuge*] spielen soll, bin ich gewöhnt, doch konnte ich bisher die Meisten überzeugen. Solche Ablehnung des Cembalos wie in Zürich habe ich jedenfalls noch nirgends gefunden.[186]

1966 der nächste Weihnachtsbrief:

> Freude, Kummer und Hoffnungen: Männer würden sagen, dass ich daraus die Jahresbilanz ziehen müsste. Ich aber werfe alles in einen Topf, stelle ihn einige Stunden aufs Feuer um schließlich die Suppe zu erhalten, die ich mir im vergangenen Jahr eingebrockt habe. Vielleicht kann ich im nächsten Jahr etwas besser würzen? Etwas weniger Pfeffer und etwas mehr Baldrian wäre besser![187]

Wieder war sie in diesem Jahr Gast bei John Henry van der Meer, der sie diesmal für ein Bach-Programm eingeladen hatte. Sie konnte unter den Instrumenten der Sammlung auswählen. Die angebotenen Instrumente hatten sehr verschiedene Tastengrößen und da sie kein Risiko eingehen wollte, entschied sie sich für ein Instrument von Wilhelm Hirl von 1899, das in etwa den frühen Pleyel-Cembali entsprach. In der Gedenkschrift für Josef Mertin berichtet van der Meer in seinem Beitrag über dieses Konzert:

> Ich äußerte mich dem Kritiker gegenüber begeistert über ihre Interpretation der 2. *Partita* in c-Moll, worauf der Kritiker entgegnete: „Wieso? Die Ahlgrimm spielt ja nicht mal das, was Bach vorgeschrieben hat!" Er bezog sich damit auf das Einleitungs-Grave, in dem Frau Ahlgrimm selbstverständlich überpunktierte und das erste Sechzehntel der jeweiligen Auftaktfigur etwa als Vierundsechzigstel gespielt hatte. Ich wurde darauf derart wütend, dass ich den Mann fragte, was er hier überhaupt tue, wenn er nichts von der Aufführungspraxis alter Musik verstehe. Natürlich sitzen die Kritiker immer am längeren Hebel und so bekam Frau Ahlgrimm in dieser Zeitung eine schlechte Kritik. Mea culpa.[188]

In diesem Jahr machte sie auch eine Deutschland-Tournee mit dem Trompeter und Leiter des Barock-Ensembles, Adolf Scherbaum, den sie sehr schätzte. In diesen Konzerten spielte sie jeweils (neben den Continuo-Stimmen) ein Stück solo, meist eines der großen Werke J. S. Bachs, wie das *Italienische Konzert, die Französische Ouverture* oder die *Chromatische Fantasie und Fuge.*

Es gab auch andere Ensembles, mit denen sie immer wieder auftrat: die *Wiener Solisten* (*Musikalisches Opfer* am 3. März, 5. *Brandenburgisches Konzert* am 25. April), die *Capella Academica* von Eduard Melkus mit Konzerten in Salzburg und in der *Albertina*[189] und im Dezember mit dem *Concentus Musicus* von Harnoncourt, wo sie J. S. Bachs Doppelkonzerte zusammen mit Herbert Tachezi spielte. In Frauenfeld hatte sie für das Konzert mehr Gage bekommen, als ausgemacht war. Sie schrieb an ihren Manager in Zürich[190]: „Es war erst das 2. Mal in meinem Leben, dass ich in einem Konzert stecken geblieben bin – falls ich dann immer mehr Honorar bekäme, könnte ich das ja üben!"

Die zweite Einladung zum Schaffhauser Bachfest 1967 brachte zwei Aufgaben für sie, einmal eine Matinee mit den *Partiten* und dann ein Konzert vor mehr als 1000 Zuhörern in der St. Johanns-Kirche, wo sie das Konzert für zwei Cembali zusammen mit Silvia Kind (Berlin) und das Konzert für drei Cembali mit Silvia Kind und Fritz Neumeyer (Freiburg) spielte. Mit Silvia Kind muss sie ein herzliches Verhältnis gehabt haben. In einem Brief von Silvia Kind geht es nach der Anrede „Mein liebes, gutes, herziges Isoldchen" weiter mit Kleiderfragen: „die Konzerte sind so vergnügt, dass Neumeyerchen einen grünen Frack tragen und wir ihn in leuchtenden Farben umflattern sollten! – Aber wahrscheinlich ist schwarz das Beste!"[191] Neumeyer scheint die Sache gelassen angegangen zu haben. Es standen drei sehr unterschiedliche Instrumente zur Verfügung und er sagte: „Ach, die Damen sollen aussuchen. Ich nehme das, was übrig bleibt."[192]

In einem Konzert in Basel, am 8.4.1968, spielte sie ein reich befrachtetes Programm mit Werken von Froberger und Scarlatti, einer Suite von Georg Böhm, mit Werken von Bach und seinen Söhnen sowie von Mozart. Im ersten Teil des Programms benutzte sie das Cembalo, im zweiten einen Hammerflügel von Stein 1791. Hier wurde vor allem ihr Spiel auf dem Hammerflügel bewundert bei Werken von C. Ph. E. Bach und W. A. Mozart. Das gleiche Programm spielte sie auch in Brügge, aus Anlass der internationalen Musiktage. Der Kritiker von „Le Monde" schrieb am 1. September, dass das Hammerklavier den Vergleich weder mit dem Cembalo noch mit dem modernen Flügel aushalten würde, dass aber Frau Ahlgrimm „dank ihrer technischen Vollkommenheit und einer lebendigen, strahlenden Innerlichkeit bei den Polonaisen von Wilhelm Friedemann Bach eine Vorahnung von Chopin gab". Ein anderer Bericht war zwar ebenfalls anerkennend, aber insofern befremdlich, als der Kritiker von ihrem reifen Alter spricht und davon, dass sie immer noch herumreise; sie war da 54 Jahre alt!

Ihr Konzertplan war auch dieses Jahr wieder sehr voll, mit wenig Freizeit. War es Ironie oder Trost, dass Robert Schollum ihr in diesem Jahr eine Komposition für Cembalo mit dem Titel *Spaziergänge mit Isolde* widmete?

An Ruth Zechlin[193] schrieb sie 1969 über das *Wohltemperierte Klavier I und II*:

> Ich muss jetzt wieder üben gehen. Es ist wahnsinnig, die 48 Fugen! 8 Stunden täglich üben ist kaum auszuhalten, man wird ja auch immer wieder gestört. Aber wenn ich nur 8 Fugen plus Präludien pro Tag übe, kommt jede nur jeden 6. Tag dran! Da ist sie ja schon fast wieder vergessen! Und ich sollte noch aufbauen!

Im Sommer 1970 nahm sie an den Salzburger Festwochen teil und formulierte ihre sehr eigenwillige Beschreibung des neuen Festwochen-Konzeptes:

> Salzburg war ein Zirkus, die Idee primär positiv, aber man kann eine aristokratische Unterhaltungsform (Parkfest) nicht auf modernen Touristenstil übertragen. Es wurde ein musikalischer Supermarkt daraus – etwas, was der modernen Mentalität aber sehr entspricht, nirgends mehr genau zuhören, von einem Programm zum andern eilen und ein wenig naschen. Im Übrigen wurden alle Musiker und Theaterleute geschlagen von den – Pferden! der Spanischen Hofreitschule, die am meisten Erfolg hatten! Danach kam das Feuerwerk, dann lange nichts und nebenbei interessierte? man sich auch ein wenig für Musik und die rezitativen Veranstaltungen. Ein interessantes Experiment, das finanziell

und betr. Publicity sehr gelungen ist; es soll auch wiederholt werden im nächsten Jahr. Ich glaube aber, ich werde nicht mehr mit tun, obwohl man die Pferde nicht mehr engagieren wird!"[194]

Ein weiterer (1971) weihnachtlicher Rundbrief gibt Auskunft über ihr ungeheures Pensum an Unterricht, Konzerten und andern Aktivitäten – Ferien gab es wiederum keine.

Auch in diesem Jahr war sie Jury-Mitglied in Brügge. Sie schrieb: „Ich habe auf einer Hass-Kopie von Rubio gespielt: Ein Traum!"[195]

Bei einem der Konzerte spielte sie das Rondo in Es-Dur von Joh. Nepomuk Hummel. Sie hatte dieses hübsche kleine Werk als Kind gelernt. Später sagte sie, dass sie als Erwachsene bei diesem Stück die Fingersätze ihren größer gewordenen Händen habe anpassen müssen.

Nach der Aussage von Dr. Helga Scholz muss sie ein unglaubliches taktiles Gedächtnis gehabt haben. Ein falscher Fingersatz konnte sie aus dem Konzept bringen, was allerdings sehr selten geschah[196].

1972 wurde ihr Traum von einem Cembalo von Rubio Realität. Mit der zunehmenden Verbreitung von guten Kopien war ihr klar geworden, dass ein wirklich gutes Instrument unabdingbar für sie wurde. Nachdem sie das Ammer-Cembalo 1970 verkauft hatte, hatte sie im gleichen Jahr ein neues Instrument, eine Kopie von Wittmayer erworben, mit der sie aber nicht glücklich wurde.

1972 beschloss sie, das Ungeliebte wieder zu verkaufen, und trat zugleich in Verhandlung mit Dr. Alfred Berner von der Instrumentensammlung Berlin, der Interesse am Ankauf einiger ihrer Streichinstrumente für das Berliner Museum zeigte[197]. Es war nicht so, wie man vermuten könnte, dass sie die Instrumente verkaufte, um Geld für das neue Cembalo zu haben. Sie hatte sich, nach der langen Zeit der Trennung von ihrem alten Leben emotional von ihnen gelöst, hatte keinen Nutzen von ihnen und konnte sie, wie sie sagte, nicht einmal betrachten, da sie noch bei Erich Fiala lagerten.

Sie kaufte das Rubio-Cembalo von Miles Morgan, einem Dirigenten und Spezialisten für Alte Musik. Ihr erstes Auftreten mit diesem Cembalo in historischer Bauweise war bei einem Konzert der Bachgemeinde Wien am 10. und 11. März 1973 mit dem *Wohltemperierten Klavier I und II*.

Miles Morgan leitete die *Assoziazione Musicale Romana*. Isolde Ahlgrimm hatte bereits 1970 an einem von ihm organisierten Festival in Rom mitgewirkt. Da er sie sehr schätzte, vermittelte er ihr Engagements an verschiedenen Orten in Italien. So begann sie, Italien zu erobern, auch Venedig mit dem *Wohltemperierten Klavier I* im „Sale Apollinee" des Theaters „La Fenice". Ihr Spiel wurde sehr bewundert. In Wien jedoch hatte sie keine Lobby und wurde von der Presse oft vernach-

Abb. 4 1. Konzert mit dem Rubio-Cembalo 1972

lässigt. Sie beklagte sich darüber in einem Brief an einen der wichtigen Musikkritiker:

> Ich bin traurig, dass ich in Wien mit solcher Leidenschaft tot geschwiegen werde. Was soll ich noch mehr, Schwierigeres und Schöneres spielen? ... Drei Mal hätte ich seit Beginn meiner Unterrichtstätigkeit schon auswandern können: Nach Seattle, Oberlin, Brüssel. Eben komme ich aus Berlin, und auch hier hat man mich – allerdings nur gesprächsweise gefragt (das andere waren ernsthafte Angebote), ob ich eventuell die Hochschule Berlin übernehmen könnte, hin- und herfliegen. ... Was habe ich von meiner Heimattreue?[198]

Der Spruch vom Propheten, der im Vaterland nichts gilt, schien berechtigt zu sein.

Sie wurde aber doch beachtet, denn im folgenden Jahr (1975) wurde sie doppelt geehrt. Außer der Ehrenmitgliedschaft der Bachgemeinde wurde ihr das

Goldene Ehrenzeichen für Verdienste um die Republik Österreich verliehen, das sie aus der Hand der Wissenschaftsministerin Hertha Firnberg entgegennehmen durfte.

Auch dieses Jahr flog sie wieder in die USA und wirkte in Dallas bei einem Orgel- und Cembalo-Symposium über das *Wohltemperierte Klavier* mit und kurz nach der Rückkehr spielte sie am 19. Dezember zum ersten Mal in Bachs Geburtshaus in Eisenach ein Konzert mit seiner Musik: das *Capriccio über die Abreise des geliebten Bruders,* die *Toccata* D-Dur, die *Partita* c-Moll, das *Italienische Konzert* und aus der *Kunst der Fuge* Contrapunctus 1, 3, 9 und 11.

Dass sie in Teheran 1976 zwei Konzerte gab, einen Soloabend und ein Konzert mit Orchester, mag überraschen. Sie verdankte dies einer ehemaligen Studentin und deren Mann, der sich eine wichtige Position an der Musikhochschule der Hauptstadt des Iran erworben hatte. Es war allgemein sehr häufig, dass Studenten sich später bei ihr mit einer Konzertmöglichkeit bedankten, und sie freute sich dann auch immer darauf, ihre „Kinder", wie sie uns nannte, wiederzusehen.

Der Markstein von 1977[199] war ihr Solo-Rezital am Festival von Brügge.

> Eines der wichtigsten Konzerte dieses Festivals war Isolde Ahlgrimms Interpretation der *Goldberg-Variationen* von Bach. Man hat schnell erwähnt, dass sie die Wiederholungen auf Wunsch der Veranstalter weg ließ, dass sie ein Dowd-Cembalo von 1977 zur Verfügung hatte und dass sie das ganze Werk auswendig spielte. Schwieriger wird es, die Qualität ihres Spiels oder die Konzentration der Hörer zu beschreiben. Ihr Spiel war schnörkellos, sachlich, aber von beachtlichem Format, ob man nun ihre Verzierungen vor dem Schlag, ihre Bevorzugung des Legato gegenüber einem stärker artikulierten Spiel, ihr Vermeiden gekoppelter 8'-Register mochte oder nicht.[200]

Hatte 20 Jahre früher Eduard Melkus bei ihren Konzerten gespielt, so war es nun umgekehrt. Sie spielte mit seiner *Capella Academica* ein interessantes Themenkonzert: Bach als Bearbeiter. Verschiedene Konzerte Bachs wurden vorgetragen, die auf Werke anderer Komponisten zurückgreifen oder von ihm für andere Instrumente bearbeitet worden sind.

Isolde Ahlgrimm sagte einmal, dass sie besonders gerne in der Schweiz spiele. Beim Cembalorezital 1978 im Wenkenhof in Riehen bei Basel war die Kritik im Raum der *Schola Cantorum Basiliensis* jedoch nicht überwältigend. Nach einem kurzen Abstecher nach Dresden für das Homilius-Konzert kehrte sie in die Schweiz zurück. Mit dem Schweizer Cembalisten Jörg Ewald Dähler spielte sie ein sehr ungewöhnliches Programm mit unbekannter Musik für Cembalo zu vier Händen und Werken für zwei Cembali. Zwischen den Werken bekannter Komponisten – Mozart, J. C. Bach, J. S. Bach, Antonio Solèr und Louis Armand Couperin – waren kleine Perlen eingestreut: Wer hatte damals schon von den Komponisten Giordani, Carlton, Tomkins, Graaf und Crecquillon gehört?

Eine Einladung von ehemaligen Studenten kam 1979 aus Japan. Ihre Schüler wollten ihr natürlich auch das Land zeigen. Über ihre Eindrücke schrieb sie:

> Japan war ungemein anstrengend, auch interessant. Ja, ich habe schon etwas mehr als nur Tasten gesehen, aber eher unfreiwillig, ich hätte lieber nur die Arbeit gesehen, das wäre leichter und weniger anstrengend gewesen. Wer bloß als Tourist hinfährt, der mag es zum Teil sehr schön finden, die großen Städte aber sind erschreckend, fast apokalyptisch. Wer sich an der Schönheit der Natur erfreut, mag beglückt sein – wer nachdenkt, findet keinen Weg aus den vielen Fragezeichen. Für diesen Betrachter stoßen unentwegt die schärfsten Gegensätze uralter Tradition mit modernster Lebensführung zusammen. Ich fürchte, das ist à la longue nicht zu verkraften. Aber wie wird es gelöst werden?[201]

Im September und Oktober des gleichen Jahres fuhr sie ein weiteres Mal für Konzerte und Vorträge in die USA (Dallas). Nach Japan tat ihr die ungezwungenere Lebensart der Amerikaner gut. Sie schreibt weiter:

> Japan ist freilich enorm fremd und auch die größte Liebenswürdigkeit der Menschen kann das nicht vergessen machen. Ich freue mich, dass ich es einmal erlebt habe – in USA geht es doch etwas leichter, da kann man auch mal unhöflich sein und sagen – jetzt will ich schlafen gehen, ich bin müde – und das nimmt niemand übel. Übrigens gibt es in Texas täglich die schönsten Sonnenuntergänge, die ich je gesehen habe, ein Grund um Heimweh nach dort zu haben. Seltsam. Ich bin oft am Abend in die untergehende Sonne gegangen (nach Westen) und es war so schön, dass es mir weh tat.[202]

1980 spielte Ahlgrimm ein Bachprogramm mit dem Flötisten Werner Tast und dem Gambisten Siegfried Pank im Gohliser Schlösschen bei Leipzig, wo sich das Bach-Archiv der DDR befand. Zehn Jahre früher war sie dort schon einmal zu Konzerten eingeladen gewesen. Sie hatte einen guten Namen in der DDR und ein dankbares Publikum. Konzertieren im damaligen Ostdeutschland war aber auch mit einem Problem verbunden; sie hatte keine Erlaubnis, ihre Gagen in den Westen zu bringen. Das Geld musste im Osten verbraucht werden. So kaufte sie Kleider: einen Pelz, den sie in Wiens kalten Wintern gut brauchen konnte, oder Bücher, Musikalien und kleine Geschenke. Als sie herausgefunden hatte, dass sie im Osten Flüge und Zugreisen, auch für Destinationen im Westen, buchen konnte, war das Problem weitgehend gelöst.

In Salzburg spielte sie am 27. Januar 1981 zu Mozarts Geburtstag ein Konzert auf einem alten Hammerflügel, gefolgt am 1. Februar von Mozarts *Fantasie d-Moll* am modernen Flügel, zum ersten Mal seit 20 Jahren. Im März stand in Wien erneut das *Wohltemperierte Klavier II* auf dem Programm.

Palermo war der letzte Ort in Italien, an dem sie 1982 Cembalokonzerte von Bach und Mozart (KV 238) aufführte. Im Herbst spielte sie in der Schweiz, in Rheineck und St. Gallen das gleiche Programm: Bach, *Toccata* D-Dur, die *Englische Suite* a-Moll, *Capriccio über die Abreise des geliebten Bruders* und das *Italienische Konzert*.

Für den 24. Juli 1983 war ihre Mitwirkung an den Salzburger Schlosskonzerten angekündigt. Sie hätte da noch einmal das *Italienische Konzert* und die *Goldbergvariationen* spielen sollen.

Auf dem Programm steht ein handschriftlicher Vermerk: *Nicht mehr gespielt*. Am 13. Mai 1983 war ihr letztes Konzert erklungen.

5.4. Musikwettbewerbe

Ein weiterer Aspekt ihrer Tätigkeit in den 60er und 70er Jahren war ihre Teilnahme als Jury-Mitglied bei internationalen Cembalo-Wettbewerben. Einer der wichtigsten Austragungsorte war Brügge in Belgien, wo sie ab 1968 wirkte. Sie behielt diese Aufgabe bis 1977 bei. Einige ihrer Schüler, Zsuzsa Pertis, Gyöngyver Szilvássy und Alexander Sung waren hier erfolgreich. Neben ihrer Jurorentätigkeit hatten die Jury-Mitglieder (z. B. 1968 Isolde Ahlgrimm, Thurston Dart, Gustav Leonhardt, Charles König und Robert Veyron-Lacroix) auch selbst ein Rezital zu spielen und überdies öffentliche Vorträge zu halten – vor einer großen und interessierten Zuhörerschaft.

Weitere Wettbewerbe jurierte sie in Genf, Rom, Paris und Leipzig und am Schluss in Warschau.

Ihr Kommentar zum Genfer Wettbewerb zeigt deutlich, wie sehr das Cembalospiel damals im Umbruch war.

> Besonders anregend war die Teilnahme beim Internationalen Cembalo-Wettbewerb in Genf, als Mitglied der Jury. Mindestens ebenso interessant, wie Können und Stil der jungen Cembalisten zu vergleichen, ist es, die Fachkollegen und deren Ansichten kennen zu lernen. Von der „traditionsgebundenen Interpretation, die noch völlig am Stil W. Landowskas orientiert ist, bis zur „Ultramodernen" die sich bis zur äußersten Grenze des praktisch möglichen an die historischen Gegebenheiten hält, kann man alle Meinungen vertreten finden. Das Urteil einer Jury wird damit nicht nur zum Schiedsspruch, sondern zugleich auch zur

> Visitenkarte einer Jury. Kandidaten, die bei einer Jury durchfallen, werden bei andern zu Preisträgern. So krasse Gegensätze in der Bewertung gibt es wohl nur in der Alten Musik.[203]

1972 spielten zwei ihrer Schüler beim Bach-Wettbewerb in Leipzig und erhielten einen 2. und einen 3. Preis. Dieser Wettbewerb hatte ein Nachspiel. Ein Preisträger, der die erspielte Summe ebenfalls im Land verwenden musste, wollte sich vom Preisgeld ein Instrument kaufen und bestellte eine Kopie bei Ammer. Noch im gleichen Jahr kam der Bescheid, dass der Bau von Kopien eingestellt werden musste[204].

Isolde Ahlgrimm ließ das nicht einfach ohne Beantwortung. Sie schrieb ans Ministerium für Kunst und Wissenschaft der DDR in Berlin:

> Ich glaube gerne, dass wesentliche Gründe für diesen Entschluss vorliegen, dennoch bitte ich, wenigstens einige Gegengründe vorbringen zu dürfen. Junge Menschen sind sehr empfindlich in Hinsicht auf nicht eingehaltene Versprechen. Zum Bachwettbewerb haben sie eine Leistung erbracht, man hat ihnen einen Geldpreis zuerkannt, welchen sie in der DDR verbrauchten sollten, sie haben in der DDR Instrumente bestellt und hören jetzt – nahezu ein Jahr später, dass ihre Bestellung nicht ausgeführt wird. Sicherlich spielt der Ehrgeiz im Berufe eines Musikers eine große Rolle und die Tatsache, „Internationaler Bachpreisträger" zu sein, ist schon sehr viel – aber die Studenten, die größtenteils arme Teufel sind, rechnen auch sehr mit dem erspielten Geld, es ist für sie meist die einzige Möglichkeit, in absehbarer Zeit ein Instrument kaufen zu können[205].

1977 war sie zum letzten Mal als Jurorin in Brügge, wo sie gewaltiges Aufsehen erregte mit ihrem Vortrag *Zur heutigen Interpretation der Barockmusik*[206].

5.5. Meisterkurse

Isolde Ahlgrimm wurde an verschiedenen Orten zu Meisterkursen eingeladen. Sie war beeindruckt von der Verschiedenheit der Mentalität in Ost und West, Europa und Übersee.

Von 1957 bis 1964 und 1966 unterrichtete sie in Salzburg an der Internationalen Sommerakademie.

1958 gab sie Seminare während der Weltausstellung in Brüssel.

1966 leitete sie einen Meisterkurs in Weimar beim Internationalen Musikseminar.

Anlässlich des 8ième *Concours International pour Pianistes* in St. Hubert, Belgien, wurde ein Parallelkurs für Cembalo durchgeführt, zu dem sie als Dozentin eingeladen worden war.

Von 1966 bis 1976 erteilte sie immer wieder Meisterkurse in den USA. Über einen Kurs in Weimar im Sommer 1978 schrieb sie:

> Weimar war hochinteressant, 6–7 Std. Unterricht, mit freiwilligen Überstunden am eigentlich freien Nachmittag, da die Studenten so gierig sind nach Unterricht. Acht aktive Teilnehmer, aber immer 20–30 Hörer, so war es ein Einzelunterricht, der immer wieder auf Gruppenunterricht umgeschaltet werden musste. Die Leute haben viel mitgeschrieben, ich viel auf die Tafel geschrieben – es war lustig, aber sehr anstrengend, besonders das viele laute Sprechen. Mein Konzert dort war ein ganz großer Erfolg. Mein schönstes Kompliment erhielt ich von einer Klavierprofessorin aus Moskau. Sie kann etwas deutsch und wiederholte unentwegt: „Sie ist das Kipfel..." (der Gipfel). Ich habe zum ersten Mal ein wenig vom Unterricht in Moskau gehört – zweimal pro Jahr Prüfung vor großer Kommission, nur Technik! Tonleitern, Zerlegungen und Etüden. Die Studentenmensa dort: Morgens: Trocken Brot, mittags: Trocken Brot mit Milch oder Suppe, abends: Trocken Brot! (...) Ich hatte das erste Mal einen russischen Studenten, der aber schon Assistent (Klavier) am Moskauer Konservatorium ist. Sehr nett, sehr höflich – welcher Unterschied zu den hunnischen Horden, die 1945 nach Wien kamen! Dann denke ich, es ist doch ganz schön, dieser Beruf; man lernt so viele verschiedene Menschen kennen, die Welt wird größer dadurch. Es sollte nur keine Politik geben![207]

Als sie einmal gegenüber Studenten erwähnte, dass sie in den Sommerferien einen Kurs geben würde, fragte ein Student: „Einen Meisterkurs?" Worauf sie entgegnete: „Das hängt von den Teilnehmern ab."

5.6. Wissenschaftliche Arbeit und Publikationen

Ahlgrimm war von Jugend an ernsthaften Studien zugeneigt gewesen. Ihre Lebensumstände hatten es mit sich gebracht, dass sie unaufhörlich weiterstudierte. Ihre Fähigkeit zur Selbstentwicklung blieb bis ins hohe Alter ungebrochen. Der Einstieg in das Gebiet der Alten Musik war unabdingbar mit Quellenstudium verknüpft. Isolde, die 1935 mit dem Ziel eines Universitätsstudiums ihr Abitur gemacht hatte, merkte nun, dass ihr beim Studium ihrer Quellen die lateinische Sprache fehlte. So absolvierte sie den anderthalbjährigen Fernkurs Latein (Dr. Roland) „mit Fleiß!", um Abhandlungen aus der barocken Zeit, besonders auf dem Gebiet der Ornamentik und Rhetorik, besser erforschen zu können. 1966 schloss sie im Alter von 52 Jahren in Latein mit „gut" ab, „stolzgebläht wie seinerzeit der seelige Frosch"[208], wie sie in einem Brief schrieb. Bereits während der Zeit mit den *Concerten* hatte sie viel auf musikwissenschaftlichem

Gebiet geforscht. Die Erkenntnisse aus diesen Studien verwendete sie zunächst in ihren Konzerteinführungen und verarbeitete sie später in ihren Publikationen und Texten auf den Schallplattenhüllen. Zwischen 1964 und 1980 veröffentlichte sie immer wieder Artikel in Fachzeitschriften. Man kann sich heutzutage fast nicht mehr vorstellen, wie langwierig und schwierig es zu ihrer Zeit war, an Quellen zu kommen. Im Archiv der *mdw* gibt es hunderte von Briefen an Bibliotheken, Musikwissenschaftler und Kollegen mit Anfragen, Kommentaren, Austausch von Meinungen und Dankesbezeugungen. Sie brauchte sehr viel Leidenschaft, um neben ihrer praktischen musikalischen Arbeit diese Aufgaben zu bewältigen. Einmal schrieb sie: „Ich bin ganz vernarrt in diese Arbeit"[209] – und: „Eigentlich hätte ich so einen Beruf wählen sollen."

Hier soll nur eine kurze Zusammenfassung der Inhalte ihrer wichtigsten Schriften gegeben werden. Es erschien sinnvoll, alle ihre Publikationen einmal zu sammeln und im Volltext zu veröffentlichen. Interessierte Leser finden die vollständigen Texte der Publikationen auf der Webseite des Verlags, www.boehlau-verlag.com. Davon ausgenommen sind Arbeiten, die in Buchform oder als Notendruck erschienen sind.

Johann Josef Fux, Capriccio und Fuge (KV 404)
1962 erschien beim Verlag Doblinger in Wien eine Neuausgabe von Johann Josef Fux' *Capriccio und Fuge* (KV 404)[210]. Hier realisierte sie eine Ausarbeitung der skelettartigen, nur mit „arpeggio" überschriebenen Takte, die ihre Ideen über den barocken Aspekt der freien Improvisation verdeutlichen. Sie schreibt in der Vorrede: „Jene, denen Mut und Übung fehlten, mögen in den klein gestochenen Noten Hilfe und Anregung finden." 1963 kam es zum ersten brieflichen Kontakt mit dem Herausgeber des Gesamtwerkes von Gottlieb Theophil Muffat (einem Sohn von Georg Muffat), Friedrich Wilhelm Riedel. In einem Brief[211] äußert sie hier den Verdacht, dass dieses Capriccio von Fux gar kein Fux sei, sondern ein G. Th. Muffat, und dass daher ihre Verzierungs-Vorschläge stilistisch nicht richtig seien. Sie hätte damals aber keinen Zweifel an der Authentizität gehabt, da das Werk von Köchel aufgenommen und in einem schönen älteren Manuskript in der Bibliothek der Gesellschaft der Musikfreunde vorhanden sei.

Identifikation eines Komponisten (1968)
Ahlgrimm hat durch eigene Forschung den Autor des fälschlicherweise J. S. Bach zugeschriebenen Werkes Präludium und Fuge BWV 897 als Cornelius Heinrich Dretzel identifiziert und dies in einem Artikel im Bach-Buch 1969 bekannt gemacht.

Zur heutigen Aufführungspraxis der Barockmusik (1977)

In Brügge hielt sie anlässlich des Cembalo-Wettbewerbs einen aufsehenerregenden Vortrag. Vor einem Gremium von Fachleuten und Studenten sowie ihren prominenten Kollegen in der Jury, Gustav Leonhardt, Christiane Jaccottet, Herbert Tachezi, Johan Huys, Colin Tilney und Jos van Immerseel, sprach sie über das Thema „Zur heutigen Aufführungspraxis der Barockmusik". Als ältestes Jurymitglied hatte sie die Ehre, den Hauptvortrag zu halten, der sich dieses Jahr sehr unterschied von denen früherer Jahre, bei denen sie sich streng an historische Themen gehalten hatte. Diesmal benutzte sie die Gelegenheit, ein Gebiet anzusprechen, das ihr besonders am Herzen lag: eine Kritik am aktuellen Cembalospiel. Sie hatte sicher beabsichtigt, hier die Katze aus dem Sack zu lassen. Bereits ein Jahr früher schrieb sie:

„Für den Vortrag, den ich dort halten muss, habe ich verrückte Pläne, müsste mich sehhhhhhr vorbereiten, aber ich möchte mich noch nicht festlegen."[212] Es schien klar, dass sie ganz bewusst gewisse Personen an diesem Festival ansprechen und auch provozieren wollte. Der amerikanische Kritiker Howard Schott, der selber in den 1940er Jahren bei Kirkpatrick in Yale studiert hatte und nun für die englische Zeitschrift „early music" als Berichterstatter in Brügge war, schrieb:

> Isolde Ahlgrimm ist eine derart freundliche, mit sanfter Stimme sprechende Dame, dass man kaum glauben kann, dass sie in ihrem Vortrag mit dem unscheinbaren Titel „Zur heutigen Aufführungspraxis der Barockmusik" ein paar Bomben platzen ließ. In ihrer ruhigen Art griff sie die falschen und manieristischen Ideen an, die sich während der letzten Jahre unter den Cembalisten breit gemacht hatten, wie der Glaube, dass bei sogenannten alten Fingersätzen ein Legato nicht mehr möglich sei und die verbreitete Meinung, dass solche Fingersätze unbedingt eine Inegalität zur Folge haben müssten.[213]

Dieser Vortrag, den Ahlgrimm als ihre wichtigste und am besten recherchierte Arbeit in Bezug auf die Entwicklung der Alten Musik in der heutigen Zeit betrachtete, verursachte eine Menge Unruhe unter den verschiedenen Cembalo-Enthusiasten und -Experten, in Brügge und in der Musikwelt[214]. Zusätzlich zur Darstellung ihrer Ansicht über die augenblickliche Situation, die sie auf ihre vierzigjährige Erfahrung als Solistin und Lehrerin stützte, richtete sie ihren Blick in die Zukunft mit einer engagierten Stellungnahme für ein stilistisch richtiges, gesangliches Cembalospiel ohne Manierismen.

Manuale der Orgel und Cembalotechnik

Im Jahr 1982 erschien ein Heft dieses Titels beim Verlag Doblinger in Wien. Dieses interessante Werk stützt sich vollständig auf alte Quellen wie Diruta, Amerbach,

Couperin, Greco, Hartung und Marpurg. Isolde Ahlgrimm wollte damit nachweisen, dass die Verwendung von speziell komponiertem, pädagogischem Studienmaterial bereit sehr früh bei der Ausbildung eingesetzt wurde und Etüden nicht eine Erfindung des 19. Jahrhunderts sind. Ein Auszug aus einem Brief von 1979:

> Ich habe dieses Heft eigentlich beinahe als „Abfall" nach dem Aufsatz (Vortrag in Brügge 1977) zu Hause gehabt und da ich mich ja oft ärgere, dass die Schüler überhaupt keine technischen Übungen mehr machen wollen, habe ich dieses Heft zusammengestellt, um zu beweisen, dass solche Übungen gar nicht diskriminierend unhistorisch sind.[215]

Von Reisen, Kichererbsen und Fischbeinröcken 1975/1988
In dieser kulturgeschichtlichen Betrachtung nahm Isolde Ahlgrimm Bezug auf Bachs *Capriccio über die Abreise des geliebten Bruders*. Sie beschrieb die damalige Art zu reisen, barocke Tischsitten, die Ernährung und medizinische Versorgung zu Bachs Zeit. Auch die Kleidermode fand ihr Interesse, wobei sie sagte, dass Bachs Töchter sicher keine „Schniegel-Fleckgen" (eitle Wesen) gewesen seien. Fischbeinröcke waren damals der letzte Schrei und man spottete, dass „wenn ein paar Weiber in einer engen Gasse sich begegnen so macht es ihnen so viel Verwirrung, als wenn zwey Wagen mit Heu gegen einander führen". Der Artikel 1975 erschien in voller Länge bei Breitkopf und Härtel, und 1988 in gekürzter Form im Jubiläumsbuch der Bachgemeinde Wien.

Ornamentik der Musik für Tasteninstrumente, ein Kompendium aus Originalquellen vom 16. bis zum ersten Drittel des 19. Jahrhunderts
Ihr wichtigstes Werk, das vierzig Jahre ihres Lebens in Anspruch genommen hatte, war dieses Nachschlagewerk. Es wurde erst posthum fertiggestellt und herausgegeben. Isolde Ahlgrimm hatte Zeit ihres Lebens alles, was sie an Verzierungen fand, gesammelt. Es war ihr größter Kummer, dass dieses Werk vielleicht nie erscheinen würde, und ein wahrer Trost, als o. univ. Professor Rudolf Scholz ihr versprach, dafür zu sorgen, dass es verlegt würde. Nach seinem Tod übernahm seine Frau, Dr. Helga Scholz-Michelitsch, diese nicht leichte Aufgabe. Sie schrieb im Vorwort:

> Auf kleinen Notizzettelchen sammelte sie mehr als vierzig Jahre hindurch Zitate von ungefähr hundert deutsch- und fremdsprachigen Autoren zur Ornamentik der jeweiligen Stilepoche, als Bereicherung ihres künstlerischen Wirkens sowohl ihres Unterrichts. Fünf Kartons füllten sich allmählich mit den auf hauchdünnem Papier geschriebenen Zitaten aus ausführungspraktischen Werken des 16. Jahrhunderts bis Mitte des 19. Jahrhundert: Jede Notiz besteht aus dem Symbol oder der Notation einer Ornaments, seiner verbalen Erklärung, Angaben zu seiner Ausführung und dem Quellennachweis.

Isolde Ahlgrimm hatte bereits 1978 erwähnt, dass die Edition Peters Interesse hätte, das Buch zu verlegen. Aber die Unterlagen waren erst 1985 bereit, nach Leipzig geschickt zu werden. Nachdem sie jahrelang nichts hörte, klagte sie Dr. Scholz ihr Leid. Er riet ihr dringend, die fünf Schachteln wieder zurückzuverlangen, und beide waren froh, als sie unbeschadet und vollzählig den eisernen Vorhang nach Wien wieder passiert hatten. Die Aufbereitung der vielen Zettel zur Edition war ein Unterfangen, das jeden Verlag zeitlich überfordert hätte.

Isolde Ahlgrimm versuchte, anhand der von Frau Helga Scholz-Michelitsch, damals Bibliotheksleiterin der Wiener Musikhochschule, bereitgestellten Editionsrichtlinien ihre Zitatensammlung zur Herausgabe vorzubereiten. Frau Scholz war damals noch voll berufstätig und konnte nur beratend beistehen. Ein Probekapitel des Werkes ging zum Bärenreiter-Verlag, der sich sehr interessiert zeigte, aber wieder zurücktrat, als er den Umfang des Werkes sah und den Aufwand realisierte. Nach Isolde Ahlgrimms Tod konnte dank Dr. Rudolf Scholz' Bemühungen eine Teilzeitstelle geschaffen werden und so übernahm Mag. art. Dr. phil. Peter Hrnčirik die wichtige Arbeit der korrekten Übertragung der einzelnen Textzitate aus den Originalquellen und Mag. art. Maria Helfgott die Darstellung der Notenbeispiele. Frau Dr. Helga Scholz verfasste das Register und die Verzeichnisse und übernahm die Verantwortung für die bibliographisch korrekte Datierung der Quellen. Sie besorgte auch die Endredaktion.[216] Eine Sisyphusarbeit, aber ein unschätzbares Kompendium für Musiker. Der zweite Band der Ornamentik ist in Vorbereitung.

Kapitel 6
Letzte Jahre

6.1. Loslassen

Anfang 1981 starb ein lieber, langjähriger Freund von Isolde Ahlgrimm, Manfred Mautner-Markhoff, an den Folgen eines Unfalls. Der Verlust dieses Freundes, eines Industriellen, Mäzens und ehemaligen Präsidenten der Wiener Konzerthausgesellschaft, bei dessen Familie Isolde mehr als zwanzig Jahre den Heiligen Abend verbracht hatte und der sie in schwierigen Jahren maßgeblich unterstützt hatte, ging ihr nahe. Sie schrieb: „Ich habe tagelang nur geweint."[217] Die Erschütterung durch dieses Ereignis brachte sie dazu, sich mit ihrer Zukunft und damit auch mit der Perspektive eines Lebens ohne Konzerte auseinanderzusetzen. Sie schrieb im gleichen Brief:

> Allerdings glaube ich, dass ich nicht mehr sehr lange den Konzertzirkus mitmachen werde. … Darf ich mir nicht wünschen, dass ich vielleicht noch 2 oder 3 Jahre ohne Hast, Krampf, Angst, Übermüdung leben könnte? Dann könnte ich endlich auch einmal das tun, was ich will und nicht nur was ich muss, z. B. Freunde sehen … Du siehst, meine Gedanken sind zur Zeit etwas von diesem Leben abgewandt, dies aber ohne Traurigkeit. Es stellt sich nur alles in einem andern Licht dar als früher.

Trotzdem ging ihr Leben vorläufig wie gewohnt weiter; ein Konzert am Hammerflügel in Salzburg und am 27. Januar 1981 ein Gedächtniskonzert, an dem sie das erste Mal seit Jahrzehnten wieder auf einem modernen Klavier spielte. Ob es ein Gedächtniskonzert zu Mozarts Geburtstag war? Jedenfalls spielte sie die Fantasie in a-Moll. Sie hatte aber auch wieder schwierige Programme vor sich: das *Wohltemperierte Klavier* für März in Wien.

> Ich habe mich in den letzten Jahren immer etwas übernommen, auch das *Wohltemperierte* ist mir fast zu viel, ich habe es nicht oft genug gespielt, dass es Routine wäre und es muss mit diesen Husarenstückln endlich Schluss sein![218]

Am 16.3.1981 dann die Erleichterung:

> Meine zwei Wohlt. Konzerte sind vorbei und zu meiner größten Überraschung besonders gut gelungen, und ich habe sogar – was ich in Wien schon lange nicht mehr hatte, zwei Prachtkritiken, aber es sind noch einige ausständig.[219]

Die Grenzen sehen und sie doch überwinden – die guten Kritiken bedeuteten ihr in diesem Moment viel und gaben ihr Mut. Ihr war bewusst, dass alles im Wandel war; dass sie wohl während ihres ganzen Künstlerlebens versucht hatte, ein Anwalt für die historische Interpretation der Alten Musik zu sein und die Wahrheit darüber zu verbreiten, um dann aber einzusehen zu müssen, dass eine neue Generation von Musikern diese Wahrheit zwar wohl glaubte, sie jedoch von einer andern Seite aus betrachtete.

1982 schrieb sie:

> Sie (die Musik) ist so sehr der Mode unterworfen, sowohl in Komposition wie in Interpretation. Und diese Moden wechseln so rasch, dass man sich mit 70 Jahren bereits selbst überlebt hat, ja früher eigentlich schon. Je früher man das begreift, umso leichter fällt einem das älter werden und ich glaube, ich bin überm Berg.[220]

Sie erkannte diese Tatsachen, aber im Innern hoffte sie trotzdem, noch weiterwirken zu können. Wohl gäbe es Entscheidungen, bemerkte sie, „die einmal auf sie zukommen würden: Ob es sich noch lohne, das Rubio überholen zu lassen? Ob sie es eventuell verkaufen und durch ein kleines Cembalo oder ein Clavichord ersetzen solle? Dies würde auch bedeuten, endlich einmal Platz für einen bequemen Stuhl oder einen Esstisch im Zimmer zu haben" – diese Gedanken seien zwar da, aber für den Moment noch nicht aktuell.

Im gleichen Brief schrieb sie auch von wichtigen Konzerten, die im nächsten Jahr vor ihr lägen, dass sie nochmals *Goldberg-Variationen* spielen würde, wahrscheinlich zum letzten Mal, und dass sie eventuell im März in Köthen TV-Aufnahmen des 5. Brandenburgischen Konzerts machen würde. Sie würden dann während des großen Bachfestes zum 200. Geburtstag von Bach 1985 ausgestrahlt.

> Da werde ich mich dann ganz schön fürchten; ich hatte aber nicht das Herz, nein zu sagen.[221]

Diese Aufnahmen konnten im Januar oder Februar 1983 noch gemacht werden, und Ahlgrimm freute sich, dass sie in dieser Weise bei beiden wichtigen Bach-Jubiläen, 1950 und 1985, hatte mitwirken können.

Mitte Mai 1983 spielte sie dann ein Konzert, von dem sie zum Glück nicht wusste, dass es ihr letztes sein würde:

> I am so thankful, I did not know that this little concert in May was the last! But to play with the feeling, it IS the last I could not do it. ... In December 1983 it was 50 years that I started

> officially to play ... (piano of course) ... So I did not make it with the day, but with the year [to 50 years of concertizing].[222]

Warum hatte sie plötzlich diese schnelle Entscheidung getroffen? – Bei ihr war Krebs diagnostiziert worden. Am 17. Mai wurde sie operiert, erfolgreich und mit guter Prognose über die Heilungsaussichten. Trotzdem war diese Krankheit ein großer Schock und sicher der Moment, Bilanz zu ziehen. Sie hatte nun abzuwägen, was ihr noch das Wichtigste im Leben war.

> Dieses Abenteuer hat mich sehr bestärkt in dem Beschluss, um den ich ja schon zwei Jahre gerungen habe: Ich werde nicht mehr konzertieren. Die Finger könnten wahrscheinlich noch spielen, aber ich ertrage die Angst nicht mehr. Nun bin ich froh und erleichtert.[223]

6.2. Das Lebenswerk Ornamentik

Sie entschied sich also, sich neben dem Unterrichten vor allem auf ihre Arbeit an ihrem Buch über Ornamentik zu konzentrieren und diese voranzutreiben. In ihrem Zimmer hatte bereits jahrelang ein großes Gerät gestanden, mit dem sie Mikrofilme von Partituren auf Ornamente absuchte, eine sehr mühsame, aufwändige Arbeit und anstrengend für ihre Augen.

> Warum ich mir das antue? Weil ich jeden Tag sehe, wie die Zetteln mehr werde, und was ich gemacht habe, bleibt mir erhalten. Wenn ich übe und mal nicht übe, ist es doch immer wieder genau gleich wie Geschirr abwaschen, es wird doch auch immer wieder schmutzig.[224]

Sie wollte mit diesem Buch etwas Bleibendes schaffen. Musiker sind doch immer dem Flüchtigen unterworfen. Als Interpretin wusste sie von der Notwendigkeit der ständigen Bemühung, Neues zu lernen, Altes zu wiederholen und zu konservieren, sich dabei der ständigen Kritik aussetzen zu müssen und dann doch (wenn es keine Aufnahmen gab) nichts in den Händen zu halten. Das Buch sollte aber nicht ein trockenes Nachschlagewerk werden, sondern ein praxisbezogenes Hilfsmittel für Studenten und alle an Barockmusik interessierten Menschen. Nun stand auch der Titel fest: Lexikon der Verzierungen für Tasteninstrumente[225]. Sie würde bis kurz vor ihrem Tod weiter an diesem Buch arbeiten, auch wenn es ihr gegen Ende unendlich schwer wurde und sie sich immer mehr klar darüber wurde, dass sie es nie gedruckt sehen würde.

6.3. Krankheit und Tod

Nachdem die Entscheidung gefallen war, fühlte sie Erleichterung.

> Mir geht es recht gut. Ich genieße es unendlich, keine Konzerte mehr zu haben. Ich gehe lachend an den Plakatwänden des Konzerthauses vorbei. Manchmal denke ich, ich habe 50 Jahre hindurch den falschen Beruf ausgeübt, mit viel Fleiß habe ich es durchgestanden, aber wirklich, das Ganze drum und dran um die Musik liegt mir gar nicht. Viel besser kann ich in der Bibliothek sitzen und an meinem Buch arbeiten. Das ist gar nicht leicht, weil mir eigentlich die Erfahrung fehlt, ein so großes Ding zu machen – aber ich hoffe, ich komme durch und es wird doch anständig![226]

Am 31. Juli 1984, ihrem 70. Geburtstag, wurde sie offiziell pensioniert. Ihr Nachfolger an der Schule war jedoch noch nicht bestimmt und ihre Schüler hatten bei den Probelektionen der Kandidaten zur Verfügung zu stehen. Die Entscheidung fiel für Gordon Murray, einen kanadischen Cembalisten, der jedoch die Stelle nicht sogleich antreten konnte. Das bedeutete, dass sie noch mehr als ein Jahr weiter unterrichten musste.

Am Ende des Jahres äußerte sie sich recht positiv über ihr Leben und ihre Arbeit, obwohl sich erste Anzeichen ihrer noch nicht diagnostizierten Krankheit, Parkinson, bemerkbar machten und sie hie und da Schwierigkeiten beim Gehen feststellte. Sie war immer gesundheitsbewusst gewesen, machte täglich ihre Feldenkrais-Übungen und so war sie auch aufmerksam für die Signale, die der Körper ihr gab. Sie hatte das Gefühl, dass das Problem vom Kopf käme, und ging zum Neurologen, der nichts fand und sie zum Orthopäden schickte, der ebenfalls nichts Konkretes feststellen konnte.

Wie als Aufmunterung gab es aber auch schöne Momente. So durfte eine strahlende Isolde Ahlgrimm 1985 die Ehrenmedaille der Bundeshauptstadt Wien in Gold entgegen nehmen[227].

Im Herbst 1985 kam eine Einladung von der Edition Peters zu einer Besprechung wegen des Buchs. Sie sah Licht am Horizont, hatte Hoffnung, dass ihr Werk, ihr Sorgenkind, doch noch den Weg in die Welt finden würde. So war sie froh, Ende des Schuljahres 1986 mit dem Unterricht aufhören zu können, besonders da Veränderungen an der Hochschule anstanden, die ihr nicht gefielen:

> Nun sind es nur mehr 6 Wochen in der Schule und ich denke, ich werde sehr froh sein, wenn ich endlich damit fertig sein werde, ohne Katzenjammer. Der Zeitpunkt ist sehr günstig für einen schmerzlosen Abschied: Das neue Hochschulgesetz und die neue Studienordnung

gefallen mir gar nicht, für Cembalo gibt es unzählige Nebenfächer. Die Studenten rasen von einer Stunde in die andere. Man braucht doch auch Zeit zum Verarbeiten, Üben und Lernen.[228]

1988 wurde schließlich bei ihr die Parkinson-Krankheit diagnostiziert und 1989 begann sich der Tremor auch in den Händen bemerkbar zu machen. Sie sollte noch ein allerletztes Mal spielen, zwar nicht für ein Publikum, sondern für die Wiener Klavierfabrik Bösendorfer, die eine Bibliothek mit Aufnahmen berühmter Musiker in ihren neuen digitalen Imperial-Flügel einbauen und darin Ahlgrimms Mozartspiel festhalten wollte. Kurz vor dem Termin stürzte sie jedoch schwer und verletzte sich so, dass die Aufnahme nicht möglich war. Ihr Gesundheitszustand wurde in der Folge schlechter und an einen weiteren Versuch war nicht mehr zu denken.

1992 kam der schwere Moment, in dem sie ihr Zuhause an der Strudlhofgasse aufgeben musste. Sie übersiedelte in ein betreutes Seniorenheim im 18. Bezirk, in ein Zimmer, in dem kein Platz mehr war für ein Cembalo, wo sie aber doch ihre wichtigsten Bücher und ihr Lesegerät mitnehmen konnte. Nur ein Clavichord, das so leise war, dass es niemanden störte, und das deshalb auch nicht unter das hausinterne Instrumentenverbot fiel, nahm sie mit; „ war doch selbst den Nonnen in französischen Klöstern das Clavichord spielen erlaubt."[229] Den Schritt, sich von ihrem Cembalo zu trennen, hatte sie bereits früher erwogen. Nachdem sie aufgehört hatte, zu spielen, hatte sie sich entschlossen, ihr Rubio einmal der Wiener Gesellschaft der Musikfreunde zu vermachen. Dorthin wurde es geliefert am Tag, an dem sie aus der Strudlhofgasse auszog; einer ihrer traurigsten Momente: „Es ist, wie wenn man einem alten Freund Lebewohl sagt."[230]

> Today I packed my harpsichord ready for transportation to the Musikverein. They will carry a piece of myself away. I still tried, for my cleaning woman, to play a few measures (she had never seen a harpsichord before) – but really it is incredible, how quickly you lose the ability to play. I am sure they will take care [of] it.[231]

Ein weiteres Mal, dass sie sich von einem Instrument trennen musste, mit dem sie viele Jahre ihres Lebens geteilt hatte. Es muss ihr bewusst gewesen sein, dass mit ihrem Ausscheiden aus der Hochschule eine Ära zu Ende gegangen war. Sie sah die Stellung des Cembalos in Wien nicht sehr optimistisch und schrieb:

> Ich könnte mir vorstellen, dass das Hammerclavier das Cembalo ziemlich erdrücken wird, zumindest in Wien. Wir waren stets mehr für die Oper etc. und nicht für die alten Niederländer – mit ganz wenigen Ausnahmen. Und das Clavier bietet mehr an konzertfähigem

Repertoire. Der große Saal eignet sich einfach nicht für das frühe Zeug und die kleinen Säle sind finanziell unbrauchbar. Ich sehe es so nüchtern.[232]

Im Januar 1992 wurde ein Radiointerview mit ihr gemacht, das am 6. Februar 1992 und kurz nach ihrem Tode ausgestrahlt wurde. Sie spricht am Ende des Interviews über das Sterben in einer wunderbaren, philosophischen Weise, die so viel von ihrem Wesen erkennen lässt:

Ich leb' noch immer ganz gern, aber ich möchte mit dem Sterben, sagen wir, auf einen vernünftigen Fuß kommen. Das heißt, ich möchte mich damit freundlich auseinandersetzen. Ich möchte nicht in einer Tragödie sterben. Nun suche ich mir schöne Bilder, die mir dieses freundliche Sterben erleichtern könnten. Und da finde ich den Regenbogen so schön. Er ist schön, wenn er aufsteht, und er erhebt sich und kommt zu einem wirklichen Zenit und muss dann notgedrungen wieder hinunter und bleibt doch immer schön und geht am Schluss leuchtend in die Erde – so möchte ich es auch haben.

Im gleichen Jahr bat sie Dr. Rudolf Scholz, die *Capriccio-Suite*, deren Manuskript sie immer wie einen Schatz gehütet hatte, nach ihrem Tod herauszugeben. Ihre Verehrung und Bewunderung für Richard Strauss war ungebrochen geblieben. Im Vorwort der von Dr. Scholz betreuten Ausgabe gibt es noch einige interessante Hinweise darauf, dass sie das Werk regelmäßig in ihre Programme aufgenommen und die Aufführungen notiert hatte[233].

Das Leben im Heim muss ihr, der Individualistin, sicher schwer geworden sein. Im Brief zeigt sich, mit welchem Mut sie die neue Situation anging und wie sie versuchte, einen Sinn dahinter zu sehen:

Es ist hier eine für mich ganz neue Welt und ich muß darin leben – also habe ich keine Wahl in Depressionen etc. Man kann auch hier viel lernen. Nur alte Leute, alle krank, die unbekannte Reihung der Todesfälle, fast nur Frauen, also lauter ungewohnte Gegebenheiten und ich versuche, mich so damit auseinander zu setzen, daß ich dabei noch etwas lerne – lernen? ist ein dummes Wort – wachsen? ebenso dumm. Ich habe kein Wort dafür – aber jedenfalls will ich auch diese Situation als Basis für eine weitere Entwicklung nehmen.

Zur Zeit ihres 80. Geburtstags ließ die Krankheit sie etwas Luft holen und so konnte sie ihren Ehrentag mit Gästen, Blumen, zahllosen Briefen und Glückwünschen genießen. Etwas mehr als ein Jahr später erkrankte sie an einer Lungenentzündung, an der sie am 11. Oktober starb. Ihr Tod wurde in der Hochschule am 20. Oktober bekanntgegeben und am Tag darauf erschien in Wiens wichtigster Zeitung, „Die Presse", ein Nachruf mit der Überschrift: *Eine zarte*

Dame als Trendsetterin, in dem Ahlgrimm als große Musikerin gewürdigt wurde. Am 30. Oktober wurde sie am Wiener Zentralfriedhof im Grab ihrer Mutter bestattet mit einem Trauergottesdienst um 2 Uhr nachmittags und einer Messe abends um 6 Uhr in der Ursulinenkirche der Hochschule. Die während dieser Messe gespielte Musik, fünf Orgelchoräle von J. S. Bach, hatte Isolde Ahlgrimm noch selber ausgesucht. Die Teilnehmerzahl war an beiden Abschiedszeremonien klein[234]. Diejenigen, die gekommen waren, um sie zu ehren, waren jedoch miteinander verbunden in ihrer Dankbarkeit und Verehrung für eine Musikerin, die nach Integrität und Wahrheit gestrebt hatte.

Kapitel 7
In den Erinnerungen ihrer Schüler

Isolde Ahlgrimm hat ihre Schüler beeindruckt und geprägt. Einige sollen hier zu Wort kommen und dazu beitragen, die Persönlichkeit dieser großen kleinen Frau sichtbar und spürbar zu machen.

7.1. Kim Kasling

Cembalostunden für Anfänger – à la Isolde Ahlgrimm

Glücklich gepriesen sei der Schüler, der seine ersten Schritte unter der Obhut eines guten und geduldigen Meisters tun kann!

Folgende Erfahrungen warten auf einen Cembaloanfänger, der sich in die Klasse von Isolde Ahlgrimm an der Hochschule für Musik und darstellende Kunst in Wien eingeschrieben hat. Sie ist eine weltbekannte Cembalistin und Expertin auf dem Gebiet der Interpretation von Barockmusik und zudem eine meisterhafte Lehrerin, die mit außerordentlicher Geduld und Gründlichkeit ihre Erkenntnisse vermittelt. Die zierliche, energische Frau unterrichtet fließend in vier Sprachen und ist jederzeit im Stande, den Studenten auch die schwierigsten Stücke vorzuspielen.

Ich möchte hier versuchen, Isolde Ahlgrimms Prinzipien von Technik, Anschlag und Kontrolle, wie sie sie Anfängern übermittelt, im Überblick darzustellen.

Sie wird, falls nötig, monatelang mit einem zukünftigen Cembalisten an den Anfangsgründen arbeiten, wenn er nur Zeichen von echtem Interesse zeigt. Ihre Klasse wird, wie allgemein Cembaloklassen, aus einer Zweidrittelmehrheit von Organisten und Pianisten bestehen, die Cembalo als Nebenfach belegen, während das letzte Drittel diejenigen sind, die sich wirklich für das Cembalo als Hauptinstrument entschieden haben. Man kann unter zwei Studienrichtungen wählen:

Einem einjährigen Studium mit grundlegender cembalistischer Technik, Aufführungspraxis und hauptsächlichem Studium von Literatur.

Einem kompletten Lehrgang von Cembalotechnik, Cembaloliteratur, Basso Continuo-Spiel, Generalbass (letztere Fächer werden von anderen Kräften der Hochschule unterrichtet), Aufführungspraxis, Stillehre, Vorspielübungen und ein gründliches Studium von repräsentativen Werken der gesamten Cembaloliteratur. Dieser Lehrgang dauert drei oder mehr Jahre und schließt mit der Reifeprüfung ab.

Der folgende Abschnitt behandelt die Schritte, die Ahlgrimm verwendet, um den Studenten allgemeines Wissen sowie Cembalotechnik zu vermitteln. Wie sehr sich der Student das Vermittelte zu Eigen machen wird, bleibt seinem Durchhaltevermögen überlassen.

1. Schritt: Genereller Überblick
Eine Einführung in das Instrument, die Betrachtung von Bauweise, Mechanik, Tastenlängen und Stimmumfang bei historischen und modernen Instrumenten, dann ein Überblick über die Lehrwerke, die adäquat sind zu Stil, Bauweise der Instrumente und Komposition aus der Zeit.

Demonstration und Anwendung der physikalischen Gegebenheiten zwischen Fingern und Mechanik, Beispiele von historischen Fingersätzen, notes inégales, Legatospiel, Anschlag und Auslösung der Tasten.

Zitate über Cembalo-Technik von alten Meistern und aus alten Quellen, wie zum Beispiel Diruta, Couperin, Rameau und Forkel (über J. S. Bach).

2. Schritt: Technik
Erste Übungen für das Handgelenk, die Fingerknöchel und Finger. Wenn es ein Wort gibt, das den Zugang zu Ahlgrimms Spieltechnik öffnen würde, dann ist dies: Lockerheit.

Sie vertritt das Legatospiel, einen „streichenden" Anschlag, der je nach der gewünschten musikalischen Aussage oder der gewünschten Artikulation sanft oder trocken ist. Ein geschmeidiges Auslösen der Taste erreicht sie, indem sie die Finger auf den Tasten gegen vorn abzieht.

Dies deckt sich vollkommen mit den Beschreibungen von Bachs Technik, die in den Schriften von Quantz und Forkel überliefert wurde. Das Spielen in der Mitte der Taste mit dem Zurückziehen nach vorn ist sehr wichtig, speziell bei alten Instrumenten oder Kopien, wo der Auslösungspunkt relativ nahe beim Spieler ist.

Um einen Anschlag in dieser entspannten, ruhigen und genauen Art zu erreichen, wird Folgendes empfohlen:

a) Der Student lernt die Linie von Handgelenk und Fingern so zu kontrollieren, dass die Finger gebogen sind und das Handgelenk leicht tiefer liegt als normalerweise bei Pianisten. Man soll sich vorstellen, einen Schaumgummiball, der auf den Tasten liegt, mit den Fingern zu umfassen. Mit diesem Beispiel soll eine maximale Kontrolle des „streichenden" Anschlages erreicht werden und eine Vermeidung des Einknickens der Gelenke.

b) Um ein entspanntes Handgelenk zu erreichen, sollte man es weich in einer Ellipse kreisen lassen, ohne dass sich die Ellbogen bewegen oder die Finger einknicken.

c) Beherrscht man Übung b), so beginnt man am Anschlag zu arbeiten, zuerst mit einem Finger, dann mit allen, indem man versucht, so weich und entspannt wie möglich den Ton anzuschlagen und auszulassen. Dies steht im Gegensatz zur Klaviertechnik, macht aber das Wesen des Cembalo-Anschlags aus. Der Student sollte zuerst so legato wie möglich spielen, um dann den Anschlag bis zum Staccato zu verkürzen, aber alles, ohne zu hämmern. Dies zuerst einhändig, dann beide Hände zusammen.

d) Wenn man diese verschiedenen Anschlagsarten beherrscht, kann mit Tonleitern begonnen werden. Hier muss, wie auch beim Klavier, auf das Untersetzen des Daumens geachtet werden, wobei das lockere und bewegliche Handgelenk sich in die Richtung der Tonleiter mitdreht. WICHTIG: Es ist nicht möglich, alle Tonleitern mit Standardfingersätzen zu spielen. Die historischen Quellen verbieten den Gebrauch von Daumen und (manchmal auch) kleinem Finger auf den Obertasten. An dieser Stelle müssen den Studenten alte Fingersätze gezeigt werden und der physikalische Grund erklärt werden, warum moderne Fingersätze nicht anwendbar sind. (s. Punkt 3a ff.).

Wenn der Student es schafft, Tonleitern zuerst mit regelmäßigem und weichem, dann mit verschiedenen andern Anschlagarten zu spielen und dabei locker und kontrolliert auf dem vorderen Teil der Tasten zu bleiben, dann nähert er sich der Essenz von Isolde Ahlgrimms Technik. Stellen sich technische Probleme, so wird sie versuchen, sie direkt mit einem musikalischen Beispiel zu erklären. Mit der Vermeidung von oft unnötigen Verschiebungen der Hand können Brüche in den musikalischen Linien und falsche Akzentuierungen vermieden werden (siehe 3a und 3c) im nächsten Abschnitt).

3. Schritt: Fingersatz

Nachdem in den letzten Jahren in *The Diapason* und zahlreichen andern Fachzeitschriften und Lehrbüchern so viele detaillierte Artikel über das Thema der Anwendung der alten Fingersätze erschienen sind, erachte ich es als unnötig, hier Wiederholungen anzubringen. Es reicht, hier anzumerken, dass I. A. diese historischen Fingersätze seit Jahren benutzte und in ihre eigene Art der Fingersetzung integrierte. Sie übte nie Druck auf ihre Studenten aus, sondern demonstrierte ihnen ihre Vorschläge, die ihr selber ein Maximum an Kontrolle gaben und ein Minimum an Handbewegungen nötig machten. Ihre Fingersätze unterstützten immer sinnvoll die musikalischen Linien.

Ihre wichtigsten Punkte sind:

a) Vermeidung des 1. und 5. (kurzen) Fingers auf den Obertasten, da bei deren Anwendung die Hand weit hinten auf die Taste positioniert wird. Der Anschlag wird hier schwerer, und das Risiko für Fehler beim Spiel in den schmalen Zwischenräumen zwischen den Obertasten wird größer.

b) Die Verwendung von alten Fingersätzen für ältere Musik, die den Studenten eine idiomatische Inégalité und Phrasierung erleben lässt.

c) Die strikte Vermeidung des Daumens auf den Obertasten, speziell bei Bach und den Komponisten des späten 18. Jahrhunderts. Der Daumen bildet, zusammen mit dem geschmeidigen Handgelenk, den Drehpunkt bei heiklen Läufen und Lagenwechseln und ist deshalb für den musikalischen Ablauf dienlicher als wenn die ganze Hand verschoben würde. Mit dem Prinzip des Drehpunkts vermeidet man den zu häufigen Gebrauch der Fingerfolge 2, 3 und 4 in schwierigen Passagen – also der Finger, die dazu neigen, sich bei ständigem Gebrauch zu versteifen.

d) Fingersätze und Handbewegungen sollten so geplant werden, dass sie den natürlichen Charakter des Stückes unterstützen, genauso wie ein Dirigent den Charakter eines Werkes mit seinen Handbewegungen zum Ausdruck bringt. Isolde Ahlgrimm glaubt an einen natürlichen Rhythmus aller technischen Bewegungen, der im Auf- und Abschlag und den Akzenten liegt und der sich auch beim Instrumentalisten genauso natürlich ergeben sollte wie bei einem Dirigenten. So basieren ihre Phrasierung, Artikulation und auch ihre Art der Fingersetzung auf sinnvollen, musikalischen Überlegungen und nie auf einer formulierten Regel wie „alle Oktaven sind gestoßen zu spielen" usw.

Abb. 5   Fingersetzung am Beispiel der Corrente aus der Französischen Suite E-Dur

Das angeführte Notenbeispiel zeigt die ersten neun Takte der Corrente aus der *französischen Suite* in E-Dur mit Fingersätzen, die Isolde Ahlgrimm einem Studenten empfahl. Selbstverständlich wird jeder Spieler, Laie oder Musiker seine eigenen Fingersätze wählen, und so dient dieses Beispiel nur als Verdeutlichung der Absichten, die in den vorhergegangenen Punkten besprochen worden sind.

Es zeigt deutlich, vor allem in den Takten 5 und 6 der rechten Hand, wie Ahlgrimm grundsätzlich den Daumen auf Obertasten vermeidet und wie die Hand mit Hilfe von Drehbewegungen und Daumenuntersätzen bis zum Schluss der Passage in der gleichen Position bleiben kann. Auf diese Weise werden ungeschickte Lagenwechsel und falsche Akzente vermieden. Diese Art Fingersatz braucht etwas Übung, wird aber durch die Einfachheit und Sicherheit bald zur Gewohnheit.

Isolde Ahlgrimm wählt für Anfänger meist bekannte Werke, z. B. Inventionen von Bach oder leichte Stücke von G. F. Händel, D. Scarlatti oder kleine Werke aus der 2. Hälfte des 18. Jahrhunderts. Beherrscht der Schüler diese Aufgaben mit kantablem Spiel und Beherrschung der Cembalo-Technik, kann er zu größeren Werken barocker und auch moderner Komponisten übergehen. Nun hat er sich ausführlich mit der Ornamentik und Aufführungspraxis zu beschäftigen, wobei das Gewicht auf der Musik des 17. Jahrhunderts liegt. – Zur Zeit, als ich bei Frau Ahlgrimm studierte, leitete sie ein spezielles Stilkunde-Seminar für alle Studenten. Leider wurde das Seminar wieder gestrichen, weil der Klassenbestand zu groß wurde und es Verständigungsschwierigkeiten in der vielsprachigen Klasse gab. Stattdessen unterrichtet sie nun die genügend interessierten Studenten zweimal wöchentlich, um alle Bedürfnisse erfüllen zu können. Gelegentlich gibt es auch Kurse in historischem Tanz, dessen Kenntnis eine große Hilfe bei der Interpretation eines großen Teils der Cembalo-Literatur ist.

Endlich ermutigt sie die Studenten, voneinander zu lernen. Oft bittet sie einen fortgeschrittenen Studenten, einem Anfänger zu helfen und seine Studien zu überwachen. Dies ist ein Lernprozess für beide, und sie begleitet ihn ohne Formalität.

Nicht allein ihre technisches und musikalisches Können, sondern auch ihre Persönlichkeit, ihr Humor, ihre Brillanz und ihre Gewissenhaftigkeit sind für die Studenten vorbildlich.

7.2. Peter Watchorn

[Er war Isolde Ahlgrimms letzter Student, wurde ihr Freund und erster Biograph und begleitete sie freundschaftlich bis zu ihrem Tod]

Es begann 1968 in Newcastle, New South Wales, Australien, als ich bei meiner Klavierlehrerin zwei Schallplattenkassetten mit Isolde Ahlgrimms Aufnahmen des *Wohltemperierten Klaviers* hörte, die Teil der Gesamtaufnahmen der Cembalowerke Bachs durch Philips waren.

Ich war so hingerissen, dass ich Jahre darauf verwendete, diese seit langem vergriffenen Aufnahmen zu bekommen. Ich schrieb selbst an Philips mit der Bitte, diese Aufnahmen wieder neu herauszugeben. 1974 konnte ich schließlich die Neuauflage der Gesamtaufnahme hören, die (wie ich gerne annahm) auch durch mich initiiert worden war. Philips hatte sie in aufgebesserter (stereophonisierter) Version in zehn Langspielplatten-Kassetten herausgegeben.

1977 zog ich von Newcastle nach Sydney, um meinen Weg als Cembalist zu verfolgen, und bat dort einen Freund, der in Wien studiert hatte, Frau Ahlgrimm einen Brief von mir zu bringen, denn ich hatte unterdessen entdeckt, dass sie immer noch an der Hochschule in Wien (der früheren Akademie für Musik und darstellende Kunst) unterrichtete, derselben Schule, an der sie ihre eigene Ausbildung erhalten hatte.

Ihre Antwort kam innerhalb einiger Wochen: „Ich danke Ihnen, dass Sie solch freundliche Worte über meine Aufnahmen finden. Ich bin erstaunt, dass jemand sie noch schön findet – der Interpretationsstil hat sich ja so geändert!"

Dies war der Beginn unserer Beziehung – zuerst schriftlich, dann später in persönlicher Begegnung, eine Beziehung, die bis zu ihrem Tod im Oktober 1995 dauerte. Ihre letzten Jahre waren gezeichnet von Krankheit, der Missachtung ihrer künstlerischen Arbeit und einem Leben voll harter Arbeit und Mühsal.

Ich begegnet ihr 1985 das erste Mal persönlich. Dann reiste ich drei Monate lang zweimal wöchentlich zwischen Amsterdam und Wien hin und her, um Unterricht von ihr zu erhalten. Sie fand es unglaublich, dass ich bereit war, diesen Weg zu machen, aber ich überzeugte sie, dass es ja nur der Distanz zwischen Sydney und Melbourne entsprach – einem Katzensprung für australische Verhältnisse.

Nach meiner ersten Unterrichtsperiode bei ihr flog ich nach Boston und nahm am renommierten Bodky Memorial Award teil, den ich gewann. Ich spielte die *Englische Suite* in a-Moll, die ich mit ihr bis ins Detail ausgearbeitet hatte und zudem, zu ihren Ehren, auch auswendig vortrug. Sie war begeistert und schickte mir eine eigenhändig verzierte Gratulationskarte.

Als ich das erste Mal zu ihr gekommen war, erschien mir Wien in mancher Weise noch grau und düster. Nachdem ich mich mit den Wiener Trambahnen bekannt gemacht hatte, fuhr ich in den 9. Bezirk in die Strudlhofgasse (in der Nähe der Universität und des Palais Liechtenstein). Nachdem ich an der Haustüre geläutet hatte, erschien eine winzige Frau mit dem gleichen würdigen Lächeln und den magischen Augen, die ich auf vielen Bildern gesehen hatte. Ich hatte den Eindruck, dass sie sich wirklich wunderte, dass jemand von der anderen Seite der Welt gekommen war, um bei ihr Unterricht zu nehmen, und sie war erstaunt, dass ich so viel über sie wusste. Ihr Englisch war nicht perfekt, aber sicher besser als mein Deutsch und gut genug, um ihre unglaubliche Intelligenz, ihren Humor und ihre Weisheit erkennen zu lassen. Wir wurden sofort Freunde.

Ihr Spiel machte von Anfang an einen unvergesslichen Eindruck auf mich. Ihr rhythmischer Puls, ihre flexible Verzierungskunst, die Phrasierung, die musikalische Intelligenz ihrer Interpretation und ein Schatz zahlreicher weiterer Charakteristika verkörperten für mich bestes Cembalospiel. So wurden dies auch meine Ideale.

Zu dieser Zeit hatte sich Isolde Ahlgrimm bereits von den beiden Ammer-Cembali mit Pedal getrennt, die so charakteristisch waren für die Bachaufnahmen von Philips und mir so vertraut. An deren Stelle stand nun ein grünes Cembalo von Rubio, das sie bei Miles Morgan 1972 gekauft hatte. In ihrem kleinen Wohnzimmer, das auch ein schmales Bett und ein Lesegerät für Mikrofilme enthielt, das sie für ihre wissenschaftliche Arbeit benötigte, begann sie mich zu unterrichten, angefangen beim *Wohltemperierten Klavier* über die *Englischen Suiten* bis zum *Italienischen Konzert*.

Zwei Wochen lang war ihre eigene Ausgabe des *Wohltemperierten Klaviers* von Donald Francis Tovey mein Reisegefährte zwischen Wien und Amsterdam. Es war die Ausgabe, die sie auch für die Bachaufnahmen von Philips gebraucht hatte. Obschon sie alles auswendig spielte, legten die Seiten Zeugnis ab von ihrer unermesslich genauen Arbeitsweise, die sich hauptsächlich in den verschiedenen Möglichkeiten von Fingersätzen zeigte, die über den Noten vermerkt waren und von denen sie die gewählte Kombination rot markiert hatte.

Ich erinnere mich so gut an ihre erstaunliche Technik, bei der man kaum die Bewegung der Finger sah und Handgelenk und Ellbogen mit vollständiger Entspanntheit alle Bewegungen auffingen. Dies war nach ihrer Meinung das wahre Geheimnis, diese totale Flexibilität. Sie war davon überzeugt, dass es das war, was die Zeitgenossen (Forkel und andere) beschrieben hatten, nämlich, dass man kaum sehen konnte, wie sich Bachs Finger bewegten.

Sie erwähnte zwei Punkte, die wichtig waren in der Vorbereitung einer Aufführung: langsames Üben, so lange wie nötig, und eine außerordentlich sorgfältige Ausarbeitung des Fingersatzes. Aus diesen zwei Obsessionen resultierte bei ihr die außergewöhnliche Klarheit der Stimmführung.

Acht Sommer lang studierte ich intensiv mit ihr, was einfacher wurde, nachdem ich 1987 von Sydney nach Cambridge, MA umgezogen war. Wir wurden in dieser Zeit enge Freunde. 1990 brachte ich erstmals das Thema einer Biographie zur Sprache, da mir klar geworden war, dass ihre Rolle in der Geschichte der Wiederbelebung der Alten Musik wichtiger war, als es jemand bis dahin angenommen hatte. In der Literatur erschien sie überhaupt nicht, nicht einmal in den englischen Standardwerken wie Grove's Dictionary[235]. The „Gramophone" (die führende englischsprachige Fachzeitschrift) erwähnte ihre Aufnahmen von Philips, wie wenn es ein Debut wäre. Sie war unbekannt! Aus dieser Erkenntnis wuchs mein Entschluss, das zu ändern. Ich schrieb und veröffentlichte 2007 bei Ashgate eine erste englische Biographie, mit dem Herzenswunsch, ihr ihren Platz in der Geschichte zu sichern.

7.3. Alexander Sung

Schöne Erinnerungen an meine Studienzeit mit Prof. Isolde Ahlgrimm

Ich hatte die Ehre, von 1968 bis 1972 bei unserer verehrten und geliebten Frau Prof. Ahlgrimm zu studieren. Es waren Jahre mit anspruchsvoller und harter Arbeit. Der wöchentliche Unterricht fühlte sich oft an wie ein Abschlussexamen. An meine ersten Monate des Unterrichts und an das, was ich spielte, kann ich mich nicht erinnern, wohl aber an die Erkenntnis, dass Cembalospiel genauso anspruchsvoll ist wie das Spielen auf einem modernen Flügel.

Frau Ahlgrimm war in jeder Lektion gleichermaßen geduldig und beobachtete jedes Detail meines Spiels mit Aufmerksamkeit. Sie korrigierte nicht nur meine Haltung und meine Fingersätze, sondern lehrte mich, Musik zu verstehen und zu interpretieren. Sie leitete mich an, richtig zu phrasieren, und spielte mir auch vor, um ihre Ansicht zu demonstrieren. Sie erweiterte mein Verständnis für Musik nicht einseitig, sondern sagte mir auch, dass sie ein breiteres Wissen über Musik für mich wünsche.

Jedes Mal, wenn ich das Klassenzimmer betrat und sie grüßte, sah ich Erwartung in ihren Augen, Interesse, mich spielen zu hören. Damit erreichte sie, dass ich mein Studium ernst nahm, denn ich wollte sie nie enttäuschen. Dieser Geist ist bis heute lebendig in mir geblieben, sodass ich immer versuche, mein Bestes zu geben, wenn ich Cembalo spiele.

Frau Prof. Ahlgrimm kümmerte sich sehr um ihre Studenten und deren Entwicklung. Ich erinnere mich, dass wir an einem Vortragsabend die Cembalokonzerte von Bach vortrugen mit Begleitung eines Streichquartetts. Eine der Kolleginnen hatte mitten in einem Satz eine Gedächtnislücke. Frau Ahlgrimm sprang auf die Bühne und spielte auf dem zweiten Cembalo die Solostimme, bis die Studentin den Faden wieder aufgegriffen hatte. Wir alle waren erstaunt darüber und fragten uns, ob es ein Stück gäbe, das sie nicht auswendig wisse.

Eines Tages kam Professor Schwertmann, der Leiter der Abteilung für Tasteninstrumente, und fragte Frau Ahlgrimm etwas über die Interpretation eines Werkes aus dem *Wohltemperierten Klaviers*. Sie bat ihn höflich in den Klassenraum, sprach mit ihm und setzte sich dann ans Cembalo, um ihm das besagte Präludium und die Fuge auswendig vorzuspielen!

In klarer Erinnerung ist bei mir auch ein Solo-Rezital mit den *Dreistimmigen Inventionen*, das sie in Wien gab. Ich weiß noch, wie überrascht ich war, welche Klangfülle sie auf einem einzigen 8'-Register entfalten konnte. Ich bin sicher, dass Bach selber ihre Interpretation gelobt hätte! Nach dem Konzert sausten wir Studenten alle hinter die Bühne, um ihr zu gratulieren. Da sahen wir einen gut aussehenden Herrn mit einem riesigen Strauss Rosen (ich denke, sicher drei Dutzend). Nie vorher habe ich unsere Lehrerin wie ein 15-jähriges Mädchen errötend lächeln sehen. Der Überbringer war Erich Fiala, ihr früherer Ehemann und steter Bewunderer.

Im letzten Jahr meines Studiums nahm ich mit einer Klassenkollegin am Bachwettbewerb Leipzig teil. Isolde Ahlgrimm bereitete uns sorgfältig vor. Für eine Hauptprobe mietete sie das Urania-Theater in Wien und übernahm die Organisation eines Konzerts, damit wir Bühnenerfahrung bekamen und unsere Konzentration üben konnten. (Meine Kollegin erhielt den 3., ich selber den 4. Preis.)

In einer Klassenstunde sagte Prof. Ahlgrimm, dass wir die Möglichkeit hätten, in der Tanzklasse von Prof. Cappiano zu hospitieren. Bei den langsamen Tänzen Allemande, Sarabande, Pavane und Menuet durften wir sogar mittanzen. Ich empfand dieses Experiment neben dem Cembalounterricht als das befruchtendste Erlebnis. Frau Ahlgrimm tat in jeder Hinsicht alles, um uns gut auszubilden. Unsere Dankbarkeit für ihren Unterricht ist größer als alle Worte und wir können nur versuchen, diesen Geist an unsere eigenen Studenten weiterzugeben.

7.4. Christian Lambour

In den späten Fünfziger- und frühen Sechzigerjahren des 20. Jahrhunderts waren in den Schaufenstern der holländischen Schallplattengeschäfte viele Aufnahmen von Isolde Ahlgrimm zu sehen.

Interviews, die ich damals mit bekannten Musikern hatte, wurden in der Zeitschrift eines Jugendorchesters, dessen Mitglied ich war, publiziert, und so kam ich dazu, Kontakt mit der weltberühmten Cembalistin aufzunehmen.

Während ihrer Bach-Aufnahmen für Philips hatte sie niederländisch gelernt, und ihr war es selbstverständlich, einen niederländisch geschriebenen Text beizusteuern. Nachdem ich mit einem weißen Taschentüchlein (mit einer von meiner Großmutter mit einem Schiffchen hergestellten Handarbeit [„Frivolité"] versehen) meinen Dank zum Ausdruck brachte, schrieb mir Frau Ahlgrimm: „Dein lieber Brief war eine große Überraschung, und dann noch das Geschenk darin! Weißt Du, dass meine Mutter mir jeweils solche Taschentüchlein machte; ich hatte ein ganzes Stapelchen davon – und wie es so geht, mit der Zeit wurden sie weniger und weniger. Meine Mutter ist schon lange gestorben und ich schaute immer etwas traurig auf die drei dünn gewordenen Tüchlein. Und jetzt kommt auf einmal ein Neues (…) ganz herzlicher Dank, auch an Deine Großmutter. Es wird einen Ehrenplatz bekommen, das Tüchlein."[236]

Die erste persönliche Begegnung mit Isolde Ahlgrimm fand im Januar 1961 statt, als sie in Den Haag, im Gemeentemuseum in einem Konzert Instrumente aus dem 18. Jahrhundert spielte: auf Cembalo vier Präludien und Fugen aus dem 1. Teil des *Wohltemperierten Klaviers* von Bach, aber auch zwei *Toccaten* von Paul Angerer; für das Clavichord hatte sie Kompositionen von Paul Hofhaimer, C. Ph. E. Bach und Herbert Howells ausgewählt, und auf einem Tafelklavier ließ sie nach der Pause zwei Sonaten von Haydn hören. Es war ihr ein Anliegen, auch neuere Musik zu spielen.

Am Tag nach dem Konzert hatte sie, bevor sie nach Deutschland fuhr, einige Stunden Zeit für ein Gespräch. Ihre Lebendigkeit ist mir auch jetzt noch in Erinnerung!

Im April 1970 konnte ich ihrem Unterricht in Wien beiwohnen. Vor den Lektionen informierte sie mich über die jeweiligen Studentinnen oder Studenten, und so habe ich von diesen Wochen in hohem Maße profitieren können. Der Unterricht war immer sehr ideenreich, und wer es aufnehmen konnte, hatte die Möglichkeit, mit Anweisungen, Anregungen und Wissen beschenkt zu werden.

> Sehr oft spielte sie den Studenten vor, und eine Beschreibung von Charles Gounod über Fanny Hensel kann exakt wiedergeben, wie ich das damals mit Isolde Ahlgrimm erlebte: „Frau Hensel setzte sich mit der Bereitwilligkeit und Natürlichkeit derer, die Musik treiben, weil sie sie lieben, ans Klavier und dank ihrem schönen Talent und ihrem wunderbaren Gedächtnis wurde ich mit einer Menge […] Meisterwerke bekannt […]."[237]

Meine zwei Jahre währende Studienzeit in Wien fing im Oktober 1970 an. Dass es mir vor allem darum ging, etwas vom Geheimnis der Meisterschaft Isolde Ahlgrimms zu erfahren, wurde mir erst später bewusst. Ich stellte viele Fragen, und versuchte, sie beim Spielen genau zu beobachten. Obwohl diese zwei Jahre bereichernd waren, habe ich beim oftmaligen Hören ihrer Schallplatten (eine Neuauflage ihrer Bach-Einspielungen erschien 1974) mehr von ihr gelernt als im direkten Unterricht.

Seit Oktober 1970 besaß ich ihr Ammer-Cembalo, das Instrument, auf dem sie Spielweise und Klangästhetik für ihr Cembalospiel entwickelt hatte. Am Ammer hatte sie immer nach Möglichkeiten gesucht, „das Zeug zum Klingen zu bringen", wie sie scherzhaft sagte.

Von Emil von Sauer erzählte sie mir, er sei schon alt gewesen, als er ihr vorspielte, dennoch hätte sie ein so schönes Klavierspiel, einen solchen Wohlklang, seitdem nie wieder gehört.

Dass das Spiel ihrer Mutter ihr „natürlich nicht gefallen" habe, lässt sich damit erklären, dass Isolde Ahlgrimm auf der Suche nach dem Höchsten war, und ein Leben lang auf dieses Ziel hinarbeitete – sie war auch mit sich nur selten zufrieden. Während sie einmal das erste Präludium aus dem ersten WTK spielte, wurde ihr bewusst, dass sie es so nie wieder würde spielen können. Ein Jahr mit einem oder zwei Konzerten, die ihrer Vorstellung entsprachen, war für sie ein gutes Jahr.

Als ich mit ihr eine Sonate von Dussek erarbeiten wollte, wurde zum Clavichord gewechselt. Sie war außer sich vor Freude, eine Musik zu hören, die von den Studenten sonst nie gespielt wurde, und erzählte daraufhin, mit welcher Begeisterung sie Kammermusik von Louis Ferdinand von Preußen und das Klavierkonzert a-Moll op. 85 von Hummel aufgeführt hätte.

Es war ihre feste Meinung, dass jeder Spieler eines Tasteninstrumentes die Etüden von Chopin beherrschen sollte, und sie glaubte, dass ein Bach-Interpret anders spielen wird, wenn er die Musik von Brahms kennt.

In der letzten Stunde spielte sie mir die *Capriccio-Suite* von Richard Strauss vor; die Unterrichtszeit fand damit einen glänzenden Abschluss.

Seitdem korrespondierten oder telefonierten wir, und ich war in Konzerten, die sie in St. Gallen und Salzburg gab. In einem der letzten Briefe vertraute sie mir an, dass ihr nun oft die Musik, die sie in früheren Jahren mit ihrem ebenfalls hochbegabten Bruder Hans gespielt hatte, in den Sinn komme. Kurz darauf verstarb sie.

Im Sommer 1999 konnte ich durch Zufall ihre frühere Wohnung an der Linken Wienzeile sehen: durch Bauarbeiten war die Tür geöffnet, und da ich (von Fotos her) wusste, wo das Pedalcembalo stand, konnte ich feststellen, wo die

Aufnahmen und Hauskonzerte stattgefunden hatten. Ich dachte an ihre Interpretation von Bachs Kunst der Fuge – für mich eine ihrer schönsten Aufnahmen. Schöneres Cembalospiel habe ich seitdem nicht mehr gehört.

7.5. Regula Winkelman

Isolde Ahlgrimm als Lehrerin und Mensch

Ich studierte von September 1968 bis März 1971 bei Isolde Ahlgrimm, nachdem ich ihr in Basel vorgespielt und sie sich bereit erklärte hatte, mich als Schülerin anzunehmen. Doch musste ich erst noch die offizielle Aufnahmeprüfung machen. Diese fand im Saal der Akademie statt. Isolde Ahlgrimm saß mit drei Herren in der vordersten Reihe. Ich grüßte, setzte mich und begann das Präludium der 3. *Englischen Suite* von Bach. Nach fünf Zeilen wurde ich unterbrochen. Ich erschrak und hörte dann eine Männerstimme: „Danke, es ist gut" und sah Isolde Ahlgrimm lächeln – gottlob!

Wir Hauptfachstudenten erhielten, wenn wir genügend arbeiteten, zweimal wöchentlich eine Stunde Unterricht. Im Zimmer 316 des Akademiegebäudes in der Lothringerstraße stand ein zweimanualiges Neupert-Cembalo mit Pedalregistrierung für 16‘, 8‘ auf dem unteren, und 8‘ und 4‘ auf dem oberen Manual, an einer Wand ein Clavichord, auf dem ich aber damals nie spielte.

Isolde Ahlgrimm war immer bereits im Zimmer, auch wenn man als Erste des Tages pünktlich zum Unterricht kam. Erschien ich im Winter ohne Handschuhe, schalt sie und sagte: „Du wirst einmal rote Hände haben wie ein Küchenmädchen!" Sie nahm Anteil am Leben der Schüler, weinte mit uns, wenn wir weinten, und freute sich über unsere Erfolge. Sie war zierlich, quicklebendig und eigentlich unscheinbar, wenn man nicht gerade in ihre Augen blickte. Meist saß sie wie ein braunes Mäuschen, mit einem Rock und Pullover bekleidet, neben dem Cembalo.

Einer ihrer Weihnachtsbriefe (1972) zeigte am Schluss dieses Selbstporträt, das sehr typisch für ihre aufmerksam zuhörende Haltung beim Unterricht war. Meist ließ sie mich das geübte Werk einmal vorspielen, um einen Eindruck zu bekommen von meiner Auffassung und vom technischen Stand des Geübten. Dann äußerte sie ihre Meinung und begann, an Details zu arbeiten. Spielte sie vor, so konnte sie, vor allem, wenn es sich um ein Werk von Bach handelte, auswendig an jeder beliebigen Stelle des Stückes einsetzen. Eines ihrer Hauptanliegen war das Legato. In Amsterdam hatte Leonhardt bereits begonnen, auf Kopien zu spielen, die dank der besseren Klangentfaltung auch eine andere Spiel-

Abb. 6 Zeichnung von Isolde Ahlgrimm; Weihnachts-Rundbrief, Nov. 1968

weise erlaubten. Schaute sie auf das Neupert, so sagte sie, mit Bezug auf einen zu detachierten Anschlag: „Bei einem solch klangarmen Instrument muss man doch versuchen, so viel Klang wie möglich zu machen und ihn nicht noch abwürgen." Es war erstaunlich, wie viele Nuancen des Anschlags sie besaß, von einem Über-Legato, das sie bei chromatischen Passagen anwendete, bis zum Legato bei Triolen, wo sie zu sagen pflegte: „Wie Öl müssen sie fließen".

Ich war während einer hochinteressanten Zeit bei ihr im Unterricht. Der Beginn der 1970er Jahre war eine Zeit des Umbruchs in der Geschichte des Cembalospiels. In Amsterdam saßen Leonhardt und seine Kollegen, die bereits auf Kopien historischer Instrumente spielten, mit starkem Rubato, Détaché-Spiel und kleingliedriger Phrasierung. In Wien gab es Ahlgrimm, mit einem immensen Wissen und einem großen Können, die sich an der Hochschule noch mit Fabrikinstrumenten herumzuplagen hatte, und in Prag Zuzana Růžičková, (mit vielleicht noch ungenügenderen Instrumenten), die ihre Studenten damals noch lehrte, innerhalb einer Bach-Invention die Register zu wechseln. Isolde Ahlgrimm hatte eine hohe Meinung von Leonhardts Können, regte sich aber über alle die Musiker auf, die ihm nachbeteten und dabei übertrieben. Sie sagte: „Weißt du, da kommt der Curry in die Küche und wird Mode und man rührt ihn überall hinein, ob er nun passt oder nicht, bis man ihn nicht mehr riechen kann."

Unsere Klasse war international: Kanadier, Amerikaner, Japaner, Studenten aus dem damaligen Ostblock (Tschechen, Polen, Ungarn). Viele mussten an der

Akademie üben, da sie keine eigenen Instrumente hatten oder nicht genügend Mittel, um sich ein Cembalo zu mieten.

Wir bekamen Einzelunterricht, wobei man aber auch bei den Stunden der Kollegen willkommen war. Isolde Ahlgrimm vermittelte uns ein breites Spektrum an Stilkunde und Werkkenntnis. Wir hatten uns bei den Virginalisten und auch Sweelinck bereits mit alten Fingersätzen zu beschäftigen, was zur Folge hatte, dass, als ich einmal ein solches Werk übte, eine der Mitbewohnerinnen des Studentenheims den Kopf zur Tür hereinstreckte und fragte: „Stolperst du die Stiegen herunter?" Damit ist hinlänglich gesagt, dass Inegalität in Isolde Ahlgrimms Klasse damals bereits ein Thema war.

Es gab Vorspiele, die in der Klasse stattfanden, und öffentliche Vortragsabende. Für einen solchen hatte sie ein Projekt geplant, bei dem wir Werke, auch solche für zwei Cembali, von allen Vertretern der Familie Couperin im Saal der Akademie vorspielten. Von zwei Werken für das Couperin-Programm hatten wir die Noten selber zu schreiben. Ahlgrimm musste das Manuskript von einer Bibliothek als Mikrofilme bekommen haben. Ich denke, dass das *Quatuor* von Louis Armand Couperin, das ich mit dem tschechischen Kollegen Rudolf Zelenka spielte, nach zweihundert Jahren zum ersten Mal wieder erklang. Isolde Ahlgrimm hatte sich auch intensiv mit den Werken von François Couperin auseinandergesetzt, vor allem auch mit den oft kryptischen Überschriften der *Ordres*. Als ich die *Barricades mysterieuses* spielte, fragte sie mich, was dieser Titel bedeute. Ich wusste es nicht, hatte nur gewisse Vermutungen, die aber gar nicht zutrafen. Sie erklärte mir, dass mit diesen *Barricades* die Reifröcke der Damen gemeint seien, die das sich darunter Befindende verbargen. Dann ließ sie mich spielen, stand auf und imitierte das Hin-und-her-Schwingen der Röcke ... was mich automatisch das Tempo vermindern und in das Schwingen einfallen ließ. Wie viele spielen dieses Stück aus Unwissenheit zu schnell!

Die Werke des ältesten Mitglieds der Familie Couperin, Louis, waren damals zehn Jahre früher erstmals herausgegeben worden und wir beschäftigten uns mit den *Préludes non mésurés*, wobei wir diese weniger frei improvisierten als zu einer eigenen Version ausarbeiteten, wie es auch Isolde Ahlgrimm selber mit dem *Capriccio* von Fux und mit der *Chromatischen Fantasie* von Bach gemacht hatte. Auch ihre Schluss-Kadenzen in den Präludien des *Wohltemperierten Klaviers* waren perfekt ausgearbeitet, wurden dann aber so frei gespielt, dass sie wie eine Improvisation wirkten. Isolde Ahlgrimm war Perfektionistin, sie hätte sich damals nie mit einer freien Improvisation aufs Eis gewagt. Alles war bis ins Detail ausgefeilt. Wenn man jedoch mit einer Interpretation kam, die von ihrer eigenen abwich, diese aber mit genügend Überzeugungskraft spielte, wurde sie akzeptiert (sofern die grundlegenden Regeln eingehalten wurden). Sie sagte dann: „Nun, das ist ungewohnt. Aber du kannst es so machen."

Ich kannte ihre Wohnung in der Strudlhofgasse. Einmal lud sie mich zu sich ein, um mir ein neues Programm vorzuspielen. Ich hörte zu, äußerte bescheiden meine Meinung, vergaß dann aber nicht zu fragen, ob es sie nicht störe, dass C und Cis die gleiche Stimmhöhe hätten. Sie schaute mich an, lächelte und sagte: „Oh, weißt du, ich höre schon das Richtige." Dieser Ausspruch erschien mir typisch für sie, die sich durch Widerwärtigkeiten, die sich ihr in den Weg stellten, nie vom Wesentlichen ablenken ließ. Ihr Leben war so diszipliniert; kam dabei manchmal nicht doch etwas zu kurz? An einem Kasten in ihrer kleinen grünen Küche hing ein Zitat von Claudel: „Die Ordnung ist die Lust der Vernunft, aber die Unordnung ist die Wonne der Phantasie."

Unter den interessantesten Werken, die ich mit ihr erarbeitet habe, waren die *Goldberg-Variationen*. Sie legte viel Gewicht darauf, dass es sich beim Thema eigentlich um eine Sarabande handle, das deshalb auch in diesem Stil gespielt werden solle. Dass keine Betonung auf dem zweiten Taktteil sein konnte, erklärte sie mit den Tanzschritten. „Wie willst du betonen, wenn du hier ein *levé* tanzen musst?" Bei diesem Thema mit seinen vielen Verzierungen konnte man auch erkennen, wie vertieft ihre Kenntnisse der Ornamentik waren und wie genau sie sich die Ausführung jeder einzelnen dieser Verzierungen überlegt hatte. Genauso durchdacht waren ihre Fingersätze. Ich war damals natürlich stolz, als ich bei der 29. Variation, wo sie sich über die schwierige Ausführung von einem der Akkord-Triller beklagte, eine Lösung gefunden hatte, auf die sie selber nicht gekommen war.

Ahlgrimm hatte eine liebliche Stimme und den Wiener Singsang der gebildeten Bewohner der Stadt. Ich habe sie nur einmal laut sprechen hören und das war, als ich einmal zu früh in die Stunde kam und mein „Vorspieler" anscheinend nicht genug geübt hatte. Erbost und energisch sagte sie: „Das war ein Sauhaufen! Geh heim und komm wieder, wenn du geübt hast!"

Sie war die fleißigste und gewissenhafteste Musikerin, die man sich vorstellen kann, mit einem solch hohen Anspruch an sich selber, dass sie kein Verständnis hatte für Schüler, die nicht ihr Bestes leisteten.

Isolde Ahlgrimm hat mir viel gegeben, künstlerisch und menschlich. Die Arbeit an dieser Biographie soll mein Dank für sie sein.

Kapitel 8
Zusammenfassung

Vom 27. November 2014 bis zum 31. Januar 2015 fand in der Universität für Musik und darstellende Kunst Wien eine Gedächtnisausstellung zu Isolde Ahlgrimms 100. Geburtstag statt unter dem Titel: „Für ein gewisses Wahres einzutreten, ist keine leichte Aufgabe"[238]. Sie zeigte Streiflichter auf ihre Biographie, Exponate aus dem Notennachlass, das Autograph der originalen Kadenz zu Richard Strauss' *Capriccio-Suite* sowie alte Drucke und Handschriften zum Quellenstudium, welche die Schule dank ihres Legates erwerben konnte.

Isolde Ahlgrimms Nachlass – ihre Schallplatten, ihre Publikationen – wird nach einer langen Zeit der Nichtbeachtung wieder mit Interesse wahrgenommen. Interneteinträge, vor allem von Peter Watchorn, tragen viel dazu bei, dass ein weiteres Publikum Zugang zu ihren alten Aufnahmen bekommt und auch Informationen über sie erhält. Es wird nicht mehr viele Menschen geben, die sich noch an ihre Aufführungen der kompletten Zyklen von Klavierwerken Bachs und Mozarts erinnern, die ihr die Stellung einer Musikerin von internationaler Bedeutung gaben. Bach war für sie das Zentrum ihres musikalischen Wirkens und sie hatte ihre eigene Vision von seiner Kunst, seiner Größe und seiner Menschlichkeit.

Dass Ahlgrimm bereits in den 1930er Jahren Mozart auf originalen Instrumenten zu Gehör brachte, ist bemerkenswert. Noch bemerkenswerter aber ist, dass sie und Erich Fiala ihre Erkenntnis des grundlegenden Prinzips, nämlich die Musik einer Ära auf den der Zeit entsprechenden Instrumenten zu spielen, damals bereits auch auf die romantische Periode anwendeten. Damit waren sie ihrer Zeit um gute sechzig Jahre voraus, denn erst in den 1990er Jahren begann sich die weitere musikalische Welt für das gleiche Ziel zu interessieren.

Das Cembalo als Instrument mit eigenem Charakter hatte seine Verfechter bereits seit dem Beginn des 20. Jahrhunderts gefunden. Nicht so der Hammerflügel. Als sich Fiala und Ahlgrimm 1937 entschlossen, den Hammerflügel als Konzertinstrument einzusetzen, was bisher kein Musiker in Wien getan hatte, begeisterten sich die Kritiker nicht nur für ihr Spiel, sondern auch für die Experimentierfreudigkeit und die ungewöhnliche Programmwahl.

Erst 1960 begannen dann Paul Badura-Skoda und Jörg Demus in Wien systematisch auf alten Hammerklavieren zu konzertieren. Seit damals haben sich zahlreiche gute Musiker auf das Fortepiano spezialisiert, das nun mit fachgerecht restaurierten Originalinstrumenten und qualitativ hochstehenden Kopien zur Verfügung steht. Aufnahmen und Konzerte mit Alter Musik auf historischen

Instrumenten sind heute Legion und man kann sich kaum mehr vorstellen, wie speziell und rar solche Aktivitäten in den frühen 1950er Jahren waren, als Isolde Ahlgrimm auf einem ersten Höhepunkt ihrer Karriere stand. 1951 führte sie das gesamte Klavierwerk Mozarts innerhalb eines Jahres in neun Konzerten auf, wobei sie hier natürlich auch auf das Repertoire zurückgreifen konnte, das sie für die mehr als zwanzig Jahre dauernde Reihe *Concerte für Kenner und Liebhaber* erarbeitet hatte.

Sich intensiv mit dem Cembalo zu befassen, begann sie 1943. Sie hatte keinen Lehrer, kein Vorbild für historische Aufführungspraxis, auf das sie zurückgreifen konnte – alles Wissen musste sie sich aus Quellen selber erarbeiten.[239] An den erworbenen, richtigen Erkenntnissen hat sie dann auch unbeirrbar festgehalten.

In der kurzen Zeit von acht Jahren alle Cembalowerke von Bach sowohl zweimal aufzuführen als auch auf annähernd dreißig Langspielplatten einzuspielen, legt Zeugnis ab für ihre immense Arbeitskraft, verbunden mit einer exquisiten Konzentrationsfähigkeit und einem außerordentlichen Gedächtnis.

Die *Concerte für Kenner und Liebhaber* als private Institution von Erich Fiala und Isolde Ahlgrimm waren eine Novität. Durch ihr Konzept und Isolde Ahlgrimms Bemühungen um eine historische Aufführungspraxis nahmen sie Einfluss auf die mitwirkenden Musiker, wie auch auf Musiker der nächsten Generation (Leonhardt, Harnoncourt, Melkus, Badura-Skoda, Demus und andere). Diese Folge-Generation profitierte vom wirtschaftlichen Aufschwung, von der zunehmenden Verbreitung der Musik über Tonträger, die das Interesse und die Nachfrage bei einem weit größeren Publikum weckten, sodass der historische Klang wie auch die wieder neu entdeckten Werke der alten Musikliteratur zum Allgemeingut der heutigen Musikliebhaber geworden sind.

Isolde Ahlgrimm stand ganz am Anfang dieser Entwicklung. Wohl hatte sie die Bachaufnahmen gemacht, die ihr später die internationalen Konzertpodien öffneten, aber die *Concerte,* als Resultat ihrer bedeutenden Arbeit, bei denen sie mit der Inspiration Fialas neue Wege ging, fanden nicht im öffentlichen Raum statt und erhielten nicht genügend Resonanz, um sie weithin bekannt werden zu lassen. Dass eine wichtige Periode ihrer Wirksamkeit in die Zeit des zweiten Weltkriegs mit all seinen Limitationen fiel und Fiala (und damit auch Ahlgrimm) damals angefeindet wurden, machte ihren Weg auch nicht leichter. Isolde Ahlgrimm selber war bescheiden und völlig unpolitisch, und ihr einziges Mittel, sich deutlich zu machen, war ihr Spiel. Sie sagte zwar von sich: „Ich bin ehrgeizig, leider", aber in Szene setzen konnte sie sich nicht. Als sie nach 1956, mit bereits 43 Jahren, ihre eigene Karriere beginnen konnte, fehlte ihr die finanzielle Rückendeckung Fialas, die ihr bis dahin unbeschränktes Üben ermöglicht hatte. Allein durch ihr Können schaffte sie es nun, sich einen internationalen Namen zu machen.

Isolde Ahlgrimm polarisierte. Einesteils gewann sie Bewunderer durch ihre völlige Hingabe an die Musik und ihren beispiellosen Anspruch an Perfektion, der sich gegen alle Kompromisse stellte, andererseits stieß sie auch auf Ablehnung bei Musikern, die eine andere Linie verfolgten.

Es war Isolde Ahlgrimms größter Wunsch, dass sich die Bewegung der Alten Musik über ihre eigenen Bemühungen hinaus weiterentwickeln würde. In ihrer Bescheidenheit betrachtete sie ihre Arbeit nur als einen Schritt auf dem Weg zu diesem erstrebten Ziel. Sie hoffte auch, mit ihrem Beispiel jungen Musikern zeigen zu können, dass jede Musik ein Recht habe, mit den Kriterien der Zeit ihres Entstehens interpretiert zu werden. Dass diese Vision ihres Musikerlebens richtig war, zeigt die Entwicklung. Die Alte Musik hat einen festen Platz im heutigen Musikleben. Auch dank Isolde Ahlgrimm. Diese Tatsache wäre für sie Denkmal genug.

Bildteil | **153**

Abb. 1   Camilla Ahlgrimm-Christoph, Isolde Ahlgrimms Mutter

Abb. 2   Karl Friedrich Ahlgrimm, Isolde Ahlgrimms Vater

Abb. 3   Hans und Isolde Ahlgrimm, Kinderbild 1917 „für die liebe Grossmama"

Abb. 4   Isolde ca. 5 Jahre

Abb. 5   Isolde mit Zahnlücken, ca. 7 Jahre. In diesem Alter wurde sie bereits Schülerin an der Akademie

Abb. 6 Hans und Isolde, Weihnachten 1925. Im Jahr ihres ersten Duo-Abend im Konzerthaus

Abb. 7 Hans Ahlgrimm, um 1935, als junger Berliner Philharmoniker

Abb. 8 Isolde als junges Mädchen, 1931, zur Zeit ihres England-Aufenthalts

Abb. 9 Erstes Werbefoto, wahrscheinlich für das Hamburger Konzert 1935

Bildteil | 157

Abb. 10 Das erste Concert im Palais Palffy, Zeitschriftenbild

Abb. 11 Nach der Heirat wohnte das Paar in der Strudlhofgasse 17, im zweiten Haus rechts oberhalb der Strudlhofstiege

Abb. 12 Isolde Ahlgrimm am Rosenberger-Flügel

Abb. 13 Ensemble für Alte Musik, zusammen mit Sylvia und Margot Grümmer, Gamben und Karl Schreinzer, Bass, Interieur des Hauses Strudlhofgasse, 1944

Bildteil | **159**

Abb. 14   Höllersches Haus, Wienzeile 42, im 3. Stock mit den Bogenfenstern. Veranstaltungsort der *Concerte* ab 1948

Abb. 15   Isolde Ahlgrimm am Ammer-Cembalo von 1937

Abb. 16   Am Naschmarkt, erste Bananen nach dem Krieg

Abb. 17   Die Kunst der Fuge im Höllerschen Haus, 1953

Bildteil | **161**

Abb. 18 Lachende Isolde nach dem 73. Concert

Abb. 19 58. Concert: Sechs Sonaten für Violine und obligates Cembalo, mit Paul Kling und Josef Herrmann

Abb. 20 Erich Fiala und die Instrumentensammlung

Abb. 21 Grosses Werbefoto für Philips

Abb. 22 „Ihr Lebenswerk"

Abb. 23   Isolde und ihre geliebte Katze

Abb. 24   Erich Fiala und Nikolaus Harnoncourt diskutieren während der Aufnahmen der Cembalo-Konzerte

Abb. 25 Werbeaufnahme, verwendet von Bärenreiter

Abb. 26 „Ausklang in Wien", Mozartjahr 1956

Abb. 27 Profil-Aufnahme

Abb. 28 Arbeits-und Sammlungszimmer im Höllerschen Haus

Abb. 29　Werbeaufnahme für Philips ca 1960

Abb. 30 Mit Marius van der Meulen, Aufnahmeleiter bei den Aufnahmen der Bachkonzerte 1954

Abb. 31 Porträt 1974 für Autogrammkarten

Abb. 32   Isolde spielt die Kunst der Fuge, Aufnahme bei Tudor 1974

Abb. 33   Isolde Ahlgrimms Hände 1968

Abb. 34   Die Schülerin und Partnerin bei der Kunst der Fuge, Friederike (Resele)-Bretschneider

Abb. 35   Die Arbeit am Rubio-Cembalo

Bildteil | **171**

Abb. 36 Konzentration bei den Aufnahmen der *Acht grossen Suiten* von Händel durch die Firma Eterna 1976

Abb. 37 Letzte Autogrammkarte

Abb. 38 Isolde Ahlgrimm mit ihren letzten Schülern Gregory Miller und Peter Watchorn (1989)

Abb. 39 Isolde Ahlgrimms Grab Zentralfriedhof, Gruppe 87 B, Reihe 22, Nr. 47

Anhang

1. Diskographie 175
   1.1. J. S. Bach, Sämtliche Werke für Clavicembalo, Aufnahmen
        1951–1957 175
   1.2. Bachaufnahmen für andere Firmen 178
   1.3. Neuauflagen der ersten Aufnahmen von Philips 179
   1.4. Weitere Aufnahmen anderer Komponisten 179
   1.5. Neuauflagen und Downloads 180
   1.6. Radio- und Fernsehaufnahmen 181
2. Begleittexte zu den Schallplatten-Aufnahmen sämtlicher Werke
   für Clavicembalo von J. S. Bach 182
   2.1. Vorwort der Firma Philips Phonographische Industrie 182
   2.2. Erich Fiala: Einleitende Notizen zu den von Philips
        aufgenommenen sämtlichen Werken für Clavicembalo von
        Johann Sebastian Bach 182
   2.3. Sämtliche Werke für Clavicembalo I: *Das Wohltemperierte
        Klavier I*... 185
   2.4. Sämtliche Werke für Clavicembalo II/III: *Französische Suiten*........ 189
   2.5. Sämtliche Werke für Clavicembalo II/III: 20 kleinen Präludien 190
   2.6. Sämtliche Werke für Clavicembalo IV:
        Die sechs *Englischen Suiten* 192
   2.7. Sämtliche Werke für Clavicembalo V: Die sechs *Partiten* 195
   2.8. Sämtliche Werke für Clavicembalo VI:
        Das Wohltemperierte Klavier II.. 196
   2.9. Sämtliche Werke für Clavicembalo VII: *Goldberg-Variationen*........ 201
   2.10. Sämtliche Werke für Clavicembalo VIII:
        Die drei Sonaten für Flöte und obligates Cembalo............. 205
   2.11. Sämtliche Werke für Clavicembalo IX: Die *Kunst der Fuge* 208
   2.12. Sämtliche Werke für Clavicembalo X: *Musikalisches Opfer*........... 212
   2.13. Sämtliche Werke für Clavicembalo XI:
        Drei Sonaten für Viola da gamba und obligates Cembalo 215
   2.14. Sämtliche Werke für Clavicembalo XII:
        Zweistimmige Inventionen BWV 772–786,
        Dreistimmige Inventionen (Sinfonien) BWV 787–801 218
   2.15. Sämtliche Werke für Clavicembalo XIII:
        Fantasien, Präludien und Fugen 218

2.16. Sämtliche Werke für Clavicembalo XIV: *Toccaten* 221
2.17. Addendum: Cembalo-Konzerte/Das Amati-Orchester 224
3. Chronologie 228
4. Die *Concerte für Kenner und Liebhaber* 233
5. Repertoire und Konzert-Orte 250
    5.1. Repertoire 250
    5.2. Konzert-Orte 253

Endnoten 255
Quellen- und Literaturverzeichnis 264
Abbildungsnachweise 266
Sachregister 269
Personenregister 274

1. Diskographie

1.1. J. S. Bach, Sämtliche Werke für Clavicembalo, Aufnahmen 1951–1957

durch Philips Phonographische Industrie, Baarn, Niederlande[240]
Aufnahmeleiter Marius van der Meulen

Album	Werk	BWV	Aufnahmedatum	erschienen	Katalog
A-1	Das Wohltemperierte Klavier I	846–869	09.–21.12.1951	1953	A00 157-9L
A-2/3	Französische Suiten Kleine Präludien 6 kleine Präludien 5 kleine Präludien	812–817 924–932 933–938 939–943	10.–21.02.1952 23.–30.09.1952	1953	A00 155 6L
A-4	Englische Suiten	806-811	23.–27.05.1952 18.11.–2.12.1952[241]	1953	A00 169-71L
A-5	Partiten	825–830	18.–21.09.1952 18.11.–02.12.1952	1953	A00 172-74L
A-6	Das Wohltemperierte Klavier II	870–893	30.04.–03.05.1953 05.11.–11.11.1953 23.11.–30.11.1953	1954	A00 185-7L
A-7	Goldberg-Variationen	988	15./16./18./19./22./ 24.01.1954 18./19.03.1954	1955	A00 267-7L
	Aria variata alla maniera italiana	989	13./15.03.1954 29./30.03.1954		
	Aria mit Variationen	991	31.03.1954		
A-8	Sonaten für Flöte und obligates Cembalo mit Ludwig von Pfersmann	1030 1031 1032	27.05.1954 31.05.1954 02.06.1954	1955	A00 265 L
A-9	Die Kunst der Fuge mit Friederike Bretschneider am 2. Cembalo	1080	23.–30.04.1953 02.05.1953 20.07.– 02.08.53 17./19.11.1953 24.–30.11.1953 17.–22.11.1953	1956	A00 242-3L
	Choralpräludium „Vor deinen Thron"	668	12.12.1953		
A-10	Das Musikalische Opfer mit Rudolf Baumgartner und Alice Harnoncourt, Barock-Violinen Ludwig von Pfersmann, Flöte Kurt Theiner, Tenorgeige/Viola Nikolaus Harnoncourt, Barock-Cello	1079	06.–23.06.1955	1957	A 00 300 L

Album	Werk	BWV	Aufnahmedatum	erschienen	Katalog
A-11	Sonaten für Viola da Gamba und Cembalo obligato, mit Nikolaus Harnoncourt, Viola da Gamba Rudolf Baumgartner, Violine Josef Herrmann, Gambe continuo	1028 1027 1029	05.–06.01.1955 16.–17.03.1955 19.–20.03.1955	1957	A 00 327L
	Triosonate für Flöte, Violine und Continuo mit Ludwig von Pfersmann, Flöte Rudolf Baumgartner, Violine Josef Herrmann, Gambe continuo	1039	06.06.1955		
A-12	Zweistimmige Inventionen	772–786	12./16.03.1954 31.03.1954	1957	A 00 335 L
	Dreistimmige Inventionen (Sinfonien)	787–801	24.–31.01.1954 18./19.03.1954		
A-13	Fantasien, Präludien und Fugen: Präludium und Fughetta d-Moll Präludium und Fuge a-Moll Chromatische Fantasie und Fuge Fantasie und Fuge a-Moll Fantasie c-Moll Fantasie g-Moll Fantasie über ein Rondo c-Moll Fantasie c-Moll Fantasie und Fuge a-Moll	899 894 903 904 906 917 918 919 944	16.–18.10.1954 01.10.1954 16.03.1954 01.–04.10.1954 16.–18.10.1954 16.–18.10.1954 16.–18.10.1954 16.–18.10.1954 04.01.1955	1958	A00 366 L
A-14	Toccaten: Toccata fis-Moll c-Moll D-Dur d-Moll e-Moll g-Moll G-Dur Passacaglia c-Moll Drei Fugen c-Moll G-Dur c-Moll	910 911 912 913 914 916 915 582 575 576 577	17.–19.01.1955 01.–04.10.1954 15.01.1955 10.–14.03.1955 10.–14.03.1955 10.–14.03.1955 16.01.1955 24.–27.09.1956 12.–14.11.1956 12.–14.11.1956 12.–14.11.1956	1959	A00 415-6L
A-15	Duette Pastorale	802–805 590	24.– 27.09.1956 24.– 27.09.1956	nicht	
A-16	Partita h-Moll (Französische Ouverture) Italienisches Konzert F-Dur	831 971	12.–14.11.1956 12.–14.11.1956	nicht	

Album	Werk	BWV	Aufnahmedatum	erschienen	Katalog
A-17	Capriccio über die Abreise eines geliebten Bruders, B-Dur	992	16.05.1957	nicht	
	Fuge über ein Thema von Albinoni	946	16.–17.05.1956		
	Fuge C-Dur	952	16.–17.05.1956		
	Fuge C-Dur	953	16.–17.05.1956		
	Fuge c-Moll	948	16.–17.05.1956		
A-18	Sonaten für Violine und Cembalo mit Rudolf Baumgartner, Barockvioline und Josef Herrmann, Gambe Continuo	1014–1019	11.05.1954 08.–20.06.1954 [diese Termin sind durchgestrichen und auch nicht in Ahlgrimms Liste]	nicht	
A-19	Partita h-Moll (Französische Ouverture)	831	09.–12.10.1956	nicht	
	Italienisches Konzert	971	12.–14.11.1956		
	Capriccio über die Abreise eines geliebten Bruders, B-Dur	992	16.05.1957		
	4 Duette	802–805			
B-1	Konzerte für Cembali Vol. 1				A 00 501 L
	Konzert C-Dur für 2 Cembali	1061	28.11–01.12.1955		
	Konzert c-Moll für 2 Cembali mit Friederike Bretschneider, am 2. Cembalo	1060	28.11–01.12.1955		
	Konzert f-Moll	1056	15.–19.11.1956		
	Konzert in g-Moll	1058	15.–19.11.1956		
	Amati-Orchester, Ltg. Erich Fiala				
B-2	Konzerte für Cembali Vol. 2				A 00 020 38 L
	Konzert d-Moll	1052	03.–05.04.1956		
	Konzert D-Dur	1054	15.–19.11.1954		
	Konzert c-Moll für 2 Cembali: mit Friederike Bretschneider	1062	03.–05.04.1956		
	Amati-Orchester, Ltg. Erich Fiala				
B-3	Konzerte für Cembali Vol. 3				50 5355 R
	Konzert E-Dur Konzert	1053	28.11.–01.12.1955		
	Konzert A-Dur	1055	15.–19.11.1955		
	Amati-Orchester, Erich Fiala				

Die Nummern A 1–5 wurden in der Linken Wienzeile 42 in Wien mit dem Ammer-Cembalo von 1941 und dem Pedalcembalo von 1941 aufgenommen.

Bei den Nummern A 6–18 verwendete Isolde Ahlgrimm das Ammer-Cembalo von 1937 und wieder das Pedalcembalo von 1941.

BWV 582, BWV 575–577 und die verloren gegangenen Aufnahmen von 1956–1957 wurden im Palais Liechtenstein in Wien aufgenommen, ebenso wie die Cembalo-Konzerte, bei denen Isolde Ahlgrimm das 1. Cembalo mit dem Ammer-Cembalo von 1937 und Friederike Bretschneider das 2. Cembalo mit dem Ammer-Cembalo von 1941 spielte.

1.2. Bachaufnahmen für andere Firmen

	Werk	BWV	erschien	Firma	Katalog-Nr.
C-1	Partiten	825–830	1965	Belvedere	ELY 06102-4
C-2	Italienisches Konzert Partita h-Moll (Französische Ouverture) Vier Duette	971 831 802–805	1965	Belvedere	ELY 06105
C-3	Goldberg-Variationen	988	1965	Belvedere	ELY 06107
C-4	Französische Suiten	812–817	1965	Belvedere	ELY 06108
C-5	Die Kunst der Fuge Isolde Ahlgrimm und Friederike Resele-Bretschneider, Ammer-Cembali 1937/1941 Pedalcembalo 1941	1080	1976	Tudor	06100-01
C-6	Englische Suiten Cembalo von William Dowd, nach Taskin, Paris, 1976	806–811	1976	Tudor	73021-23
C-7	Sonaten für Flöte und Cembalo Johannes Walther, Flöte	1020 1030–1035	1970 Dresden	Eterna	825934-5
C-8	Trio-Sonaten mit Werner Tast und Johannes Walther, Flöten Reinhard Ulbricht, Violine Joachim Bischof, Violoncello	1038, 1039 1079	1973 Ostdeutschland	Eterna	826367
C-9	Sonaten für Viola da Gamba und Cembalo Siegfried Pank, Viola da Gamba	1027–1029	1978 Dresden	Eterna	827216
C-10	Konzerte für mehrere Cembali mit Hans Pischner, Zusana Růžičková und Robert Veyron-Lacroix, Staatskapelle Dresden unter der Leitung von Kurt Redel	1027–1029	1965 Dresden	Eterna	82068 802693 802704

Die Aufnahmen C 1–4 wurden im Studio Belvedere, Zürich, auf einem Wittmayer *Studio-Modell* von 1965 gemacht.
Produzent: Etienne Yvelin, Toningenieur: Josef Kamykowski

1.3. Neuauflagen der ersten Aufnahmen von Philips

	Werk	aufgenommen	Firma	Katalog-Nr.
D-1	A-1 bis A-14 Cembalowerke 1. Album, 10 Langspielplatten Die Kunst der Fuge Das wohltemperierte Klavier Band 1 und 2 Kleine Präludien Partiten 2. Album, 10 Langspielplatten Goldberg-Variationen Englische Suiten Französische Suiten Inventionen Präludien Fantasien Passacaglia und Toccaten	1974 Neuauflage in stereophonisierter Ausgabe	Philips	6747053 6747054

1.4. Weitere Aufnahmen anderer Komponisten

	Werk	Aufnahme	erschien	Firma	Katalog-Nr.
E-1	Österreichische Cembalomusik: J. J. Fux: Capriccio g-Moll, KV 404 A. Poglietti: Suite „Sopra la ribellione di Ungheria" G. Muffat: Suite Nr. 3 aus „Componimenti musicali per il Cembalo" J. J. Froberger: Tombeau de M. Blancrocher G. C. Wagenseil: Divertimento No. 3 Neupert Cembalo	1968 Dresden Neupert-Cembalo	ja	Eterna	829812
E-2	Variationen über berühmte Themen für Cembalo Musik von Cabezon, Byrd, Sweelinck, Frescobaldi, Poglietti, C. Ph. E. Bach, F. Couperin		ja	Eterna	826312
E-3	Aus einer LP-Serie „Salzburger Hofmusik" Mozart: Konzert für Cembalo, KV 107 Camerata Academia, Salzburg Leitung: Bernhard Paumgartner		ja	Amadeo	AVRS 6179
E-4	G. F. Händel: 6 Sonaten für Blockflöte und b. c. Hans Maria Kneihs, Blockflöte		ja	Belvedere	ELY 0655

	Werk	Aufnahme	erschien	Firma	Katalog-Nr.
E-5	G. F. Händel: Acht große Suiten für Cembalo (1720) Zwei Sonaten in C-Dur Präludium und Chaconne G-Dur Air A-Dur Präludium und Allegro g-Moll	1976	ja	Eterna	826799-800
E-6	G. F. Händel: Cembalo Suiten Nr. 3, 5, 7 aus Band 1, Nr. 6 aus Band 2	1986 Händelhaus Halle, Ruckers Cembalo 1599	ja	Philips	9502 099
E-7	Richard Strauss: 3 Tänze aus Capriccio	Baarn 18.9.1960	nein	Philips	
E-8	Händel: Sonaten für Flöte und b. c. Werner Tast, Flöte 2. Aufnahme	1978	ja	Eterna	827050
E-9	A. Poglietti: Aria allemagna con alcuni variazioni sopra l'età della Maestà vostra	18.09.1960	ja	Philips	400 241 AE
E-10	A. Vivaldi: Sämtliche Sonaten für Violoncello und Continuo mit Claude Starck, Cello Mischa Frey, Cello Continuo	1975 Cembalo William Dowd nach Taskin	ja	Tudor	74005-74006
E-11	G. Ph.Telemann: Polnisch-Hanakische Volksmusik Eduard Melkus, Violine Capella Academica Wien, Ltg. Kurt Redel	1986	ja	Archiv Deutsche Grammophon	198 467

1.5. Neuauflagen und Downloads

Neuauflagen der Philips-Aufnahmen auf CD bei *Baroque Music Club* www.baroquecds.com
    Diese Aufnahmen sind im Internet zu finden. Sie sind nicht vom Mutterband produziert, sondern von LPs, daher ist die Tonqualität ungenügend.
Bis heute sind erschienen:

BWV 806–811	Sechs Englische Suiten		BACH 757-8
BWV 812–817	Sechs Französische Suiten		BACH 756
BWV 899	Präludium und Fughetta		BACH 727
BWV 903	Chromatische Fantasie und Fuge		BACH 727
BWV 904	Fantasie und Fuge a-Moll		BACH 727
BWV 910–915	Toccaten		BACH 726
BWV 917	Fantasie in g-Moll		BACH 727

Neuauflagen der Aufnahmen von Tudor, Zürich auf CD:

Bach, BWV 1080 Mit Friederike Bretschneider	Die Kunst der Fuge, (1. Ausgabe 1976)	erschien 1996 als CD-Doppelalbum	Tudor 7030
Antonio Vivaldi Claude Starck, Cello Mischa Frey, Cello continuo	Sämtliche Sonaten für Violoncello und Basso continuo (1. Ausgabe 1975 als Doppelalbum)	1989 CD-Doppelalbum	Tudor 709

Downloads bei www.barocquemusiclibrary.com; Amazon und Deezer (Bachkantate 208, mit Elisabeth Schwarzkopf und Isolde Ahlgrimm, Continuo-Cembalo)

Zum Zeitpunkt der Drucklegung dieser Biographie hat *Universal Music*, die heutige Besitzerin des Philips-Archivs angekündigt, dass sie Neuausgaben der Bachaufnahmen mit Isolde Ahlgrimm planen. Zuerst sollen die *7 Toccaten, Präludien und Fugen*, die *Passacaglia in c-Moll* und die *Kunst der Fuge* wieder aufgelegt werden. Die Mutterbänder werden digitalisiert und bei der australischen Company *Eloquence* herausgegeben, die sich unter dem Produktionsleiter Cyrus Meher-Homji auf die Neuausgabe historischer Aufnahmen von *Decca, Deutsche Grammophon* und *Philips* spezialisiert hat. Die alten Ahlgrimm-Aufnahmen werden also bald wieder in optimaler Qualität erhältlich sein. Diese Produktion ist ein gemeinsames Unternehmen von *Eloquence* und der unabhängigen Gesellschaft *Musica Omnia*, Cambridge, MA (USA).

1.6. Radio- und Fernsehaufnahmen

Isolde Ahlgrimm hat praktisch in allen Ländern, in denen sie konzertierte, auch regelmäßig Radioaufnahmen[242] gemacht. Vor dem Krieg beim Reichssender Wien (Konzertstunde), während des Krieges von 1943 bis 1945 immer wieder einmal für die Reichs-Rundfunk-Gesellschaft und den österreichischen Rundfunk, auch einmal eine Co-Produktion des Reichssender Berlin mit dem Slowakischen Rundfunk. Nach dem Krieg spielte sie öfters für Radio Köln. Im Juli 1956 gestaltete sie eine Sendung mit dem Titel „Mozart" beim österreichischen Rundfunk. In Holland spielte sie relativ häufig im Radio in Verbindung mit den Philips-Aufnahmen. In der Schweiz gab es Aufnahmen bei Radio Beromünster und Radiostudio Zürich. Sie spielte für den belgischen Rundfunk und bei verschiedenen Stationen in den Vereinigten Staaten während ihrer Tourneen und ihrer Unterrichtstätigkeit.

Das Fernsehen war damals noch in den Anfängen, aber sie bekam einige Male die Gelegenheit, eine Sendung mitzugestalten:
1942 Tonaufnahmen für Wien-Film: Titel „Wen die Götter lieben"
1956 Österreichischer Rundfunk, Fernsehen: Mozart auf der Reise nach Prag
1962 Schweizer Fernsehen: Bach, Cembalokonzert d-Moll und Konzert für drei Cembali
1966 Deutscher Fernsehfunk: „Das Meisterwerk" Altenburg; mit der Staatskapelle Dresden: Bach, Konzert für drei Cembali BWV 1064
1983 Fernsehen der DDR: *5. Brandenburgisches Konzert*. Diese Aufnahme wurde im Hinblick auf das Bachjahr 1985 (300. Geburtstag von Johann Sebastian Bach) gemacht.

Tonkassetten finden sich noch in der Bibliothek der Universität für Musik und darstellende Kunst in Wien, *mdw*, zum Teil von Radioaufnahmen.

2. Begleittexte zu den Schallplatten-Aufnahmen sämtlicher Werke für Clavicembalo von J. S. Bach

Die Texte auf den Schallplattenhüllen stammen, auch wenn Erich Fialas Name erscheint, hauptsächlich von Isolde Ahlgrimm. Sie hat darin viel Material verwendet, das sie für die Einführungen zu ihren Hauskonzerten mit dem Bachschen Gesamtwerk recherchiert hatte. Teilweise verwendete sie hier auch Texte von Publikationen[243]. Diese Texte enthalten Interessantes, Wissenswertes und zum Teil auch Skurriles und sollen durch diese Veröffentlichung zugänglich bleiben[244].

2.1. Vorwort der Firma Philips Phonographische Industrie

Isolde Ahlgrimm, in Wien geboren, erhielt ihren ersten Klavierunterricht als Vierjährige von ihrer Mutter; diese war eine gute Pianistin, deren Musikalität Johannes Brahms einmal mit einem Kuss belohnte. Mit sieben Jahren kam Isolde an die Wiener Musikakademie, deren Diplom sie 1932 erhielt. Zuletzt besuchte sie dort die Meisterklassen von Franz Schmidt und Emil v. Sauer. Ihren ersten grossen Erfolg erspielte sie sich 1935 beim Internationalen Musiktag in Hamburg.

Zur gleichen Zeit lernte sie den bekannten Wiener Musiksammler Dr. Fiala kennen, mit dem sie sich später verheiratete. Dessen Sammlung erschloss ihr die Welt der alten Musikinstrumente. Sie spielte zuerst auf historischen Hammerflügeln, bis das Cembalo ihr Lieblingsinstrument wurde. Sie wandte sich ganz vom modernen Klavier ab. Zuletzt benützte sie es nur mehr für die Kammermusik von Richard Strauss, der sie mit einer warmen Freundschaft auszeichnete, deren schönste Frucht die der Künstlerin gewidmete *Capriccio-Suite für Cembalo* ist.

1937 gründete das Ehepaar die *Concerte für Kenner und Liebhaber*, die sich mit fast hundert Aufführungen historischer Musik einen hohen Rang in Wien erworben haben. Die bedeutendste Leistung der Künstlerin waren bisher: ihr Mozart-Zyklus, in dem sie sämtliche Klavierwerke auf einem originalen Hammerflügel von 1787 spielte, und ihr Bach-Zyklus, der sämtliche Cembalowerke umfasste. Sie spielte beide Zyklen auswendig, wie sie es auch bei allen anderen Programmen gewohnt war. Isolde Ahlgrimm stützt ihre künstlerische Arbeit auf eine genaue Kenntnis der Aufführungspraxis der Barockmusik, die sie durch Studien und Sammlungen erworben hat. Sie verwendet ein Pedalcembalo, wie es auch Bach besessen hat: ein solches Pedal-Instrument ist für die Aufführung mancher seiner Werke unbedingt erforderlich.

2.2. Erich Fiala: Einleitende Notizen zu den von Philips aufgenommenen sämtlichen Werken für Clavicembalo von Johann Sebastian Bach

Die Gelegenheit, die in Johann Sebastian Bachs letzter Komposition enthaltenen Probleme darzustellen, bietet sich so selten, dass der Verfasser (die Verfasserin), der Schwierigkeiten wohl bewusst, dieser Aufgabe nicht ohne leidenschaftliche Anteilnahme gegenüberstehen kann. Von Lehrern erzogen, die ihre Ausbildung zu einer Zeit erhielten, in der es grosse Mode war, Bachs Werke in Form von Klavierbearbeitungen etwa im Sinne Liszts, Busonis, Stradals oder anderer aufzuführen, und selbst noch in einem Klima übersteigerter Spätromantik aufgewachsen, musste ein gewaltiger

Schritt unternommen werden, um in den Besitz jener ästhetischen Grundsätze zu gelangen, die es erlauben, die musikalischen Kunstwerke wieder als das zu erkennen, was sie wirklich sind, nämlich Schöpfungen der realen Welt, bestimmt, in ihrer wahren Gestalt und entkleidet aller undefinierbaren Philosophien, vor das Ohr des Hörers zu treten.

Auf die *Kunst der Fuge* angewendet, bedeutet das zunächst zweierlei: Den Verzicht auf die Anschauung, derzufolge dieses Werk der Welt des Abstrakten oder rein Theoretischen angehöre, also von Bach nicht zu einer instrumentalen Ausführung bestimmt worden sei, und den Verzicht auf jede Art Interpretation orchestraler Natur. Eine eingehende Beschäftigung mit diesem Opus lässt nämlich nur eine Möglichkeit offen – die klangliche Verwirklichung mittels Tasteninstrument, sei es Pedalcembalo oder Orgel.

Obwohl die Tatsachen eine Zweideutigkeit dieses Sachverhalts gar nicht zulassen, so muss doch geklärt werden, wieso es zu dieser Problemstellung überhaupt kommen konnte.

Zunächst: Die Meinung Forkels, dass die Komposition von einem der Söhne Bachs gestochen worden sei, ist seit langem widerlegt. Darüber hinaus wurde bekannt, dass diese erste Ausgabe, genannt „Originalausgabe" und berüchtigt durch ihre Fehlerhaftigkeit, zu einem großen Teil noch während Bachs letztem Lebensjahr entstanden ist, somit nach Steglich „in vielem als letzter Wille des Meisters zu gelten hat". Sie diente im Jahre 1802 dem Zürcher Verleger Hans Georg Nägeli als Vorlage zum ersten Nachdruck der *Kunst der Fuge,* und zwar mit einer doppelten Abweichung: Ersatz der allmählich ausser Gebrauch gekommenen alten Schlüssel durch die neuen, und Zusammenziehung der vier getrennt geschriebenen Stimmen auf zwei Notensysteme, um für diejenigen Spieler, die im Lesen der früher gebräuchlichen Notation von Cembalo- und Orgelmusik in Partiturform nicht mehr sehr geübt waren, eine Erleichterung zu schaffen.

Abb. 1 Isolde Ahlgrimms Clavicembalo mit Pedal Instrument von 1941

Diese Ausgabe bildete die Grundlage eines bis heute nicht beseitigten Missverständnisses; mit der Ausführungspraxis und den Notierungsgewohnheiten des 18. und der früheren Jahrhunderte nicht vertraut, hielt Wolfgang Graeser[245] die Partitur für eine Orchesterpartitur und die Reduktion auf zwei Stimmen für einen der Partitur unterlegten Klavierauszug. Allerdings hätte ein Blick in das Autograph der letzten, durch den Tod unvollendet gebliebenen Fuge einen solchen Irrtum verhindern können, da sie, auf zwei Systemen notiert, beweist, dass die Partiturform letztlich als Reinschrift der Klaviernotation anzusehen ist. Trotz der Tatsache, dass so namhafte Wissenschaftler, wie Gál, Husmann, Leonhardt, Rieksch, Schmieder oder Steglich die *Kunst der Fuge* als Werk für Tasteninstrumente analysierten, setzt sich der Reigen der Bearbeitungen für Orchester weiter fort, und zwar teilweise auch unter Hinweis auf die „Unspielbarkeit" gewisser Passagen. Zweifellos gibt es einige Takte, die bei strengem Legatospiel Griffe verlangen, die für normale Hände auf einem Tasteninstrument nicht zu bewältigen sind. Nun wissen wir aber, dass Bach über Hände verfügte, die den in der *Kunst der Fuge* geforderten Spannungen mühelos gewachsen waren. Hirsching überliefert uns dies in seinem „Historisch-literarischen Handbuch berühmter und denkwürdiger Personen" (Leipzig 1784) mit folgenden Worten: „Seine Faust war gigantisch. Er griff zum Beispiel eine Duodezim mit der linken Hand, und kolorierte mit den mittleren Fingern dazwischen". Diese Spannung in der linken Hand ist denn auch die grösste, welche die *Kunst der Fuge* aufweist. Solche, ja noch größere finden sich am Schluss der a-Moll-Fuge des *Wohltemperierten Klaviers*, im Thema und der 10. Variation der *Aria alla maniera italiana*, sowie im Schlussteil der Sonate in D, und doch hat niemand daraus abgeleitet, dass diese Stücke nicht für Cembalo geschrieben worden wären.

Der grösste Teil des Werkes dürfte 1749 geschrieben, und von Bach noch überarbeitet und vervollständigt worden sein, eher er es zum Stechen gab. 1750 ereilte ihn in der Folge einer missglückten Augenoperation überraschend der Tod. Da alle seine erwachsenen Söhne ausserhalb Leipzigs tätig waren, konnten keine kompetenten Hinterbliebenen uns über die letzten Absichten des Meisters unterrichten. Jedenfalls wurden in diese erste Ausgabe verschiedene Nummern aufgenommen, die sich teils als Entwurf, (Nr. 10a zu Nr. 10) teils als Arrangement (Nr. 18 und Nr. 13) darstellen. Moritz Hauptmann, Wilhelm Rust und Philipp Spitta sind darüber hinaus der Meinung, dass die letzte Fuge, in der Originalausgabe als Tripelfuge bezeichnet, späterhin aber als unvollendete Quadrupelfuge angesehen wurde[246], überhaupt nicht zum Werk gehört. Welche Stellung die Kanons im Rahmen dieses riesigen Fugenwerkes hätten einnehmen sollen, bleibt uns ebenfalls ein Rätsel, da bei Bachs Tod nur die Nummern 1–11 von seiner Hand geordnet waren. Mögen über die Zugehörigkeit der sogenannten Quadrupelfugen zum Ganzen Zweifel bestehen – bei dem an sie angefügten Choral „Wenn wir in höchsten Nöthen sein" handelt es sich einwandfrei um einen Fremdkörper, den auch Schmieder mit Recht ausscheidet.

Was wir heute vor uns haben ist als *Kunst der Fuge* – Spitta glaubt nicht mit Sicherheit sagen zu können, dass dieser Titel von Bach selbst stamme – eine Einheit von 15 Fugen, in der alle Möglichkeiten des Kontrapunkts erschöpfend entwickelt wurden. Die vier Kanons können als geistvoller Anhang zum Komplex der Fugen betrachtet werden, die beiden Fugen für zwei Cembali als Bearbeitung ihrer Schwester Nr. 13, wobei letztere die erstere in allen Stimmen umgekehrt zeigt. Dabei entstehen für die ausführende Hand allerdings solche Spannungen, dass das Gleichzeitige in manchen Fällen nur äusserst schwer zu realisieren ist. Behebt die Bearbeitung dieses Fugenpaares für zwei Instrumente zwar diese Schwierigkeiten, so entsteht doch andererseits durch die Hinzufügung einer vierten Stimme (für die vierte verfügbare Hand) ein Gebilde, das mit seinem Vorbild nicht mehr identisch ist, und auch keine Fuge im strengen Sinne zeigt. Gewiss liefert uns Bach hier ein Meisterstück seiner aussergewöhnlichen Geschicklichkeit für derartige Einrichtungen, aber es ist nicht zu übersehen, dass durch die Hinzufügung eines zweiten Instrumentes dieses Fugenpaar aus dem einheitlichen Rahmen der 14 anderen Fugen fällt, die ja die eigentliche *Kunst der Fuge* umfassen.

Die vorliegende Aufnahme hält sich in der Reihenfolge der einzelnen Stücke an die „Originalausgabe", die die Kontrapunkte 1–11 in der Ordnung ihres Autors wiedergibt. Die Nr. 10a ist aus den bereits erklärten Gründen ausgeschieden worden, während die Kanons, das Arrangement des zweiten Spiegelfugenpaares und die unvollendete Fuge „a tre soggetti", heute als Quadrupelfuge bezeichnet, jedoch ohne den genannten, völlig wesensfremden Choral, den Abschluss bilden. Obwohl viele Versuche unternommen worden waren, die einzelnen Fugen und Kanons, von Bach selbst Kontrapunkte genannt, anders zu reihen, so haben sie doch keine Ergebnisse gebracht, die als logisch zwingender anzusehen wären.

2.3. Sämtliche Werke für Clavicembalo I: *Das Wohltemperierte Klavier I*

„Warum hat Bach wohl seine aus allen 24 Tönen gesetzten Präludien und Fugen die *Kunst der Temperatur (das wohltemperirte Clavier)* betitelt?"

Diese Frage stellt Marpurg 1776 am Ende seines Buches „Ueber die musikalische Temperatur", nachdem er 213 Seiten hindurch mathematische Berechnungen angestellt hat. Er stellt die Frage in der sicheren Annahme, dass er und seine Leser jetzt genau wissen, warum Bach diesen Titel wählte; sie haben durch diese Berechnungen die Erkenntnis gewonnen, dass man sein Klavier weder rein, noch ungleich schwebend, sondern unbedingt gleich schwebend, das heisst, *wohltemperiert* stimmen müsse.

Es ist durchaus keine Schande für den modernen Menschen, wenn er sich unter all diesen Worten gar nichts mehr vorstellen kann. Ja, es ist nur selbstverständlich, dass er gar nichts davon ahnt, dass Bach diesen Titel deshalb für sein Werk wählte, weil er damit die Ueberwindung eines grossen Problems unter Beweis stellen wollte.

Für uns gibt es dieses Problem einfach nicht mehr. Wir lassen den Klavierstimmer zu unserem „verstimmten" Klavier kommen und in einer Stunde ist es wieder „gut gestimmt", ohne dass wir ihm die geringste Anweisung geben müssen. Es gibt hier heute eben eine Norm, an die man sich in Kopenhagen so gut hält wie in Cincinnati! Was soll es hier für Schwierigkeiten geben?

Bach hat noch auf vielen Instrumente musiziert, die für unsere Ohren sehr schlecht gestimmt waren und dies nicht etwa deshalb, weil der Stimmer, meist der Musiker selbst, ungeübt oder ungeschickt war. Nein, die grössten Musiker wussten nicht recht, wie man ein Instrument richtig stimmen sollte und viele musiktheoretische Schlachten mussten erst ausgefochten werden, ehe das wohltemperierte Klavier tatsächlich erklingen konnte.

Ganz ohne Physik werden wir dieser Frage nicht beikommen können, aber vielleicht gelingt es uns, ohne zuerst 213 Seiten hindurch Rechenaufgaben lösen zu müssen!

Das grosse Problem begegnete uns einmal in der Schule als „physikalische Akustik". Einige Formeln wurden auf die Schultafel geschrieben und in wenigen Stunden ein Jahrhunderte währendes Suchen und Forschen für uns Kinder „zusammenfassend" dargestellt.

Uns dünkte dies alles höchst unnötig. Und die physikalische Akustik gehörte durchaus nicht zu den Annehmlichkeiten unserer Jugend!

Trotzdem umgibt sie uns auf Schritt und Tritt. Wenn wir daheim musizieren, wenn wir ein Konzert hören, ist sie es, der wir alle Musik verdanken und wenn sich die Lichter des Opernhauses langsam verdunkeln, erfüllt sie den Raum mit dem ersten Ton!

Dieser erste Ton! Auch wenn wir einen Platz haben, von dem wir nicht ins Orchester sehen können, so erkennen wir doch gleich, ob es die Geigen oder die Hörner sind, von denen dieser erste

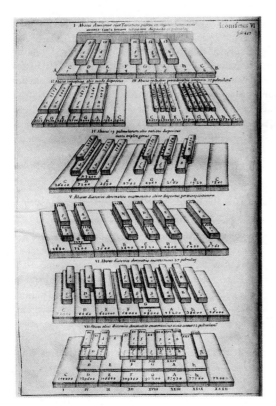

Abb. 2 Klaviaturen, Kircher: Musurgia

Ton kommt! Wir erkennen eben die Klangfarbe unserer Musikinstrumente. Wie ist das eigentlich möglich? Was ist es, das dem Instrument seine Klangfarbe verleiht?

Jeder Ton, den wir hören, besteht in Wahrheit aus einer ganzen Reihe von Tönen, die gegen die Höhe zu sich ins Unhörbare verliert. Das ist die Reihe der Obertöne. Sie sind nicht alle gleich kräftig; manchmal tritt der eine, manchmal der andere stärker hervor. Jedes Instrument wählt sich aus den Obertönen einige Lieblinge, bringt diese stärker und vernachlässigt dafür andere. Die Violine unterscheidet sich von der Trompete im Klange nur durch diese verschiedenartige Auswahl der Obertöne. Ihnen verdanken wir also die Klangfarben aller unserer Instrumente.

Diese Obertöne sind nun nicht willkürlich angeordnet, sondern stehen in bestimmten Intervallen zueinander, die die Grundintervalle unserer Musik sind: Oktave, Quint, Quart, Terz und Sekunde.

Diese Intervalle kommen in den Obertönen jedes Tones vor, sie treten auf der ganzen Welt gleich auf und sie waren schon da, ehe die ersten Menschen auf der Erde erschienen. Sie folgen einem Naturgesetz.

Dieses Naturgesetz umschliesst aber noch eine Tatsache, die uns sehr zu denken geben muss. Die ersten Obertöne ergaben einen Dur-Dreiklang! Dieser Dur-Dreiklang ist also nicht eine Erfindung unserer „klassischen" Musik, sondern er existiert seit dem Bestande der Welt – mehr oder weniger deutlich hörbar – in jedem klingenden Ton! Unser Musiksystem ist also in seiner Dreiklangs-Gebundenheit nichts weniger als zufällig!

Sänger und Streicher, also alle jene Musiker, die sich im Augenblicke des Musizierens ihren Ton selber bilden, musizieren ganz von selbst nach den Verhältnissen der Obertonreihe. Sie musizieren in einer von der Natur gegebenen Stimmung und wir nennen diese die reine.

Alle Tasteninstrumente, die Orgel, das Cembalo und das Clavichord, die dem Musiker jeden Ton in bestimmter Tonhöhe darbieten, waren ursprünglich auch rein gestimmt, das heisst, man wählte einen Grundton, meist war es das C, und stimmte dann nach dessen Obertönen die C-Dur Tonleiter rein ein. Das klang sehr schön, solange in C-Dur musiziert wurde. Welche Enttäuschung aber musste ein Musiker erleben, wenn er den Versuch machte, ein wenig auf einem solchen Tasteninstrument zu modulieren. Kaum hatte er die Grundtonart, in der seine Orgel gestimmt war durch Modulation ein wenig verlassen und war etwa von C-Dur nach Es-Dur geraten, erklangen so schauerliche Töne, wie sie in ihrer Unreinheit höchstens ein Geigenschüler in den ersten Wochen des Unterrichts hervorzubringen imstande ist! Denn der Organist hatte ja beim Stimmen seines Instruments alle Töne auf den Grundton C und dessen Obertöne bezogen und nun mussten alle Intervalle ganz falsch klingen, wenn man sie plötzlich einem anderen Grundtone zuordnen wollte. Daraus erklärt sich – rein vom Instrument gesehen – das geringe Modulieren der europäischen Musik bis zum Beginn des 18. Jahrhunderts.

Die Musiker wollten ihre Musik immer abwechslungsreicher gestalten, sie sehnten sich nach erweiterten Möglichkeiten, aber die Instrumente boten scheinbar unübersteigliche Hindernisse. Fast hundert Jahre hindurch suchte man auf einem falschen Wege. Man dachte das Problem dadurch zu lösen, dass man daran ging, für jede Tonart eine eigene Klaviatur zu bauen!

Man teilte jeder Taste eine eigene Saite oder Pfeife zu und stimmte jede solche Klaviatur in einer bestimmten Tonart rein ein, also nach den Obertonverhältnissen ihres Grundtones. Natürlich war man sich darüber klar, dass kein Mensch auf 24 Klaviaturen zugleich hätte spielen können. Man versuchte es mit den verschiedensten Kompromissen. Kircher gibt uns 1650 in seinem Werke „Musurgia" nicht weniger als 9 solcher verschiedener Klaviaturen in wunderschönen Abbildungen. Nach diesen Methoden wurden sicher nur sehr wenige Instrumente gebaut, denn ihre Herstellung war sehr teuer und schwierig. Wer hätte schliesslich auch richtig darauf spielen sollen?

Es ist ergreifend, die unablässig forschenden Bemühungen dieser Musiktheoretiker zu verfolgen und sie auf jenen Irrwegen zu begleiten, die für sie unsere 24 Tonarten noch bedeuteten, die uns heute so selbstverständlich erscheinen.

Als man eingesehen hatte, dass man dieses Problems von der Seite des Instrumentenbaues nicht Herr werden konnte, suchte man durch komplizierte mathematische Berechnungen nach neuen Intervallen, die von den naturgegebenen der Obertöne etwas abwichen, um wenigstens in nahe verwandten Tonarten erträglich musizieren zu können. Diese Versuche mit ungleich schwebenden Temperaturen reichen von der Mitte des 17. bis zum Beginn des 19. Jahrhunderts. Lange noch wurden die meisten Orgeln, Cembali und Klaviere auf diese Weise gestimmt, obwohl dem Organisten zu Halberstadt, Andreas Werkmeister[247] 1691 eine geistige Tat von revolutionärer Bedeutung in der Richtung einer Lösung dieses hochwichtigen Problems gelungen war!

Sie machte diesen Mann, eine Bauernsohn, zum wahren Ahnherrn unserer ganzen klassischen und modernen Musik. Weder die Jupiter Symphonie noch der Tristan, weder der Donauwalzer noch der Be-Bop sind ohne ihn denkbar!

Was aber war die geniale Idee jenes alten Organisten? Er sagte sich von der hergebrachten Vorstellung los, versuchte nicht, ein Instrument zu schaffen, das alle 24 Tonarten rein wiedergeben konnte. Er verfuhr wie Columbus mit seinem Ei. Statt das Instrument zu ändern, änderte er die Intervalle. Er sagte sich vom Naturgesetz los, hielt sich nicht mehr an die Obertöne, sondern teilte die Oktave in 12 gleiche Halbtöne. Da nun kein Ton des Instrumentes mehr auf einen bestimmten Grundton bezogen war, liess sich jeder Ton in jeder Tonart gut verwenden, Nun konnte er auf einer einzigen Klaviatur in alle Tonarten modulieren. Nirgends mehr gebot der Misston eines zu kleinen oder zu grossen Intervalls der Verwendung sämtlicher Tonarten ein gebieterisches Halt. Werkmeister benannte seine Schrift die „Musikalische Temperatur, oder deutlicher mathematischer Unterricht, wie man ein Clavier wohltemperirt stimmen kann".

Was aber bedeutet Temperatur? Im Lateinischen: Mäßigung. Dieser Begriff erklärt uns auch das Vorgehen Werkmeisters am besten und er tat ganz recht, dieses Wort zu wählen. Er mässigte manche Intervalle, vor allem die Schärfe der reinen Quint um ein weniges und erhielt auf diese Art jene so lange gesuchten gleichen Halbtöne.

Jetzt verstehen wir auch den Titel *Das wohltemperierte Clavier*. Bach hat in dieser Form einer Ehrenpflicht Genüge geleistet. Indem er sich des gleichen Wortlautes wie Werkmeister in diesem Titel bedient, hat er für alle Zeiten jenem Manne, der ihm das theoretische und praktische Rüstzeug für eines seiner bedeutendsten Werke, ja für seine ganze Musik an die Hand gegeben hat, seinen Dank in der vornehmsten Art und Weise abgestattet.

Die Idee Werkmeisters eröffnete auf dem Gebiet der Harmonik ungeahnte Möglichkeiten, aber die abendländische Musik hat für diese umfassende Erweiterung auch einen schweren Preis gezahlt. Alle jene feinen Spannungsverhältnisse und Zielstrebigkeiten, die in einer naturreinen Stimmung ganz von selbst immer wirksam waren, büssten an Intensität ein. Eine Nivellierung ohne Beispiel, eine Gleichschaltung oder Proletarisierung aller Töne aller Tonleitern war über Nacht Wirklichkeit geworden.

Die Musik des 20. Jahrhunderts hat schliesslich die letzten Konsequenzen gezogen. Sie leugnet die funktionelle Bedeutung der Quint und lehnt auch den bisher für die abendländische Musik richtungsweisenden Dreiklang ab, denn alle diese Bevorzugungen einzelner Stufen oder bestimmter Tonverbindungen beruhen nur auf der Tatsache, dass diese Intervalle in den Obertönen ihre naturgesetzliche Bestätigung finden. Wenn man sich aber einer Tonleiter bedient, die alle naturgesetzlichen Gegebenheiten auslöscht, muss die Lösung von der Dreiklangsbindung ganz logisch erfolgen. Es bleibt verwunderlich, dass die Musiker noch mehr als zwei Jahrhunderte gebraucht haben, ehe sie in ihrer Musik den von Werkmeister gedanklich vorbereiteten Schritt tatsächlich wagten. Ob diese Loslösung von uralten Bindungen, die rein erkenntnistheoretisch schon für Bach möglich gewesen wäre, für die abendländische Musik Entwicklung oder Ende bedeuten wird, müssen die kommenden Jahrhunderte entscheiden.

Die wohltemperierte Stimmung setzte sich nur langsam durch. Einige fortschrittliche Musiker begannen schon um 1700, sich die Errungenschaft Werkmeisters für ihre Kompositionen dienstbar zu machen. 1702 erscheint von J. Ph. Treiber eine „Sonderbare Invention, eine einzige Arie aus allen Tönen und Akkorden zu komponieren". 1711 gibt Heinichen ein „Kleines harmonisches Labyrinth" heraus, das Kompositionen aus allen Tonarten zu enthalten verspricht, aber vier fehlen noch. Er sagt dazu: „in H-Dur und As-Dur pflegt man selten Stücke zu setzen, in Fis-Dur und Cis-Dur niemals". Ganz folgerichtig gehen nur Kirchhof („Musikalisches ABC") und Suppig vor. Dessen „Labyrinthus musicus, bestehend in einer Phantasie durch alle Tonos, nämlich durch 12 duros und 12 mollos, kann sowohl auf dem Clavicimbel ohne Pedal, als auch auf Orgeln mit Pedal gespielt werden" und erschien 1722, im gleichen Jahr, in dem Bach den ersten Teil des *Wohltemperierten Klaviers* schrieb.

Bach hat also Vorgänger gehabt, aber sein Werk war die Krönung eines fast ein Jahrhundert andauernden Ringens geworden. Wir dürfen es getrost als den grandiosen Schnittpunkt zwischen „alter" und „neuer" Musik betrachten. Es ist gleichzeitig Ende und Anfang.

Aber wie grossartig hat Bach die neuen Möglichkeiten zu nützen gewusst, ohne auch nur eine einzige Errungenschaft der vergangenen Jahrhunderte opfern zu müssen! Hier mag ihm allerdings die tägliche Musikübung zu Hilfe gekommen sein. Wohl hat er in seiner Jugend noch mit den verschiedensten ungleich schwebenden Temperaturen musizieren müssen. War er doch gerade sechs Jahre alt, als Werkmeisters Schrift erschien und noch lange später wussten die wenigsten Musiker von der gleichschwebenden Temperatur. Aber in jener Zeit des Überganges eilte die Praxis vielleicht an manchen Orten der Theorie voraus. Es darf als sicher angenommen werden, dass man schon in der täglichen Übung sein Instrument zu stimmen, gewohnt war, überall ein bisschen nachzuhelfen, damit man auch ein wenig modulieren könne. Alles dies aber blieb dem Zufall überlassen und wenn ein Musiker jener Zeit zu einer ihm unbekannten Orgel trat, oder sich an ein Cembalo setzte, das er nicht vorher selbst gestimmt hatte, konnte er erfreuliche oder auch unangenehme Erfahrungen machen. Manchmal musste er auf den Gebrauch einer Tonart ganz verzichten, ein andermal erlaubte ihm das Instrument einen musikalischen Gedanken, den er bisher noch gar nicht auszusprechen gewagt hatte.

Die Einführung der wohltemperierten Stimmung gleicht in mancher Hinsicht der Entdeckung der Atomenergie. In der Musik wurden jedoch die aufbauenden Kräfte des neuen Prinzips zuerst wirksam, ehe den – vielleicht! – zerstörenden gestattet wurde, zwei Jahrhunderte später auf den Plan zu treten.

Welch ein ungeheures Unterfangen Bachs Werk zu Zeit seiner Entstehung darstellte, möge uns Mattheson sagen, der 1719 schreibt: „Ich vermute mir ganz gewiss, dass nach etlichen hundert Jahren, wenn der jüngste Tag es nicht verhindert, die Musici das Cis-Dur und das cis-moll ebenso leicht tractiren werden als unsere Dorforganisten das C-Dur."

Er hatte nicht mit dem bahnbrechenden Geiste Bachs gerechnet. Nicht etliche hundert Jahre vergingen, nein, drei Jahre später war seine Prophezeiung schon erfüllt: Die beiden Fugen, die fröhliche Cis-Dur und die gewaltige cis-moll waren entstanden!

Nehmen wir nun Abschied von einem der tiefsten und bedeutungsvollsten Probleme unserer Musik. Wir wissen, dass diese wenigen Worte es in keiner Richtung auszuschöpfen vermochten, aber wir glauben, dass man das herrliche Werk Bachs nur dann erleben und geniessen kann, wenn man ahnt, dass es die Frucht der geistigen Hochspannung eines ganzen Jahrhunderts ist.

2.4. Sämtliche Werke für Clavicembalo II/III: *Französische Suiten*

„Capell-Meister ist an grosser Herren Höfe eine Person, welche die Musik am Hofe zu regieren hat. Von einem solchen Manne wird erfordert, dass er der lateinischen und auch der griechischen Sprache so weit mächtig sei, dass er in diesen Sprachen über die Musik geschriebene Bücher lesen und verstehen könne. Die französische und italienische Sprache soll er so beherrschen, dass er sie als ein Hofmann nicht nur perfect reden, sondern auch geschickt übersetzen könne. In der Singekunst soll er wohl erfahren sein und das Clavier, als das besondere Componisten-Werkzeug, soll ihm bei der Hand seyn. In seinen musikalischen Verrichtungen soll er unermüdete Arbeit und emsigen Fleiss bezeigen und sich sonderlich im Setzen (Komponieren) beständig üben."(Ritter-Lexicon)

Als Bach 1722 seine *Französischen Suiten* schrieb, war er bereits seit fünf Jahren Capell-Meister des Fürsten Leopold von Anhalt-Cöthen und bezog das gleiche Gehalt wie der Hofmarschall: 400 Thaler!

1694 hatte er als Neunjähriger beide Eltern verloren und war ein bettelarmer Waisenknabe gewesen. Er kam aus einem bescheidenen bürgerlichen Hause: der Vater war ein Stadtmusikant, die Mutter eines kleinen Kürschners Tochter gewesen. Wie hatte der junge Musiker ohne jedes Vermögen, ohne Hilfe, ohne Unterstützung in den Besitz all jener Kenntnisse gelangen können, die von einem fürstlichen Kapellmeister gefordert wurden? Ein glücklicher Zufall hat hier geholfen.

Nach dem Tode der Eltern fand Sebastian bei seinem ältesten Bruder Johann Christoph, dem Organisten in Ohrdruf, Zuflucht. Er besuchte dort die Lateinschule der kleinen Stadt und erhielt Musikunterricht. Die Familie seines Bruders hatte sich vergrössert, für ihn war kein Platz mehr. Sebastian besass kein Bargeld, seine Ausbildung als Musiker war ebensowenig abgeschlossen wie seine Schulbildung. Auf den ersten Blick eine hoffnungslose Situation.

Aber ein grosses Kapital war sein: Seine „ungemein schöne Sopranstimme"! Deshalb gab ihm der Ohrdrufer Kantor Herda eine Empfehlung an das reiche Michaeliskloster in Lüneburg, damit er dort in den Mettenchor aufgenommen würde. Voll Vertrauen wanderte er los, 300 km zu Fuss nach Lüneburg. Er sang vor und wurde sogleich als Diskant (Sopran) in den Chor eingereiht. Damit hatte er aber die Vergünstigung des freien Unterrichtes an der dem Kloster angegliederten Lateinschule bis zum Abschluss der Prima, freie Unterkunft, freie Verpflegung und sogar ein kleines Taschengeld gewonnen. Auch der sicherlich bald eingetretene Stimmbruch konnte ihn nicht mehr brotlos machen: als Orgel- und Violinspieler wurde er gerne behalten. Er hatte somit für die nächsten Jahre ausgesorgt und konnte sich ganz seiner Ausbildung widmen.

Das Michaeliskloster beherbergte aber – streng getrennt vom bürgerlichen Schulbetriebe – auch noch eine adelige Ritterakademie. Ihr Lehrplan unterschied sich gar sehr von dem der Lateinschule. Hauptgegenstand war der Tanz! Daneben hatten die französische Sprache, Latein, Ethik, Politik und schliesslich Fechten und Reiten eine Bedeutung.

Die bürgerlichen Schüler hatten mit den Adeligen keinen Kontakt, ausser ein Bürgerlicher verdingte sich als „Famulus" bei einem Adeligen, ersetzte ihm einen Diener, putzte seine Schuhe und erledigte seine Besorgungen. Bach war kein Famulus und trotzdem fand er eine Verbindung zur Ritterakademie. Der wichtigste Lehrer der Ritterakademie, der berühmte Tanzmeister Thomas de la Selle, wurde auf die musikalischen Fähigkeiten des Studenten aufmerksam. Diesem Mann verdankt Bach in allererster Linie seine umfassende Kenntnis der französischen Gesellschaftsmusik. Dieser gab ihm auch Gelegenheit, die ausgezeichnete französische Kapelle des Herzogs von Celle zu hören. Im täglichen Umgange mit all diesen Franzosen lernte er französisch sprechen, denn der Tanzmeister verstand wohl kaum ein deutsches Wort!

Mehr als drei Jahre blieb Bach in Lüneburg, atmete diese von kirchlichen, wissenschaftlichen und weltmännischen Strömungen durchpulste Atmosphäre und reifte in ihr zu einem Musiker von ungewöhnlicher, fast universeller Bildung, wie sie in ähnlicher Fülle weder Haydn, noch Mozart oder Beethoven jemals zu Gebote stand.

Das Bachbild, das sich in das Bewusstsein der Millionen Herzen eingegraben hat, die ihn heute verehren, ist der einsame, verbitterte Thomaskantor der letzten Leipziger Jahre. Aber *der* Bach, der jung und erfolgreich, von seinem Fürsten geliebt und bestens belohnt, den fröhlichen Glanz all der Suitenwerke, all seiner Kammermusik schuf, das war ein ganz Anderer! Seine Couranten, Allemanden und Menuette ruhen auf den Tänzen seiner Zeit. Wohl hat man kaum jemals nach ihnen getanzt, aber sie entfernen sich nicht weit vom wirklichen Tanze. Formal und rhythmisch erfüllen sie alle Ansprüche, die ein verwöhnter Tänzer nur an eine geistreiche und brillante Tanzmusik stellen konnte, so wie es Bach von de la Selle gelernt hatte.

Welch eine ewige Kraft aber vermochte Bach seinen Werken zu verleihen: denn was gibt es sonst flüchtigeres als die Mode des Tanzes und wie sehr können wir uns heute noch an seiner Tanzmusik erfreuen, obwohl die Tänze längst vergessen und verschwunden sind. Die Musik aber ist nicht verklungen!

2.5. Sämtliche Werke für Clavicembalo II/III: 20 kleinen Präludien

Wenn ein Mensch der Gegenwart die Wohnung Bachs vor mehr als 200 Jahren betreten hätte, wäre er sicher auf den Gedanken gekommen, in einem Museum, oder doch bei einem grossen Instrumentensammler zu Gaste zu sein. Zwei Violinen, ein Violino piccolo, drei Bratschen, ein Bassettgen, zwei Violoncelli, eine Gambe, eine Laute hingen an den Wänden oder lagen auf den Tischen. Nicht weniger als fünf Cembali und zwei „Lautenwerke" füllten die Räume. Eines der Cembali besass sogar noch ein Pedal, das heisst, es stand auf einem am Boden liegenden anderen Cembalo, dessen grosse Tasten mit den Füssen gespielt werden konnten wie ein Orgelpedal.

Alle diese Instrumente dienten der täglichen Musik und man kann sich leicht vorstellen, welchen Eindruck der gewaltige Musiker auf seine Kinder ausübte, wenn er das grosse Cembalo mit dem Pedal spielte! Solche Instrumente waren damals weit verbreitet und jeder Organist versuchte, ein solches zu besitzen. Um wie viel angenehmer übte es sich doch daheim, als auf der Orgel in der kalten Kirche!

1719 war der kleine Wilhelm Friedemann, Bachs ältester Sohn, schliesslich neun Jahr alt geworden. Er wäre kein Kind gewesen, wenn er nicht oft schon versucht hätte, all diesen Instrumenten ein paar Töne zu entlocken. Endlich, am 22. Jänner 1720 beginnt der Vater den regelmässigen Unterricht und legt für den Jungen ein „Klavierbüchlein" an. Zuerst trägt er einfache Bemerkungen über den Fingersatz und über die Manieren (Verzierungen) ein, und während des Unterrichtes schreibt er ihm 9 dieser kleinen Präludien in das Heft. Das neunte blieb unvollendet, vielleicht erhielt die Unterrichtsstunde eine unvorhergesehene Unterbrechung. Natürlich wollte der Bub auch gleich – wie der Vater – mit den Füssen spielen! Bach richtete nun den Bass mancher dieser kleinen Stücke so ein, dass sie auch ein Kind ohne grosse Mühe am Pedal spielen konnte. Erst in dieser Form erhält manches dieser kleinen Präludien seine schönste Gestalt.

Welch ein Lehrer muss Bach seinem Sohn gewesen sein, wenn er schon vier Jahre später für den Dreizehnjährigen die sechs Triosonaten für Pedalcembalo als Übungsstücke schreiben konnte, die heute meist auf der Orgel gespielt werden und den höchsten Gipfel aller Orgelkunst bedeuten!

Ein wenig ist uns von diesem Unterricht überliefert. Forkel, dem wir die erste Bachbiographie danken, holte sich seine Nachrichten von den noch lebenden Schülern, vor allem aber von dem Sohne Carl Philipp Emanuel. Hören wir ihn: „Ich will zuerst etwas über den Unterricht im Spielen sagen. Das erste, was er hierbey that, war seine Schüler die ihm eigene Art des Anschlags zu lehren. Unter einige Monathen konnte keiner von diesen Uebungen loskommen, und seiner Ueberzeugung nach hätten sie wenigstens 6–12 Monathe lang fortgesetzt werden müssen. Fand sich aber, dass irgendeinem derselben nach einigen Monathen die Geduld ausgehen sollte, so war er so gefällig, kleine zusammenhängende Stücke vorzuschreiben, worin jene Uebungssätze in Verbindung gebracht waren. Von dieser Art sind die sechs kleinen Präludien (in der Lichnowsky'schen Handschrift) für Anfänger. Diese schrieb er in den Stunden des Unterrichts selbst nieder, und nahm dabey bloss auf das gegenwärtige Bedürfniss des Schülers Rücksicht. In der Folge hatte er sie aber in schöne, ausdrucksvolle kleine Kunstwerke umgeschaffen. Mit dieser Fingerübung entweder in einzelnen Sätzen oder in den dazu eingerichteten kleinen Stükken war die Uebung aller Manieren (Verzierungen) in beyden Händen verbunden".

„Hierauf führte er seine Schüler sogleich an seine eigenen grösseren Arbeiten, an welchen sie, wie er recht gut wusste, ihre Kräfte am besten üben konnten. Um ihnen die Schwierigkeiten zu erleichtern bediente er sich eines vortrefflichen Mittels: er spielte ihnen das Stück, welches sie einüben sollten, selbst erst im Zusammenhange vor und sagte dann: ‚So muss es klingen'. Dem Schüler schwebte dadurch ein Ideal vor, welches den Fingern die Schwierigkeiten erleichterte, und mancher junge Clavierspieler, der kaum nach Jahren einen Sinn in ein solches Stück zu bringen weiss, würde es vielleicht in einem Monath recht gut gelernt haben, wenn es ihm nur ein einziges Mahl in gehöriger Vollkommenheit vorgespielt worden wäre."

„Endlich durften seine Schüler, solange sie unter seiner musikalischen Aufsicht standen, ausser seinen eigenen Kompositionen nichts als klassische Kunstwerke studiren und kennen lernen. Der Verstand, durch welchen das wahre Gute erst erkannt wird entwickelt sich später als das Gefühl, nicht zu gedenken, dass auch der Verstand durch häufige Beschäftigung mit unechter Kunst irre gemacht und verwöhnt werden kann. Gewöhnung an das Gute ist daher die beste Lehrart für die Jugend".

Und der Erfolg hat die Methode des großen Lehrers Bach bestätigt. Seine vier Söhne galten als die größten Orgelspieler der Welt und holten sich in Mailand, London, Hamburg und anderen Orten jenen internationalen Ruhm, den Bach selbst nie gesucht hat.

2.6. Sämtliche Werke für Clavicembalo IV: Die sechs *Englischen Suiten*

1. Prélude – Allemande – Courante 1, Courante 2 – Double 1, Double 2 – Sarabande – Bourrée 1, Bourrée 2, Bourrée 1 da capo – Gigue
2. Prélude – Allemande – Courante – Sarabande – Bourrée I, Bourrée II, Bourrée I da capo – Gigue
3. Prélude – Allemande – Courante – Sarabande – Gavotte I, Gavotte II, Gavotte I da capo – Gigue
4. Prélude – Allemande – Courante – Sarabande – Menuet I, Menuet II, Menuet I da capo – Gigue
5. Prélude – Allemande – Courante – Sarabande – Passepied I, Passepied II, Passepied I da capo – Gigue
6. Prélude – Allemande – Courante – Sarabande – Double – Gavotte I (La Musette), Gavotte II, Gavotte I da capo – Gigue

In Wien sagte man oft: Wer keinen Walzer tanzen kann, der kann ihn auch nicht musizieren. Diese Feststellung ist vollkommen richtig. Wie häufig kann man eine Musik im Dreivierteltakt hören, die gar nichts mit einem Walzer zu tun hat, obwohl sie so genannt wird. Nur die Kenntnis der Bewegung, des Schrittes, der Drehung, die aus dem körperlichen Gefühl entstanden sein muss, vermittelt jenen musikalischen Akzent, der den eigentlichen Walzer ausmacht. Es handelt sich um eine rhythmische Finesse, um das winzige Zuspätkommen („Vorhauen") des zweiten Viertels, welche Verschiebung im Takt durch ein ebenso geringes Zuspätkommen des dritten Viertels wieder wettgemacht wird. Diese kleine Nuance, von deren richtiger Ausführung der eigentliche Charakter des Walzers abhängt, ist in unserer Notenschrift nicht ausdrückbar. Der Walzer blickt schon auf ein recht ansehnliches Alter zurück, aber noch gibt es viele Menschen, die ihn zu tanzen wissen und so kann man für die nächsten Jahrzehnte annehmen, dass der richtige Walzer erhalten bleiben wird. Welcher moderne Musiker aber, der eine Suite des Barocks interpretieren soll, kennt die Tänze, für die sie geschrieben wurde?

Die musikalische Intuition kann hier nicht helfen.

Aber gibt es denn überhaupt noch Möglichkeiten, die Tänze des Barocks in ihrer ursprünglichen Gestalt kennen zu lernen?

Der systematische Geist des 17. Jahrhunderts schuf Lehrbücher, in denen der Ablauf der Bewegung mit wissenschaftlicher Gründlichkeit festgehalten wurde. Feuillets „Choréographie ou l'Art d'écrire la Danse" begnügte sich nicht mehr mit der bisher üblichen Beschreibung der Schritte und Figuren, sondern führte ein System der graphischen Aufzeichnung aller Tänze ein. Um von solchen Tanzschriften eine Vorstellung zu geben, haben wir eine Seite aus der Encyclopédie Française[248] wiedergegeben.

Die Entzifferung einer Tanzschrift ist natürlich immer erst möglich, wenn man die Bedeutung der Zeichen kennt. Aber die alten Tanzlehrer haben nichts versäumt. Es existieren Beschreibungen aller damals gebräuchlichen Tanzschritte, und Tauberts „Rechtschaffener Tanzmeister", erschienen 1717 in Leipzig, bietet uns auf seinen 1176 Seiten ein wahres Kompendium der Tanzkunst seiner Zeit.

Sehr kurze und anschauliche Darstellungen finden wir in Valentin Trichters „Curieusen Reit-, Jagd-, Fecht-, Tanz- oder Ritter-Exercitien Lexicon" (1742) z. B. „Der Contretems à trois sautés" wird verrichtet mit zwei Schritten, so in drei Sprüngen in zwey Drey-Viertel-Tacten bewerckstelliget werden. Man beuget im Auftacte beyde Knie, hüpft in dem ersten Viertel auf dem lincken

Fusse sanft und gelinde in die Höhe, und avanciret zugleich im Strecken mit dem marschirenden rechten über der Erde, hält ihn vorne in dem zweyten Viertel in der Luft stille, setzet ihn in dem dritten Viertel steif nieder und beuget; hüpfet in den beyden ersten Vierteln des zweyten Drey-Viertel-Tactes auf dem rechten, battiret zugleich hinten mit dem lincken vom Fusse, springet in dem letzten Viertel auf dem lincken das Pas jetté vorwerts und fället, um der Connexion willen, flugs wieder darauf in die halbe Coupé. Geschehen also in dem zweyten Tacte zwey Sprünge, mit den rechten und lincken Beine nach einander, und werden über dem ersten Sprunge zwey Viertel-Noten, über dem zweyten aber nur ein Viertel zugebracht".

Alle diese Schritte und ihre nicht einfachen Kombinationen werden genau der Musik angepasst. Immer wieder lernen wir, dass „der Scholar in der Tantzkunst die Music verstehen müsse, damit er bei der metrischen Execution die Cadenz, als welche gleichsam die Seele bei dem Tantzen ist, desto besser hören und halten könne". Die meisten dieser Schritte waren in unzähligen Veränderungen bekannt; die einfache Coupé – einer der sechs Grundschritte – brachte es sogar auf 106! Zugleich wurde die grösste Aufmerksamkeit den Bewegungen der Arme und Hände gewidmet. Das „Arm-Tragen (Porte les bras) ist der allerschönste Zierrath und Schmuck des menschlichen Leibes". Die Beschreibung des „Porte les Bras" umfasst im „Ritter-Lexicon" einige Seiten und regelt die Bewegungen bis zum Abstand der Finger voneinander.

Nun kann man die überragende Stellung des Tanzmeisters im 17. und 18. Jahrhundert erst richtig begreifen. An Universitäten und Ritterakademien war der Tanzlehrer gewöhnlich der am höchsten Besoldete des ganzen Professorenkollegiums und seine Vorlesungen galten mehr als die Vorlesungen über alte Sprachen, Mathematik und Philosophie. Unsummen wurden für die Erlernung der Tanzkunst ausgegeben und viele Kavaliere machten es wie Louis XIV, der durch zwanzig Jahre hindurch täglich Tanzstunde nahm, um sich im *Menuet* immer weiter zu vervollkommnen. Aber lohnte sich denn die Erlernung aller dieser Finessen? Konnte man nicht auch mit einfacheren Mitteln am allgemeinen Tanzvergnügen teilnehmen?

Hier muss man sich eines besonderen Umstandes bewusst werden. Für uns bedeutet „Ball" ungefähr „Gewühl und Gedränge vieler tanzender Menschen auf engem Raume". Die Tanzpaare behindern sich gegenseitig und niemand kann die einzelnen Bewegungen genau unterscheiden. Der Barock hingegen bevorzugte den Einzeltanz, den Tanz eines einzigen Paares, dem die übrige Gesellschaft zusah.

Nun verstehen wir, warum jeder Einzelheit solche Bedeutung beigemessen wurde; wir verstehen auch, wie notwendig es war, den Tanz wirklich zu beherrschen. Musste ein Tanzpaar doch damit rechnen, dass es vor hunderten von Zuschauern seine Kunst beweisen musste. Deshalb forderte das „Ritter Lexicon" auch vom Tanzmeister, dass er zuweilen „mit honetter Leute Kinder einen Ball aufstellen musste, damit die Scholaren dasjenige, was sie privatim bei ihm gelernet, in Compagnie ausüben und dazu behertzt und unerschrocken vor ansehnlicher Gesellschaft zu tantzen werden mögen".

Dabei machte die rein technische Beherrschung der Schritte noch keinen guten Tänzer. Erst Anmut und Leichtigkeit der Ausführung ließ eine Leistung beachtenswert erscheinen. Das „Air" war gefordert, die „Artigkeit, das wohlanständige Wesen; dieses Air ist dasjenige, was den Ausschlag bei dem Tänzer giebet, und aller Augen und Gemüther an sich ziehet".

Hatte ein Tänzer alle diese Anforderungen erfüllt, dann musste er nach der nächsten Stufe der Vollendung streben. Er musste beginnen, die Tanzschritte zu verändern. 1762 sagte Lange: „Denn gleichwie ein guter Musicus die Manieren (Verzierungen), die nicht bemerkt (auskomponiert) sind zu spielen weiß; also versteht auch ein geschickter Tänzer seine starcken Wendungen, Cabriolen und Manieren zu gehöriger Zeit anzubringen". Der Tänzer unterlag also dem gleichen Gesetz wie der Instrumental- oder Gesangsvirtuose: man erwartete von ihm, dass er die regelrechte Ausführung eines Tanzes noch durch kleine Sprünge, Battements von eigener Erfindung genauso verzierte, wie es der Musiker mit Mordenten und Prallern tat, die in der Partitur ebensowenig eingezeichnet waren, als diese Sprünge zu der regelrechten Erscheinung eines Tanzes gehörten.

Wollte jemand aber als ein Meister der Tanzkunst gelten, musste er auch noch eine weitere Stufe erklimmen: „Die Caprice tantzen ist der höchste Grad in der Tanzkunst. Dieses aber heißet nicht ohne Vernunft herum springen, sondern wie ein Redner ex tempore eine Rede, als wenn sie nach allen Regeln der Beredsamkeit wohl abgefasset wäre, hält, also nimmt ein fertiger Täntzer einen gewissen Charakter an, und tut bey Anhörung einer ihm unbekandten Melodie aus dem Stegereiffe einen Tantz so gut, als wäre er mit allem Fleiss componirt (tänzerisch einstudiert) worden. Hierzu gehören aber eine grosse Wissenschafft und Fertigkeit, eine hauptsächliche Disposition der Glieder, eine treffliche Memore (Gedächtnis) vieler Pas, ein zartes und musicalisches Gehör, eine reiffe und im Augenblick schnelle Beurtheilungs-Krafft". In der Musik entsprach dieser Forderung die freie Improvisation, die sich damals nicht mit einigen Läufen und Arpeggien begnügte. Große Meister dieser Kunst – wie Kerl[1] oder Bach – erstaunen ihre Zuhörer mit dem Vortrag ausgedehnter Fugen und Choralvariationen, Improvisationen, die man sich gar nicht im Augenblick erfunden vorstellen kann. Und wieder gipfelt die Kunstanschauung des Barocks in der konsequenten Anwendung der Rhetorik auf alle Gebieten des künstlerischen Wollens.

Aber es gab noch einen Grund, weshalb ein Kavalier den Tanzmeister sein ganzes Leben lang frequentieren musste: unaufhörlich wechselten die Tanzmoden.

Die Allemande z. B. hat im Laufe ihrer 300 jährigen Geschichte viele Veränderungen erfahren. Um 1500 scheint sie ein sehr rascher und munterer Tanz gewesen zu sein. Aber hundert Jahre später, 1603, nennt sie Louise de Coligny „voll Gravität" und geeignet, an die Stelle der Pavane zu treten, 1636 ist sie nach Mersenne – zumindest in Frankreich – als Tanz ganz aus der Mode. Sie wird nur auf Instrumenten gespielt und nicht getanzt. Ähnlich schreibt Pure 1668, dass sie mehr „Majesté du Chant" habe, als zum Tanzen hinreiße. Sie wird zu Entréen und Ouverturen verwendet und wird zum feststehenden Beginn der klassischen Barocksuite. Zur Zeit der Entstehung der Bachschen Suiten (1722–1726 in Köthen) wird die Allemande als der langsame Satz der Suite angesehen. Sie soll „ernsthafft und gravitätisch gesetzt seyn, und muss auch auf die gleiche Art executiret werden" (Walther, mus. Lexicon 1732). Das „Ritter-Lexicon" gibt einen bedeutenden Hinweis: „Allemande siehet, wenn sie *ein Tantz* seyn soll, einem Rigaudon viel ähnlicher, als einer Allemande. *In der Music* aber ist Allemanda eine auffrichtige deutsche Erfindung. Sie ist eine gebrochene, ernsthaffte und wohlausgearbeitete Harmonie, welche das Bild eines zufriedenen und vergnügten Gemüths tragen, so in guter Ordnung und Ruhe schertzet"[249]. Es gab also damals zwei verschiedene Allemanden, eine langsame, ernsthafte, die den Beginn der Instrumentalsuite bildete, und eine rasche, rigaudonähnliche, die dem Tanz diente. Aus dieser zweiten Form entwickelte sich um die Jahrhundertmitte unter dem gleichen Namen ein ganz neuer Tanz. Die schwäbische Allemande, die auch Friedrich der Große gern und ausgezeichnet tanzte, wurde allgemein modern. Ihr Kennzeichen war das Überkreuzen der Arme, wie wir es noch heute beim Neubairischen kennen. Sie hatte sogar das Taktbild geändert: Aus dem ruhigen Viervierteltakt war ein rascher Dreiviertel-, bald sogar ein Dreiachteltakt geworden. In dieser Form lässt sich die Allemande kaum mehr von Ländler trennen. Sie wurde zur unmittelbaren Ahnherrin des Walzers.

Nun verstehen wir, wie leicht es geschehen konnte, dass diese ganz verschiedenen Charaktere, die alle unter dem Namen Allemande in der Musik bekannt sind, von einer späteren Zeit nicht mehr genau getrennt und daher auch häufig unrichtig musiziert wurden. Bachs Allemanden gehören dem älteren, ernsten, kontrapunktisch reich gearbeiteten Typus an. Ihr Vortrag muss daher ernst und genügend langsam erfolgen.

Um 1800 verfiel die Tanzkunst immer mehr. Die Schritte wurden vereinfacht und das Tempo dafür gesteigert. 1794 bemerkt Vieth in seiner „Encyclopedie der Leibesübungen" diesen Prozess, ohne die wahren Zusammenhänge zu ahnen. Ueber den Tanz schrieb er: „Wer nur einiges Gefühl

Abb. 3   Feuillet: Choreographie einer Allemande

für Rhythmus hat, wird auf dem ersten besten Tanzsaal sogleich die ganz übertriebene Geschwindigkeit der Menuetten, Polonaisen, Walzer usw. fühlen. Ich weiß nicht, wie es kommt, dass dieser Geist der Uebereilung und Ueberspannung in Tanz und Musik so allgemein wird. Ein Adagio wird andante, ein Andante allegro, ein Allegro presto gespielt und die Blas- und Saiteninstrumente werden mehr und mehr in die Höhe gestimmt. Jenes wilde Umherschleudern und wilde Springen liegt unstreitig nicht im Charakter der Tänze, sondern im Charakter unserer leichten Herren und Damen". Wenn wir bedenken , dass die hier angedeutete Entwicklung sich inzwischen 150 Jahre fortgesetzt hat, ahnen wir, wie weit der moderne Musiker von der richtigen Ausführung einer Musik entfernt ist, die vor 230 Jahren für jene so komplizierten Tänze entstanden ist.

Eine Rückkehr zur tieferen Stimmung der Instrumente und eine Selbstbeherrschung in der Wahl der Tempi halten wir daher für die Wiedergabe der Bachschen Werke unerlässlich.

2.7. Sämtliche Werke für Clavicembalo V: Die sechs *Partiten*

Jene Werke, die Bach in seinen Lebzeiten drucken liess, stellen nur einen verschwindenden Bruchteil seines Gesamtwerkes dar. Für den modernen Menschen ist diese Tatsache kaum verständlich. Drängt doch jeder moderne Künstler nach der Veröffentlichung seiner Werke. Nur dann kann sein Name überhaupt bekannt werden, nur dann kann er einen Erfolg seiner Arbeit erleben.

Als Bach sich 1726 in Leipzig endlich entschloss, seine *Partiten* als Opus 1 in den Druck zu geben, war er 41 Jahre alt. Warum hat er so lange gezögert?

War ihm all das, was er vorher in Weimar und Cöthen geschrieben hatte, seine Orgelwerke, die *Englischen* und *Französischen Suiten*, das *Wohltemperierte Klavier*, die *Brandenburgischen Conzerte*, die *Violin-* und *Flötensonaten*, die *Suiten für Gambe und Violoncello*, war ihm all dies herrliche Musik für den Druck zu schlecht erschienen?

War Bach zu unbekannt oder zu wenig geschätzt, dass kein Verleger das Risiko übernehmen wollte, war er zu unbemittelt, um einen Druck auf eigene Kosten herstellen lassen zu können? Das alles trifft nicht zu. Aber es gab andere Hindernisse, die einen Komponisten zögern liessen, seine Werke drucken zu lassen. Kein Autorenrecht schützte den Komponisten oder Verleger vor einem unbefugten Nachdruck und dadurch war zu Beginn des 18. Jahrhunderts, und noch lange Zeit später jeder Druck einer Komposition ein künstlerisches und geschäftliches Wagnis ersten Ranges. Denn häufig geschah es, dass ein Werk nicht nur unbefugt nachgedruckt wurde, sondern dass dieser Nachdruck sogar noch vor dem autorisierten Druck erschien. Auf irgendwelchen Schleichwegen besorgte man sich eine Abschrift des Werkes.

Wenn diese auch mangelhaft war, wurden dennoch in fieberhafter Eile die Platten danach gestochen. Fehler wurden gar nicht korrigiert, denn wesentlich war ja nicht die Qualität und Tadellosigkeit der Ausgabe, sondern dass es gelingen musste, sie noch vor dem rechtmäßigen Drucke fertigzustellen. Dann konnte man vielleicht sogar noch die Reklame, die der Autor für sein Werk in verschiedenen Zeitungen bereits hatte erscheinen lassen, für den Verkauf des Nachdruckes ausnützen. Das Publikum kaufte diesen meist in der Meinung, das Original zu besitzen und oft erhielt er unter solchen Umständen nur eine fast unkenntliche Karikatur dessen, was der Komponist ursprünglich gewollt. Aber der Markt war für die später erscheinende gute Ausgabe verdorben und diese fand keinen Absatz mehr.

Abgesehen von dem materiellen Schaden, den Autor und Verleger dadurch erlitten, war damit auch noch immer das Risiko verbunden, zugleich seinen künstlerischen Ruf aufs Spiel zu setzen. Wer würde auch heute gerne seine Kompositionen entstellt wiedergegeben sehen?

Was mag Bach veranlasst haben, trotz all dieser Umstände die *Partiten* und nach ihnen noch andre Werke drucken zu lassen? Vielleicht hat die Atmosphäre der Stadt Leipzig eine Rolle gespielt. Der weltberühmte Buchhandel dieser Stadt kann auf Bach nicht ohne Einfluss geblieben sein. Vielleicht aber fühlte Bach in seinen Söhnen eine neue Zeit heranwachsen und wollte durch das Dokument des Druckes seine Arbeit für die Nachwelt erhalten wissen.

Der buchhändlerische Erfolg war armselig. Einen Teil der Exemplare verkaufte Bach selbst, der Restbestand kam zuerst zu Boetius und dann zu Breitkopf. 1760 werden von diesem noch in einem Katalog unverkaufte Exemplare angeboten! Trotzdem hatten die *Partiten* einen gewaltigen künstlerischen Erfolg.

2.8. Sämtliche Werke für Clavicembalo VI: *Das Wohltemperierte Klavier II*

Das Bach-Porträt

Als Bach um 1744 seine zweite Sammlung von 24 Präludien und Fugen, die unter dem Titel „*Des Wohltemperirten Claviers* 2. Theil" bekannt ist, fertig gestellt hatte, war er unbestritten der bedeutendste Musiker des damaligen Deutschlands [sic].

Das Werk war als Studienmaterial für Bachs zahlreiche Schüler entstanden. Es enthält eine Sammlung aller technischen und musikalischen Aufgaben, die ein ausgebildeter Cembalist bewältigen musste, und diente darüber hinaus auch als Grundlage für den Kompositionsunterricht. Beide Teile des *Wohltemperierten Klaviers* blieben zu Bachs Lebzeiten ungedruckt, waren aber in vielen Abschriften über ganz Deutschland verbreitet. Fast jeder seiner Schüler hatte sich eine solche angefertigt und lehrte selbst auf Grund dieses Unterrichtsmaterials. So bildete sich die „Bach'sche Schule", die durch Generationen bis heute fortwirkt. In dieser Schule ist der Unterricht auf dem Spiel der Bachschen Fugen aufgebaut; je nach Zeit und Mode trat dieses

Prinzip bald mehr, bald weniger hervor, bis es in unseren Tagen wieder außerordentlich wirksam wurde. Betrachten wir folgende Reihe von Musikern, die alle zueinander im direkten Lehrer-Schülerverhältnis standen: Bach – Homilius, Hiller – Neefe, Beethoven – Czerny, Liszt – Sauer. In aller Bescheidenheit sei hier vermerkt, dass Frau Ahlgrimm eine der letzten Schülerinnen Sauers war. Vergegenwärtigt man sich die ungeheure Menge von Schülern, die diese berühmten Musiker im Laufe ihres Lebens ausgebildet haben und die dann selbst wieder lehrten, so darf man ruhig sagen, dass kaum ein einziger deutscher Musiker ganz ohne den Einfluss der „Bach'schen Schule" geblieben ist.

Welche Empfehlung aber eine intensive Beschäftigung mit dem *Wohltemperierten Klavier* für einen jungen Künstler stets bedeutete, erkennen wir am besten aus den Worten, mit denen Neefe 1783 seinen elfjährigen Schüler Beethoven zum erstenmal der musikalischen Welt vorstellt: „Louis van Beethoven spielt sehr fertig und mit Kraft das Clavier, liest sehr gut vom Blatt und um alles zu sagen: Er spielt grösstenteils das *wohltemperierte Clavier* von Sebastian Bach, welches ihm Herr Neefe unter die Hände gegeben. Wer diese Sammlung von Praeludien und Fugen durch alle Töne kennt, (welchen Absatz man fast das non plus ultra nennen könnte) wird wissen, was das bedeute ..."

Bald nach der Vollendung des zweiten Teils des *Wohltemperierten Klaviers* entstand das bisher einzige zeitgenössische, einwandfrei gesicherte Portrait Bachs, gemalt von E. G. Haussmann 1746 für die Mitzlerische Societät der Wissenschaften. Dieses Bild befindet sich heute in Leipzig und ist leider nicht sehr gut erhalten. Haussmann fertigte von diesem Bild im Jahre 1748 eine eigenhändige Wiederholung an, die – heute in englischem Privatbesitz – in tadellosem Zustand ist. Mit dieser Darstellung ist Bach in das Bewusstsein aller Musikliebenden der Welt eingegangen. Alle übrigen Bachbilder sind entweder später auf der Grundlage des Haussmannbildes entstanden oder gehören zu der grossen Gruppe der keineswegs gesicherten Zuschreibungen.

Weshalb sind aber alle Ausgaben der „Sämtlichen Werke für Clavicembalo" von Bach nicht mit dem Haussmannportrait, sondern mit einem – bisher völlig unbeachteten – Schattenriss geschmückt? Welche Gründe führten zu der Wahl eines so atypischen Bachbildes, das außerdem an Stelle der gewohnten kurzen Allongeperücke eine Zopfperücke zeigt? Eine kleine Glasplatte in unserer Sammlung ist die Ursache. Die Platte zeigt einen kräftigen Männerkopf in Profil mit der Beschriftung „Johann Sebastian Bach". Kopf, Schrift und Hintergrund sind mit Kalkfarben (schwarz und blau) auf der Rückseite des Glases aufgetragen. Die Farben haften durch eine Ochsengallengrundierung auf der Glasplatte.

Dieses kleine Glasbildchen kauften wir 1935 um einen geringen Preis in Wien. Die etwas knollige Nase und der ganz stilwidrige

Abb. 4   Silhouette von J. S. Bach

Zopf ließen uns das Stück als eine unbedeutende Kuriosität erscheinen, die mit Bach wohl nichts zu schaffen hatte. Der zugehörige Rahmen wies allerdings auf eine Entstehung im 18. Jahrhundert hin, aber die Kalkfarben erlaubten keine genaue Datierung der Malerei. Wir dachten uns die Entstehung unseres Bildes so: ein Musikliebhaber des 18. Jhs. wollte ein Bildnis Bachs besitzen. Da er gerade keines erhalten konnte, ließ er sich einfach einen beliebigen Kopf auf die Platte malen und den Namen Bachs darunter schreiben.

Dabei unterlief dem apogryphen [sic] Maler der Fehler, Bach mit einem Zopf darzustellen, während doch heute jedermann weiss, dass er eine Allongeperücke getragen hat. Wahrscheinlich hatte der Maler niemals ein Bildnis Bachs gesehen. Wir kümmerten uns in den folgenden Jahren nur wenig um unser Bildchen und es ist wirklich erstaunlich, dass dieses gebrechliche Stück die mannigfaltigen Schicksale unserer Sammlung unversehrt überstanden hat.

Im September 1952 erwarben wir bei einem Wiener Buchhändler den „Bilder-Atlas zur Musikgeschichte von Bach bis Richard Strauss" von G. W. Kanth[250]. Zu unserem großen Erstaunen fanden wir auf Seite 8 eine getreue, seitenverkehrte, etwas verkleinerte Wiedergabe des Bachbildes unserer Glasplatte. Dieser Kanthsche Schattenriss ist es, der außen auf jeder Plattenhülle reproduziert worden ist. Gleichzeitig fand sich bei Kanth aber noch ein zweiter Schattenriss, Bachs erste Frau, Maria Barbara darstellend.

Abb. 5   Isolde Ahlgrimm vor dem Bachporträt

Der Kanthsche Bilderatlas bringt leider nicht die geringsten Quellenangaben. Wir konnten nur von Prof. R. Haas erfahren, dass Kanth, der schon lange verstorben ist, vor dem Erscheinen seines Werkes viele Studienreisen in der Umgebung von Leipzig und Dresden machte. Es ist wahrscheinlich, dass er dort die beiden Schattenrisse in einer privaten Sammlung fand. Ob sie heute noch vorhanden sind, wissen wir nicht. Der Verlag existiert nicht mehr, so dass Nachforschungen in dieser Richtung erfolglos blieben, auch fanden wir bisher noch keine andere Erwähnung dieser beiden Stücke in der Bachliteratur. Und es würde uns auch gar nicht wundern, wenn kein einziger Wissenschaftler dieses bezopfte Männerportrait ernst genommen hätte. Haben wir selbst doch unserer Glasplatte auch keine Bedeutung zugemessen. Als wir aber die Abbildung bei Kanth fanden, war es uns klar, dass hier ein Problem vorliege, das einer Prüfung bedurfte. Die Seitenverkehrtheit der Darstellung gab zu denken. Bei einem Schattenriss hat sie dann nicht viel zu besagen, wenn es sich um einen Scherenschnitt handelt. Dieser kann ganz leicht zu einer seitenverkehrten Darstellung führen, wenn er umgekehrt auf die weisse Unterlage geklebt wird. Ist der Schattenriss aber gemalt, dann lässt sich eine solche Umkehrung nicht so leicht bewerkstelligen. Wir wissen allerdings, dass die Schattenrisse bei Kanth keine Scherenschnitte, sondern Tuschmalereien sind, woraus wir schließen, dass unsere Glasplatte einmal auf dem Original gelegen haben muss. Denn niemand hätte die komplizierte Portraitlinie mit allen kostümlichen Details freihändig in der schwierigen Hinterglastechnik (Hand und Pinsel unter der Glasplatte, die Pinselspitze gegen das Auge des Malers gerichtet) mit solcher Genauigkeit – noch dazu seitenverkehrt! – übertragen können. Der tatsächliche Vorgang war viel einfacher und erklärt die Seitenverkehrtheit als eine selbstverständliche Begleiterscheinung der verwendeten Technik: eine leere Glasplatte wurde auf das Original gelegt, worauf die Vorlage durch das Glas ohne Mühe abgezeichnet werden konnte. Unsere Glasplatte hat also einmal auf dem Original gelegen und gibt nun dasselbe seitenverkehrt in Originalgrösse wieder. Das ist besonders wertvoll, da die Abbildungen bei Kanth zweifellos verkleinerte Originale sind.

Unser Kopist war mit der Technik der Hinterglasmalerei nur sehr unvollkommen vertraut. Er ließ die schwarze Farbe nicht genügend eintrocknen, ehe er das Blau des Hintergrundes auftrug, was zur Folge hatte, dass die Konturen stellenweise ineinanderliefen. Dass er in dieser Maltechnik überhaupt keine Gewandtheit besaß, zeigt am besten die Schrift. Diese musste er als Spiegelschrift anfertigen. Welche Mühe ihm das machte, lässt sich an der kindlichen Form der beständig nach rechts ansteigenden Buchstaben deutlich wahrnehmen. Der Kopist war sichtlich ein Dilettant, der den Anforderungen einer seitenverkehrten Portraitdarstellung in dieser Technik bestimmt nicht gewachsen gewesen wäre. Er hat sich also sicher der oben erwähnten Technik der einfachen Uebertragung vermittels des durchsichtigen Glases bedient. Vielleicht war es ein Schüler Bachs, der sich das Bild des verehrten Meisters mit primitiven Mitteln für seinen eigenen Gebrauch kopiert hat.

Im Verlauf der Zeit unterlagen die von ihm verwendeten Farben noch verschiedenen chemischen Veränderungen, auch wurden ungeschickte Ausbesserungen am Scheitel und an der Nase von fremder Hand vorgenommen und so ist der Zustand unserer Glasplatte heute nicht mehr sehr befriedigend. Trotzdem ist der Zusammenhang zwischen ihr und dem bei Kanth abgebildeten Schattenriss eindeutig.

Nun könnten aber alle Einwände, die wir selbst früher gegen unsere Glasplatte erhoben haben, insbesondere das Vorhandensein des stilwidrigen Zopfes ebenso gegen den Kanthschen Schattenriss vorgebracht werden. Aber dem stehen gewichtige Gründe entgegen: vor allem der zweite Kanthsche Schattenriss mit dem als Gegenstück ausgeführten Bildnis der ersten Frau. Für dieses zweite Bildnis ließ sich unsere Theorie vom Bachverehrer vergangener Tage nicht mehr aufrecht erhalten. Welcher Musikfreund am Ende des 18. Jahrhunderts wusste noch etwas von Bachs erster Frau?

Und gerade dieses Bildnis ist erfüllt von sehr realen Details. Haartracht und Haube weisen eindringlich in das erste Viertel des 18. Jahrhunderts. Hier hat sich der Maler also

Abb. 6   Silhouette von Maria Barbara Bach

nicht „geirrt". Das Frauenbildnis hat alle Wahrscheinlichkeit für sich, nach dem Leben, also vor 1720, dem Todesjahr Maria Barbaras, angefertigt worden zu sein. Dann gilt natürlich das gleiche für das Bachportrait.

Aber wie kam Bach zu dem scheinbar unerklärlichen Zopf? Seit wann gab es überhaupt Zöpfe in Deutschland? 1713 führte sie König Friedrich Wilhelm I. von Preussen als Haartracht bei seiner Armee ein. Schon im nächsten Jahre folgten andere deutsche Höfe nach. Preussen war damals in militärischen Fragen in Europa tonangebend, und so wie heute jeder begüterte Mann stets das neueste Automodell zu besitzen wünscht, wollte damals jeder kleine Fürst seine Soldaten ganz wie die Preussen ausgestattet sehen. Was hat dies aber mit Bach zu tun?

Bach lebte seit 1708 als Hoforganist und Kammermusikus (ab 1714 als Konzertmeister) in Weimar. Ueber die Neigungen des damals regierenden Herzogs Wilhelm Ernst berichtet uns David Köhler in seiner „Historischen Münz-Belustigung" (Nürnberg 1730): „Sein Gehöre belustigten zuweilen sechzehn in Heyducken-Habit gekleidete wohlabgerichtete Musikanten". Spitta bemerkte dazu: „Da dies natürlich die besten der Capelle gewesen sein werden, so ist die Folgerung fast zwingend, dass auch Bach sich zeitweilig im Heyducken-Habit habe präsentieren müssen – eine komische Vorstellung!" Komisch allerdings nur dann, wenn man sich Bach als „Tonheros durchs Leben wandelnd" vorstellt. Wer aber ein lebendiges Bild der Zeit besitzen will, kann aus Köhlers Nachricht manches herauslesen.

Heyducken hießen zu jener Zeit die ungarischen Infanteristen, die häufig desertierten und dann entweder als freie Räuber ihr Leben fristeten oder nach Deutschland gingen, wo sie wegen ihrer prächtigen Uniformen gerne als Bedienstete angestellt wurden. Dem höfischen Zeremoniell gemäß wurden sie als Läufer verwendet und erhöhten den Prunk in der unmittelbaren Umgebung der königlichen oder fürstlichen Karosse bei Aufzügen und Reisen. Wenn ein kleinerer Hof aus finanziellen Gründen sich keine Heyducken leisten konnte, steckte man einfach Landeskinder in Uniformen à la Heyduck und liess sie neben dem Wagen herlaufen. Hingegen deuten Musiker in Heyduckenuniformen schon auf eine vollkomme Verkennung der Aufgaben eines richtigen Heyducken, denn man konnte sie wohl kaum mehr als Läufer benutzen. Eine von uns vor kurzem aufgefundene Quelle über den weimaranischen Hof aus dem Jahr 1713 lässt auch das Fehlen der Heyducken bei einem grossen Aufzuge bemerken. Die Musiker – darunter auch Bach – werden namentlich angeführt, und haben bei einer Kircheneinweihung selbstverständlich musikalische Dienste zu leisten. Im Festzuge gehen sie weit vor dem Herzog, der auch von keinen Heyducken begleitet wird. Am Hofe zu Weimar gab es also keine Läufer in Heyduckenuniformen. Die Verkleidung der Musikanten als Heyducken bei besonderen Gelegenheiten bedeutet also nicht mehr als eine blosse Spielerei mit militärischen Uniformen. Aber eines ist wichtig: Heyducken bleiben – ihrem soldatischen Ursprung gemäss – immer militärischen Moden unterworfen. Und so wird auch vor den Weimaraner Heyducken-Musikanten der preussische Zopf nicht haltgemacht haben. Es darf angenommen werden, dass auch in Weimar ab 1714 von diesen Bediensteten zur Uniform eine Zopfperücke getragen werden musste. Dass es auch für Bach keine Ausnahme gab, versteht sich von selbst.

Mit dieser Feststellung ist die Datierung der Kanthschen Schattenrisse sehr genau gegeben. Vor 1713 war der Zopf noch nicht in Gebrauch und 1717 verliess Bach Weimar und war in Zukunft nicht mehr genötigt, die zur Heyduckenuniform gehörige Zopfperücke zu tragen. Er kehrte wieder zur bürgerlichen Haartracht, der kurzen Allongeperücke zurück, wie sie damals für Respektspersonen (Advokaten, Kantoren, Professoren etc.) üblich war. Auf Grund dieser Ueberlegungen verwandelt sich der „stilwidrige" Zopf in ein starkes Beweismittel für seine Echtheit.

Jetzt ist es nur noch notwendig, das wiedergefundene Bachbildnis mit den beiden grundlegenden Zeugnissen, die wir bisher von Bachs äusserer Erscheinung besassen zu vergleichen: mit dem Bild von Haussmann und mit dem Schädel Bachs. Haussmann lässt – soweit dies eine Dreiviertelansicht zeigen kann – deutlich erkennen, dass die Nase Bachs ziemlich derb und in ihrer unteren weichen Partie etwas knollig gestaltet war. Gerade diese Nasenpartie ist dann bei späteren Darstellungen häufig idealisiert worden. Der Schattenriss bestätigt die knollige Form. Ebenso lässt sich die Profillinie des Schädels überraschend leicht in den Schattenriss einfügen. Wir haben diese Photomontage dem Vorstand des Anthropologischen Institutes der Wiener Universität, Prof. J. Weninger vorgelegt, der in einem längeren Gutachten zu folgendem Ergebnis kam: „Immerhin fügt sich in diesem Falle der Umriss des Schädels dem Schattenriss so gut ein, dass eine Zusammengehörigkeit durchaus denkbar ist."

Wir stehen also aller Voraussicht nach vor einem neuen authentischen Bilde Bachs. Dieses Bild würde uns in zwei Richtungen sehr wesentliche neue Erkenntnisse bringen. Einmal gibt es uns Aufschluss über die bisher unbekannte Profillinie und zweitens wäre es die einzige erhaltene bildliche Darstellung Bachs aus seiner Lebensmitte. Damit glauben wir erklärt zu haben, warum alle Ausgaben der „Sämtlichen Werke für Clavicembalo" mit diesem Schattenriss versehen wurden.

Ebenso glauben wir auch erklärt zu haben, warum dieser Schattenriss in der wissenschaftlichen Welt bisher keine Beachtung gefunden hat. Wahrscheinlich dachten alle Musikforscher ganz ebenso, wie wir es durch mehr als fünfzehn Jahre taten: Bach mit einem Zopf! Das lohnt doch gar keine Untersuchung! Damit war wohl ein schnelles Urteil gefällt. Dass wir nun in der Lage sind, dieses Urteil zu revidieren, danken wir der Duplizität der Schattenrisse auf unserer Glasplatte und der zu unrecht vergessenen Publikation Kanths. Ohne diese wären die Zusammenhänge kaum je erkannt worden.

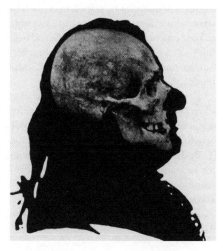

Unser grösster Wunsch wäre es, wenn sich die Musikforschung nun diesem Bildnis mit erhöhter Aufmerksamkeit zuwenden und zur Lösung aller noch offenen Fragen gelangen würde. Die Wiederauffindung der originalen Schattenrisse würde für die Bachforschung eine Tat ersten Ranges bedeuten. (Fiala-Ahlgrimm)

Abb. 7   Foto von Bachs Schädel einmontiert in die Silhouette

2.9. Sämtliche Werke für Clavicembalo VII: *Goldberg-Variationen*
(in der deutschen Rück-Übersetzung aus dem Englischen von R. Winkelman)

Wenn man Gelegenheit hat, dieselbe Beethoven-Sonate von zwei verschiedenen Musikern zu hören, erhält man bei beiden den mehr oder weniger gleichen Eindruck. Wenn man sich jedoch mit einer Komposition von Bach oder einem seiner Zeitgenossen beschäftigt und verschiedene Aufführungen desselben Werkes hört, ist man, gelinde gesagt, verwirrt. Manche Versionen unterscheiden sich von andern so stark, dass man sich fragt, ob es für barocke Musik überhaupt eine authentische Interpretationsweise geben könne. Eine Bach-Fuge kann vom einen Spieler in höchst romantischer Interpretation gespielt werden, während die gleiche Fuge bei einem andern Spieler pedantisch und mit unerbittlicher Strenge dargeboten wird. Beim gleichen Stück kann die Tempoangabe, sicher eines der Grundelemente barocker Musik, um das Zweifache schwanken. Als Beispiel hier die zweistimmige Invention in E-Dur mit folgenden Tempo- und Metronom-Angaben folgender Herausgeber: Reger, Andantino mesto, ziemlich langsam und traurig MM (Viertel) = 66; Busoni, Allegro moderato ma deciso; Czerny MM (Viertel) = 112. Man wird zugeben müssen, dass diese Herausgeber zu den besten Musikern ihrer Zeit gehörten und damit wird einem auch klar, dass barocke Musik weder mit generellem musikalischem Gefühl noch mit künstlerischer Intuition erfasst werden kann[251].

Allein gründliches Wissen über die Aufführungspraxis der Barockmusik kann uns weiterhelfen und sorgfältige Studien sind nötig, um dieses Wissen zu erwerben. Für das Feld der Ornamentik ist dies ganz besonders wichtig. Im weitesten Sinn des Wortes betrifft dies jede Art von Verzierung, die einer Melodie (Cantus) beigefügt wird. Ornamentierung wurde zu jeder Zeit und bei allen Arten von Musik verwendet und in ihrer Komplexität bestimmte sie den „Stil" der verschiedenen Perioden.

In der westlichen Musik entstanden bald stenographische Zeichen, die für kleine Ornamente angewandt wurden. Quantz nannte sie „kleine Manieren". Nur einige dieser Zeichen sind heute allgemein bekannt. Im Barock waren es (nach Dolmetsch) jedoch ungefähr 70. Bereits zu jener Zeit war es schwer, diese verwirrende Menge zu überblicken, umso mehr als die Zeichen sich von Land zu Land unterschieden. Aus diesem Grund begannen die Komponisten zusammen mit ihren Werken Verzierungstabellen zu veröffentlichen, bei denen die Ornamente mit Notenbeispielen erklärt wurden. Auch Bach hinterließ eine solche, leider sehr kleine Liste im „Klavierbüchlein für Wilhelm Friedemann Bach" 1720.

Das weite Feld der Ornamentik umfasst aber viel mehr als nur die Beherrschung der stenographischen Zeichen, nämlich auch die sogenannte freie Ornamentik. Hier eingeschlossen sind die Diminutionen und Modulationen, die einer in großen Notenwerten geschriebenen, einfachen Melodie beigefügt werden. Diese Verzierungen sollen die Komposition beleben und den Ausdruck steigern.

Beide, die melodischen Formeln und die improvisierte Ornamentik, können vom Komponisten auch auskomponiert werden. Es gab aber Zeiten, wo dies nicht üblich war. Der größte Teil aller Alten Musik gehört zu dieser Gruppe. In diesem Fall ist der Interpret gefordert, die nötigen Verzierungen zu erfinden und beizufügen, eine in der barocken Musik weit verbreitete Praxis.

Freie Ornamentik, ausgeschrieben vom Komponisten, findet sich zum Beispiel im folgenden Ausschnitt der dritten *französischen Suite*.

Abb. 8   Notenbeispiel aus französischer Suite

Die melodische Linie, befreit von Ornamentik sieht so aus:

Die gleiche Taktik der Dekolorierung kann natürlich auch auf andere Musik angewendet werden.

Der Beginn des f-Moll Konzerts von Chopin:

Abb. 9   Beginn Chopin-Konzert Original

würde folgendermaßen gespielt:

Abb. 10   Beginn Chopin-Konzert, vereinfacht

Ein Interpret, dessen Aufgabe es war, eine Melodie durch Diminution und freie Ornamentierung zu beleben, war gezwungen, zu improvisieren. Ein Musiker, der im Voraus seine Improvisation entwarf, wurde fehlenden musikalischen Gefühls beschuldigt. Bis 1780 wurden Ornamentierungen, die von Musiklehrern für ihre unbegabten Primadonnen gemacht wurden, spöttisch „geliehene Gebetbücher" genannt.

Quantz sagte: „Zur italiänischen Art hingegen wird die Wissenschaft der Harmonie unumgänglich erfordert: oder man müsste, wie die meisten Sänger nach der Mode, beständig einen Meister zur Hand haben, von dem man die Veränderungen über ein jedes Adagio erlernete; wodurch man aber niemals selbst ein Meister werden, sondern Zeitlebens ein Scholar verbleiben würde".

Zeitgenössische Lehrbücher betonen die Wichtigkeit, verzieren zu lernen, freie Ornamente zu erfinden und sie in die Musik einzufügen. Die wichtigsten Hilfsmittel waren die Verzierungstabelle, das Hören von guten Beispielen verschiedener Ornamentierungen von Intervallen, begonnen bei einer einfachen Note bis hin zu einer Dezime.

Das folgende Beispiel zeigt die Vorschläge von Quantz, eine Quart auszufüllen.
Es ist bedauerlich, dass heutzutage bei der Aufführung von Barockmusik die Aufforderung zur Diminution kaum befolgt wird. Wenn diese Musik strikt nach Noten gespielt wird, bekommt der Hörer nur das Skelett der Musik präsentiert. Solche Aufführungen lassen alles Leben vermissen, das die Improvisationen früherer Musiker erweckt hatte. Hätte ein Musiker des 18. Jh. gewagt, Musik ohne „Gewürz", d. i. ohne Verzierungen und freie Ornamentierung vorzutragen, wäre er sicher in Ungnade gefallen.

Heutzutage hört man oft vom Publikum, Barockmusik sei langweilig. Diese Leute spüren instinktiv, dass die meisten Aufführungen den musikalischen Atem vermissen lassen. Es ist die Unzulänglichkeit moderner Barockmusik-Aufführungen, die für dieses falsche Verständnis des Publikums verantwortlich ist. Barockmusik wird oft als primitiver Vorgänger der klassischen Musik betrachtet, weil nur der Rahmen geboten wird und nicht all das, was diese Art Musik so genussreich

Abb. 11　Quantz: Wie man eine Quart verziert

machen kann. Wenn man Chopins Musik all ihrer Verzierungen entblößen würde, würde auch seine Musik als primitiv gelten.

Es gilt für den heutigen Musiker dasselbe wie für den damaligen. Er hat die Aufgabe, die Musik so zu verzieren, wie es damals der Komponist von ihm erwartet hätte, auch spontan, ohne Vorausplanung.

Diese Prinzipien sollten in der gesamten barocken Musik angewendet werden, also auch in der Musik von Johann Sebastian Bach. Es ist allerdings wahr, dass Bach, verglichen mit anderen Komponisten, in dieser Beziehung viel weniger von uns verlangt, da er seine Werke viel genauer ausnotiert hat als seine Vorgänger oder Zeitgenossen. Andererseits ließ dies den Interpreten auch weniger Ellbogenfreiheit als sie es von früher gewohnt waren. Die folgende Kritik von Scheibe um 1745 lässt klar erkennen, wie Bachs originelle Art zu komponieren bei seinen Zeitgenossen Ärger erregte: „Alle Manieren, alle kleinen Auszierungen und alles, was man unter der Methode zu spielen versteht, drücket er mit eigentlichen Noten aus, und das entzieht seinen Stücken nicht nur die Schönheit der Harmonie, sondern es machet auch den Gesang durchaus unvernehmlich". Scheibes Standpunkt muss richtig verstanden werden. Es ist in keinem Fall ein Beweis, dass Bachs Zeitgenossen kein Verständnis hatten für seine fortschrittliche Musik, wie manche Leute glauben.

Wenn eine Melodie nur in ihren wichtigen Schritten notiert wird, so kann sie vom Spieler leicht verfolgt werden. Die melodische Linie ohne jegliche Verzierung zeigt deutlich den „Cantus", und Scheibe hat recht, wenn er sagt, dass die Verständlichkeit von diesem Cantus durch das Zufügen von ausgeschriebenen Ornamenten erschwert wird und der ungeübte Hörer Schwierigkeiten habe, die Melodie zu erkennen. Das Gleiche stimmt für die Harmonien. Quantz sah das Problem in gleicher Art wie Scheibe und gebraucht beinahe dieselben Worte wie dieser: „… daß oftmals unter zehn Noten kaum eine mit der Grundstimme harmoniret, auch von dem Hauptgesange wenig zu vernehmen ist…"

Wenn wir heute bei einem gut ausgebildeten Musiker feststellen, dass er nicht im Stand ist, bei einem Bachwerk mit Sicherheit die ursprüngliche Melodie in den Verzierungen zu erkennen, können wir annehmen, dass Bachs Zeitgenossen das gleiche Problem hatten.

Scheibe hat diese Gefahr bei Bachs Notation richtig erkannt. Trotzdem können wir heute froh sein, dass Bach eine so „unbarocke" Haltung hatte in Sachen Ornamentik. Wie wenig würden wir von seiner Musik haben, wenn sie, nach dem Verlust der lebendigen Tradition der Ornamentierung, nur in ihrer nackten Gestalt da wäre; wenn er so zurückhaltend gewesen wäre mit dem Ausschreiben seiner Ornamente wie seine Zeitgenossen.

Es ist aber nicht so, dass Bach die Gewohnheiten seiner Zeit völlig missachtete. Es gibt Kompositionen mit Passagen, die ohne Zufügung von Ornamenten leer und effektlos wären. Wenn man diese Stücke spielt, soll man sie also mit entsprechenden Verzierungen ausschmücken. Man findet Beispiele in alten und neuen Lehrbüchern.

In seinem Unterricht legte Bach großen Wert auf die Kunst der Ornamentik. Ein Beispiel steht im Clavierbüchlein vom 1722 für seine Frau Anna Magdalena: Aria mit Variationen in c-Moll. Erst kommt eine einfache Melodie mit einigen wenigen Verzierungen, dann folgt die gleiche Melodie unkoloriert, und anschließend mit reichen Verzierungen. Der Schüler hatte zuerst die Aria zu ergänzen und dann eine eigene Variation beizufügen. Leider wurde dieses instruktive Werk nie vollendet.

Die *Aria variata alla maniera italiana* zeigt eine besonders reiche Ausarbeitung der freien Improvisation. Der Interpret italienischer Musik darf sich einen weiten Spielraum erlauben. Quantz sagte: „Im italiänischen Geschmacke wurden, in vorigen Zeiten, gar keine Auszierungen darzu gesetzt; sondern alles der Willkühr des Ausführers überlassen. Wie denn nicht zu läugnen ist, daß in der italiänischen Musik fast eben so viel auf den Ausführer, als auf den Componisten kommt, wenn das Stück seine vollkommene Wirkung thun soll".

Die *Aria variata* wurde in einer frühen Periode komponiert, möglicherweise in Weimar um 1709. Von seiner Grundstruktur her muss das Werk als schwach bezeichnet werden. Wenn jedoch, im Sinne von Quantz, Diminutionen beigefügt werden, zeigt es seine Schönheiten und wird zu einer spannenden Aufgabe für den Interpreten.

Die *Aria mit 30 Veraenderungen vors Clavicimbal mit 2 Manualen* (*Goldberg*) existiert nicht mehr als Autograph. 1725 erschien das Thema (das wahrscheinlich nicht einmal von Bach selber ist) zum ersten Mal im zweiten Notenbuch der Anna Magdalena. Das Werk wurde um 1741 gedruckt. Die sehr sorgfältig ausgearbeitete Form dieser Variationen lässt kaum Spielraum für improvisierte Ornamente. Es ist jedoch ratsam, bei den Wiederholungen wenigstens kleine Manieren anzubringen. Es wäre im 18. Jahrhundert ein Verstoß gegen alle Regeln des Anstandes gewesen, wenn man den Zuhörern zugemutet hätte, eine Wiederholung ohne irgendeine Veränderung hören zu müssen.

Der heutige Zuhörer darf das gleiche Recht für sich beanspruchen.

2.10. Sämtliche Werke für Clavicembalo VIII: Die drei Sonaten für Flöte und obligates Cembalo

(In der Rück-Übersetzung aus dem Englischen von Regula Winkelman)

Das kunstvoll ausgeführte Manuskript der ersten Sonate für obligates Cembalo und Flöte trägt den Titel: „Sonata a Cembalo obligato e Travers. Solo". Bachs eigenhändiges Manuskript der dritten Sonate trägt den Titel: „Sonata a 1 Traverse è Cembalo obligato". Durch eine Beschädigung des Manuskripts gingen leider, wahrscheinlich für immer, ungefähr 50 Takte vom 1. Satz verloren. Aus verständlichen Gründen wird dieser fragmentarische erste Satz der dritten Sonate praktisch nie in Konzerten gespielt. Wir haben aber das Gefühl, dass in einer Aufnahme, die auch für Studienzwecke gebraucht werden wird, dieses Fragment enthalten sein sollte. Die zweite Sonate ist überliefert in einer gut erhaltenen Abschrift von Philipp Emanuel Bach unter dem Titel: „Es d.Trio/ fürs obligate Clavier u. die Flöte."

Diese drei Titel weisen deutlich darauf hin, dass es sich bei diesen Sonaten um Werke für obligates Cembalo handelt und nicht für Continuo-Cembalo. Das erklärt auch, warum wir diese Sonaten, genau wie die entsprechenden für Violine und Viola da Gamba in die Reihe der „Sämtlichen Werke für Clavicembalo" aufgenommen haben. In all diesen Werken hat das Cembalo nicht nur eine begleitende Funktion wie bei einer Generalbass-Sonate, sondern übernimmt wie bei einem Trio zwei der konzertanten Stimmen.

Für den Liebhaber der Barockmusik wie auch für den modernen Konzerthörer lässt die Kombination nur von Flöte und Cembalo klanglich etwas vermissen. Der zarte Klang des Cembalos genügt nicht, um neben einer Flöte oder einem Streichinstrument einen genügend starken Bass zu erzeugen. Aus diesem Grund ist ein begleitendes Generalbass-Instrument, das den Bass kontinuierlich verstärkt, unabdingbar. Da Bach keine Angaben über die Instrumentierung macht, steht man vor dem Problem, das richtige Begleitinstrument selbst bestimmen zu müssen.

Aber das ist nicht alles. Auch hinsichtlich des verlangten Instrumentes, der Flöte, bei Bach Traverso genannt, ergeben sich die Schwierigkeiten einer Wahl, da der Klang der alten Traverso dem modernen Ohr nicht entgegenkommt und für uns nicht zu verwenden war. Das ist umso bedauerlicher, als die barocke Traversflöte ein sehr charakteristisches Instrument der Zeit ist.

Um 1650 wurde – wahrscheinlich in Frankreich – die seit Jahrtausenden übliche – zylindrische Bohrung abgeändert in eine konische Bohrung. Die Akustik lehrt, dass verschiedene Arten von Bohrungen bei Holzblasinstrumenten das Verhältnis der Obertöne verändert. Genau diese Obertöne sind es aber, die den Klangcharakter des Instrumentes ausmachen. Die Klangfarbe der konisch gebohrten Flöte passte genau zu den Klangidealen der Barockmusik.

Quantz sagte: „Ueberhaupt ist auf der Flöte der Ton der allergefälligste, welcher mehr einem Contralt als Sopran; oder welcher denen Tönen, die man bey dem Menschen die Bruststimme nennet, ähnlich ist. Man muss sich, so viel als möglich ist, bemühen, den Ton derjenigen Flötenspieler zu erreichen, welche einen hellen, schneidenden, dicken, runden, männlichen, doch dabey angenehmen Ton, aus der Flöte zu ziehen wissen".

Die meisten Barockinstrumente waren aus Holz oder Elfenbein gemacht, Metall war nicht erwünscht. Quantz sagt:„ Der Buchsbaum ist das allgemeinste und dauerhafteste Holz zu Flöten. Das Ebenholz aber giebt den schönsten und hellsten Ton. Wer den Ton der Flöte kreischend, rauh und unangenehm machen will; der kann sie, wie einige versuchet haben, mit Messing ausfüttern".

Die barocke Flöte hatte nur eine Klappe. Die Fingerlöcher mussten so gebohrt werden, dass es möglich war, sie mit den Fingern gut zu decken. Das sie dadurch meist nicht genau an der Stelle waren, die aus akustischen Gründen ideal gewesen wären, hatte das zur Folge, dass bereits die einfache Tonleiter nicht rein war. Für Töne außerhalb der Reihe mussten Gabelgriffe angewendet werden. Auch heute könnte noch so gespielt werden. Aber auch bei perfekter Beherrschung dieser Technik wird die dem Instrumente innewohnende Unreinheit immer noch da sein. Zudem haben die Gabelgriffe weniger Obertöne als die einfachen Griffe und sind deshalb von einer anderen Klangfarbe. Die Hörer der Barockzeit waren daran gewöhnt und betrachteten dies selbst als ein Ausdrucksmittel. Dieser Gesichtspunkt hielt sich, bis im 19. Jahrhundert ein Klappen-Mechanismus entwickelt wurde, der eine gleichmäßigere Ton-Skala ermöglichte. Aber noch 1850 schreibt

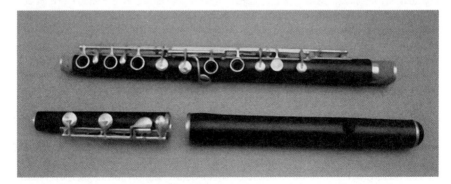

Abb. 12   Flöte von J. M. Bürger [nicht originale Abbildung]

Fürstenau: „Ich bin nicht sicher, ob nun die Gleichmäßigkeit des Tones und die extrem lauten Töne [der zylindrischen Böhmflöte] nun im Unterschied zu den sogenannt gedeckten Tönen als Vorbild für den Klang genommen werden soll. Natürlich ist es ein begrüßenswerter Fortschritt, der aber der Flöte einige charakteristische Merkmale nimmt. Durch diese Gleichmäßigkeit wird die Flötenmusik viel monotoner, bestand doch der Charme der alten Flöte gerade in diesem Wechsel zwischen klarem und dunklem Klang und der wunderbaren Sonorität der Melodie der gedeckten Töne".

Dazu muss allerdings gesagt werden, dass diese Verteidigung der „gedeckten" Töne aus einer Zeit stammt, als die Verfechter einer Flöte mit wenigen Klappen bereits auf verlorenem Posten standen. Aus dem 18. Jahrhundert gibt es keine Quelle, die diese Ungleichmäßigkeit lobt.

Wir mussten einen Kompromiss finden zwischen der größtmöglichen historischen Klangtreue und einem modernen Klangverständnis. Dazu kam ein psychologischer Aspekt. In einem Konzert würden schwächere Töne wahrscheinlich nicht auffallen, auf einer Aufnahme aber, die immer wieder gehört wird, könnte der typische Klang der Traverso störend wirken.

Aus diesem Grund war eine Ringklappenflöte von J. M. Bürger, 1835 in Strassburg aus einem unbekannten amerikanischen Holz gefertigt, eine wunderbare Akquisition und von unschätzbarem Wert für unsere Aufgabe[252]. Material und Bohrung entsprachen barocken Anforderungen. Der Ringklappen-Mechanismus, ein Bürger-Boehm-System, eine beinahe moderne Konstruktion, ergab eine bemerkenswert viel bessere Intonation als bei einer einklappigen Flöte. Unterschiede im Timbre innerhalb der Skala waren fast nicht mehr bemerkbar.

Nun musste nur noch eine Frage beantwortet werden: Welches Instrument sollte den Bass unterstützen?

Gebräuchlich war, bei einem Werk für Blasinstrumente auch den Bass durch ein Blasinstrument zu unterstützen, in diesem Fall also mit einem Fagott. Darauf deutet auch der Umfang der Bassstimme hin, der innerhalb des Fagott-Umfanges liegt (B_1 – as^1, aber da Bach wusste, dass die extremen Töne schwer zu spielen waren, verlangte er nur H_1 – fis^1). Wir besitzen in unserer Sammlung ein gutes altes Fagott, das aber leider in einer zu hohen Stimmung war. Zudem war das Fagott ein Instrument mit wenigen Klappen, also genau mit den gleichen Problemen behaftet wie eine einklappige Traverso. Dass Bach für den Continuo nicht an ein Violoncello dachte, sieht man daran, dass die Stimme tiefer geht als C. Eine 7-saitige Gambe wäre also angebracht. Unsere Gambe, die gepasst hätte, war aber zu hell im Klang. Nun hatten wir noch ein anderes Instrument, das in Frage kam: eine 5-saitige Gambe, von Johannes Maria, Norditalien um 1530. Dank seiner sehr hohen Rippen hat dieses Instrument einen sehr dunklen Bassklang. Es besitzt einen handgeschriebenen Zettel: „Joannes Mar...". Dieser Zettel hat eine eigenartige Geschichte. 20 Jahre früher, als wir das Instrument reparieren ließen, wurde eine große Anzahl bedruckter und handgeschriebener Papier- und Pergamentstreifen darin gefunden, die von früheren Reparaturen stammten. Unter diesen Streifen war einer, auf dem die Worte „Joannes Mar..." standen, was wir als Teil eines Gebets betrachteten. Wir behielten alle diese Streifen und viel später fanden wir heraus, dass dieses Instrument vom Meister Joannes Maria stammte, demselben, der die berühmte Lira da braccio in der Hill Collection in London gebaut hatte. Wir klebten den Zettel an die übliche Stelle und betrachten es nun als eines der schönsten und wertvollsten Stücke unserer kleinen Sammlung. Fünfsaitige Gamben sind heute sehr selten, aber zu Bachs Zeiten wurden sie regelmäßig verwendet. Die Thomaskirche in Leipzig besaß ein solches Instrument, das auf dem Titelblatt von J. Kuhnaus „Unfehlbare Engelfreude oder Geistliches Gesangbuch" (Leipzig, 1710) und auch im „Musicalischen Lexicon" von Joh. Gottfried Walther, Leipzig 1732 abgebildet wurde. Diese Illustrationen zeigten deutlich die Form des Stegs, welchen wir genau kopieren ließen für unser Instrument. Durch Prätorius kennen wir auch die Stimmung jener Zeit: C, F, A, d, g. Es gibt nur drei Stellen, wo Bach den Umfang unterschreitet und ein H_1 verlangt. Hier haben wir nun von der damals üblichen Scordatura Gebrauch gemacht, bei der eine Saite passend verstimmt wurde. Leider wissen wir nicht, wer damals der Flötenspieler in Köthen war, als Bach diese Sonaten schrieb. Dafür wissen wir den Namen des Fagottspielers des fürstlichen Orchesters: Christoph Tourlén, der 1713 nach Köthen kam, nachdem das königlich preussische Hoforchester aufgelöst wurde. Im Gegensatz zu Köthen war es Bach nicht mehr möglich, die Sonaten auch in Leipzig aufzuführen, denn es war nur ein Pfeifer vorhanden, wie in der Petition stand, die Bach am 23. August 1730 an die Diözese in Leipzig schickte, um ein richtiges Orchester für „Kirchen Music" zu bekommen.

Wenn wir nun statt eines Fagotts eine Viola da Gamba benutzen, nehmen wir das gleiche Recht in Anspruch, das barocke Musiker hatten – und wie es möglicherweise auch Johann Sebastian Bach tat bei seinen Leipziger Aufführungen.

2.11. Sämtliche Werke für Clavicembalo IX: Die *Kunst der Fuge*
mit Friederike Bretschneider am 2. Cembalo

Die Kunst der Fuge – Bachs letztes Cembalowerk

Anlässlich eines Vortrages im Jahr 1950 haben wir uns zu dieser im Titel ausgesprochenen Ansicht bekannt und fanden uns durch diese Feststellung in Übereinstimmung mit einigen Gelehrten, deren Beweisführung wir weitgehend gefolgt waren. Inzwischen ist es uns gelungen, noch ein gewichtiges, bisher unbeachtetes Argument für die Richtigkeit dieser Ansicht beizubringen. Dazu müssen wir etwas weiter ausholen. Die *Kunst der Fuge* erschien wenige Monate nach Bachs Tod in Partitur gestochen. Die Erstausgabe wird als „Originalausgabe" bezeichnet. Der Ausdruck Originalausgabe hat sich zu einer Zeit eingebürgert, als man noch der Meinung war, dass „dies vortreffliche, einzige Werk in seiner Art (...) noch bey seinem (Bachs) Leben grösstentheils durch einen seiner Söhne gravirt worden" (Forkel).

Später versuchte Rust auf Grund eines irrtümlich für autograph gehaltenen Fehlerverzeichnisses sogar Stichkorrekturen Bachs nachzuweisen. Neuere Forschungen (Kinsky) haben jedoch ergeben, dass diese Voraussetzungen nicht zutreffen, aber der Ausdruck Originalausgabe ist seither in Gebrauch geblieben. Druckort und Stecher sind bis heute nicht ermittelt. Der Stecher war kein besonderer Meister seines Faches und auch musikalisch nur wenig gebildet, wie der „ziemlich geschmacklose, plumpe und fehlerhafte Druck" (Spitta) beweist. So hätte etwa der 14. Kontrapunkt, der nur eine Vorform des zehnten darstellt, vielleicht nicht aufgenommen werden sollen; aber schon bei den beiden Spiegelfugen für zwei Cembali, die nur eine Bearbeitung des 13. Kontrapunktes sind, fällt es schon sehr schwer, sie aus dem Gesamtplan des Werkes auszuschliessen, wie es manche Wissenschaftler haben wollen. Betrachtet man die Originalausgabe mit vorurteilsfreiem Blick, (Rietsch) dann kommt man zu der Gewissheit, dass die Behauptung Graesers, sie sei „völlig missglückt" und „ein vollständiges Chaos" absolut verfehlt ist. Da ein bedeutender Teil dieses Erstdruckes noch zu Bachs Lebenszeiten entstanden ist, kann sogar mit Fug und Recht angenommen werden, dass diese Ausgabe „in vielem als letzter Wille des Komponisten zu gelten hat" (Steglich).

Als Nägeli in Zürich 1802 den ersten Neudruck der *Kunst der Fuge* getreu nach dem Vorbild der Originalausgabe veranstaltete, war die früher gebräuchliche Partitur-Notation von Cembalo und Orgelmusik wie sie in der Originalausgabe angewendet ist, noch nicht ganz in Vergessenheit geraten. Nur die alten Schlüssel waren schon ziemlich ausser Gebrauch. Nägeli fügte daher der Partitur eine Übertragung in moderne Schlüssel bei und zog zugleich die Partitur auf zwei Systeme zusammen, um solchen Klavierspielern, die im Partiturlesen minder geübt waren, eine Erleichterung zu bieten.

Diese Ausgabe veranlasste Graeser, in den zwanziger Jahren unseres Jahrhunderts zu einem folgenschweren Irrtum: mit der Aufführungspraxis und den Notierungsgewohnheiten des 18. Jahrhunderts nicht vertraut, hielt er die Partitur für eine Orchesterpartitur und die Notierung in zwei Systemen für einen unterlegten Klavierauszug. Dabei hätte ihm doch immerhin das Autograph der letzten unvollendeten Fuge zu denken geben müssen. Diese Niederschrift, die infolge Bachs Erblindung nicht fortgesetzt wurde und unvermittelt abbricht, ist auf zwei Systemen notiert. Die in Partitur notierten übrigen Teile des Werkes erweisen sich also als Reinschriften, die nach der Klaviernotierung angefertigt wurden, um dem Schüler die Übersicht über den komplizierten Bau dieser Fugen zu erleichtern. Graeser folgte seiner falschen Voraussetzung und instrumentierte die Partitur mit den Mitteln des hochromantischen Orchesters. Damit eröffnete er leider den Reigen von Bearbeitungen, die ausnahmslos den früher so häufigen Orchestrierungen „beliebter Klavierstücke" gleichzusetzen sind.

Wohl trat die seriöse Wissenschaft sehr bald mit einer ganz anderen Meinung auf den Plan. Gelehrte wie Gàl, Husmann, Rietsch, Schmieder, Steglich u. a., wiesen die *Kunst der Fuge* nachdrücklich und mit sehr einleuchtenden Argumenten einem Tasteninstrument, nämlich dem Cembalo zu. Schmieder und Steglich forderten schon ausdrücklich das Pedalcembalo. Trotzdem konnte sich diese Ansicht nicht durchsetzen, denn die Wissenschaft vermochte das Problem der angeblichen Unspielbarkeit bisher nicht zu lösen. Tatsächlich finden sich in der *Kunst der Fuge* einige Takte, die bei strengem Legatospiel Griffe verlangen, die für normale Hände nicht zu bewältigen sind. Diese Tatsache, die sich auch bei anderen Klavierwerken Bachs (*Wohltemperiertes Klavier*, Sonate in D, *Aria variata alla maniera italiana*) nachweisen lässt, wurde von den Bearbeitern der *Kunst der Fuge* sehr geschickt als ein bisher unbestreitbares Argument für ihre „Klangverwirklichungen" und „Instrumentalisierungen" ausgenützt. Damit wurden die schlüssigsten Beweisführungen der Wissenschaft beiseite geschoben. Bach aber verfügte über Hände, die den in der *Kunst der Fuge* geforderten Griffen mühelos gewachsen waren. Hirsching überliefert uns diese Tatsache in seinem „Historisch-literarischen Handbuch berühmter und denkwürdiger Personen (Leipzig 1794) mit folgenden Worten: „Seine Faust war gigantisch, Er griff z.B. eine Duodezem [sic] mit der linken Hand und kolorirte mit den mittlern Fingern dazwischen". Es wundert uns, dass noch niemand diese bekannte Stelle mit der *Kunst der Fuge* in Zusammenhang gebracht hat. Ist doch gerade der grösste Griff in diesem Werk eine Duodezim für die linke Hand, womit der Vorwurf der Unspielbarkeit – zunächst einmal für Bach selbst – ein für allemal widerlegt ist. Solche grossen Hände sind wohl selten, aber es hat zu allen Zeiten Musiker mit solchen Spannweiten gegeben. So besass Bachs Schüler Goldberg überaus grosse Hände und von J.Wölffl[253] berichtet Seyfried über dessen Wettkampf mit Beethoven, dass beide im Technischen einander ebenbürtig waren, ja, dass

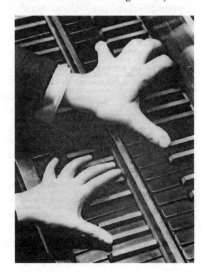

Abb. 13   Spannweitenvergleich Schulhof/ Ahlgrimm aus Originalausgabe

Wölffl, durch seine grossen Hände begünstigt (Daumengriffe fielen ihm so leicht wie andern Oktaven) von vielen über Beethoven gestellt wurde. Wir selbst kennen unter unseren musikalischen Freunden in Wien nicht weniger als vier, die eine Duodezim mit der linken Hand zu spannen vermögen. Unsere Abbildung zeigt am oberen Manual die Hand des weltbekannten Klavierbegleiters Prof. Otto Schulhof, dem die Duodezim sichtlich keine Schwierigkeiten bereitet. Zum Vergleich ist am Untermanual die wesentlich kleinere Hand von Frau Ahlgrimm hinzugefügt.

Bach konnte also die grossen Griffe in der *Kunst der Fuge* sicher bewältigen und das Werk manualiter ausführen. Aber im *Wohltemperierten Klavier* (Schluss der a-Moll Fuge) und in der *Aria variata alla maniera italiana* (Thema und 10. Variation), ebenso in der „Sonate in D" (Schlussteil) finden sich Stellen, die nicht nur für normale Hände, sondern auch für Bach selbst, ja für jede menschliche Hand unspielbar sind. Niemand hat daraus den Schluss gezogen, dass diese Werke nicht für das Cembalo geschrieben sind, wie man es jedoch bei der *Kunst der Fuge* getan hat. Welche instrumentalen Möglichkeiten standen Bach für diese Fälle zur Verfügung?

Er besass ein Pedalcembalo und wir können annehmen, dass solche Instrumente im Besitze der Organisten gar nicht so selten waren. Die unvermutet auftretenden, manualiter nicht ausführbaren Stellen im Klavierwerk Bachs, die überhaupt nur mit Hilfe des Pedals gespielt werden können, beweisen, dass Bach ganz selbstverständlich mit dem Pedal gerechnet hat. Es leuchtet ein, dass das Pedal – da es nun einmal vorausgesetzt war – viel häufiger verwendet wurde, als es die rein technisch bedingte Grossgriffigkeit verlangte. Ist die Grösse der Hand doch eine ganz individuelle Erscheinung und kann daher nicht als einziges Moment für den Einsatz des Pedals herangezogen werden. Handelt es sich doch hier auch um eine künstlerische Ausdrucksmöglichkeit. Dass Bach gerade bei der *Kunst der Fuge* (obwohl er die geforderten Griffe selber spannen konnte) mit dem Vorhandensein eines Pedalinstrumentes rechnete, zeigt am besten die Gestaltung der Schlüsse einzelner Kontrapunkte, die sich bis zur Siebenstimmigkeit steigert, Das Pedal ist zur künstlerischen Gestaltung kaum entbehrlich und gestattet auch einer kleinen Hand die Ausführung der früher als „unspielbar" bezeichneten Stellen.

Viel Mühe und Kombinationskunst haben die Bearbeiter auch an das Problem der mutmasslichen Reihenfolge der Kontrapunkte verwendet. Dass die Originalausgabe „ein Chaos" sei, darüber waren sich alle Bearbeiter einig. Mussten sie doch diese Ansicht vertreten, um ihre Bearbeitungen berechtigt erscheinen zu lassen. Es muss aber festgestellt werden, dass bis heute keine einzige der von den Bearbeitern ermittelten Reihenfolgen den Beweis der zwingenden Notwendigkeit für sich in Anspruch nehmen kann. Vielmehr kommen alle – auffallenderweise mit den gleichen Mitteln der Untersuchung! – zu den widersprechendsten Ergebnissen. Da uns Bach bei seinem letzten Werk keine authentische Reihenfolge hinterlassen hat, wird man sich wohl damit abfinden müssen, dass sein Wille unbekannt geblieben ist.

Wenn nun aber eine nicht von Bach stammende Reihenfolge gewählt werden muss, haben wir es für richtig befunden, uns jener zu bedienen, die immerhin von seinen Söhnen angeordnet oder zumindest gutgeheissen wurden, also jener Erstausgabe, in welcher das Werk vor die Augen der Welt trat. Mit der Hinzufügung des letzten Chorals und der zu Herzen gehenden Mitteilung seiner Entstehung haben diese Söhne ein starkes Gefühl für Pietät und Takt bewiesen. Sie setzten folgende „Nachricht" auf die Innenseite der Originalausgabe: „Der selige Herr Verfasser dieses Werkes wurde durch seine Augenkrankheit und den kurz darauf erfolgten Tod ausser Stande gesetzet, die letzte Fuge, wo er sich bey Anbringung des dritten Satzes namentlich zu erkennen giebet, zu Ende zu bringen; man hat daher die Freunde seiner Muse durch Mittheilung des am Ende beygefügten vierstimmig ausgearbeiteten Kirchenchorals, den der selige Mann in seiner Blindheit einem seiner Freunde aus dem Stegreif in die Feder dictiret hat, schadlos halten wollen". Wir glauben, dass man es nicht besser machen kann und folgen daher der Anordnung der Originalausgabe.

Zuletzt sei noch jenen entgegnet, die eine Aufführung dieses Werkes mit dem Einwande ablehnen, dass es sich nur um ein theoretisches Lehrwerk handele.

Hat nicht Bach die zwei- und dreistimmigen *Inventionen* auch als Lehrwerk geschrieben, um dem Kompositionsschüler die ersten Anleitungen zu geben, wie man eine kontrapunktische Musik so gestalten lerne, dass jede Stimme singe und klinge? Und verfolgte er nicht mit der zweimaligen Komposition des *Wohltemperierten Klaviers* den gleichen Zweck? Wie schön die Musik dieser Lehrwerke ist, weiss jedermann.

Wer wagt es, Bachs letztem Werk jene Eigenschaft abzusprechen, die er stets als die Grundlage alle Musik bezeichnet hat, das „Cantabile"? In seinem letzten Werk soll er eine Anweisung gegeben haben, wie man eine weder „Herz" noch „Gemüth ergetzende Musik" komponieren könne, die noch dazu unspielbar sein soll?

Dass die musikalische Welt unmittelbar nach Bachs Tod gerade über dieses letzte Werk ganz anders geurteilt hat, möge uns einer der vielen Sätze beweisen, die sich bei Marpurgs *Abhandlung von der Fuge* (1752) gerade über die *Kunst der Fuge* finden:

„Man siehet die Schwürigkeit des Satzes weder der Hauptkomposition, noch der Verkehrung (Umkehrung) an. Die Harmonie und Melodie darinnen fliessen so natürlich als die allerfreyeste Composition". Und wenn der vorzügliche Theoretiker und Cembalist Matheson 1752 in seinem *Philologischen Tresespiel* schrieb: „ Joh. Seb. Bachs sogenannte *Kunst der Fuge* wird alle französische und welsche Fugenmeister dereinst in Erstaunen setzen; dafern sie nur recht einsehen und wohl verstehen, will nicht sagen spielen können", so musste er wohl wissen, dass Bach und wahrscheinlich auch einige seiner Schüler dieses Werk spielen konnten.

Es ist auch von den Zeitgenossen und den unmittelbaren Nachfahren Bachs eindeutig zur Literatur der Tasteninstrumente gezählt worden. Dies beweist seine Anführung durch Kirnberger im Artikel *Fuge* der *Allgemeinen Theorie der Schönen Künste* von J. G. Sulzer (2. Auflage, 1792), eines der meistgelesensten [sic] Kunstbücher des damaligen Deutschland. Der Artikel führt 16 Komponisten an und zwar ausschliesslich solche, die Klavierfugen geschrieben haben. Alle besonders genannten Fugenwerke sind ausdrücklich für das Klavier bestimmt. Bach steht mit der *Kunst der Fuge* an erster Stelle folgender Reihe: Bach, Kirnberger, Kühnau, Pachelbel, Froberger, Pisendel, Telemann, Matheson, Händel, C. P. E. Bach, Schale, Marpurg, Graun, Königsberger, Frc. Couperin, Clairembault[254], Dandrieu.

In unserer Bibliothek finden sich auch zwei Ausgaben (von 1789 und o. Jg., jedoch später) der Orgel-und Cembaloschule von Pater Sebastian Prixner. In beiden Ausgaben wird das Studium der Bachschen *Kunst der Fuge* empfohlen. In der Erstausgabe von 1789 heisst es: „Nun auch von praktischer Ausführung einer Fuge zu reden, so dürften des Eberlings Fugen zur nützlichen Nachahmung das erhabenste Muster sein. Ferners sind zu dieser Absicht sehr dienlich des Friedr. Wilh. Marpurgs *Abhandlung von den Fugen*[255] in 4. Berlin 1754 (in der auf die *Kunst der Fuge* mehr als ein Dutzendmal verwiesen wird!) wie auch des Sebastian Bach *Kunst der Fuge* in gr. 4. Leipzig 1752. Nach dem Muster einer Eberling[schen] oder Bachischen Fuge könnte ein Anfänger zu seinem grössten Nutzen ein kurtzes und angenehmes Thema ausarbeiten, und danach auf der Orgel vortragen."

Unseres Wissens ist auf diese beiden Stellen bei Sulzer und Prixner bisher noch nirgends hingewiesen worden. Sie geben uns reichen Aufschluss. Die Frage der Instrumentenwahl wird eindeutig mit dem Hinweis auf die Tasteninstrumente beantwortet und beide Stellen verweisen die vielfach verbreiteten Meinungen über die Nichtbeachtung des letzten Bachschen Werkes nach seinem Erscheinen ins Reich der Fabel. Die *Kunst der Fuge* hat im 18. Jahrhundert auf weite Kreise gewirkt – Prixner z. B. lebte in St. Emeram (Landshut i. B.) – und erst die Romantik des beginnenden 19. Jahrhunderts wusste mit dem Werk nichts mehr anzufangen. Das Fugenspielen war vergessen und die Pianisten konnten das Werk ohne Pedal nicht mehr ausführen. Im 20. Jahrhundert feierte das Werk in einer symphonischen Verkleidung seine Auferstehung, aber es mussten genau zwei Jahrhunderte seit seiner Entstehung vergehen, bis es wieder in seiner ursprünglichen Gestalt verstanden wurde.

2.12. Sämtliche Werke für Clavicembalo X: *Musikalisches Opfer*

Johann Sebastian Bachs *Musikalisches Opfer* ist untrennbar mit der Persönlichkeit Friedrichs des Großen verbunden. Viel gepriesen und viel geschmäht wie alle bedeutenden Menschen, wurde uns die Gestalt des Königs auch im Zusammenhang mit Bachs Werk in zahlreichen, einander ausserordentlich widersprechenden Berichten überliefert. Meist wir das Musikverständnis betont, demzufolge der König dem Musiker grösste Hochachtung und Wertschätzung entgegengebracht habe. Es gibt aber auch solche Berichte, die das Gegenteil beweisen wollen. Die wenigen, über die Begegnung dieser beiden Großen erhaltenen zeitgenössischen Dokumente, erlauben leider jede Deutung und lassen der Legendenbildung alle Möglichkeiten offen.

Die Spener'sche Zeitung vom 11. Mai 1747 schreibt: „Aus Potsdam vernimmt man, dass daselbst verwichenen Sonntag (4. May) der berühmte Capellmeister aus Leipzig, Herr Bach, eingetroffen ist, in der Absicht, das Vergnügen zu geniessen, die dasige vortreffliche Königl. Musik zu hören. Des Abends gegen die Zeit, da die gewöhnliche Kammer-Musik in den Königlichen Apartements anzugehen pflegt, ward Sr. Majestät berichtet, dass der Kapellmeister Bach in Potsdam angelangt sey, und dass er sich jetzo in Dero Vorkammer aufhalte, allwo er Dero allergnädigste Erlaubnis erwarte, der Musik zuhören zu dürfen. Höchstdieselben erteilten sogleich Befehl, ihn hereinkommen zu lassen, und gingen bei dessen Eintritt an das sogenannte Forte und Piano, geruhten auch, ohne einige Vorbereitung in eigner höchster Person dem Kapellmeister Bach ein Thema vorzuspielen, welches er in einer Fuge ausführen sollte. Es geschahe dieses von gemeldetem Kapellmeister so glücklich, dass nicht nur Se. Majestät Dero Allergnädigstes Wohlgefallen darüber zu bezeigen beliebten, sondern auch die sämmtlichen Anwesenden in Verwunderung gesetzt wurden. Herr Bach fand das ihm aufgegebene Thema so ausbündig schön, dass er es in einer ordentlichen Fuga zu Papiere bringen und hernach in Kupfer stechen lassen will. Am Montage (8.May) liess sich der berühmbte Mann in der Heil. Geist-Kirche zu Potsdam auf der Orgel hören und erwarb sich bey den in Menge vorhandenen Zuhörern Allgemeinen Beifall. Abends trugen Se. Majestät ihm nochmals die Ausführung einer Fuga von 6 Stimmen auf, welches er zu Höchst Deroselben Vergnügen und Allgemeiner Bewunderung ebenso geschickt, wie das vorigemal bewerkstelligte."

Am 7. Juli 1747 übersandte Bach seine Arbeit: „Allergnädigster König, Ew. Majestät weyhe hiermit in tiefster Unterthänigkeit *ein Musicalisches Opfer*, dessen edelster Theil von Deroselben hoher Hand selbst herrührt. Mit einem ehrfurchtsvollen Vergnügen erinnere ich mich annoch der ganz besonderen Königlichen Gnade, da vor einiger Zeit, bey meiner Anwesenheit in Potsdam, Ew. Majestät selbst, ein Thema zu einer Fuga auf dem Clavier mir vorzuspielen geruheten, und zugleich allergnädigst auferlegten, solches alsobald in Deroselben höchsten Gegenwart auszuführen. Ew. Majestät Befehl zu gehorsamen, war meine unterthänigste Schuldigkeit. Ich bemerkte aber gar bald, dass wegen Mangels nöthiger Vorbereitung, die Ausführung nicht also gerathen wollte, als es ein so treffliches Thema erforderte. Ich fassete demnach den Entschluss, und machte mich sogleich anheischig, dieses recht Königliche Thema vollkommener auszuarbeiten, und sodann der Welt bekannt zu machen. Dieser Vorsatz ist nunmehro nach Vermögen bewerkstelliget worden, und er hat keine andere als nur diese untadelhafte Absicht, den Ruhm eines Monarchen, ob gleich nur in einem kleinen Puncte, zu verherrlichen, dessen Grösse und Stärke, gleich wie in allen Kriegs- und Friedens-Wissenschaften, also auch besonders in der Musik, jedermann bewundern und verehren muss. Ich erkühne mich dieses unterthänigste Bitten hinzuzufügen: Ew. Majestät geruhen gegenwärtige wenige Arbeit mit einer gnädigen Aufnahme zu würdigen, und Deroselben allerhöchste Königliche Gnade noch fernerweit zu gönnen Ew. Majestät allerunterthängist gehorsamsten Knechte, dem Verfasser."

Von einem Zeichen der Gnade und des Dankes fehlt aber leider jede Spur, auch findet sich weder in den „Akten" noch in den „Schatullrechnungen" des Preuss. Haus-Archivs ein Vermerk, dass Bach ein Honorar oder ein Geschenk für seine Arbeit erhalten hätte. Will man nicht glauben, dass in diesem Falle ein schriftlicher Beleg in Verlust geraten ist, kann man nur völlige Interesselosigkeit annehmen.

Der König hat das Widmungsexemplar des *Musikalischen Opfers* seiner Schwester, Prinzessin Amalie überlassen und der Zustand der Noten ist so tadellos, dass man sich kaum vorstellen kann, dass jemals aus ihnen musiziert worden sein soll. Umso mehr aber überrascht die Schilderung einer Unterhaltung, die der König im Juli des Jahres 1774 mit G. v. Swieten geführt hatte. Friedrich „sang mir mit lauter Stimme das Thema zu einer chromatischen Fuge vor, das er dem alten Bach gestellt hatte", berichtet der Freiherr in seinen „Gesprächen mit Friedrich dem Großen". Fast 30 Jahre später war Bachs Besuch in Potsdam also noch nicht vergessen!

Auch findet sich unter den unzähligen Kompositionen des Königs eine Sonate, deren letzter Satz folgendes Thema verarbeitet:

Abb. 14   Musikbeispiel von Friedrich dem Grossen

Ist sie uns Zeugnis des grossen Eindrucks, den Bachs Werk auf den König gemacht hat, oder hat Friedrich an jenem Abend in Potsdam zufällig aus seinen Kompositionen dieses „ausbündig schöne" Thema gewählt, als er Bachs Kunst auf die Probe stellen wollte?

Ob nun die lobpreisenden Biographen der Wahrheit näher sind oder jene, die nur beweisen wollen, dass der König in keiner Weise die Bedeutung Bachs und seines Werkes zu schätzen vermochte, eines ist sicher: Friedrich der Große liebte die Musik.

E. L. Gerber berichtet darüber in seinem Lexikon 1799: „... In seiner zarten Kindheit wurde er dem Dom-Organisten Heine zu Berlin zum Unterrichte auf dem Klaviere anvertrauet. Er vertauschte aber bald dieses Instrument mit der Flöte ... zum Unglück hatte der König sein Herr Vater ihm sehr nachdrücklich untersagt, öfters Musik zu hören, oder gar selbst welche zu erlernen ... Deswegen wendete der Prinz oft die Jagd vor, wenn er Musik haben wollte, und hielt seine Conzerte im Walde oder in einem unterirdischen Gewölbe ... Diese tägliche musikalische Übung hat er nie in seinem ganzen Leben ausgesetzt. Und selbst im Felde befand er sich nie ohne wenigstens eine Person zum Akkompagnement eines Solos bey sich zu haben. Der Herr Kapelldirektor Reichardt versichert sogar, dass der König gewohnt gewesen sey, bis fünfmal täglich die Flöte zu blasen ... Als gleich nach dem Aufstehen die Solfeggii von Quanz zu seiner ersten Morgenübung. Nach dem Vortrage der Cabinetsräthe suchte er sich durch die Flöte wieder aufzuheitern. Gleich nach der Tafel war die Flöte seine erste Unterhaltung, und gegen Abend pflegte er vor den letzten 15 Jahren seines Lebens in seinem Cammerconzerte gewöhnlich sechs Stücke an Solos oder Conzerten zu blasen ... Diese Anzahl schränkte er aber in den Concerten der letzten Jahre nur auf drey ein.

Diese Stücke trug er nie ganz ohne Vorbereitung vor. Im Gegentheil mussten die Cammermusiker im Vorzimmer öfters lange warten, indessen der König die schwerern Passagien ... so dass sie es hören, übte.

... Der siebenjährige Krieg ... brachte zwar bey seiner (des Königs) beständiger Abwesenheit die Musen zu Berlin einigermassen zum Schweigen, aber von ihm selbst konnte keine Verlegenheit, keine Gefahr und kein Waffengetümmel die Musen ganz verscheuchen. Als er sich einen Winter dieser schreckenvollen Jahre hindurch zu Leipzig befand, liess er einige seiner Cammermusiker von Potsdam dahin kommen, wozu er jedesmal den damaligen Cantor an der Thomasschule, Harrer, zum Flügel einladen liess, und setzte auch daselbst sein Cammerkonzert im Apelischen Hause fort.

Als er 1763, nach Endigung dieses verheerenden Krieges, nach Berlin zurückkam, und sich anfangs in Charlottenburg aufhielt, befahl er, die Königl. Kapelle sollte in der Charlottenburger Schlosskapelle das Graunische Te Deum aufführen. Man berichtet: „die Orgel sey von den Russen so sehr beschädigt worden, dass einige Wochen dazu gehöreten, sie wieder in brauchbaren Stand zu setzen. Der König sagte aber, es könne so lange nicht ausgesetzt bleiben, und man sollte das Te Deum ohne Orgel aufführen. Jedermann vermuthete ein grosses Dankfest in Gegenwart des ganzen Hofes. Die Kapelle versammelte sich an dem bestimmten Tage, und erwartete nun das Königl. Haus zur bestimmten Stunden ankommen zu sehen. Aber der König kam ganz allein, setzte sich der Musik gegenüber in eine Ecke und winkte, dass man anfangen sollte. Und wie sehr bewegte es die Tonkünstler nicht, da sie sahen, wie der König bey den stärksten und rührendsten Stellen sich niederbückte, seine Thränen zu verbergen, und das Schnupftuch vor die Augen hielt. Nach Endigung der Musik verneigte er sich gegen die Musiker, als danke er ihnen und gieng still und alleine in seine Kammer ... In dem letzten Bairischen Kriege hatte der König, seit dem Ausmarsche aus Berlin und während dem Sommerfeldzuge, die Flöte wenig geblasen; ohngeachtet er jemanden zur Bassbegleitung in den Solos mit nach Schlesien genommen hatte. Zu diesem kam noch, dass er, während dem Sommerfeldzuge, nicht allein einen seiner Vorder-Zähne verloren hatte, sondern dass sich auch die Gichtgeschwulst an den Händen, merklich vermehret hatte. Dennoch hatte er nicht so bald die Winterquartiere bezogen, als ihn seine Liebe zur Musik an seine Flöte erinnerte. Umsonst war aber diesmal sein Bestreben, sich dies für ihn fast unentbehrliche Vergnügen zu verschaffen. Lippen und Hände versagten ihm ihre Dienste. Sobald er also wieder nach Potsdam kam, liess er alle seine Flöten und Musikalien einpacken und sagte einst zum alten Conzertm., Franz Benda, mit gerührtem Tone: Mein lieber Benda, ich habe meinen besten Freund verlohren! Er überlebte diesen Verlust nicht lange ...".

Ist es angesichts einer solchen Liebe zur Musik gerecht, darüber zu urteilen ob der König mehr oder weniger Verständnis für die Kunst des strengen Satzes aufzubringen vermochte?

Bietet doch das *Musikalische Opfer* selbst Möglichkeiten des Debattierens genug.

Es ist ein echtes Werk des Barock und daher findet der Musiker im Notentext nur sehr spärliche Angaben darüber, wie es musiziert werden soll. Vor Allem hat Bach nur zu dreien der insgesamt 13 Stücke aus denen das Werk besteht (nämlich zum Canon Nr. 2 und zur Trio-Sonate mit dem ihr folgenden Canon perpetuus) Hinweise über die Besetzung gegeben.

Die Folgen sind naheliegend: Es gibt auch nicht zwei der vielen Ausgaben und Aufführungen des *Musikalischen Opfers*, die einander gleichen, von K. F. Zelter, der 1809 in der Berliner Singakademie das sechsstimmige *Ricercar* von einem Streicherensemble spielen liess, bis in unsere heutigen Tage.

Niemand soll jedoch glauben, die einzig richtige Art der Besetzung gefunden zu haben, die gibt es nämlich nicht. Es war zu Bachs Zeiten durchaus üblich, dass der Komponist sein Werk dem Publikum ohne nähere Angabe der Besetzung übergab, oder sogar – drüber hinausgehend – expressis verbis in der Überschrift oder im Vorwort die Wahl der Instrumente frei liess. Wer also im Rahmen eines barocken Instrumentariums die schönsten Instrumente und die besten Musiker, die zur Verfügung stehen, gewählt hat, könnte sicher sein, Bachs Einverständnis zu haben.

Dass jedoch das sechsstimmige *Ricercar* eine der grössten Clavier-Fugen ist, war im 18. Jh. noch wohl bekannt und ist erst später vergessen worden. J. Ch. Oley, gest. 1789, ein Bach sehr nahe stehender Musiker und wahrscheinlich sogar noch dessen Schüler, zählte, als er sich eine Abschrift davon anfertigte, das Werk noch zweifelsfrei zu Bachs Clavierwerken.

Nachdem aber die Pianisten durch den galanten Stil verwöhnt worden waren und man selbst schon für das dreistimmige *Ricercar* „an der Möglichkeit eines fehlerfreien Vortrags verzweifelten" (Leipziger Allgemeine Musikalische Zeitung XXXIV. Jahrgang 1832), begannen die Versuche, sich die Aufgabe etwas zu erleichtern. Der Rezensent der eben genannten Zeitung schlägt vor, das dreistimmige *Ricercar* zu Zweit zu spielen, „um durch 3 (resp. 4) Hände in unverkrüppelter Stimmlage heraus zu bringen, was zweihändig nur für vollendete Meister möglich ist" und voll Bewunderung spricht er über den Versuch eines „berühmten Künstler-Brüderpaares", das sechsstimmige Ricercar, „diese grosse, überaus schöne Kunstfuge auf der Orgel mit vier Händen und obligatem Pedal vorzutragen". Das mag der Beginn jener Unzahl von Bearbeitungen geworden sein, die zum Teil so weit gehen, dass Instrumente zur Wiedergabe verwendet werden, die es zu Bachs Zeiten noch gar nicht gegeben hat! Glücklicherweise aber wird die Tatsache, dass das sechsstimmige *Ricercar* eine Komposition für Cembalo ist, stets mehr und mehr wieder respektiert.

Ungläubige aber mögen noch folgendes bedenken: Vom gesamten *Musikalischen Opfer* ist uns nur das sechsstimmige *Ricercar* im Manuskript erhalten. Ebenso wie alle Fugen des *Wohltemperierten Claviers*, und alle andere Bachsche Claviermusik, ist es auf zwei Systemen notiert. Die Partitur-Notation, wie sie uns im Stich vorliegt, dient hier ebenso wie bei der *Kunst der Fuge* nur dazu, die Stimmführung leichter übersehbar zu machen! Auch wird in der Stimmenverteilung das ganze *Ricercar* hindurch peinlichst darauf Rücksicht genommen, dass sie der Spannkraft zweier Hände angepasst ist. Das bedeutet schliesslich einen Zwang, dem sich Bach wohl kaum unterworfen hätte, wäre er nicht an das Instrument gebunden gewesen.

Im Übrigen aber soll man nie vergessen, dass das Werk einem Flötisten gewidmet ist, noch dazu einem Dilettanten, dem das Mitspielen ja meist viel mehr Freude bereitet, als das blosse Zuhören. Bach hat darauf Rücksicht genommen und in der grossen Sonate ausdrücklich eine Stimme der Flöte zugeteilt. Sollen wir nicht ebenfalls höflich sein und der Flöte den Vortritt lassen, wo immer es nur möglich ist?

Seien wir aber auch bescheiden Bach gegenüber, im Erkennen, dass wir im Vergleich zu ihm und seinem Können alle nur Dilettanten sind. Versuchen wir nicht dieses Werk dadurch zu erfassen, dass wir es durch Analyse zermartern. Es könnte sonst leicht geschehen, dass wir nur zu Resultaten, ähnlich dem Folgenden kommen: „Logik oder Unlogik der Linienführung entscheiden über Wert und Unwert von Kompositionen, und ganz besonders von Fugen in erster Linie. Die sechsstimmige Fuge im *musikalischen Opfer* kann nicht als glückliche Lösung bezeichnet werden ..." (Aus einem Artikel *Zur Fugentechnik Bachs* eines Bach-Jahrbuches).

Anton Bruckner wusste es besser, er sagte: „Kontrapunkt ist nicht Genialität". Er ist vielmehr Technik, nichts als ein Ausdrucksmittel, dem nur eine dienende Aufgabe im großen Bereich der Musik zugewiesen ist. Der vollkommenste Diener aber ist immer jener, der es einem leicht macht, ihn übersehen und vergessen zu können.

Der beste Hörer aber ist jener, der die Musik genießen kann. Durch abzählen, multiplizieren und dividieren der Takte werden wir der Schönheit des *Musikalischen Opfers* nie nahe kommen. Die Schönheit der Berge kann einem Mineralogen Zeit seines Lebens verschlossen bleiben. Die Welt steht nur jenem offen, der sie als Ganzes genießen kann. Wer lernen will, möge sezieren, aber nicht eher, als er das blühende Leben dieser Musik empfunden hat.

2.13. Sämtliche Werke für Clavicembalo XI: Drei Sonaten für Viola da gamba und obligates Cembalo

„ ... he plays o' the viol-da-Gamboys and speaks three or four languages word for word without book and hath all the good gifts of nature". (William Shakespeare: „Twelfth Night" oder „What you will") (1. Akt, Szene 3)

Mit diesen Worten will Sir Toby Belch beweisen, dass Sir Andrew Ague-Cheek ein vollkommener Edelmann sei.

Tatsächlich war das Gambenspiel wenigstens 200 Jahre hindurch ein wesentliches Zeichen standesgemässer Bildung. Die erste bisher bekannte Nachricht über eine Viola da gamba aus dem Jahre 1495, ist mit einer Herzogin von Mantua verbunden. Eine ganze Reihe unter den Königen von England waren „Gambisten", so Heinrich VIII., Jakob I., Karl I. Die Vorliebe für dieses Instrument ging in England so weit, dass zur Zeit der Königin Elisabeth in den Friseurstuben Gamben an der Wand hingen, auf denen die wartenden Kunden nach Belieben musizieren konnten, damit ihnen die Zeit nicht lang werde. König Philipp II. von Spanien nahm Unterricht im Gambenspiel, in Frankreich Ludwig der XIV. und Ludwig XV., dessen Tochter sich als Gambistin malen liess; auch der grosse Kurfürst von Brandenburg war Liebhaber dieses Instrumentes und es gab wohl keine, wenn auch noch so bescheidene Residenz in Deutschland, an der nicht Gambe gespielt worden wäre.

Im Laufe der Geschichte waren ihr verschiedene Aufgaben zugedacht: Bis ins halbe 17. Jahrhundert pflegte man das Spiel im Gambenchor, später bevorzugte man die Gambe als Solo-Instrument, bis sie schliesslich dem Klangideal des Violoncells und der Geige weichen musste.

„Die vor hundert Jahren unentbehrliche Gambe, ohne welche weder Kirchen- noch Kammermusik besetzt werden konnte, die in allen öffentlichen und Privatkonzerten das ausschliessende Recht hatte, sich von Anfang bis zum Ende vor allen anderen Instrumenten hören zu lassen ... von diesem allgemein herrschenden und beliebten Instrument wird nun in der Zeit von einem Menschenalter in ganz Europa keine Idee mehr übrig seyn, sie müsste denn ... als ein saitenloses, von Würmern zerfressenes Exemplar in einer der Hof Musikkammern wieder hervorgesucht werden ..." (E. L. Gerber 1746—1819, Neues hist. biogr. Lexikon d. Tonkünstler).

Im Schloss zu Cöthen übte der junge Prinz Leopold auf der Gambe. Sein Vater, der Fürst, fand die Staatseinkünfte zu gering, um sich den Luxus einer Kapelle gestatten zu können. Wahrscheinlich aber war diese Haltung mehr durch eine streng puritanisch-calvinistische Einstellung verursacht als durch einen zu knappen Geldbeutel. Jedenfalls gab die Mutter, nach des Fürsten frühem Tod, den Bitten ihres 13 jährigen Sohnes endlich nach und nahm drei Musiker an den Hof; die Cöthensche Hofkapelle war gegründet.

Das gab ein Aufsehen im stillen Cöthen! „Brotdiebe, Ertzpfuscher" bekamen die neu ernannten Hofmusiker von ihren Kollegen, den Stadtmusikanten zu hören – die Drei blieben jedoch in Amt und Würden, selbst als Leopold zur Ausbildung an die Ritterakademie nach Berlin musste und anschliessend – natürlich in Begleitung des Hofmeisters – die übliche Cavaliersreise antrat.

1713 kam Leopold wieder nach Hause. 2 Jahre später wurde er grossjährig. Als Fürst konnte er sich nun weit mehr seiner geliebten Musik widmen. Da kurz vorher in Berlin die Hofkapelle Friedrich Wilhelms I. aufgelöst worden war, ergriff Leopold die Gelegenheit, einige der ehemalig Königlich-Preussischen Hofmusiker in seinen Dienst zu nehmen. Bald verfügte er über ein ausgezeichnetes Ensemble von 18 Musikern, das er „Collegium musicum" nannte. Als jedoch die Frau des Kapellmeisters Stricker fand, dass sie als Sängerin zu wenig beschäftigt sei und Stricker kündigte, fasste der 22 jährige Fürst Leopold den Entschluss, J. S. Bach an seinen Hof zu berufen.

Bach nahm die Berufung gerne an, hatten sich doch im Schloss von Weimar während seiner dortigen Dienstzeit die Verhältnisse so sehr geändert, dass er sich nicht mehr wohlfühlte. So leicht liess ihn aber der regierende Herzog nicht ziehen. Als Bach um seine Entlassung bat, wurde sie ihm erst verweigert, schliesslich wurde sein Dienst ziemlich drastisch beendet: „6. November ist der bisherige Concertmeister und Organist Bach wegen seiner halsstarrigen Bezeugung von zu erzwingender Demission auf der Landrichterstube arretiret und endlich den 2. Dezember darauf mit angezeigter ungnädiger Dimission des Arrestes befreyet worden".

Vielleicht empfand Bach die darauf folgenden Jahre in Cöthen als die glücklichsten seines Lebens. „Daselbst hatte einen gnädigen und Music so wohl liebenden als kennenden Fürsten, bey welchem auch vermeinete meine Lebenszeit zu beschliessen", schreibt er später seinem Jugendfreund Erdmann. „Es musste sich aber fügen, dass erwehnter Serenissimus sich mit einer Berenburgischen Prinzessin vermählte, da es denn das Ansehen gewinnen wollte, als ob die musicalische Inclination bey gesagtem Fürsten in etwas laulicht werden wollte, zumahle da die neue Fürstin schiene eine amusa zu seyn", ist leider der bittere Nachsatz.

Unter dem Einflusse dieser Frau wurde der Musik bald nur mehr eine bescheidene Rolle bei Hof gestattet, und so entschloss sich Bach, von Cöthen zu scheiden um Kantor in Leipzig zu werden. „Der Fürst liebte ihn sehr", berichtet Forkel, erfüllte aber doch den Wunsch seines Kapellmeisters: „Wan aber derselbe anderweit seine Fortun vor itzo zu suchen willens, und uns deshalb um gnädigste dimission unterthänigst angelanget: Als haben, Wir ihm dieselbe hier durch in gnaden ertheilen, und zu anderweiten Diensten bestens recommendiren wollen", schreibt Leopold in Bachs Entlassungsdekret. Eine Woche vorher, am 4. April, war die „Amusa" gestorben, doch konnte dies den Lauf der Dinge nicht mehr ändern. Bach und Fürst Leopold aber blieben einander bis zu dessen frühem Tod in herzlicher Freundschaft verbunden.

Unter der folgenden Regierung von Leopolds Bruder, August Ludwig, wurde die Kapelle auf 12 Mitglieder vermindert. 1754 wurden alle Mitglieder durch fürstlichen Erlass ohne Kündigung und Pensionsansprüche fristlos entlassen. Selbst die Bitte des Rentkammerdirektors, „denen alten, welche auf die 40 Jahre allhier gedienet und nunmehro ausser Stande seyn, anderwärts ihr Fortun und dürftiges Brodt zu suchen", blieb ungehört. Was mag das Schicksal der 4 Musiker gewesen sein, darunter sich der Gambist Chr. F. Abel befand, der erste, der vielleicht mit Bach am Cembalo dessen *Gambensonaten* gespielt hat? Wie mag es Kammermusikus Freytag ergangen sein, dem Ersten, den Leopolds Mutter, Gisela Agnes für das Kammerquartett bestellt hatte?

August Ludwig richtete sich ein militärisches Hautboistenkorps ein, der grösste Teil der Musikbibliothek war schon bald nach Leopolds Tod verschwunden, einzig einige alte Instrument aus dem Inventar von Bachs Zeiten blieben stumm gewordene Zeugen des Höhepunkts der musikalischen Vergangenheit eines Geschlechtes.

Wir danken Bachs Aufenthalt in Cöthen den grössten Teil seiner weltlichen Instrumentalmusik, darunter auch die *Gambensonaten*.

Der autographe Titel, in zweien dieser Sonaten erhalten, lautet: *Sonata a cembalo e Viola da Gamba*.

Das könnte uns leicht zu der irrigen Meinung führen, es wären Sonaten mit Klavierbegleitung, wie wir sie später bei den Klassikern und Romantikern kennen, bei deren Wiedergabe sich ein Streicher meist vergeblich müht, neben dem Tonschwall eines Klavieres zu bestehen.

Diese Sonaten sind aber als Trios komponiert, das heisst: drei gleichberechtigte Stimmen sind darin kunstvoll kontrapunktisch verarbeitet. Eine dieser drei Stimmen, meist die Mittelstimme, wird von der Gambe gespielt, Bass und Sopran sind dem Cembalo zugedacht.

Der Ton des Cembalos war meist zu zart, um neben einem Streich- oder Blasinstrument bestehen zu können. Es war daher üblich, die Bass-Stimme (linke Hand) des Cembaloparts durch ein anderes Instrument zu stützen. Nach Belieben wurde dazu ein Violoncello, eine Gambe oder – zu Bläsern – häufig das Fagott benützt. Überdies hatte das Barock eine besondere Vorliebe für starke Bässe. Der Bach-Schüler Kirnberger schreibt in Sulzers „Allgemeine Theorie der Schönen Künste" 1778: „Das Wichtigste ist hierbey das Verhältniss der Bässe gegen die oberen Stimmen, damit der Bass allzeit über alle anderen Stimmen herrsche, weil dieses seine Natur ist". Man sollte darum in der Kammermusik wirklich niemals auf ein Continuo-Instrument verzichten.

Die Gambenstimme dieser 3 Bachschen Sonaten ist für eine siebensaitige Gambe geschrieben. Bach fordert einen Tonumfang, den die sechssaitige Gambe nicht zu erfüllen vermag. Er führt die Stimme bis zum G_1, während die tiefste Saite der sechssaitigen Gambe das D ist. Auch die Scordatur kann da nicht helfen. Wer nur über eine sechssaitige Gambe verfügt, muss die betreffenden Stellen um eine Oktave versetzen.

Das den Gambensonaten folgende Trio ist eine frühere Fassung der 1. Gambensonate. Sie ist in einer alten Abschrift erhalten, welche von der Hand Zelters die Überschrift: „Trio für zwei Flöten und Bass" trägt. Da nicht erwiesen ist, dass diese Besetzungsangabe tatsächlich von Bach selbst herrührt, ausserdem das Barock in der Instrumentenwahl sehr freizügig war, habe ich mich nicht verpflichtet gefühlt, den Angaben Zelters zu folgen, und habe statt zweier Flöten die Besetzung der Trio-Sonate des *Musikalischen Opfers* gewählt.

Instrumentarium der Gambensonaten:
Siebensaitige Gambe von Christoph Klingler, Rattenberg im Tirol, 1683; aufgefunden bei einem Trödler in Amstetten (Niederösterreich). 1807 war die Gambe laut Inschrift im erneuerten Wirbelkasten auf ein Cello umgearbeitet worden, wobei jedoch der originale Kopf erhalten blieb, was ermöglichte, den Originalzustand wieder herzustellen.
Fünfsaitige Gambe von Johannes Maria, Nord-Italien, ca. 1530
Instrumentarium der Trio-Sonate:
Flöte von J. M. Bürger, Strassburg, 1835
Violine „sub disciplina" Nicola Amati, Cremona um 1680
Violoncello von Francesco Rugger, detto il Per, Cremona 1683

2.14. Sämtliche Werke für Clavicembalo XII: *Zweistimmige Inventionen* BWV 772–786, *Dreistimmige Inventionen* (*Sinfonien*) BWV 787–801

Der Text dieser Schallplattenhülle beruht auf der Publikation: *Bach und die Rhetorik,* publiziert in der Österreichischen Musikzeitschrift 1958. Siehe elektronischer Anhang zum Buch, Kapitel 6.2.

2.15. Sämtliche Werke für Clavicembalo XIII: *Fantasien,* Präludien und Fugen

Als Wilhelm Friedemann Bach einst eine Abschrift der *Chromatischen Fantasie* an Joh. Nikolaus sandte, hatte ein Freund folgenden Knittelvers hinzugefügt:

> Anbey kommet an
> etwas Musik vom Sebastian
> sonst genannt Fantasia cromatica
> bleibt schön in alle saecula!

Begeistert schreibt Forkel: „Diese Fantasie ist einzig und hat nie ihresgleichen gehabt... sonderbar ist es, dass diese so ausserordentlich kunstreiche Arbeit auch auf den allerungeübtesten Zuhörer Eindruck macht, wenn sie nur irgend reinlich vorgetragen wird"[256].

Kaum jemand wird das Urteil Forkels bezweifeln. Dass sich die Schönheit dieses Werkes aber so vielen Menschen mühelos erschliesst, hat einen psychologisch leicht erklärbaren Grund.

Wer stand noch nie hinter einem der traditionellen dreibeinigen Hocker, auf dem sich Maler niederzulassen pflegen, wenn einer, mit einer Wanderstaffelei ausgerüstet, irgendwo „die Landschaft" malt. Kaum hat er seine Farben ausgepackt, hat er schon sein Publikum: Kinder, Halbwüchsige, Erwachsene, darunter vielfach Leute, denen man auf den ersten Blick anzusehen vermeint, dass sie kaum jemals vorher ihr Interesse für Gemälde entdeckt haben.

Neugierig und gespannt folgen sie jeder Verwendung des Pinsels, vergleichen kritisch mit der Natur und schon nach wenigen Minuten ist aus der kleinen Gruppe eine Versammlung von Malern geworden. Dass nur Einer unter ihnen die dazu nötige Technik beherrscht und *wirklich* malt, ändert nichts daran, dass sich in diesem Augenblicke Alle [sic] im Banne der Entstehung eines Kunstwerkes befinden. Nicht das Bild, das Malen interessiert!

Parallel dazu ist es in der Musik die Improvisation, der Reiz der einmaligen augenblicklichen Leistung persönlichster musikalischer Aussage, die auch „den allerungeübtesten Zuhörer" in ihren Bann zwingt.

Dieser starken Wirkung waren sich die Musiker immer bewusst, das beweisen schriftliche Zeugnisse vom 13. Jahrhundert bis in die Gegenwart. Im 15. Jahrhundert entstanden aus der freien Improvisation allmählich die ersten, rein instrumentalen Kompositionsformen: Ricercar, Instrumentalkanzone, Fantasie, Präambel und Toccata. Die beste Interpretation solcher Werke war dann erreicht, wenn sie den Eindruck erweckte, als wäre diese Musik nie notiert und studiert worden, sondern ein spontaner Einfall, eine echte Improvisation.

Ein Zitat aus dem 18. Jahrhundert sei hier angeführt:

„Wie offt unterhält nicht ein fertiger Violinist (anderer Instrumentalspieler zu geschweigen) sich und seine Zuhörer auf das allerangenehmste, wenn er bloss und gantz allein fantaisiret? ... nur Schade, dass keine Regeln von solcher Fantaisie-Kunst vorhanden! ... Denn dieser Styl ist die allerfreieste und ungebundenste Setz-, Sing- und Spiel-Art, die man nur erdencken kan, ... da man sich weder an Worte noch Melodie, obwohl an Harmonie bindet, ... da allerhand sonst ungewöhnliche Gänge hervorgebracht werden, ohne eigentliche Beobachtung des Tacts und Tons, unangesehen dieselbe auf dem Papier Platz nehmen; bald hurtig, bald zögernd; bald ein-, bald vielstimmig: bald auch auf eine kurtze Zeit nach dem Tact ... , nicht ohne Absicht zu gefallen ... und in Verwunderung zu setzen. Das sind die wesentlichsten Abzeichen des fantastischen Styls. An die Regeln der Harmonie bindet man sich allein bey dieser Schreib-Art, sonst an keine".

„Fantaisie, oder Fantaisies, deren Arten sind: Die Boutades, Capricci, Toccate, Preludes, Ritornelli, etc. Ob nun gleich diese alle das Ansehen haben wollen, als spielte man sie aus dem Stegreife daher, so werden sie doch mehrenteils ordentlich zu Papier gebracht; halten aber so wenig Schrancken und Ordnung, dass man sie schwerlich mit anderen allgemeinen Nahmen, als guter Einfälle belegen kan ..."[257]

Auch Bach hat unter dem Titel *Fantasie* die verschiedensten Formen niedergeschrieben. Für die *Chromatische Fantasie* trifft Mattheson's Definition – „als spielte man sie aus dem Stegreife daher" – in ganz besonderem Masse zu. Dieses Werk Bachs ist nichts anderes als eine notierte Improvisation und das ist das Geheimnis ihrer Wirkung, selbst auf jene Menschen, die sonst an anderen ebenso schönen Werken Bachs vorübergehen.

Häufig finden sich in *Fantasien* und *Toccaten* Stellen, die nur andeutungsweise notiert sind und damit noch die Möglichkeit einer echten Improvisation bieten. Auch Bach hat sich diesem Brauche angeschlossen. In der *chromatischen Fantasie* sind es die berühmten Takte 27–29 und die Takte 33–49[258].

Die Harmonie, an die man sich ausschliesslich zu binden hat, ist damit gegeben. Wie man damit fantasiert bleibt dem Interpreten überlassen.

Da es von der *Chromatischen Fantasie* kein Autograph gibt und uns dieses Werk nur in mehreren Abschriften überliefert ist, darf man das im 27. Takt ausgeschriebene Arpeggio nicht als authentische Vorschrift Bachs ansehen; es ist nur die Angabe eines Kopisten oder Schülers, in diesen Takten gebrochene Akkorde zu spielen.

Ein Vergleich aller jener Stellen, in denen Bach Arpeggien ausgeschrieben hat, beweist, dass er selbst eine so primitive Akkordbrechung niemals gespielt haben würde. (Auskomponierte Arpeggios finden sich in schier unerschöpflicher Vielfalt der Möglichkeiten besonders in den *Toccaten* und *Fantasien* der Orgelliteratur, die Sarabande e-moll des 1. Teils der Clavierübung, ist ein wichtiges Beispiel, ferner die Sonaten für Violino solo, etc.)

Abb. 15 Musikbeispiel
Chromatische Fantasie

Das Arpeggio des Barocks fügt sich immer rhythmisch dem Takte ein. Es ist wirklich gebrochen, das heißt; es verläuft nie über große Intervalle in einer Richtung, sondern kehrt nach einigen wenigen Tönen schon wieder um, macht wenigstens einen Intervallschritt zurück um dann erst die ursprüngliche Bewegung wieder aufzunehmen. So bildet es sogar graphisch, in der Niederschrift, ein echt barockes Bild. Es ist häufig durchsetzt mit harmoniefremden Noten, bei Bach manchmal so reich, dass die Grundharmonie gar nicht mehr so leicht zu erkennen ist. Mit diesen Mitteln wird das barocke Arpeggio dramatisch gestaltet.

Ein Arpeggio dieser Art:

Abb. 16 Musikbeispiel
Einfaches Arpeggio

gehört einer viel späteren Zeit an, in der man Steigerung und Ausdruck hauptsächlich durch Dynamik und Klangentwicklung (Pedal) zu erzielen suchte.

Ich habe auch versucht, das Rezitativ der Chromatischen Fantasie aus der Erstarrung zu lösen, in die es im Verlaufe der Generationen geraten ist.

Bei Ph. E. Bach kann man Folgendes lesen: „Gewisse Recitative, wobey der Bass, oder die übrigen darzu gesetzten Instrumente ... eine solche Bewegung in Noten haben, welche beständig fort dauret, ... müssen ... strenge nach der Eintheilung des Tactes ausgeführet werden. Die übrigen Recitative werden nach ihrem Inhalte bald langsam, bald hurtig, ohne Rücksicht auf den Tact, abgesungen, ob sie schon bei der Schreibart in den Tact eingetheilet werden. Ein Accompagnist muss ... genau aufmerksam seyn ... damit er mit seinem Accompagnement bey der Hand sey, und den Sänger niemals verlasse. Declamiert der letztere hurtig, so muss die Harmonie auf das bereiteste da seyn ... Der Anschlag einer neuen Harmonie muss auf das geschwindeste geschehen, so bald die vorige Harmonie zu Ende ist ... Wenn man unter zweyen Übeln wählen müsste, so würde hier das Eilen dem

Schleppen vorzuziehen seyn ... die Geschwindigkeit und Langsamkeit des Harpeggio bey der Begleitung hänget von der Zeitmasse und dem Inhalte des Recitatives ab. Je langsamer und affectuöser das letztere ist, desto langsamer harpeggiert man ... so bald aber die Begleitung, statt der Aushaltungen, kurze und abgestossene Noten krieget, sogleich schlägt auch der Clavierist die Harmonien, ohne Harpeggio, kurz und trotzig mit vollen Händen an ..."[259].

Wohl sind es Regeln für das theatralische Rezitativ der Oper. Warum sollte aber ein Rezitativ in der Instrumentalmusik anders ausgeführt werden? Hatte doch gerade in 18. Jahrhundert die menschliche Stimme allen Musikern als Vorbild zu dienen! Sänger und Akkompagnist zugleich! Das ist die Aufgabe, die dem Cembalisten im Rezitativ der *Chromatischen Fantasie* gestellt wird und die ich zu lösen versucht habe.

So klingt manches auf dieser Platte abweichend von der vielen Menschen lieb und vertraut gewordenen Interpretation, besonders der *Chromatischen Fantasie*. Ich weiß, dass ich mich dadurch im höchsten Masse der Kritik aussetze. Ist es jedoch anständig, auf Fehlern – wenn man sie einmal als solche erkannt hat, zu beharren, bloß weil sie bequem sind?

2.16. Sämtliche Werke für Clavicembalo XIV: *Toccaten*

Die Aufnahmen der Philips Schallplattenserie: J. S. Bachs Sämtliche Werke für Clavicembalo wurden auf einem Pedalcembalo gespielt.

Die meisten der heutzutage gebauten Cembali sind so konstruiert, dass deren Register vermittels Pedalen, also mit den Füssen ein- und ausgeschaltet werden können. Dies gilt besonders für grössere Instrumente und so ist das Konzertpublikum durchaus gewohnt, an einem Cembalo mehrere Pedale zu sehen.

Man spricht aber auch von einem Pedal der Orgel, und alle Menschen, die nur annähernd eine Vorstellung von diesem Instrument haben, wissen genau, dass das Orgelpedal nichts mit den Pedalen eines Cembalos oder eines Klaviers gemein hat. Da verschiedene Begriffe in diesem Falle durch Sprachabkürzung den gleichen Namen „Pedal" erhalten haben, ist die Frage nicht unberechtigt, die oft an mich gestellt wird. Was ist eigentlich ein Pedalcembalo?

Das Wort Pedal bedeutete ursprünglich nichts anderes als eine Vorrichtung, die es gestattet, mit dem Fusse irgendetwas in Bewegung zu setzen. Das muss aber noch lange kein Bestandteil eines Musikinstrumentes sein, es kann sich ebenso um ein Fahrrad handeln!

Bezüglich der „clavierten" Instrumente jedoch, nämlich der Orgel, des Clavichords, des Cembalos und des Klaviers sollte man sich wohl einmal darüber Klarheit verschaffen, was eigentlich mit dem Worte „Pedal" in jedem Falle gemeint ist.

Beim modernen Klavier versteht man darunter in erster Linie die Dämpfung. Eine Saite, die zum Erklingen gebracht wurde, würde meist viel zu lange fortklingen, dämpfte nicht zugleich mit dem Loslassen der Taste eine Vorrichtung aus Filz diese schwingende Saite ab. Da jedoch aus musikalischen Gründen manchmal ein Weiterklingen der Saiten gewünscht wird, hat man „das Pedal" erfunden, nämlich: eine Möglichkeit, mit dem Fusse die Dämpfung der Saiten aufzuheben, solange man will. Es war nicht immer so, dass dieses Heben der Dämpfung mit dem Fusse per Pedal geschah. Die Hammerclaviere des 18. Jahrhunderts besassen dafür einen Hebel unterhalb der Claviatur, der mit dem Knie nach oben gedrückt werden musste. An ganz frühen Hammerclavieren war die Dämpfung sogar noch mit der Hand, durch einen kleinen Hebel seitlich der Tasten ein- und auszuschalten! Wir sagen zwar *mit* Pedal, meinen aber damit *ohne* Dämpfung!

Das zweite Pedal am Klavier, das linke, dient dazu, die gesamte Mechanik etwas seitlich zu verschieben, so dass die Hämmer nicht alle 3 Saiten eines Tones, sondern nur 2 derselben anschlagen. Der Gebrauch dieses Pedals verursacht eine Änderung der Klangfarbe, der Ton wird weicher und leiser.

Ein Cembalo, das über mehrere Register verfügt, muss natürlich die Möglichkeit bieten, diese Register wahlweise ein- und ausschalten zu können. Dazu dienten ursprünglich Handregisterzüge, das heisst: Wollte ein Cembalist das Register wechseln, musste er zu dieser Tätigkeit die Hände gebrauchen.

Erst 1660 hatte ein Instrumentenbauer, Mr. J. Hayward (London), die Idee, einen Mechanismus zu konstruieren, der die Tätigkeit des Registrierens den Füssen überlassen konnte. Diese Erfindung, die bis auf kleine Äusserlichkeiten gänzlich der heute üblichen Pedalregistrierung gleicht, wurde damals sehr bewundert, jedoch: „... it is not very commonly used, or known; because few make of them well, and fewer will go to price of them. Twenty pounds being the ordinary price of one .... Very admirable instruments".

Solch ein Cembalo ist aber kein Pedalcembalo, sondern ein Cembalo mit Pedalregistrierung. In allen bisher angeführten Fällen war das Pedal stets nur eine Vorrichtung, um den Klang des Instrumentes zu verändern.

Im Gegensatz dazu ist das Orgelpedal eine grosse Claviatur, auf der der Organist mit den Füssen tatsächlich musiziert, ebenso wie mit seinen Händen. Man schreibt die Erfindung dieses „Pedals" einem Brabanter, L. v. Valbecke, gest. 1318, zu. Die Technik des Pedalspiels wurde nach Ländern und Zeiten sehr verschieden geschätzt.

Welche Möglichkeiten hatte aber der Organist, diese Technik zu erlernen und zu üben? Zum Spielen auf den grossen Orgeln braucht man stets einen Calcanten, einen Buben, der die Bälge trat. Oft wurde auch das Üben im Gotteshaus – besonders in den katholischen Kirchen – nicht gern gesehen. Ausserdem war es in den Kirchen bitter kalt.

Der Organist übte damals zu Hause auf seinem Pedalclavichord. Das war ein ein- oder zweimanualiges Clavichord, dem man eine der Orgel entsprechende Pedalklaviatur beigefügt hatte, so dass der Musiker tatsächlich imstande war, auf diesem Instrumente sein gesamtes Orgelrepertoire zu studieren. Alten Berichten zufolge, muss es eine grosse Anzahl solcher Instrumente gegeben haben.

Der erste mir bekannte Hinweis findet sich schon 1460 bei Paulinus in Prag im „Liber XX gentium". Dort heisst es: „Das Clavichord mit seiner Treteinrichtung bietet eine ausgezeichnete Vorbereitung zum Orgelspiel!"

Am Ende der Stuttgarter Handschrift der „Flores musice" des Hugo von Reutlingen findet man sogar eine Abbildung eines einmanualigen Pedalclavichords, etwa aus dem späten 15. Jahrhundert und noch 1791 kann man folgende Anzeige in Bosslers Musikalischer Realzeitung lesen: „Claviere (Clavichorde) mit 3 Registern und Pedal mit 7 Registern [zum Preis] von 10 –15 Louisd'or."

Aber nicht nur Claviere und Orgeln wurden mit einer Pedalclaviatur versehen, man baute auch Cembali dieser Art. M. J. Adlung gibt 1758 eine ausführliche Beschreibung mehrerer solcher Instrumente und diese wurden dann richtig Pedalcembali genannt.

Was lag näher als später auch dem Hammerclavier eine Pedalklaviatur hinzu zu fügen? Einer der grössten Namen der Musikgeschichte ist mit einem solchen Instrument verbunden. Leopold Mozart schreibt an Nannerl: „Deines Bruders Forte-piano Flügel ist wenigstens 12 Mahl seit ich hier bin, aus dem Haus getragen worden. Er hat ein grosses Fortepiano pedale machen lassen, das unter dem Flügel steht...". 1790 berichtet der Arzt J. Frank über seinen Lehrer W. A. Mozart: „Unter seinen Fingern wurde das Fortepiano ein ganz anderes Instrument. Er hatte es durch ein zweites Clavier verstärkt, welches ihm als Pedal diente."

Als im 19. Jahrhundert die Orgelschüler der Leipziger Musikschule ein „Pedalklavier" zum Üben bekommen hatten, war Robert Schumann von den Möglichkeiten eines solchen Instrumentes so sehr beeindruckt, dass er sich im April 1845 ein Pedal zu seinem Klavier mietete, „was ihm viel Vergnügen schaffte. Der Zweck war es hauptsächlich, für das Orgelspiel zu üben" (aus Claras Tagebuch). Schumann schrieb ein paar Werke für dieses Instrument und versprach sich einen besonderen Erfolg davon. Er bat sogar seinen Verleger, vorläufig noch nicht darüber zu sprechen, „sonst schnappt uns der erste Beste die Idee auf und weg ... Offen gesagt lege ich einiges Gewicht auf die Idee und glaube, dass sie mit der Zeit einen neuen Schwung in die Klaviermusik bringen könnte. Ganz wundervolle Effekte lassen sich damit machen".

Auch F. Gruber, der Komponist des Weihnachtliedes „Stille Nacht, Heilige Nacht", Gounod, Liszt und andere spielten dieses Instrument und komponierten auch dafür.

Heutzutage findet man wohl kaum mehr ein Pedalklavier und auch Nachbauten von Pedalcembali sind selten. Die Gründe hierfür mögen wohl praktischer Natur sein. In der Zeit der reisenden Virtuosen ist so ein Instrument eine schwere Belastung.

Der Streit, welche Werke Bachs man auf der Orgel, dem Clavichord oder dem Cembalo spielen müsste, oder ob nicht überhaupt ein modernes Klavier weitaus den Vorzugs über alles andere haben soll, hat im Grund mit den ersten „historischen Konzerten" in London begonnen. Dort hat I. Moscheles, Professor der Royal Academy 1837 erstmalig ein Cembalo benützt. Nach ihm spielte E. Pauer, ein anderer Professor des gleichen Instituts in den (18)50er Jahren ebenfalls auf diesem Instrument. 1888 hören wir aus Paris von einem Konzert auf einem Cembalo von Tasquin mit andern alten Instrumenten.

Im Gegensatz dazu schreibt B. Shaw 1890: „During the performance of an old overture, composed by one of the minor Bach's, I was annoyed by what I took to be jingling of a bell-wire somewhere: but it turned out to be Dr Parry playing the part on a decrepit Harpsichord. As though the overture is a hundred years old, it was not written for a harpsichord of that age. Dr Parry might almost as well have played the Emperor Concerto on a Broadwood[260] of 1809".

1937 steht A. Schmid-Lindner auf dem Standpunkt, dass Bach weder am Cembalo, noch am Clavichord noch [an] der Orgel seine Werke befriedigend darstellen konnte. Nur der moderne Flügel würde die Vorzüge aller drei Instrumente vereinen! Die musikalischen Gemüter haben sich über diese Streitfrage noch immer nicht beruhigt.

Und nun wurden die Sämtlichen Werke für Clavicembalo auf einem Pedal-Cembalo gespielt, obwohl bei keinem dieser Werke ein „Pedalflügel vorgeschrieben" ist. Einzig die Passacaglia ist den Handschriften zufolge für Cembalo ovvero organo komponiert und auch die sechs Trio-Sonaten, meist als Orgelsonaten bekannt, lassen durch die Überschrift „Sonata a due Clav. e pedal", sowie durch die Komposition selber vermuten, dass Bach bei diesen Werken an ein Pedalcembalo gedacht hat.

Forkels Bericht zu Folge besass Bach mehrere Clavichorde, mehrere Cembali und ein Pedalclavier. Der Ungenauigkeit des Sprachgebrauchs haben wir es leider zuzuschreiben, dass wir nie mehr wissen werden, ob es sich in diesem Falle um ein Pedalclavichord oder ein Pedalcembalo gehandelt hat. Bach liebte dieses Instrument sehr, „ja er ging sogar bisweilen so weit, wenn er gerade fröhlicher Laune und im vollen Gefühl seiner Kraft war, zu drei einzelnen Stimmen sogleich eine vierte zu extemporieren, also aus einem Trio ein Quartett zu machen. Zu solchen Künsten bediente er sich zweyer Claviere und des Pedals, oder eines mit einem Pedal versehenen Doppelflügels."

Es ist gar kein Zweifel, dass sich in manch grossem Werke Bachs Teile finden, die am Clavichord schöner klingen als am Cembalo und umgekehrt. Ebenso ist es naheliegend, dass Bach und alle anderen Musiker seiner Zeit das gleiche Werk einmal auf dem Cembalo, ein andermal auf der Orgel oder am Clavichord gespielt hatten, je nachdem, welches Instrument ihnen eben zur Verfügung stand und welches ihnen im Augenblick mehr Freude machte. Warum sollte man sich ein Pedalcembalo versagen, bloss weil es nicht expressis verbis im Titel des Werkes angeführt ist?

Die Fälle, in denen ein Komponist des Barock genaue Anweisungen gab, auf welchem Instrument er diese oder jene seiner Kompositionen gespielt haben wollte, sind äusserst selten. Meist war die Wahl des Instrumentes dem Spieler überlassen. In einem Zeitalter, das der freien Improvisation so grossen Raum gönnte, dass selbst das wesentliche Gebiet der Ornamentik weitgehend der „Einsicht und dem guten Geschmacke" der Spieler überlassen war, wäre Kleinlichkeit in der Instrumentenwahl stillos! Die Tatsache eines Pedalcembalos zwingt ja keineswegs dazu, das Pedal immerfort zu benutzen. Hingegen habe ich es immer dort eingesetzt, wo es nach meinem „Geschmack" die Schönheit eines Werkes noch mehr zum Ausdruck bringen konnte. Dass dies in den Tokkaten mehr als sonst der Fall ist als sonst, erklärt sich meiner Meinung nach aus der engen Verwandtschaft dieser Werke mit Bachs grosser Orgelmusik.

2.17. Addendum: Cembalo-Konzerte/Das Amati-Orchester

Mit der Prägung des Schlagwortes „Werktreue" standen die Musiker zu Beginn unseres Jahrhunderts vor einer Unzahl neuer Aufgaben. Sie zu lösen wurden anfänglich in bester Absicht so manche Fehler begangen: Man meinte, wenn man sich genau an den Notentext hielte, so wäre alles getan; jedoch hatte man ganz übersehen, dass sich die Notierungsgewohnheiten im Laufe der Zeit sehr geändert hatten und ein optisch gleiches Notenbild gänzlich anders bespielt [sic] werden muss, je nachdem, ob es sich um eine Komposition aus dem 18. oder dem 20. Jahrhundert handelt.

Man vergass auch noch lange, dass zur Werktreue ebenso die Klangtreue gehört, das heisst: Das richtige Instrument. Selbst die Wahl des Saales sollte stets sorgfältigst bedacht werden:

> „Der Ort, wo ein (Stück) angeführet wird, kann der richtigen Beurtheilung sehr viele Hindernisse in den Weg legen... Wir können ein Stück, das für einen weitläuftigen Ort, und für ein zahlreiches Orchester bestimmet ist, am gehörigen Orte aufführen hören. Es wird uns ungemein gefallen. Hören wir aber dasselbe Stück ein andermal in einem Zimmer ... es wird die Hälfte seiner Schönheit verloren haben".
> (Quantz, 1752)

Von dem Musiker wurde sogar verlangt, darauf Rücksicht zu nehmen, ob er „an einem grossen Orte, wo es schallet, oder an einem kleinen, zumal tapezierten Orte, wo der Ton gedämpft wird" spielte! (ebd.) Man würde der Komponierkunst des Barock ein sehr schlechtes Zeugnis ausstellen, glaubte man, eine Musik, die für einen schallenden Raum komponiert wurde, beliebig in einen modernen Konzertsaal versetzen zu können. Ist doch die Akustik jedes modernen Saales viel trockener als die eines barocken Repräsentationsraumes mit seinen Steinböden, Marmorwänden und seiner freskogeschmückten Kuppel. Erst die überaus hallige [sic] Akustik eines solchen Raumes ermöglicht wahre Klangtreue und somit Werktreue.

Wie wenige wissen, dass die Dirigiertechnik des Barock von der heutigen so verschieden war! Ein Cembalist, der – da er die Hände zum Spielen braucht, wild mit dem Kopfe schüttelt, um die Musiker im Takt zu halten, diese Vorstellung ist leider zu einfach, um richtig zu sein.

Und das Publikum? Wer darf wohl hoffen, dass es jemals noch unter den gleichen Voraussetzungen in ein Konzert kommt wie vor 200 Jahren? Dennoch wäre die Verfassung einer kleinen „Aufführungspraxis für das Publikum" allen Ernstes zu bedenken. So manches Werk, so mancher Musiker würde danach gerechter beurteilt werden! Hat man die hier aufgezählten Schwierigkeiten, die bei weitem nicht alle sind, erkannt, muss man leider einsehen, dass absolute Werktreue ein unerfüllbarer Wunsch bleiben muss.

Schon beim Notentext beginnen die Rätsel – trotz der vielen Neuausgaben von Musiklehrbüchern des Barock, da sich Vieles in der Musik jeglicher Erklärung durch Worte entzieht: Was wissen wir wirklich, wenn wir bei Quantz lesen, es „müssen die geschwindesten Noten, in einem jeden Stücke von mässigem Tempo, oder auch im Adagio, ungeachtet sie dem Gesichte nach einerley Geltung haben, dennoch ein wenig ungleich gespielt werden: [...] doch muss dieses Anhalten nicht so viel ausmachen, als wenn Punkte dabei stünden", und wenn wir weiter vom lombardischen Geschmack lesen, „ dass man bisweilen, von zwo oder drei kurzen Noten, die anschlagende kurz machet und hinter die durchgehende einen Punct setzet [...] Je kürzer man die ersten Noten machet, je lebhafter und frecher ist der Ausdruck. Je länger man hingegen die Punkte hält: je schmeichelnder und annehmlicher klingen diese Art von Noten".

Das Bachsche Cembalokonzert D-Dur, BWV 1054, ist ein markantes Beispiel zu diesem Problem: Im 2. Satz, Takt 23, 24 ist die Cembalostimme punktiert notiert. Die Urfassung dieses Konzertes, das Violinkonzert E-Dur, notiert ebendiese Stelle in gleichen 16tel-Noten. Welcher Geiger wagt es, hier den lombardischen Rhythmus anzuwenden?

Wie wurde diese Stelle tatsächlich gespielt?

Auch die Instrumente stellen uns oft vor unlösbare Schwierigkeiten. Manchmal scheitern wir daran, dass wir deren ehemalige Bauart nicht genau kennen, oder aber, es fehlt an der Beherrschung der Spieltechnik. Wir dürfen auch jene Instrumente, die wir im modernen Orchester zu sehen und zu hören gewöhnt sind, nicht mit jenen gleichen Namens im Barock verwechseln. So ist z. B. durchaus Geige nicht gleich Geige! Alle Instrumente waren dauernden Veränderungen unterworfen, um den im Laufe der Jahrhunderte stets wechselnden Anforderung und Klangidealen gerecht zu werden.

Als die Aufklärung dem Bürgertum allerorts die Türe geöffnet und damit die Basis für das öffentliche Konzert geschaffen hatte, war mit dem Bau immer grösserer Konzertsäle der Wunsch nach immer lauteren Instrumenten geboren.

Wer aber meint, das wären nur äussere Veränderungen, der jeweiligen Mode des Möbelstils entsprechend, dem mögen folgende Zahlen zu denken geben: Die Zugkraft der Saitenspannung (errechnet mit Hilfe der von dem Wiener Klavierbauer Streicher erfundenen Saitenwaage) an einem alten Klavier, etwa aus dem Jahre 1780, beträgt 2.125 kg.

1808 beträgt sie	4.500 kg
1830	5.900 kg
1850	4.000 kg
1880	17–18.000 kg
1954	20–24.000 kg

Die Geige war genau der gleichen Entwicklung unterworfen, nur blieb sie dabei, im Gegensatz zum Klavier, äusserlich nahezu unverändert. Lediglich das einst keilförmige Griffbrett wurde zu Gunsten einer verstärkten Halsneigung in ein dünnes Brettchen verwandelt.

Erhöhung der Lautstärke konnte auch bei der Violine nur durch stärkeren Saitenzug gelingen. Man verlängerte deshalb die Mensur, obwohl das ständige Steigen der Stimmung eher das Gegenteil nahegelegt hätte. Dieser Modernisierung sind leider in erster Linie die besten Instrumente des italienischen Geigenbaus zum Opfer gefallen, da dieselben wegen ihres schönen Tones zu allen Zeiten sehr geschätzt waren. Nur ganz wenige solcher erstklassigen Instrumente sind uns in originaler Gestalt erhalten geblieben.

In jedem Konversationslexikon kann man lesen: „Die Violine ist ein mit vier Darmsaiten bespanntes Streichinstrument." Das war einmal! Heute werde vier Stahlsaiten aufgezogen, von denen die unteren mit verschiedenen Metallen: Aluminium, Silber oder Gold umsponnen werden. Genau besehen, wird die Geige heute mit einer Klavierbesaitung gespielt.

Nach Helmholtz entsprach der Druck, dem ein Geigenkörper ca. 1850 standzuhalten hatte, einer Belastung von etwa 35 kg. Nach sorgfältigen Messungen, unter Mitwirkung eines Wiener Geigenmachers, konnte errechnet werden, dass die barocke Geige unter einer Spannung von nur ca.

25 kg stand, während eine mit modernen Stahlsaiten bezogene Geige einen Druck von 70 – 80 kg aushalten muss!

Um die Instrumente unter diesen Anforderungen nicht buchstäblich zusammenbrechen zu lassen, wurden alle stützenden Teile im Innern der Geige (Klötze, Bereifung, Stimmstock und vor allem der Bassbalken) auf das 3 bis 5fache Volumen gebracht. Um den dadurch stumpf gewordenen Klang wieder aufzuhellen, schärfte man den Steg, bis er ein nur mehr messerrückendickes Blättchen wurde. Von der alten Geige blieb nichts mehr übrig, als Decke, Zargen und Boden. Decken- und Bodenrisse, allen voran der gefährliche Stimmstockriss, sind die traurigen Zeugen der Überlastung eines alten Instrumentes. Ebenfalls um grössere Lautstärke zu erzielen, wurde auch der einstige Streichbogen von Grund auf verändert, erhielt eine neue Form und ein erhöhtes Gewicht.

Dem Idealismus eines Wiener Sammlers, Dr. Erich Fiala, ist es zu danken, dass für die Aufnahmen aller Kammermusik- und Orchesterwerke des Philips' Bachzyklus ein Instrumentarium zur Verfügung stand, das – der Besetzung einer kleinen fürstlichen Capelle entsprechend – sämtliche Instrumente in vollkommen getreu restauriertem Zustand bot. Herr Dr. Fiala hat kein Opfer gescheut, allen Instrumenten seiner Sammlung bis in die kleinsten Details ihre ursprüngliche Gestalt und ihren barocken Klang wieder zu geben. Dieses Experiment wurde nicht etwa an unscheinbaren Geigen durchgeführt, sondern sämtliche Instrumente dieses Orchesters gehören der Familie Amati und ihren Schülern an, deshalb trägt es den Namen: Amatiorchester.

Es war nicht leicht, für dieses Orchester die nötigen Musiker zu finden. Es bedarf ja wohl kaum mehr besonderer Beweise, dass so wesentliche Veränderungen der Instrumente auch eine Veränderung der Spieltechnik mit sich bringen mussten. Da aber nahezu kein Musiker ausschliesslich mit „Alter Musik" sein Brot verdienen kann, bedeutet die Beschäftigung mit einem alten Instrument vor allem für den Orchestermusiker ein dauerndes Umstellen seiner Technik. Eine Aufgabe, der sich nicht jeder gerne unterzieht.

Angesichts all dieser eben geschilderten Schwierigkeiten darf man wohl annehmen, dass alles versucht wurde, für diese Aufnahmen das mögliche Höchstmaß an Werk- und Klangtreue zu erreichen.

Zuletzt fehlte ein „Anführer der Musik" – wie der Dirigent im 18. Jh. genannt wurde. Die überragende Stellung, die der Dirigent heute im Musikleben einnimmt, ist allgemein bekannt. Tatsächlich muss man zugeben, dass dasselbe Werk mit dem gleichen Orchester von verschiedenen Dirigenten geführt, sehr verschieden klingen kann. Woran liegt es? Sind doch seit den Werken der Klassik Tempo, Dynamik usw. nahezu eindeutig festgelegt und „Tradition" geworden. Wozu braucht man überhaupt einen Dirigenten? können doch die grossen Orchester die 5. Beethoven [Symphonie] und so manch anderes Werk sicherlich auswendig. Nur ein Diplomat könnte diese Frage vielleicht so beantworten, dass (manche) nicht darauf hin beleidigt wären! Wenn man aber der Taktführung eines Dirigenten solche grosse Bedeutung beimisst, dann darf man auch nicht ausser Acht lassen, dass die Dirigiertechnik des Barocks eine andere war, wie die heutige. So kennen wir z. B. für den ¾ Takt nur mehr eine Bewegung ...

Im Gegensatz dazu unterschied das Barock zwei Arten des 3/4 Taktes, je nach dem es sich um einen daktylischen oder anapästischen Rhythmus handelte.

Woher aber einen Dirigenten nehmen, der sich der Mühe unterziehen wollte, auf seine gewohnte Schlagtechnik zu verzichten? Herr Dr. Fiala hat sich im Zusammenhang mit seiner Sammlertätigkeit schon viele Jahre vor den Aufnahmen dieser Konzerte mit diesem Problem beschäftigt. Dass er nebenbei Dirigierkurse von Karl Böhm und Clemens Krauss besucht hat, geschah hauptsächlich nur, um dem Vorwurf der Einseitigkeit zu entgehen. Dem kleinen Orchester stand somit in Dr. Fiala ein Capellmeister zur Verfügung, der auf bürgerlicher Basis die Stelle des früher fürstlichen Mäzenaten und Musikliebhabers mit Recht beanspruchen konnte. So erkannten ihn auch alle Musiker als Anführer der Musik an[261]

Zum Schluss noch ein Wort an das Publikum: Die Ehrfurcht, die wir alle mit dem Namen J. S. Bach verbinden, verführt uns leicht dazu, alle seine Werke mit gleicher Andacht zu hören, ob es sich nun um die Matthäus-Passion oder um ein Cembalokonzert handelt. Jene war jedoch für den Gottesdienst bestimmt, während die Konzerte Unterhaltungsmusik waren, die zur festlichen Tafel eines musikliebenden Fürsten oder in den Kaffeehäusern Leipzigs erklangen. Ein scharf gewürzter Wildschweinbraten mit einem Glas guten Rotweins ist wohl eine andere Basis als: „Sitz Nr. 20, 17. Reihe, Parterre links" in einem modernen Konzertsaal.

Wenn es schon ein unerfüllbarer Wunsch bleiben muss, im Konzert auch noch ein Souper servieren zu lassen, so mag doch eine Bitte nicht unerfüllt bleiben: Hören Sie diese Konzerte fröhlich, im Kreis Ihrer lieben Freunde, selbst wenn Sie über einem heiteren Wort einmal den Kontrapunkt der Gegenstimme (oder einen falschen Ton) versäumen sollten. Erst dann werde Sie erhalten, was Bach Ihnen geben wollte: Freude!

Isolde Ahlgrimm, Wien 1955

3. Chronologie

(Isolde Ahlgrimm verfasste diese Chronologie für die Firma Philips Phonographische Industrie 1952 unter dem Titel: Die Concerte für Kenner und Liebhaber.)

Herbst 1934
Bekanntschaft mit dem Sammler Dr. Erich F. Fiala.
Die Künstlerin lernt alte Instrumente kennen und beteiligt sich intensiv an den ausgedehnten Studien- und Sammlungsreisen. Die ersten alten Instrumente werden sachgemäß restauriert und daneben wird eine umfassende Bibliothek alter Notendrucke und musikhistorischer Werke angelegt. Es entsteht der Plan, die so gewonnenen Erkenntnisse in einer Konzertreihe einem breiteren Publikum zugänglich zu machen.

20. Februar 1937
Erstes Concert für Kenner und Liebhaber in Wien. Der befriedigende Erfolg ermöglicht eine Fortsetzung. Die Künstlerin beschäftigt sich fast nur mehr mit dem Spiel historischer Hammerflügel. Die Programme umfassen die Zeit von C. Ph. E. Bach bis R. Schumann. Es werden stets die zeitlich richtigen Klaviere verwendet. Neben der Solomusik erklingt auch schon Kammermusik. Auch hier werden nur historisch richtige Streichinstrumente benützt.

23. Juni 1938
Heirat mit Dr. E. F. Fiala.
Hochzeitsgeschenk: Ein Cembalo!

3. Dezember 1938
4. Concert für Kenner und Liebhaber. Das Programm umfasst 4 Komponisten, die jeder auf dem entsprechenden Instrument vorgetragen werden: Bach, Mozart, Beethoven, Schumann. Erstes Auftreten als Cembalistin mit Bach! Die Concerte für Kenner und Liebhaber genießen großes Ansehen. Als Mitwirkende werden erste Kräfte der Wr. [Wiener] Philharmoniker herangezogen.

1. November 1940
Gründet der Gatte der Künstlerin die „Strudlhof-Galerie".
Die Künstlerin widmet sich fast ausschließlich dem Kunsthandel und beschäftigt sich intensiv mit der Restaurierung alter Gemälde. Die erste Sammlung Fiala-Ahlgrimm geht in den Besitz des Staatsmuseums über[262]. Viele Klaviere, Streich- und Zupfinstrumente verlassen das Haus der beiden Sammler, denen vom Staatsmuseum zugestanden wird, diese Stücke auch in Zukunft noch für einzelne Aufführungen verwenden zu dürfen.

Die Sammlung Ahlgrimm-Fiala umfasst nun die immer weiter ausgebaute Sammlung der österreichischen Provinzgeigenbauer. Daneben entsteht die 3. Sammlung: Die italienischen Streichinstrumente. Diese Instrumente werden kostenlos an begabte Musiker verliehen. Zeitweise werden mehr als ein Dutzend solcher Instrumente von den Wiener Philharmonikern gespielt. Der außerordentliche Erfolg des Sonatenabends mit Jaroslav Suchý hat viele Bitten des Wiener Publikums zur Folge, Frau Ahlgrimm solle doch wieder auf dem Podium erscheinen.

23. April 1942
7. Concert für Kenner und Liebhaber. Zum ersten Mal ist ein großes Orchester (Wiener Symphoniker unter Hans Weisbach) für den Großen Konzerthaussaal engagiert. Der Programmtitel lautet: "Vergessene Virtuosenmusik". Das Klavierkonzert a-Moll von J. N. Hummel bringt einen außerordentlichen Publikumserfolg. Rasch folgen zwei weitere Konzerte.

19. Februar 1943
10. Festliches Concert für Kenner und Liebhaber. In den Räumen der Sammlung alter Musikinstrumente des Kunsthistorischen Museums im Palais Pallavicini am Josefsplatz zu Wien gestaltet die Museumsleitung dieses Jubiläumskonzert zu einer vielbemerkten Feier für die Künstlerin und bringt den Dank der Sammlung, die zu einem guten Teil ihrer Sammeltätigkeit zu verdanken ist, zum Ausdruck. Die erste Entwicklungsperiode ist abgeschlossen. Die Künstlerin wird von den gesamten Wienern und Deutschen (infolge des Krieges fehlt die Internationalität) als die unbestritten erste Interpretin früher Klaviermusik (Ph. E. Bach, Mozart, Haydn, Beethoven, Hummel und Schumann) begeistert gefeiert. Inzwischen hat schon ein intensives Studium des Cembalos begonnen. Die nächsten Konzerte sind fast ausschließlich diesem Instrument und seiner Musik gewidmet.

Der 79. Geburtstag von Richard Strauss ist Anlass für eine Ausnahme. Isolde Ahlgrimm spielt zum letzten Mal öffentlich auf einem modernen Flügel einen Kammermusikabend mit Werken von Strauss (geb. 11. Juni 1864).

11. Juni 1943
13. Concert für Kenner und Liebhaber. Richard Strauss ist an diesem Konzert persönlich anwesend und gibt seiner Freude und Zustimmung lebhaftesten Ausdruck.

Auf seinen persönlichen Wunsch wird dieses Konzert wenige Wochen später an den Salzburger Festspielen wiederholt.

1. Oktober 1943
Das 14. Concert für Kenner und Liebhaber bringt den ersten reinen Bach-Abend. Isolde Ahlgrimm spielt zum ersten Mal die *Goldberg-Variationen*, ein Werk, dem sie seither die stärksten Erfolge zu verdanken hat. Die nächsten Concerte für Kenner und Liebhaber bringen immer reichere Programme.

Die Künstlerin bemüht sich besonders um die Wiederentdeckung der österreichischen Cembalomusik (Poglietti, Muffat, usw). Neben Staatsopernsängern (Seefried, Höngen, Kunz) und den Wr. Philharmonikern erscheinen schließlich am

20. Januar 1944
[im] 18. Concert für Kenner und Liebhaber die Wiener Sängerknaben als Mitwirkende.

24. Februar 1944
19. Concert für Kenner und Liebhaber. Isolde Ahlgrimm spielt Cembalokonzerte (Händel, Telemann, Mozart, Haydn) begleitet von den Wiener Symphonikern unter Rudolf Moralt. Die Concerte für Kenner und Liebhaber sind im Wiener Konzertleben fest verankert. Sie finden nun fast regelmäßig im Mittleren Konzerthaussaal statt und sind fast zur Gänze ausabonniert. Der Ruf der Künstlerin bei Publikum und Presse ist vollkommen gefestigt. Ihre Interpretation „alter Musik" gilt als vorbildlich.

Für die Saison 1944/45 ist eine Abonnementreihe von 7 Konzerten geplant, die eine reiche Überschau der gesamten Barockmusik bieten soll. Die Kriegsereignisse, die Bomben, die Schlie-

ßung aller Säle und schließlich die Belagerung Wiens lassen nur mehr einige dieser Konzerte zur Ausführung kommen.
Das Kriegsende bringt natürlich auch Verluste. Einige wertvolle Instrumente werden vernichtet. Doch schon am

1. Juni 1945
findet das 21. Concert für Kenner und Liebhaber im völlig verwüsteten Wien statt. Nun reißt die Reihe nicht mehr ab. Trotz aller Nachkriegsschwierigkeiten werden die Konzerte fortgeführt, getragen von der Sympathie eines begeisterten Publikums. In dieser Zeit finden sogar die ersten Concerte für Kenner und Liebhaber außerhalb Wiens statt.

Jänner 1946
2 Concerte für Kenner und Liebhaber in Innsbruck, 1 Cembalosoloabend und 1 Abend mit Begleitung eines Kammerorchesters unter Leitung Dr. E. F. Fiala.
Für die Saison 1946/47 verpflichtet die Wiener Konzerthausgesellschaft die Künstlerin für 6 Konzerte im Abonnement, für die ein sehr reiches Programm an Cembalomusik, Kammermusik und Kammerorchester (insgesamt 25 Mitwirkende) vorgesehen ist.

6. Dezember 1946
25. festliches Concert für Kenner und Liebhaber. Das Programm besteht ausschließlich aus Stücken, die von lebenden Künstlern für Frau Ahlgrimm komponiert wurden und ihr mit Alleinaufführrecht gewidmet sind (Nessler, Leeder, H. Ahlgrimm[263], Richard Strauss).
Diese glücklich begonnene Abonnementsreihe kann leider infolge einer Erkrankung der Künstlerin nicht fortgesetzt und beendet werden. Für die Saison 1947/48 wird Frau Ahlgrimm von der Gesellschaft der Musikfreunde in Wien für 5 Soloabende (Cembalo) im Abonnement verpflichtet. Diese Konzerte werden als Concerte für Kenner und Liebhaber durchgeführt.
Obwohl diese Konzerte stets ausverkauft sind und einen großen künstlerischen Erfolg darstellen, beschließt die Künstlerin, im kommenden Jahr 1948/49 nicht mehr öffentlich aufzutreten und sich vollkommen dem Studium der Bachschen Cembalo-Werke zu widmen. Sie fasst den Plan, im Bach-Jahr das gesamte Cembalo-Werk in einer zyklischen Aufführung zu spielen. Auf das Drängen ihrer Freunde entschließt sich die Künstlerin, am

2. Dezember 1948
[...] das 33. Konzert für Kenner und Liebhaber in ihrem Haus zu veranstalten. Der nur für etwa 60 persönliche Freunde ganz intim geplante Abend muss 6 mal wiederholt werden.

15. – 19. Februar 1949
Das 34. Concert für Kenner und Liebhaber bringt einen Abend barocker Faschingsmusik und zugleich einen riesigen Publikumserfolg. Trotz des beschränkten Raumes in einer privaten Wohnung genießen über 500 Gäste das köstliche Programm mit Richard Eybner (erster Komiker des Burgtheaters und Staatsopernsänger).

Juli 1949
Das 35. Concert für Kenner und Liebhaber bringt – als eine Art Vorbereitung für den geplanten Bach-Zyklus – einen Bach-Abend, der ebenfalls in der Wohnung der Künstlerin 6 mal wiederholt werden muss. Das Publikum spricht sich einmütig für die Fortsetzung der Konzerte im Hause der Künstlerin aus. Die Abende inmitten der reichen Bibliothek und den Sammlungen historischer Musikinstrumente erhalten nun eine ganz eigene Prägung.

Die Bach-Interpretation der Künstlerin geht nun, auf strengsten wissenschaftlichen Grundlagen ruhend, ihre eigenen Wege. Sorgfältige und genaue Kenntnis der Quellen, verbunden mit einer völlig gereiften Technik ermöglichen die Bewältigung eines riesigen Programmes.

Der 1. Bach-Zyklus (Saison 1949/50) umfasst 10 Programme, deren jedes 4 mal, jeweils Mittwoch bis Samstag gespielt wird.

Die Künstlerin beherrscht das gesamte Programm, das ungefähr 1000 Spielminuten umfasst, zur Gänze auswendig.

Oktober 1949 – Juli 1950
1. Bach-Zyklus: 36. – 45. Concert für Kenner und Liebhaber

Die Künstlerin hat sich inzwischen vollständig von der Öffentlichkeit zurückgezogen. Die Presse findet bei den Konzerten keinen Eintritt mehr. Trotzdem hören mehr als 3000 Menschen im Laufe des Jahres die Konzerte.

Vor jedem Konzert hält die Künstlerin eine einführende Rede. Die ganze Biographie Bachs, seine Werke, die Aufführungspraxis seiner Zeit wird dem Publikum klargelegt und damit ein wirkliches Verständnis für Musik und Interpretation geschaffen.

Von besonderer Bedeutung war die Aufführung des „Musikalischen Opfers". Das berühmte 6-stimmige Ricercar erklingt nach vielleicht 200 Jahren zum erstenmal wieder als Cembalostück, während es bisher infolge eines Missverständnisses (Partitanotierung) stets von verschiedenen Instrumenten ausgeführt wurde.

Saison 1950 – 1951
Mozart-Zyklus: 46. – 54. Concert für Kenner und Liebhaber. Nach der ungeheuren Anstrengung des 1. Bach-Zyklus wünschte sich die Künstlerin ein Jahr der Erholung.

Um aber trotzdem nicht auf die liebgewordene Einrichtung ihrer Konzerte im Hause verzichten zu müssen, entschloss sie sich, nach der zyklischen Darstellung des Bachschen Cembalowerkes nun diesem das Gesamtwerk der Mozartschen Klaviermusik gegenüberzustellen. Ein hervorragendes Stück der Sammlung Fiala-Ahlgrimm, ein Hammerflügel von Anton Walter, Wien 1987, stand zur Verfügung und ermöglichte die Wiedergabe auf einem stilechten Instrument.

Den Klavierwerken wurden sinngemäß auch die sogenannten Violinsonaten eingegliedert, da diese ja an sich Klavierkompositionen mit einer begleitenden Violine sind.

Als Violine wurde eine Geige von Amati der Sammlung Fiala-Ahlgrimm verwendet, die völlig den Erfordernissen des ausgehenden 18. Jahrhunderts entsprechend ausgerüstet wurde. Außerdem wurde ein Geiger (Paul Kling) mit dem Gebrauch des damals üblichen Bogens vertraut gemacht. So ist es gelungen, auch diese Werke nun ganz im Gewande ihrer Entstehungszeit darzubieten.

20. – 24. Februar 1951
Festliches Konzert für Kenner und Liebhaber. Dieses Konzert wurde zu einer wirklich zu Herzen gehenden Feier für die Künstlerin. Sie spielte in diesem Konzert die gleichen Stücke von Mozart wie vor 14 Jahren im ersten Concert für Kenner und Liebhaber.

Anlässlich dieses Jubiläums erschien aus der Feder des berühmten Musikwissenschaftlers, R. Haas, dem Autor der „Aufführungspraxis der Barockmusik", eine Studie über die musikwissenschaftliche und sammlerische Leistung der Künstlerin. Der Erfolg des Mozart-Zyklus überstieg alle Erwartungen und übertraf noch den des Bach-Zyklus. Die 9 Konzertserien wurden je 4 mal ([das]50. [Concert] fünf mal) gespielt. Mehr als 4500 Menschen besuchten in diesem Winter das Haus der Künstlerin.

6. April 1951
Probeaufnahmen für Philips P. I. Ohne jede persönliche Verbindung mit der Firma waren diese Probeaufnahmen auf Grund eines Konzertbesuches des Aufnahmeleiters van der Meulen bei einem Abend des Bach-Zyklus zustande gekommen.

Frau Ahlgrimm lehnt die Aufnahme einer Französischen Suite ab, erklärt sich aber dann – ehrlich begeistert von der hervorragenden Wiedergabe – bereit, den ganzen Bach-Zyklus für Philips P. I. zu spielen.

29. Mai 1951
Philips erklärt, an der Aufnahme des gesamten Bach-Zyklus interessiert zu sein.

16. August 1951
Abschluss des Vertrags in Salzburg

September 1951
Frau Ahlgrimm löst – mit Rücksicht auf die eingegangene, sehr schwere Schallplattenverpflichtung – alle übrigen Verpflichtungen, darunter 8 Konzerte in England und 4 Konzerte in der Schweiz.

Oktober 1951
Beginn des zweiten, erweiterten Bach-Zyklus. Dieser umfasst 16 Programme und wird 2 Jahre dauern.
55. – 70. Concert für Kenner und Liebhaber. Dieses wurde auf 2 Wiederholungen beschränkt und für die kommenden 2 Jahre ausabonniert.

November 1951
Finden die ersten Schallplattenaufnahmen statt. Der I. Teil des „Wohltemperierten Klaviers" wird in 8 Nächten in der Wohnung der Künstlerin aufgenommen.

Dezember 1951
Titel (Gesamt): „Philips Bach Anthologie".

Jänner 1952
58. Concert für Kenner und Liebhaber bringt mit Paul Kling die 6 Violinsonaten. Die Aufführung stützt sich völlig auf die richtige Aufführungspraxis. Frau Ahlgrimm spielt das „Cembalo certato", daneben wird ein accompagnierendes 2. Cembalo und ein kleiner Kontrabass verwendet. Paul Kling spielt wieder die Amati.

Trotz des beschränkten Raumes sieht das Haus der Künstlerin an 2 Abenden fast 300 Gäste, die der Aufführung einen triumphalen Erfolg bereiten. An Kühnheit und umfassender Pionierarbeit kann dieses letzte Konzert vielleicht als der Höhepunkt aller bisher stattgefundenen 58 Concerte angesehen werden.

4. Die *Concerte für Kenner und Liebhaber*

Die *Concerte für Kenner und Liebhaber* | 233

Die Concerte für Kenner und Liebhaber

Isolde Ahlgrimm und Erich Fiala, Wien 1937 bis 1957

[Anmerkungen der Autorin stehen kursiv in Klammern. Die Orthografie entspricht den Originalen]

Datum	Nr.	Ort	Titel	Mitwirkende	Programm
20.02.37	1	Palais Pálffy, Wien Figarosaal	Erstes Concert *Der Flügel ist von Michael Rosenberger in Wien ungefähr 1790 erbaut und von Zunftmeister Stelzhammer Ende 1936 restauriert worden. Das Basset ist von Markus Guggemos 1766 in Füssen erbaut worden. Beide Instrumente stammen aus dem Besitz von Dr. Fiala.*	Isolde Ahlgrimm, Forte-Piano Ludwig von Pfersmann, Flöte Luitgard Wimmer-Stöhr, Basset	Joh. Chr. Fr. Bach: Sonate in D-Dur für das Forte Piano mit Begleitung eines Violoncells, komponiert 1789 D. G. Türk: II. Sonate aus den „Sechs Sonaten für das Clavier" in F-Dur, erschienen 1777 Jos. Haydn: Sonate No. III, aus den „Sechs Sonaten per il Clavicembalo o Forte Piano in D-Dur, erschienen 1780 Sonate in G-Dur für das Forte-Piano mit Begleitung einer Flöte W. A. Mozart: Phantasie d-Moll, KV 397 Sonate A=Dur für das Piano Forte, KV 331 Jos. Haydn: Sonate für das Piano Forte mit Begleitung einer Flöte und eines Violoncells
03.06.37	2	Musikverein Wien Brahms Saal	Mozart-Programm	Erich Graf, Violine Ernst Kriß, Viola Walter Kurz, Violoncello	W. A. Mozart: Divertimento Es-Dur für Streichtrio Rondo a-Moll für Fortepiano Sonate-D-Dur (KV 576) Klavierquartett Es-Dur
16.11.37	3	Musikverein Wien Kleiner Saal	Drittes Concert Vergessene Virtuosenmusik	Isolde Ahlgrimm, Fortepiano Karl Scheit, Gitarre, Karl Maria Titze, Violine Franz Kvarda, Bassett Elisabeth Ranic, Sopran Eva Tauchner, Alt Dr. Hermann Juch, Bass	[Originalprogramm fehlt, rekonstruiert aus Kritiken] J. Haydn: Variationen f-Moll für Fortepiano J. G. Albrechtsberger: Duo für Violine und Basset W. A. Mozart: 3 Terzette, u.a. „das gestörte Ständchen" W. A. Mozart: Klavierwerk [nicht definiert] Joh. Nep.Hummel: Rondo Es-Dur, op 11 Schubert: Quartett mit Gitarre G-Dur, DV 96 Moderne Stücke für Gitarre

Datum	Nr.	Ort	Titel	Mitwirkende	Programm
03.12.38	4	Musikverein Wien Kleiner Saal	Viertes Concert Musik auf mancherlei Klavieren	Isolde Ahlgrimm	[Originalprogramm fehlt, rekonstruiert aus Kritiken] J. S. Bach: Partita [nicht definiert] W. A. Mozart: Rondo [nicht definiert] L. van Beethoven: Sonate cis-Moll, „Mondscheinsonate" R. Schumann: Abegg-Variationen
03.03.39	5	Musikverein Wien Kleiner Saal	Fünftes Concert	Isolde Ahlgrimm, Piano-Forte Ilse Charlemont, Harfe Ernst Kriß, Viola Karl Öhlberger, Fagott Leopold Wlach, Klarinette	[Originalprogramm fehlt, rekonstruiert aus Kritiken] W. A. Mozart: Fantasie c-Moll, gefolgt von Sonate KV 457 c-Moll L. van Beethoven: Duo für Klarinette und Fagott L. Dussek: Grand Duo für Harfe und Klavier Joh. Nep. Hummel: Sonate für Bratsche und Klavier
06.05.39	6	Musikverein Wien Kleiner Saal	Sechstes Concert Leier und Schwert [Konzert mit Werken des Preuss. Prinzen Louis Ferdinand]	Isolde Ahlgrimm Klavier Anton Kamper, Violine Erich Weis, Bratsche Franz Kvarda, Violoncello	[Originalprogramm fehlt, rekonstruiert aus Kritiken] Louis Ferdinand von Preussen: Fuge op 7, zu 4 Stimmen für Klavier Klaviertrio op. 2 Klavierquartett op. 6
23.04.1942	7	Konzerthaus Wien Grosser Saal	Siebentes Concert Vergessene Virtuosenmusik	Isolde Ahlgrimm, Piano-Forte Alfons Grünberg, Viola Hans Kamesch, Oboe Jaroslav Suchy, Violine Wiener Symphoniker Leitung Hans Weisbach	Carl Stamitz: Concerto pour Alto Viola Principale, deux Violons, deux Clarinettes, deux Cors, deux Alto Viola et Basse, Opus 1 C. Ph. E. Bach: Concerto a Oboe concertato, accompagnato da due Violini, Violetta e Basso Louis Spohr: Concert pour le Violon en forme de scène chantante, Oeuvre 47 Joh. Nepomuk Hummel: Grand Concert pour le Piano-Forte avec Orchestre, Oeuvre 85
?.10.1942	8	[nicht bekannt]	Achtes Concert	Isolde Ahlgrimm, Cembalo Georg Steiner, Violine Christa Richter-Steiner, Violine Karl Schreinzer, Kontrabass	[Originalprogramm fehlt, rekonstruiert aus Kritiken] W. A. Mozart: Kirchen-Sonaten J. Haydn: Fantasie C. Ph. E. Bach: Klaviersonate G. F. Händel: [nicht definiert] E. F. Dall'Abaco: [nicht definiert]

Datum	Nr.	Ort	Titel	Programm	Ausführende
09.01.43	9	[nicht bekannt]	Neuntes Concert	[Originalprogramm fehlt, rekonstruiert aus Kritiken] Sweelinck: Dorische Variationen über einen deutschen Choral Buxtehude: Trio-Sonate [nicht definiert] M. Marais: [nicht definiert] A. Poglietti: Variationen [nicht definiert] J. S. Bach: [nicht definiert]	Isolde Ahlgrimm, Cembalo Margot Grümmer, Gambe/Viola d'amore Sylvia Grümmer, Gambe Paul Grümmer, Gambe Karl Schreinzer, Kontrabass
19.02.1943	10	Kunsthist.Museum	Zehntes festliches Concert	J. Haydn: Sonate III, aus „Sei sonate per il Clavicembalo o Forte-Piano in D-Dur, erschienen 1780 W.A. Mozart: Fantasie pour le Forte-Piano (komponiert 1782) KV 397 L. van Beethoven: Quasi una fantasia per il Clavicembalo o Piano-Forte dedicata alla Damigella Contessa Giulietta Guicciardi; op 27/2 R. Schumann: Thème sur le nom „Abegg" varié pour le Pianoforte. Dédiée à Mademoiselle Pauline, Comtesse d'Abegg, op 1 (1830)	Isolde Ahlgrimm Hammerflügel Hofmann, 1785 Tafelklavier von Anton Walter, ca 1790 Hammerflügel Michael Rosenberger, Wien 1805 Hammerflügel von André Stein, Wien 1819
04.03.43	11	Musikverein Wien Kleiner Saal	Elftes Concert	Reinhard Keiser: [nicht definiert] C. Stamitz: [nicht definiert] F. X. Hammer: [nicht definiert] G. F. Telemann: [nicht definiert] J. M. Leclair [nicht definiert] G. F. Händel, Chaconne mit 62 Variationen	Isolde Ahlgrimm, Cembalo Paul Grümmer, Gambe Sylvia Grümmer, Gambe Margot Grümmer, Viola d'amore Karl Schreinzer, Kontrabass
01.05.1943	12	Konzerthaus Wien Mittlerer Saal	Zwölftes Concert	J. S. Bach: Sonata sopr'il Soggetto Reale a Traverso, Violino e Continuo Giuseppe Tartini: Sonate ou le trille du diable pour le violon (Kadenz von Emile Sauret) G. F. Händel: Concert for the Organ or the Harpsichord op. 4 J. B. Loeillet, Sonate pour une flûte traversière ou Violon seul, avec la Basse chiffrée. Jos. Haydn: Fantasia per il Clavicembalo o Forte-Piano, opera 58 W. A. Mozart: Sonate KV 328, KV 336 Diese Sonate di Chiesa sind einsätzige Instrumentalstücke für 2 Violinen, Bass und Orgel, die Mozart in Salzburg komponiert hat. Die Kadenzen sind von Isolde Ahlgrimm	Isolde Ahlgrimm, Cembalo Hans Reznicek, Flöte Jaroslav Suchy, Violine Rudolf Streng, Violine Karl Schreinzer, Kontrabass

Datum	Nr.	Ort	Titel	Mitwirkende	Programm
11.06.1943	13	Konzerthaus Wien Mittlerer Saal	Dreyzehntes Concert Zum Geburtstage von Richard Strauss	Isolde Ahlgrimm, Klavier Jaroslav Suchy, Violine Rudolf Streng, Viola Richard Krotchak, Cello Otto Stiglitz, Cello	Richard Strauss: Quartett in c-Moll, für Pianoforte, Violine, Viola und Violoncell, op 13, Herzog Georg II von Sachsen-Meiningen gewidmet Sonate F-Dur, für Violoncello und Pianoforte, Op. 6, Hans Wihan gewidmet Sonate Es-Dur, op. 18, Robert Pschorr gewidmet
01.10.1943	14	Konzerthaus Wien Mittlerer Saal	Vierzehntes Concert	Jaroslav Suchy, Violine Isolde Ahlgrimm, Cembalo	J. S. Bach: Partita 2ᵃ, a Violino senza Basso J. S. Bach: Clavierübung, bestehend in einer Aria mit verschiedenen Veränderungen (Goldberg-Variationen) vors Clavicembalo mit zweyen Manualen. Denen Liebhabern zur Gemüthsergetzung verfertiget.
28.10.1943	15	Konzerthaus Wien Mittlerer Saal	Fünfzehntes Concert	Isolde Ahlgrimm, Cembalo Elisabeth Rutgers, Sopran Maria Kytka, Sopran Erich Kunz, Baryton Jaroslav Suchy, Violine Otto Stiglitz, Cello Karl Schreinzer, Kontrabass	Jos. Haydn: Sonate pour le Clavecin ou Fortepiano avec Violon e Basse M. Haydn: Divertimento a Violino concertato, Violoncello concertato e Violone W.A.Mozart: Canons, Terzette und Canzonetten für drei Singstimmen Metastasio: Ecco quel fiero istante (KV 436), Hölty: Sie ist dahin (KV 299) Metastasio: Piu non si trovano (KV 549), Nichts labt mich mehr (KV 233), Das gestörte Ständchen (KV 441) J. Haydn: Sonata per il Cembalo o Forte Piano con un Violino e V'cello. J. Haydn: Un piccolo Divertimento a Tre J. Haydn: Grande Sonate pour le Clavecin ou Piano-Forte Dédiée à Mlle Madelaine De Kurzbeck, Oeuvre 82
18.11.1943	16	Konzerthaus Wien Mittlerer Saal	Sechszehntes Concert	Isolde Ahlgrimm, Cembalo Sylvia Grümmer, Gambe Hans Reznicek, Flöte Karl Schreinzer, Kontrabass	Joh. Ph. Krieger: Sonata a Tre J. S. Bach: Partita c-Moll aus: Clavierübung, bestehend in Praeludien, Allemanden, Couranten, Sarabanden, Giguen, Menuetten und anderen Galanterien G. F. Händel: Sonata a Clavicembalo e Viola di gamba Caix d'Hervelois: Pièces de Viole avec la Basse Continue, Paris 1731-51 J. S. Bach: Capriccio sopra la lontananza del suo fratello dilettissimo G. F. Telemann: Trio F-Dur aus: Essercizii Musici overo Dodeci Soli e dodeci Trii a diversi stromenti

Die *Concerte für Kenner und Liebhaber* | **237**

09.12.1943	17	Konzerthaus Wien Mittlerer Saal	Siebenzehntes Concert	Isolde Ahlgrimm, Cembalo Hans Kamesch, Oboe Dr. Hans Hadamovsky, Oboe Karl Svoboda, Englisch Horn Karl Öhlberger, Fagott	A. Poglietti: La Ribellione di Ungheria für Cembalo A. Poglietti: Toccata et Aria Allemagna con Alcuni Variazioni sopra l'Età della M^{ta} V^{ra} G. F. Händel: Sonate g-Moll aus: XV Solos for a german flute, hoboy or violin with a thorough bass for the harpsichord or bass violin, op. 1 J. Ph. Krieger: Lustige Feld-Music, auf vier blasende oder andere Instrumenta gerichtet. Zur Belustigung der Music-Liebhaber und dann auch zum Dienst derer an Höfen und im Feld sich aufhaltenden Hautboisten
20.01.1944	18	Konzerthaus Wien Mittlerer Saal	Achtzehntes Concert	Isolde Ahlgrimm, Cembalo Die Wiener Sängerknaben, Leitung: Romano Picutti Ernst Moravec, Viola Alfons Grünberg, Viola Sylvia Grümmer, Gambe Wilhelm Winkler, Gambe Otto Stiglitz, Cello Karl Schreinzer, Kontrabass	Giovanni Gabrieli: Exaudi Deus Orationem Meam Jacobus Gallus: Ascendit Deus, 5-stimmiger Satz aus: Tomus secundus musici operis, harmoniarum quatuor quinque, sex, octo, et plurium vocum, Prag 1586 Claudio Monteverdi: fünf Canzonetten aus: Canzonette a tre voci, novamente poste in luce, Venezia 1584 G. F. Händel: Prelude et Chaconne avec 62 Variations J. S. Bach, Concerto nach Italiaenischem Gusto: vor ein Clavicymbel mit zweyen Manualen. J. S. Bach, Concert Nr. 6 aus: Six Concerts avec plusieurs instruments Dédiées A Son Altesse Royalle, Monseigneur Chrétien Louis, Marggraf de Brandenbourg etc. Etc., Coethen 1721
24.02.1944	19	Konzerthaus Wien Mittlerer Saal	Neunzehntes Concert	Isolde Ahlgrimm, Cembalo Mitglieder der Wr. Symphoniker Dirigent Rudolf Moralt	G. F. Händel Concert for the Organ or Harpsichord op 4 G. Ph. Telemann, Don-Quichotte-Suite W. A. Mozart: 3 Kirchensonaten KV 328, 67, 336 Kadenzen von Isolde Ahlgrimm J. Haydn, Divertimento C-Dur für 2 Oboen, 2 Hörner, Streichquintett und Continuo, instrumentiert von Hans Ahlgrimm 1943 J. Haydn: Concerto pour le Clavecin ou Forte Piano avec l'Accompagnement des Plusieurs Instruments

Datum	Nr.	Ort	Titel	Mitwirkende	Programm
27.03.1944	20	Konzerthaus Wien Mittlerer Saal	Zwanzigstes festliches Concert	Isolde Ahlgrimm, Cembalo Referent: Dr. Leopold Nowak: Thema: Musik für Kenner und Liebhaber	J. S. Bach: Clavierübung, bestehend aus einer Aria mit verschiedenen Veränderungen vors Clavecimbal mit zweyen Manualen (Goldberg-Variationen)
Folgende Konzerte waren geplant, konnten aber nicht durchgeführt werden, da Erich Fiala aus politischen Gründen inhaftiert war					
05.10.1944	21		Interpreten dieser Konzerte: Isolde Ahlgrimm, Cembalo Rudolf Streng, Jaroslav Suchy, Violinen. Alfons Grünberg, Ernst Moravec Viola		J. S. Bach: Das musikalische Opfer (Gesamtaufführung)
22.11.1944	22				J. S. Bach: Konzert für 2 Cembali in C-Dur G. Tartini:, Gambenkonzert G-Dur F. v. Leeder: Cembalokonzert h-Moll (Uraufführung)
07.12.1944	23		Karl Schreinzer, Kontrabass Otto Stiglitz, Violoncello		J. S. Bach, Partita D-Dur für Cembalo, Musik für Blech- und Holzblasinstrumente
11.01.1944	24		Sylvia Grümmer, Gambe Hans Reznicek, Flöte		Sonaten und Suiten von Leclair, Rameau, Hervelois Tartini, Scarlatti, Corelli
19.02.1945	25		Dr. Hans Hadamovsky, Hans Kamesch, Oboen Karl Öhlberger, Fagott Karl Gawanda, Helmut Wobisch, Trompete		W. A. Mozart: Klavierkonzerte in F-Dur, KV 459 und A-Dur, KV 488 mit Begleitung eines Kammerorchesters G. F. Händel: Chaconne mit 62 Variationen und frühe deutsche Vokalmusik
15.03.1945	26		Karl Swoboda, Englisch Horn Franz Bahner, Hans Bauer, Posaune		J. S. Bach: Chromatische Phantasie, Italienisches Konzert, Goldberg-Variationen
12.04.1945	27		Wiener Sängerknaben, Wiener Symphoniker Prof. Dr. Leopold Nowak, Referat		
01.06.1945	21		Ein und zwanzigstes Konzert Von diesem Konzert exsistiert kein Programm mehr. Isolde Ahlgrimm erwähnt es aber in der Chronologie		
27.10.1945	22	Musikverein Wien Kleiner Saal	Zwey und zwanzigstes Concert	Isolde Ahlgrimm, Cembalo Das Wiener Philharmonia-Quartett F. Samohyl, S. Rumpold, A. Pioro, A. Brabec und Josef Herrmann, Kontrabass	Henry Purcell: Chacony for variety of instruments viz: two Violins Violoncello and Bass Alessandro Poglietti: Toccata et Aria Allemagna con Alcuni Variazioni sopra l'Età della M^{ta} V^{ra} J. B. Loeillet, Sonate à Trois, avec un Violon, une Viole et Clavecin J. S. Bach: Partita D-Dur aus Clavierübung W. A. Mozart – J. S. Bach: Fuge Fis-Dur WTK II eingerichtet von Mozart für Violine, Viola und Bass, mit einleitendem Adagio KV 404 W. A. Mozart: Suite dans le Style de G. F. Händel, (Fragment KV 399) Gigue KV 574, Air Variée pour Clavecin ou Forte Piano KV 265

Datum	Ort	Concert	Mitwirkende	Programm
15.01.1946	Innsbruck Musikvereinssaal	Außerordentliches Concert [Der Französisch-Österreichische Verband veranstaltet die beiden ersten Concerte f. K. und L. ausserhalb Wiens]	Isolde Ahlgrimm	J. S. Bach: Fantasia chromatica per Cimbalo Concerto nach Italienischen Gusto vor ein Clavicymbal mit 2 Manualen Clavierübung bestehend in einer Aria mit verschiedenen Veränderungen vors Clavicimbal mit zweyen Manualen (Goldberg-Variationen)
17.01.1946	Innsbruck Musikvereinssaal	Außerordentliches Concert	Isolde Ahlgrimm, Cembalo Ein Kammerorchester mit folgenden Solisten Hans Zimmer, Frau Bleyer, Violine Frau Schneider, Viola Max Becke, Violoncello Franz Schneider, Kontrabass Ludwig Schiestl, Horn Erich Giuliani, Horn Robert Hirsch, Pauken Leitung Erich Fiala	Giuseppe Torelli: Concerto grosso con una Pastorale per il santissimo Natale, opera VIII, No. 8 (Erstausgabe 1709) Francesco Geminiani: Concerto grosso con due Violini, Viola e V.cello di Concerti Obligati a Due altri Violini e Basso, opera III, No. 2 (1716) J. S. Bach: J.J. Concerto a Cembalo concertato, due Violini, Viola e Cont. G. F. Händel: Twelve Grand Concertos, in Seven Parts, for four Violins a Tenor, with a Thorough Bass for the Harpsichord, opera VI, No. 12 (componiert am 29. September 1739 F. Barsanti: Concerto grosso, Opera Terza, Parte prima, No. 4, con duoi Corni, duoi Violini, Viola, Basso e Timpani (Erstausgabe 1743) J. Haydn: Concerto pour le Clavecin ou Forte Piano avec l'accompagnement des Plusieurs instruments
07.02.1946	23 Musikverein Wien Kleiner Saal	Drey und zwanzigstes Concert	Isolde Ahlgrimm, Cembalo	J. S. Bach: Fantasia chromatica pro Cimbalo Concerto nach Italienischen Gusto vor ein Clavicimbal mit 2 Manualen Clavier Übung, bestehend in einer Aria mit verschiedenen Veränderungen vors Clavicimbal
	24 [unbekannt]	Vier und zwanzigstes Concert	[Dieses Konzert wurde krankheitshalber abgesagt]	
06.11.1946	25 Konzerthaus Wien	Fünf und zwanzigstes Concert Uraufführungen *Informationen aus einem Brief von I. A]*	Isolde Ahlgrimm, Cembalo	Hans Ahlgrimm: Sonate für Flöte oder Violine und Cembalo Robert Neßler: Introduktion und Rondo für konzertierendes Cembalo, 2 Violinen, Viola und Violoncello und Bass, Werk 11 Richard Strauss: Capriccio Suite
	26 *[unbekannt]*	Sechs und zwanzigstes Konzert	*[Dieses Konzert wurde abgehalten, jedoch gibt es keine näheren Angaben]*	
	27	Sieben und zwanzigstes Concert	*[Dieses Konzert wurde krankheitshalber abgesagt]*	

Datum	Nr.	Ort	Titel	Mitwirkende	Programm
13.11.1947	28	Musikverein Wien Kleiner Saal	Acht und zwanzigstes Concert	Isolde Ahlgrimm, Cembalo	G. F. Händel: Chaconne avec Variations pour Clavecin W.A. Mozart: Suite dans le Style de G. F. Händel (Fragment KV 399) Gigue KV 574 Domenico Scarlatti: Sei Sonate per Gravicembalo François Couperin: Passacaille J. S. Bach: Capriccio sopra la lontananza del suo fratello dilettissimo Niccolò Paganini: Nr. 24 aus Capricci per violino solo auf das Cembalo übertragen von Isolde Ahlgrimm
18.12.1947	29	Musikverein Wien Kleiner Saal	Neun und zwanzigstes Concert	Isolde Ahlgrimm, Cembalo	J. S. Bach: Partita Nr. 2 aus Clavir Übung Allessandro Poglietti: La Ribellione di Ungheria J. S. Bach: Partita Nr. 4 aus : Clavir Übung Allessandro Poglietti: Toccata et Aria Allemagna sopra l'Età della M^{ta} V^{ra}
24.02.1948		Wien, Palais Palffy Figarosaal	Außerordentliches Concert	Isolde Ahlgrimm , Cembalo Violine: K. Mayrhofer, W. Mattheis, Otto Nitsch, Hans Novack, W. Poduschka, F. Leitermeyer, Violinen Alfons Grünberg, Ernst Kriß, Erich Weiss, Viola Rudolf Mayr, Violoncello Josef Herrmann, Kontrabass Hans Kamesch, Karl Mayrhofer, Oboe Otto Nietsch, Josef Veleba, Horn	Pietro Locatelli: No VIII aus: XII Concerti grossi à 4, e 5, dedicato al Signore D. Camillo Cybo de Duchi i Massa è Carrara & Patriarcha di Constantinopolis, Opera prima, Libro primo Joh. Seb. Bach: J.J. Concerto a Cembalo concertato, due Violini, Viola e Continuo (nach dem älteren Originale) Karl Ditters von Dittersdorf: Sinfonie: Die Verwandlung Actäons in einen Hirschen, Met. Lib. III, Allegro, Tempo di Minuetto, Finale W.A. Mozart: Sinfonia a 2 Violini, 2 Oboe, 2 Corni, Viola e Basso. Dono Authoris, 4. Jan. 1769 KV 45 a
04.05.1948		Innsbruck Musikvereinssaal	Außerordentliches Concert	Isolde Ahlgrimm, Klavier Jaroslav Suchy, Violine Innsbrucker Kammerorchester Leitung Erich Fiala	Robert Nessler: geb 1919, Innsbruck Introduktion und Allegro für konzertierendes Cembalo oder Klavier, 2 Violinen, Viola, Violoncello und Kontrabass, Werk 11 L. van Beethoven: Concerto pour le Violon et orchestre, (Originale Kadenzen aus der Klavierfassung, arrangiert von J.Suchy)

Datum	Ort	Concert	Mitwirkende	Programm
12.10.1948	Musikverein Wien Kleiner Saal	30 Dreyßigstes Concert	Isolde Ahlgrimm, Cembalo	J. S. Bach: Sarabanda con Partita G. F. Händel: Suite in d-Moll J. Haydn: vier Stuckh für das Lauffwerk (Flötenuhr) J. Haydn: Grande Sonate pour le Clavecin ou Piano-Forte Dédié à Mlle Madelaine De Kurzbeck, Oeuvre 82, J. Haydn: Fantesia per il Clavicembalo o Forte-Piano, Opera 58
24.02.1948	Palais Palffy Figarosaal	Außerordentliches Concert	Isolde Ahlgrimm, Alfons Grünberg, Ernst Kriss, Josef Herrmann, Hans Kamesch, Friedrich Leitermeyer, Willy Mattheis, Rudolf Mayr, Karl Mayrhofer, Otto Nitsch, Hans Novack, Wolfgang Poduschka, Josef Veleba, Erich Weiss Streichinstrumente aus der klassischen Periode des italienischen Geigenbaus	Pietro Locatelli: No VIII aus: XII Concerti grossi à 4, e 5 dedicati all'Ecce.ᵐᵒ è Reve.ʳᵉ Sig.ʳᵉ Monsignore D. Camillo Cybo de Duchi i Massa, è Carrara & Patriarcha di Constantinopoli, Opera prima, Libro primo J. S. Bach: J.J. Concerto a Cembalo concertato, due Violini, Viola e Continuo (nach dem älteren Originale) K. Ditters von Dittersdorf: Sinfonie: Die Verwandlung Actäons in einen Hirschen: Ovid, Met.lib III W. A. Mozart: Sinfonia a 2 Violini, 2 Oboe, 2 Corni, Viola e Basso, Dono Authoris 4ᵗᵉ Jan. (1)769 KV 45 a
01.04.1948	Musikverein Wien Kleiner Saal	31 Ein und dreyßigstes Concert	Isolde Ahlgrimm, Cembalo	D. Buxtehude: Praeludium ex G.B. G. F. Händel: Prélude et Chaconne avec 62 Variations Joseph Haydn: Sonata per il Clavicembalo o Fortepiano Richard Strauss: Cembalo-Suite aus der Oper "Capriccio", Frau Isolde Ahlgrimm-Fiala als Eigentum und zum alleinigen Concertgebrauch überlassen, Wien, 5.6.1944 Don Isaac Albeniz: Granada (Serenada), Asturias (Leyendas) Aragon (Fantasia) auf das Cembalo übertragen von Isolde Ahlgrimm

Datum	Nr.	Ort	Titel	Mitwirkende	Programm
04.05.1948		Musikvereinssaal Innsbruck	Außerordentliches Concert Die handschriftliche Partitur des Violinkonzertes von Beethoven trägt folgende scherzhafte Widmung: „Concerto par Clemenza pour Clement, primo Violino e direttore al teatro di Vienna". Beethoven veröffentlichte auch eine Klavierfassung dieses Konzertes: „Concerto arrangé d'après son 1re Concerto de Violon, dédié à Madame de Breuning par Louis de Beethoven." Jaroslav Suchy hat die originalen Beethovenschen Kadenzen dieser Klavierfassung auf die Violine übertragen.	Isolde Ahlgrimm, Klavier Jaroslav Suchy, Violine Das Innsbrucker Kammerorchester unter Leitung von Erich Fiala	Robert Nessler: geb 1919, Innsbruck, Introduktion und Allegro für konzertierendes Cembalo oder Klavier, 2 Violinen, Viola, Violoncello und Kontrabass, Werk 11 Der hochverehrten Cembalistin Isolde Ahlgrimm gewidmet und mit Alleinaufführungsrecht übergeben, 17.7.1946 W. A. Mozart: Sinfonia, 25. Jul. 1788, KV 550 L. van Beethoven, Concerto pour le Violon avec accompagnement de deux Violons, Alto, Flûte, deux Hautbois, deux Clarinettes, Cors, Basson, Trompettes, Timballes, Violoncells et Basse, composé et dédié à son ami Monsieur de Breuning, Secrétaire Aulique au services de sa Majesté l'Empereur d'Autriche par Louis van Beethoven, Oeuvre 61
13.05.1948	32	Musikverein Wien Kleiner Saal	Zwey und dreyßigstes Concert	Isolde Ahlgrimm	J. S. Bach: Fantasia chromatica pro Cimbalo Concerto per il Cembalo solo, nach einem Violinkonzert Vivaldis. Op. III, „l'Estro armonico" Clavier Übung bestehend in einer Aria mit verschiedenen Veränderungen vors Clavicimbal mit 2 Manualen [Goldberg]
	33	[fehlt]			

15.–19.02.49	34 Höller'sches Haus Linke Wienzeile 42	Vier und dreyßigstes Concert Ich bin nicht Narr, zu jeder Zeit, Nur wenn man hält die Fastnachts freud, da lass ich meine Hummeln auß, Die lang gesummst im Narren hauß und zeig daß ich: weils jedem frey: so groß, als andre Narren sey. [Das Programmm ist ergänzt mit zwei Rezepten der Marianna Catharina Lindau, Köchin zu Wien, 1797: Eines über ein Rumgetränk, genannt der lustige Franziskaner, das zweite über ein Gebäck, genannt Falsches Mandelbrod.]	Isolde Ahlgrimm, Clavicembalo Toni Faffelberger, Soprano Maria Winiewicz, Soprano Richard Eybner, Basso buffo Jaroslav Suchy, Violino Friedrich Leitermeyer, Violino Josef Hermann, Basso	P. Peuerl: „Serenata"und "Dantz" aus: Gantz Neue Padouanen Auffzüg, Balletten, Couranten, Intraden und Däntz, auf sonderliche Manier so zuvor nie inn den Druck kommen, mit dreyen Stimmen gesetzt, MDCXXV P. Peuerl: „O Musica" und „Pracht, Hochfart, Reichthumb" aus: Weltspiegel, Das ist: NEue teutsche Gesänger/ von Freud und Leid/Glück unnd Tück dieser Welt/sampt zweyen Canzonen/welche nit allein zu singen/sondern auff mancherley Instrumenten lustig zu gebrauchen/mit 5. Stimmen Componirt/MDCXIII Allessandro Poglietti: Toccata und Aria Allemagna con Alcuni Variazioni sopra l'Età della M^{lta} V^{ra} Toccata. Aria. Ungarische Geigen, Bayrische Schalmay, Böhmisch: Dudlsakh. Holländisch: Flageoleit, Alter Weiber Conduct, Französische Baiselemens (baiser les mains), Gaugler Seiltantz, Soldaten Schwebelpfeif, Polnischer Sablschertz, Hanacken Ehrentantz Leopold I: Aria der Policleta "Suo danno" aus "Il Vincitor magnanimo" 1692 Leopold I: Aria "Oben aus und nirgend an" aus der Musica zu deren hochadeligen Hoff-Damen Comedi, Anno 1686 Pause: Franziskaner mit Falschem Mandelbrot J. Haydn: aus den 42 Canons für drey und mehrere Singstimmen: Drey Dinge, Irrthum, Zuruf, Glück, Ein einzig böses Weib W. A. Mozart: 12 Deutsche, 12 Trio und Coda. Aus dem k. k. Kleinen Redoutensaal 1791, KV 600, 602, 605 Komisches Duett für Sopran und Bass: „Nun liebes Weibchen ziehst mit mir" aus Schikaneders heroisch komischen Oper „Der Stein der Weisen oder die Zauberinsel". Das Duett wurde von Mad. Gerl und Schikaneder am 11. Sept. 1790 zum ersten Mal gesungen. KV 625 Das gestörte Ständchen KV 441
02.–07.05.49	35 Höller'sches Haus	Fünf und dreyßigstes Concert	Isolde Ahlgrimm Cembalo	G. F. Händel: Prelude and Chaconne mit 62 Variationen, op. 1 J. S. Bach, Clavier-Übung, bestehend in einer Aria mit verschiedenen Veränderungen vors Clavicimbal mit 2 Manualen [Goldberg]

Datum	Nr.	Ort	Titel	Mitwirkende	Programm
05.–08.10.49	36	Höller'sches Haus Linke Wienzeile 42	Sechs und dreyßigstes Concert	Isolde Ahlgrimm, Cembalo	Joh. Seb. Bach: „Capriccio sopra la lontananza del suo fratello dilettissimo" Concerto per il Cembalo solo, nach einem Violinkonzert von Vivaldi, op. 3, „l'Estro armonico" Fantasia chromatica pro Cimbalo
26.–29.10.49	37	Höller'sches Haus Linke Wienzeile 42	Sieben und dreyßigstes Concert [beide Konzerte auf dem gleichen Programmblatt]	Isolde Ahlgrimm, Cembalo	J. S. Bach: Das wohltemperierte Clavier I
16.–19.11.49	38		Acht und dreyßigstes Concert		J. S. Bach: Das wohltemperierte Clavier II
14.–17.12.49	39	Höller'sches Haus Linke Wienzeile 42	Neun und dreyßigstes Concert	Isolde Ahlgrimm, Cembalo	J. S. Bach: Suites pour le Clavecin, genannt „Die sechs französischen Suiten"
11.–14.01.50	40	Höller'sches Haus Linke Wienzeile 42	Vierzigstes Concert	Isolde Ahlgrimm, Cembalo	J. S. Bach: Suites avec prélude genannt „Die sechs englischen Suiten"
01.–04.02.50	41	Höller'sches Haus Linke Wienzeile 42	Ein und vierzigstes Concert	Isolde Ahlgrimm, Cembalo	J. S. Bach: Die zwei- und drei-stimmigen Inventionen
01.–04.03.50	42	Höller'sches Haus Linke Wienzeile 42	Zwey und vierzigstes Concert	Isolde Ahlgrimm, Cembalo	J. S. Bach: Die sechs Partiten als Opus 1 in Verlegung des Autoris 1732
29.03.–01.04.	43	Höller'sches Haus Linke Wienzeile 42	Drey und vierzigstes Concert	Isolde Ahlgrimm, Cembalo	J. S. Bach: Clavier Übung 2. Theil, Concert nach italienischem Gusto, Ouvertüre nach französischer Art Clavier Übung 4. Theil, Aria mit verschiedenen Veränderungen vors Clavicimbal mit 2 Manualen (Goldberg-Variationen)
26.–29.04.50	44	Höller'sches Haus Linke Wienzeile 42	Vier und vierzigstes Concert [gleiches Programmblatt]	Isolde Ahlgrimm, Cembalo	J. S. Bach: Des Wohltemperierten Claviers 1. Theil
24.–27.05.50	45		Fünf und vierzigstes Concert		J S. Bach: Des Wohltemperierten Claviers 2. Theil
18.–21.10.50	46	Höller'sches Haus Linke Wienzeile 42	Sechs und vierzigstes Concert *(Beginn der Saison mit Werken von Mozart)*	Isolde Ahlgrimm, Fortepiano	W. A. Mozart: Fünf Clavier-Sonaten für das Clavier allein KV 279, 280, 281, 282, 283
			Leider muss ich Ihnen mitteilen, dass mich eine Fingerverletzung zu einer Terminverschiebung zwingt. Ich werde das Wohltemperierte Klavier (II) vom 24. bis 27. Mai 1950 (Fuge I bis XII) und vom 14. bis 17. Juni 1950 (Fuge XIII bis XXIV) spielen Die Französischen Suiten spiele ich vom 28. Juni bis 1. Juli 1950. Ich bedaure diesen neuerlichen Zwischenfall unendlich und hoffe, Sie dadurch nicht allzusehr zu verstimmen. Hochachtungsvoll, Isolde Ahlgrimm [Xeroxkopie, den Programmen beiliegend]		

Die *Concerte für Kenner und Liebhaber* | **245**

Datum	Nr.	Ort	Concert	Interpret/Instrument	Programm
29.11.–02.12.	47	Höller'sches Haus Linke Wienzeile 42	Sieben und vierzigstes Concert	Isolde Ahlgrimm, Fortepiano	W. A. Mozart: Vier Clavier-Sonaten für das Clavier allein KV 284, 309, 311, 330
13.–16.12.50	48	Höller'sches Haus Linke Wienzeile 42	Acht und vierzigstes Concert	Isolde Ahlgrimm, Fortepiano Paul Kling, Violine, Violine von Niccolò Amati, 1643 Bogen von W. Cramer, Mannheim 1770 Fortepiano von Anton Walter, Wien 1787	W. A. Mozart: Fünf Sonaten für das Clavier mit Begleitung einer Violine KV 301, 302, 303, 305, 296
24.–27.01.51	49	Höller'sches Haus Linke Wienzeile 42	Neun und vierzigstes Concert	Isolde Ahlgrimm, Fortepiano Paul Kling, Violine Violine von Nicolo Amati, Cremona 1643 Violinbogen von Wilh. Cramer, 1770 Fortepiano von Anton Walter, 1787	W. A. Mozart: Drei Sonaten für das Clavier mit Begleitung einer Violine KV 304, 306, 378 Preludie, Eingang oder Vorspiel oder Fantasie in C-Dur, KV 395, Eine Sonate für das Clavier allein KV 310
20.–24.02.51	50	Höller'sches Haus Linke Wienzeile 42	Fünfzigstes festliches Concert Vor vierzehn Jahren: Erstes Concert für Kenner und Liebhaber im Figarosaal des gräflich Palffyschen Palais am Josefsplatz in Wien	Isolde Ahlgrimm Fortepiano von Anton Walter, Wien 1787 damals: Fortepiano von Rosenberger, Wien ca 1790 (heute im Kunsthistorischen Museum)	W. A. Mozart, Fantaisie d'introduction KV 397 Drei Clavier-Sonaten für das Clavier allein, KV 331, 332, 333
07.03.51		Musikverein Wien Kleiner Saal	Concert für Kenner und Liebhaber „Kreis des geistigen Lebens"	Isolde Ahlgrimm, Cembalo	Wiener Anonymus von 1681: aus Partite ex Vienna: Binder-Tantz Allessandro Poglietti: „Toccata und Aria Allemagna con Alcuni Variazioni sopra l'Età della M.tà y.ra" W. F. Händel (Fragment) KV 599, Gigue KV 574, Air Variée pour le Clavecin ou le Forte-Piano KV 265
14.–17.03.51	51	Höller'sches Haus Linke Wienzeile 42	Ein und fünfzigstes Concert	Isolde Ahlgrimm, Cembalo Fortepiano von Anton Walter, Wien 1787	W. A. Mozart: Eine kleine Klavier-Sonate für Anfänger KV 545 Präludio und dreystimmige Fuge fürs Clavier KV 394 Marche funèbre des Sigr. Maestro Contrapunto KV 453a Sonate für das Clavier allein KV 570 Fantasia KV 475 Sonata. Per il Cembalo solo. KV 457

Anhang

Datum	Nr.	Ort	Titel	Mitwirkende	Programm
11.–14.04.51	52	Höller'sches Haus Linke Wienzeile 42	Zwey und fünfzigstes Concert	Isolde Ahlgrimm, Fortepiano Paul Kling, Violine [Instrumentarium wie 49. Concert]	W. A. Mozart: Vier Sonaten für das Clavier mit Begleitung einer Violine (KV 379, 376, 377, 380) Eine Kleine Klavier-Sonate für Anfänger mit einer Violin KV 547
10.–11.05.51	53	Höller'sches Haus Linke Wienzeile 42	Drey und fünfzigstes Concert	Isolde Ahlgrimm, Fortepiano Eduard Melkus, Violine [Instrumentarium wie 49. Concert]	W. A. Mozart: Drey Sonaten für das Clavier mit Begleitung einer Violine KV 454, 481, 526
23.–26.05.51	54	Höller'sches Haus Linke Wienzeile 42	Vier und fünfzigstes Concert	Isolde Ahlgrimm Fortepiano von Anton Walter, 1787	W. A. Mozart: Andante KV 511, Sonate für das Clavier allein, KV 533 und 494, Rondo KV 485, Adagio KV 540, Eine kleine Gigue KV 574 Sonate für das Clavier allein KV 576, Menuett KV 355
03.–05.10.51	55	Höller'sches Haus Linke Wienzeile 42	Fünf und fünfzigstes Concert	Isolde Ahlgrimm Gravicembalo con Pedale	J. S. Bach: Toccaten ex G, D, d, g, und e, Componirt 1708 bis 1717 in Weimar
08.–09.11.51	56	Höller'sches Haus Linke Wienzeile 42	Sechs und fünfzigstes Concert	Isolde Ahlgrimm, Gravicembalo con Pedale	J. S. Bach: Das wohltemperierte Clavier I, I – XII
06.–07.12.51	57		Sieben und fünfzigstes Concert	(beide Programme auf einem Blatt)	J. S. Bach: Wohltemperiertes Clavier II, XIII – XXIV
10.–11.01.52	58	Höller'sches Haus Linke Wienzeile 42	Acht und fünfzigstes Concert	Isolde Ahlgrimm, Gravicembalo con Pedale Paul Kling, Violine Josef Herrmann, Violone [Instrumentarium: Siehe 60. Concert]	J. S. Bach: Sei Sonate a Cembalo certato e Violino solo col basso per Viola da Gamba accompagnato se piace. Composta di Giov. Sebast. Bach (Cöthen, etwa 1720
07.–08.02.52	59	Höller'sches Haus Linke Wienzeile 42	Neun und fünfzigstes Concert	Isolde Ahlgrimm, Cembalo	J. S. Bach: Suites pour le Clavecin, genannt „Die sechs französischen Suiten"

Die Concerte für Kenner und Liebhaber | 247

Datum	Nr.	Ort	Concert	Werke	Ausführende/Instrumente
06.–07.03.52	60	Höller'sches Haus Linke Wienzeile 42	Sechzigstes Concert	J. S. Bach: Neun kleine Praeludien aus dem Clavierbüchlein von Wilhelm Friedemann Bach. Sechs kleine Praeludien aus Abschrift Lichnowsky, Göttingen 1781 Fünf kleine Praeludien aus der Kellner'schen Abschrift Fantasia chromatica pro Cimbalo Sonate ex G per il Violino Solo e Basso Continuo Sonate ex e per il Violino Solo e Basso Continuo (Cöthen ca 1720)	Isolde Ahlgrimm, Gravicembalo con Pedale Eduard Melkus, Violine Josef Herrmann, Violone Instrumentarium: Violine von Hieronymus Amati, figlio di Nicolo Amati, Cremona 1701 Violinbogen von Wilhelm Cramer, Mannheim 1770 Kontrabass von Ulrich Reinhart, Salzburg 1672, repariert von Joannes Schorn, Salzburg 1713 Kontrabassbogen nach ital. Modell 17. Jh
03.–04.04.52	61	Höller'sches Haus Linke Wienzeile 42	Ein und sechszigstes Concert	J. S. Bach: Die zwei- und dreistimmigen Inventionen	Isolde Ahlgrimm, Cembalo
08.–09.05.52	62	Höller'sches Haus Linke Wienzeile 42	Zwey und sechszigstes Concert	J. S. Bach: Suites avec prélude. genannt „die sechs englischen Suiten"	Isolde Ahlgrimm, Gravicembalo con Pedale
09.–10.10.52	63	Höller'sches Haus Linke Wienzeile 42	Drey und sechszigstes Concert	J. S. Bach: Partita I-III aus Clavierübung, Toccata ex Fis molle, Cöthen um 1720	Isolde Ahlgrimm, Gravicembalo con Pedale
06.–07.11.52	64	Höller'sches Haus Linke Wienzeile 42	Vier und sechszigstes Concert	J. S. Bach: Partita IV-VI aus Clavierübung, Toccata ex C molle, Cöthen um 1720	Isolde Ahlgrimm, Gravicembalo con Pedale
05.–06.02.53	65	Höller'sches Haus Linke Wienzeile 42	Fünf und sechszigstes Concert	J. S. Bach: Des Wohltemperierten Claviers erster Theil Praeludien und Fugen I – XII	Isolde Ahlgrimm, Gravicembalo con Pedale
05.–06.03.53	66	Höller'sches Haus Linke Wienzeile 42	Sechs und sechszigstes Conzert	J. S. Bach, des Wohltemperierten Claviers zweyter Theil Praeludien und Fugen XIII – XXIV, Leipzig, im Jahre 1744	Isolde Ahlgrimm, Gravicembalo con Pedale
			(Die Programme des 65. und 66. Concerts sind beide auf dem gleichen Programmblatt)		
11.–12.06.53	67	Höller'sches Haus Linke Wienzeile 42	Sieben und sechszigstes Concert	J. S. Bach, Die Kunst der Fuge	Isolde Ahlgrimm, Gravicembalo con Pedale
04.–05.02.54	68	Höller'sches Haus Linke Wienzeile 42	Acht und sechszigstes Concert	J. S. Bach: Clavier Übung, Aria mit verschiedenen Veränderungen vors Clavicimbel mit zweyen Manualen [Goldberg-Variationen]	Isolde Ahlgrimm, Clavicembalo

Datum	Nr.	Ort	Titel	Mitwirkende	Programm
01.–02.04.54	69	Höller'sches Haus Linke Wienzeile 42	Neun und sechszigstes Concert	Isolde Ahlgrimm, Gravicembalo con Pedale	J. S. Bach: Die zweistimmigen Inventionen: Aria variata alla maniera italiana; Fantasia chromatica pro Cimbalo
02.–03.12.54	70	Höller'sches Haus Linke Wienzeile 42	Siebenzigstes Concert	Isolde Ahlgrimm Gravicembalo con Pedale Nikolaus Harnoncourt, Viola da gamba Josef Hermann, Violone	J. S. Bach: Fuga ex a (BWV 944), Toccata ex fis (BWV 910) Sonata à Cembalo e Viola da Gamba ex D (WV 1028) Fantasia ex g (BWV 917), Sonata à Cembalo e Viola da Gamba ex g (BWV 1027)
03.–04.03.55	71	Höller'sches Haus Linke Wienzeile 42	Ein und siebenzigstes Concert	Isolde Ahlgrimm, Gravicembalo con Pedale Rudolf Baumgartner, Violino Nikolaus Harnoncourt, Viola da Gamba Instrumentarium: Die in den Originalzustand zurückversetzte Violine sub disciplina Nicolai Amati in eius Officina Cremonae Die siebensaitige Gambe ist (handschriftl.) bezeichnet: Christoph Klingler, Rattenburg 1683 Die beiden Bögen sind nach französischen Vorbildern in der ersten Hälfte des 18. Jhs angefertigt	J. S. Bach, Cembalo certato e Violino solo col Basso per Viola da Gamba accopagnato se piace, Composte da Giov. Sebast. Bach Cöthen ca.1720 (Entstehungszeit um 1680) trägt den Druckzettel:
21.–22.04.55	72	Höller'sches Haus Linke Wienzeile 42	Zwey und siebenzigstes Concert	Isolde Ahlgrimm, Gravicembalo con Pedale Viktor Pfersmann, Traverso Josef Hermann, Viola da gamba Querflöte von J. M. Bürger, Strassburg um 1840 Fünfsaitige Gambe von Joannes Marius, Norditalien um 1530	J. S. Bach, zwey Toccaten D Dur (BWV 1020) e moll (BWV 914) Tre Sonate a Cembalo obligato e Travers. H moll (BWV 1030) Es Dur (BWV 1031), A Dur (BWV 1032)

Die *Concerte für Kenner und Liebhaber* | **249**

Datum	Nr.	Ort	Concert	Interpreten	Programm
24.–25.06.56	73	Höller'sches Haus Linke Wienzeile 42	Drey und siebenzigstes Concert	Isolde Ahlgrimm, Gravicembalo con Pedale Amati-Orchester unter Dr. Erich Fiala Instrumentarium: Violinen: Disciplina Amati, Cremona um 1680 Gerolamo Amati, Cremona 1707 Vincenzo Ruggieri, Cremona 1710 Carlo Tononi, Bologna 1714 Antonio Cappa, Turin 1601 Unbekannter Meister, Cremona um 1680; repariert 1715 von Gerolamo Amati Viola: Antonio Amati, Cremona 1595 Violoncello: Francesco Ruggieri, Cremona 168? Contrabass: Johann Joseph Stadlmann, Wien 17..? Cembalo continuo: Gebrüder Ammer, Eisenberg 1942 [richtig 1941]	J. S. Bach, Concerti à Cembalo certato, due violini, Viola e Contiuo d moll (BWV 1052), D Dur (BWV 1054) A Dur (BWV 1055) E Dur (BWV 1053) Vorführung von Bandaufnahmen der Firma Philips Phonographische Industrie, Baarn, Holland
24.–25.05.56	74	Höller'sches Haus Linke Wienzeile 42	Vier und siebenzigstes Concert	Isolde Ahlgrimm, Gravicembalo con Pedale Amati-Orchester unter Dr. Erich Fiala (Instrumente wie beim 73. Concert)	J. S. Bach: Concerti à Cembalo certato, due Violini, Viola e Cont. D moll (BWV 1052), D Dur (BWV 1054), A Dur (BWV 1055) E Dur (BWV 1053)
20.02.57	75		Fünf und siebenzigstes Concert		

Zum zwanzigsten Jahrestag des ersten Concertes (20. Februar 1937) geben wir an Stelle einer Einladung zum fünf und siebenzigsten festlichen Concert die Mitteilung, dass Isolde Ahlgrimm und Dr. Erich Fiala die gemeinsame Arbeit beendet haben

5. Repertoire und Konzert-Orte

5.1. Repertoire

Neben Johann Sebastian Bachs und Wolfgang Amadeus Mozarts Gesamtwerk für Cembalo und Fortepiano solo enthielt Isolde Ahlgrimms Repertoire ein breites Spektrum an Musik aus allen Perioden, von der Renaissance bis zur Moderne.

Die nachstehende Liste ist eine Zusammenstellung der Werke von Komponisten, die sie während der Reihe der *Concerte für Kenner und Liebhaber*, aber auch während ihrer solistischen Karriere nach 1956 aufgeführt hat. Continuo-Aufgaben übernahm sie gelegentlich, wenn sie von Kammermusikensembles eingeladen wurde oder wenn sie Schallplattenaufnahmen mit anderen Instrumentalisten machte. Sie sind hier nicht berücksichtigt. Die Liste wurde erstellt aus noch vorhandenen Programmen und Kritiken. Sie erhebt keinen Anspruch auf Vollständigkeit.

Komponist	Werk
Ahlgrimm, Hans 1904–1944	Sonate für Flöte oder Violine und Cembalo
Angerer, Paul *1927	3 Toccaten
Anonymus Wien, 1681	Aus: Partite ex Vienna: *Bindertantz*
Bach, C. Ph. Emanuel 1714–1788	– *Les Folies d'Espagne*, Thema mit Variationen – Fantasie II in C-Dur aus der 5. *Sammlung von Sonaten, Freien Fantasien und Rondos für Kenner und Liebhaber* – Sonate D-Dur, op. 5, Nr. 2 aus der 5. *Sammlung von Sonaten, Freien Fantasien und Rondos für Kenner und Liebhaber* – Cembalokonzert d-Moll
Bach, Joh. Chr. Friedrich 1732–1795	– Sonate in D-Dur für das Forte-Piano mit Begleitung eines Violoncells – Sonate in A-Dur für 2 Cembali
Bach, Joh. Christian 1735–1782	– Sonate C-Dur für Clavier zu vier Händen – Sonate D-Dur, op. 5, Nr. 2 – Sonate G-Dur, op. 16 – Konzert D-Dur für Hammerklavier
Bach, Johann Christoph 1642–1703	– *Aria Eberliniana pro dormente Camillo* (1690), Thema con Variazioni
Bach, Wilh. Friedemann 1710–1787	– Polonaisen C-Dur, c-Moll, es-Moll, e-Moll – Sonate [nicht definiert] – Sonate F-Dur für 2 Cembali
Benda, Franz 1709–1786	Sonate G-Dur, Flöte und obligates Cembalo
Beethoven, Ludwig van 1770–1827	Sonate cis-Moll, op. 27, *Mondscheinsonate*
Böhm, Georg 1661–1735	Suite Nr. 5, Es-Dur
Brahms, Johannes 1833–1897	Sarabande A-Dur – Fuge – Gigue in a-Moll
Bull, John 1562/63–1628	Fantasia (*Fitzwillliam Virginal Book*) Bd. 1, S. 423

Komponist	Werk
Byrd, William 1543–1623	Jhon come kisse me now (Fitzwilliam Virginal Book)
Cabezon, Antonio de 1510–1566	Diferencias sobre Guárdame las vacas
Caldara, Antonio um 1670–1736	Fuge in F-Dur
Carlton, Nicholas um 1570–1630	A Verse, Elizabethan Keyboard Duet
Clementi, Muzio 1752–1832	– Sonate 1 für 2 Cembali – weitere Sonaten, nicht definiert
Couperin, François 1668–1733	– 6ième ordre – 9ième ordre – 10ième ordre – 11ième ordre – 14ième ordre Einzelne Stücke: – Air Sérieux, Les solitaires, L'Epitaphe d'un Paresseux – Prélude d-Moll aus L'Art de toucher le clavecin
Couperin, Louis 1626–1661	Pièces de Clavecin: Prélude No. 13, Allemande Grave No. 67, Courante No. 68, Sarabande No. 75, Branle de Basque No. 73, Gigue No. 78, Galliarde No. 77, Tombeau de M. Blancrocher No. 81, Chaconne No. 80 [Edition Thurston Dart]
Couperin, Louis Armand 1725–1789	– Symphonie [sic] a 2 Clavecins, D-Dur – Deuxième Quatuor
Crecquillon, Tomas 1505–1557	Cancion I, Belle sans paire a doce para dos instrumentos
Duphly, Jacques 1715–1789	Pièces de Clavecin, Allemane, Rondeau, le Vanlo
Ebner, Wolfgang um 1610–1685	Air mit 4 Variationen (Air komponiert von Kaiser Ferdinand III)
Einem, Gottfried von 1918–1996	Zwei Capriccios, op. 36
Falla, Manuel de 1876–1946	Cembalokonzert (1923)
Farnaby, Giles 1562–1640	– For two Viriginals – Fantasia CXXIX, ev. weitere Stücke aus dem Fitzwilliam Virginal Book
Frescobaldi, Girolamo 1583–1643	– Toccata prima, – Toccata d-Moll – Canzonen
Froberger, Johann Jakob 1616–1667	– Tombeau fait à Paris sur la mort de Monsieur Blancheroche – Suite a-Moll
Fux, Johann Josef 1660–1741	– Suite No I, a-Moll – Capriccio
Giordani, Tomaso 1740–1806	– Sonate à quatre mains, Oeuvre IC, C-Dur 1781 – Cembalokonzert C-Dur
Graaf, Ernst Christian um 1726–1802	Sonate pour le Clavecin à quatre mains, Oeuvre XXIX
Grunenwald, Jean-Jacques 1911–1982	4 Tänze aus: Suite de Danses pour Clavecin

Komponist	Werk
Händel, Georg Friedrich 1685–1759	– Suite Nr. 1, A-Dur – Suite Nr. 2, F-Dur – Suite Nr. 3, d-Moll – Suite Nr. 4, e-Moll – Suite Nr. 5, E-Dur – Suite Nr. 6, fis-Moll – Suite Nr. 7, g-Moll – Suite Nr. 8, f-Moll – Chaconne mit 62 Variationen
Haydn, Josef 1732–1809	– Variationen op. 83, f-Moll, der Baronin Braun gewidmet – Cembalokonzert C-Dur – Sonate No. 3, aus den *Sei Sonate per il Clavicembalo o Piano Forte* – Sonate in G-Dur für das Forte Piano mit Begleitung einer Flöte – Sonate für das Piano-Forte mit Begleitung einer Flöte und eines Violoncells – Fantasie C-Dur, Hob. XVII/4 – Sonate F-Dur, Hob XVI/23 – Grande Sonate E-Dur, Hob. XVI/52 – *4 Stuckh für das Lauffwerk* [4 Stücke für Flötenuhr]
Hummel, Joh. Nepomuk 1738–1837	– Rondo Es-Dur, op 11 – Grand Concert pour le Piano-Forte avec Orchestre, op. 47
Kerll, Johann Kaspar 1627–1693	Toccata I, d-Moll aus: *Toccate, Canzoni et altre Sonate, per sonare sopra il Clavicembalo è Organo*
Krebs, Johann Ludwig 1713–1780	Konzert für 2 Cembali, a-Moll
Kuhnau, Johann 1660–1722	Aus: *Musikalische Vorstellung einiger* Biblischer Historien: *Der Todtkranke und wieder gesunde Hiskias*
Martin, Frank 1890–1974	– Petite Symphonie concertante – Konzert für Cembalo und Kammerorchester
Martinů, Bohuslav 1890–1959	Konzert für Cembalo und kleines Orchester 1935
Mattheson, Johann 1681–1764	Sonate für 2 Cembali, g-Moll
Muffat, Gottlieb 1690–1770	– Prélude zu der folgenden Komposition von Joh. Jos. Fux, Suite I, a-Moll – Suite Nr. 3, D-Dur, aus Componimenti musicali
Neßler, Robert 1919–1996	Introduktion und Rondo op. 11, für konzertierendes Cembalo, 2 Violinen, Viola, Violoncello und Bass
Neefe, Christian Gottlob 1748–1798	Sonate D-Dur
Nichelmann, Christoph 1717–1762	Cembalokonzert [nicht definiert, mögl. A-Dur, d-Moll]
Paganini, Nicolò 1782–1840	Caprice 24, übertragen für Cembalo von Isolde Ahlgrimm
Pasquini, Bernardo 1637–710	Sonate d-Moll für 2 Cembali
Preussen, Louis Ferdinand von 1772–1806	– Fuge op. 7, zu vier Stimmen – Klaviertrio op. 2 – Klavierquartett op. 6
Quantz, Johann Joachim 1697–1737	Sonate D-Dur für Flöte und konzertierendes Cembalo
Reger, Max 1873–1916	Drei Canons zu Themen des WTK I von J. S. Bach: Canon Fis-Dur (BWV 858), Canon cis-Moll (BWV 849), Canon Cis-Dur (BWV 848)

Komponist	Werk
Scarlatti, Domenico 1685–1757	– Sonata C-Dur, L suppl. 3 – Sonata h-Moll, L 33 – Sonata F-Dur, L 188 – Sonata d-Moll, L 266 – Sonata D-Dur, L 369 – Sonata a-Moll, L 429 – Sonata B-Dur, L 450 – Sonata G-Dur, L 487 – Sonata B-Dur, L 497 – Sonata B-Dur, L 500
Schollum, Robert 1913–1987	Spaziergänge mit Isolde 1956/66
Strauss, Richard 1868–1949	– Sonate F-Dur op. 6, für Violoncello und Klavier – Quartett c-Moll, op. 13, für Violine Viola Violoncello und Klavier – Sonate Es-Dur, op. 18, für Violine und Klavier – Capriccio-Suite für Cembalo
Solér, Antonio 1729–1783	– 3. Concierto III para dos organos, G-Dur – 6. Concierto III para dos organos, D-Dur
Schumann, Robert 1810–1856	Abegg-Variationen, F-Dur, op. 1
Sweelinck, Jan Pieterszoon 1562–1621	– Variationen *Unter der Linden grüne* – *Mein junges Leben hat ein End* – Variationen über einen deutschen Choral
Thysse, Wim *1916	Variationen auf ein holländisches Volkslied für 2 Cembali
Türk, Daniel Gottlob 1756–1813	2. Sonate F-Dur, aus den *Sechs Sonaten für das Clavier*
Wagenseil, Georg Christoph 1715–1777	– Konzert C-Dur für 4 Cembali – Divertimento D-Dur
Werner, Gregor Josef 1693–1766	I. Der Wienerische Tandlmarkt Aus: Zwey neue und extra lustige musicalische Tafel-Stücke:

5.2. Konzert-Orte

Österreich:	Alpbach, Bludenz, Bregenz, Eggenburg, Erl, Füssing, Graz, Innsbruck, Klagenfurt, Klaus, Leoben, Lilienfeld, Linz, Niederalteich, Ossiach, Perchtoldsdorf, Salzburg, Villach, Wels, Wien, Stift Wilten
Belgien:	Antwerpen, Brügge, Brüssel, Gent, St. Hubert
Ost-Deutschland:	Altenburg, Berlin Ost, Dresden, Eisenstadt, Erfurt, Eutin, Halberstadt, Halle, Jena, Köthen, Leipzig, Magdeburg, Meissen, Mohlsdorf, Karl-Marx-Stadt, Greifswald, Weimar
West-Deutschland:	Aschaffenburg, Berlin West, Darmstadt, Düsseldorf, Ettlingen, Frankfurt, Geesthacht, Giessen, Hamburg, Heidelberg, Hitzacker, Kiel, Krefeld, Marburg, Mönchen-Gladbach, München, Neumünster, Neuss, Nürnberg, Passau, Remscheid, Stuttgart, Wuppertal
England:	London
Frankreich:	Drôme, Paris, Toulouse

Iran:	Teheran
Italien:	Bologna, Brescia, Milano, Napoli, Padua, Perugia, Reggio di Calabria, Rom, Treviso, Udine, Venezia
Japan:	Kobe
Jugoslawien:	Zagreb
Niederlande:	Baarn, Bussum, Den Haag, Haarlem, Hilversum, Laren, Rotterdam
Polen:	Warschau
Schweiz:	Basel, Bern, Boswil, Chur, Dornach, Ettiswil, Frauenfeld, Genf, Heerbruck, Herisau, Kirchberg, Luzern, Meringen, Rheineck, Riehen, Schaffhausen, Thalwil, Zürich
Spanien:	Barcelona
Ehem. Tschechoslowakei:	Prag, Pressburg
Ungarn:	Budapest
USA:	New York, Appleton (WI), Atlanta (GA), Claremont (CA), Columbus (OH), Concord (CA), Dallas (TX), Lexington (KY), Los Angeles (CA), Moraga (Ca), Oberlin (MA), Palo Alto (CA), Portland (OR), Rochester (NY), San Fernando (CA), San Francisco (CA), San Mateo (CA), Seattle (WA), Sepolvedo (CA), Washington DC

Endnoten

1. Siehe Kapitel 1.2, S. 31.
2. Eine Künstlergruppe in England, die ihr Vorbild in spätmittelalterlicher Kunst hatte.
3. *Musik muss man machen,* eine Festgabe für Josef Mertin zu seinem 90. Geburtstag am 21. März, Wien: „vom Pasqualatihaus" 1994.
4. William Morris ermutigte Dolmetsch, sein erstes Cembalo für die „English Arts & Crafts Exhibition" 1896 zu bauen.
5. Dolmetsch wurde durch den englischen Pianisten A. J. Hipkins, Teilhaber der Firma Broadwood, beauftragt, eine Anzahl antiker Instrumente zu restaurieren. Hipkins spezialisierte sich darauf, historische Instrumente in Konzerten zu präsentieren und benutzte dazu verschiedene englische Cembali des 18. Jahrhunderts.
6. Brief vom 5.10.1938 an die Konzertdirektion Backhaus in Berlin.
7. Brief vom 20.9.1993 an Christian Lambour, Wien-Bibliothek H.I.N 229062.
8. Wanda Landowska: *Landowska on Music,* New York: Stein & Day 1964.
9. Angehörige der Familie Couperin wirkten mehr als 200 Jahre als Organisten zu St. Gervais, Paris.
10. Bis heute: Schlosskonzerte Bad Krozingen.
11. Erwin Bodky: *Der Vortrag alter Klaviermusik,* Berlin-Schöneberg: Hesse-Verlag 1932.
12. Jolande van der Klis: *Oude muziek in Nederland – het verhaal van de Pioniers,* Utrecht: Stichting organisatie oude muziek 1991.
13. Eta Harich-Schneider: *A History of Japanese Music,* Oxford: University Press 1972.
14. Auskunft von Thomas F. Steiner, Cembalo- und Clavichordbauer in Basel.
15. Aus dem Lebenslauf von Isolde Ahlgrimm, *mdw,* Wien. [Sie spielte eine Haydn-Sonate].
16. Camilla Ahlgrimm studierte bei Wilhelm Schenner am ehemaligen Conservatorium für Musik und darstellende Kunst, dem Vorgänger der Akademie für Musik und darstellende Kunst.
17. Brief vom 25.6.1978 an Regula Winkelman (RW).
18. Radiointerview von 1992.
19. Lehmann, digitalisiertes Einwohnerregister von Wien, 1859–1942 (Die Familie Ahlgrimm ist ab 1859 erwähnt).
20. Urban und Schwarzenberg, Druckerei und Verlags-Aktien-Gesellschaft, vormals R. v. Waldheim, Bandgasse 31, 1080 Wien.
21. Ein österreichisches Kartenspiel.
22. Isolde Ahlgrimm: aus einem privaten Gespräch mit Peter Watchorn (PW), 1988.
23. Postkarte mit Abbildung des Brahms-Denkmals im Wiener Stadtpark an ihre Nichte 1922. Private Sammlung von Isolde Ahlgrimm.
24. Ferdinand Rebay, Komponist, ab 1820 Professor für Klavier an der Akademie für Musik und darstellende Kunst, Wien.
25. Radiointerview von 1992.
26. Archiv *mdw* Wien.
27. Walter Bricht, Schüler von Franz Schmidt und Komponist, verließ Wien 1938 und emigrierte in die Vereinigten Staaten, wo er ab 1963 an der Indiana University School of Music wirkte.
28. Ahlgrimm: Privates Gespräch mit PW, 1988.
29. Siehe Einführung, S. 17.
30. Im „Who is Who in Music" 1935 ist sie erwähnt, als Juliette Matton, geborene Pain-Parré [richtig: Painparé]. Bis 1948 war sie noch im Londoner Telefonbuch aufgeführt. Möglicherweise verstarb sie in diesem Jahr.

31 Ahlgrimm: Privates Gespräch mit PW, 1988, sowie Radiointerview von 1992.
32 Interview von 1992 sowie persönliches Gespräch mit PW.
33 Isolde Ahlgrimm: Privates Gespräch mit PW, 1988.
34 Theodor Leschetizky, polnischer Pianist, Liszt-Schüler, entwickelte eine eigene Klaviertechnik. Er autorisierte Malwine Bree zur Publikation: *Die Grundlage der Methode Leschetitzky*, Mainz: Schott 1902.
35 Diese Ausgabe ist noch erhältlich: Dover Publications, New York.
36 Aus einem Magazin „Für die Frau" vom 31.5.1959.
37 Isolde Ahlgrimm: aus einem Gespräch mit Richard Hallinan, 1989.
38 Fränkischer Kurier Nürnberg, 11. Juni 1935.
39 Anhang 3: Ahlgrimms *Chronologie*, 1953.
40 Ahlgrimm: eigene Angaben für die Biographie bei den Columbia Masterworks 1952.
41 Die Familie Fiala war Teilhaber der Firma Manner Schokoladen. Hier arbeitete Erich nach Abschluss des Studiums.
42 Ahlgrimm: Brief an PW, 1988.
43 Ahlgrimm: Interview mit Richard Hallinan, 1989.
44 Sie beschreibt in ihrem Radiointerview von 1992, dass sie überall gefragt hätten, natürlich im Dialekt: „Wissen S' nicht irgendwo a goanz an oaltes Klavier?"
45 Ein Metallarbeiter im Akkord verdiente damals 1,59 Schillinge in der Stunde (Franz X. Eder, *Privater Konsum und Haushaltseinkommen im 20. Jahrhundert*; Innsbruck u. a. 2003).
46 *Neueste Nachrichten* Wien, 26.2.1937.
47 ibidem.
48 20. Januar 1938: *Nemzeti Újság*/Nationalblatt.
49 Heute spielt das Salzburger Marionettentheater in einem eigenen kleinen Barocktheater mit 350 Plätzen im ehemaligen Hotel Mirabell in Salzburg.
50 Ahlgrimm: Brief an Peter Watchorn, 1988, Übersetzung RW: *Sammler werden geboren, nicht gemacht. Das Interesse am Sammeln beginnt in früher Kindheit mit den abstrusesten Dingen. Wenn man später Instrumente sammelt und dabei günstig ein Instrument mit den richtigen Papieren kauft, das wertvoll zu sein scheint, aber sich später als wertlos erweist, dann lernt man daraus. Das Interesse ist geweckt und man beginnt, ambitionierter und anspruchsvoller zu werden. Wenn man nicht Millionär ist, kommt man nicht darum herum, immer wieder einmal etwas verkaufen zu müssen, um Neues zu erwerben, wie es Erich tat. Für mich als Spielerin wäre es besser gewesen, Instrumente, die ich schätzte, behalten zu können. Ein Leben mit Erich Fiala, der so besessen war von seiner Sammeltätigkeit, war jedoch Herausforderung und Inspiration zugleich.*
51 Siehe Anhang: Sämtliche Werke für Clavicembalo: *Drei Sonaten für Flöte und obligates Cembalo*.
52 Als Ergänzung zum CV 1953 gesendet an Peter Watchorn, 1988: Isolde Ahlgrimm: *Die Concerte für Kenner und Liebhaber*, Bericht von 1962.
53 Anhang 7: *Das letzte Konzert; die Instrumentensammlung*: Elektronischer Anhang zum Buch auf der Webseite des Böhlau-Verlags, www.boehlau-verlag.com.
54 *Neues Wiener Tagblatt*, 24.9.1937.
55 Isolde Ahlgrimm: Gespräch mit Richard Hallinan, 1989.
56 Die einzige vollständige Dokumentation der benutzten Instrumente, nicht jedoch der übrigen Instrumente, findet sich im Programmheft des „letzten Konzertes". Auch bei den einzelnen Programmen werden oft die jeweils verwendeten Instrumente aufgelistet. Einige der Streichinstrumente sind auch erwähnt in der Publikation *Glareana: Nachrichten der Gesellschaft der Freunde alter Musikinstrumente*, Bd. 22 (Zürich 1973) S. 33–49 unter dem Titel

„Alte Musikinstrumente aus der Sammlung von Dr. Fiala, Wien". Als dieser Artikel erschien, war die Sammlung jedoch bereits größtenteils aufgelöst.
Siehe Anhang 7: *Verwendete Instrumente*: Elektronischer Anhang zum Buch bei www.boehlau-verlag.com sowie im Anhang 4 (*Concerte für Kenner und Liebhaber*).
57 Beethoven schrieb: „Se deve suonare tutto questo pezzo delicatissimamente e senza sordino". Viele der heutigen Fortepianisten benutzen den „Moderator", einen Filzstreifen zwischen Hämmern und Saiten, der durch das Pedal bedient wird.
58 *Wiener Neueste Nachrichten*, 6.12.1938.
59 Radiointerview vom 6.12.1992.
60 Ahlgrimm, Anhang 3: *Chronologie*.
61 Heute Wienbibliothek im Rathaus.
62 Erklärung zu dieser Aussage von Dr. Rudolf Hopfner, Direktor der Instrumentensammlung des Kunsthistorischen Museums. Mit Staatsmuseum meinte sie das Kunsthistorische Museum, das auch die Instrumentensammlung betreut. Staatsmuseum war nie eine offizielle Bezeichnung.
63 Anhang 3: *Chronologie* am 1. November 1940.
64 Erklärung von Dr. R. Hopfner, Direktor der Musikinstrumentensammlung im Kunsthistorischen Museum Wien, Mail vom 2.12.2014.
65 Im Jahr 1970 bat Isolde Ahlgrimm RW, zu einem Händler zu gehen, da sie gehört hätte, ihr altes Pleyel sei wieder aufgetaucht. Es war in der Tat da, ein optisch schönes Instrument, das aber so zwischen andern Möbeln eingeklemmt war, dass die Spielbarkeit nicht geprüft werden konnte.
66 Gespräch mit Richard Hallinan, 1989.
67 Das Violinkonzert d-Moll wurde in Hamburg 1943 vom Staatsopernorchester uraufgeführt. Das Werk erschien im Robert Lienau Musikverlag.
68 Jaroslav Suchý, Ahlgrimms Duopartner aus der Studienzeit, war ein enger Freund Fialas geworden und, zu Ahlgrimms Missfallen, etwas trunksüchtig.
69 Hier muss sich Isolde Ahlgrimm im Jahr getäuscht haben. Da das Konzert 1942 stattfand, muss es sich um die Weihnachtsfeier 1941 gehandelt haben.
70 Ahlgrimm: Privates Gespräch mit PW, 1988.
71 Ahlgrimm: Gespräch mit Richard Hallinan, 1989.
72 Radiointerview vom 6.12.1992.
73 Ahlgrimm, Anhang 3: *Chronologie*. Das genaue Programm für dieses Konzert blieb nicht erhalten, aber es enthielt Werke von Robert und Clara Schumann sowie frühe Werke von Brahms.
74 Große Volkszeitung vom 4.3.1943.
75 Fialas eigene Worte.
76 Ahlgrimm: Gespräch mit Richard Hallinan.
77 Ahlgrimm, Anhang 3: *Chronologie*.
78 *Wiener Kronenzeitung*, 13.6.1943.
79 Interview, 1992.
80 Radiointerview vom 6.12.1992.
81 *Chronologie* 1. Oktober 1943, 14. Concert für Kenner und Liebhaber.
82 Beispiele in „youtube".
83 Camilla Ahlgrimm, *16.8.1878, † 2.10.1943.
84 Er erzählte dies während des Kammermusikunterrichts an RW.
85 Ahlgrimm, Anhang 3: *Chronologie*.
86 Ahlgrimm: Gespräch mit Richard Hallinan, 1989.

87 Ahlgrimm: Gespräch mit Richard Hallinan, 1989.
88 Ahlgrimm, Anhang 3: *Chronologie.*
89 Ein wichtiges öffentliches Gebäude am Ufer des Wien-Flusses. Es war 1910 als Bildungszentrum eröffnet worden. Hier befand sich auch das Wiener Observatorium.
90 Ein berühmter Salzburger Instrumentenmacher, 1658–1718.
91 Das Observatorium auf dem Dach war vollkommen zerstört und der Rest des Gebäudes hatte schwere Schäden erlitten.
92 Privates Gespräch mit PW, 1988.
93 Ahlgrimm: Privates Gespräch mit PW, 1988, Übersetzung von RW. Die Reihe wurde in Innsbruck fortgesetzt bis Frühjahr 1946.
94 Leider hinterließ Isolde Ahlgrimm praktisch keine Briefe an die Familie. Bei der Archivarbeit stellte sich heraus, dass z. B. auch nur Briefe beruflichen Inhaltes an RW da waren, die private Korrespondenz war nicht mehr vorhanden.
95 Gespräch mit PW. Dies sind Ahlgrimms Erfahrungen, die aber nicht darüber hinwegtäuschen sollen, dass die Sowjetsoldaten rau mit den Wienern umgingen und kein besonders höfliches Benehmen zeigten.
96 Henry Pleasants (1910–1999) war 1934–1942 Redakteur der *Philadelphia Evening News*, ab 1942 Angehöriger der US-Army, Stationierung in Wien und leitender Verbindungsoffizier zwischen der US-Army und der österreichischer Regierung von 1948 bis 1950. Nach seiner Rückkehr in die USA wurde er ein bekannter Musikschriftsteller, spezialisiert besonders auf Opern. Publikation: *The Agony of Modern Music;* New York: Simon and Schuster 1955.
97 Virginia Pleasants, London, 12.1994, Vorwort zur englischen Biographie von Peter Watchorn.
98 Peter Watchorn, *Isolde Ahlgrimm, Vienna and the Early Music Revival*, Ashgate 2007.
99 1.6.1945, Anhang 3: *Chronologie.*
100 Möglicherweise war dieser Brief an John Willet, einen englischen Sprachwissenschaftler, der die Werke von Brecht ins Englische übersetzt hat. Er hatte in Wien studiert und den gleichen Jahrgang wie I. A. Jedenfalls hatte er Ahlgrimm ein Buch von Dolmetsch geschickt, für das sie sich in diesem Brief bedankte.
101 Wie Ahlgrimm bemerkte, überschritt dieses Stück, das 5 Oktaven beanspruchte, den Umfang des Cembalos, ein Zeichen, dass Strauss nicht genügend informiert war über das Instrument.
102 Norman del Mar, *Strauss, a critical commentary on his life and works*, Barry and Jenkins, 1978.
103 Dieser Text erscheint auch im Vorwort der Druckausgabe der *Capriccio-Suite*, Schott RSV 9049. Die *Capriccio-Suite*, TrV 270c, ist bei der Edition Schott herausgekommen. Manuskripte in der Bibliothek der Universität für Musik in Wien unter den Signaturen II-76518 (Kadenz) und II-76519 (Cembalobearbeitung der drei Tänze).
104 Generalprogramm der Konzerthausgesellschaft 1946.
105 Radiointerview, 1992.
106 Brief an Michael (F. Cullis) vom 30. Juli 1948, Archiv der *mdw*, Wien. Cullis war 1946 Direktor der Österreichabteilung des German Departements (des englischen Sektors) und auch für Kultur zuständig. Die Textteile in Anführungszeichen sind innerhalb dieser Briefzusammenfassung original, wenn auch aus dem Englischen übersetzt.
107 Musikwissenschaftler und damaliger Direktor der Musiklehranstalten von Wien.
108 Anhang 4: *Konzerte für Kenner und Liebhaber, 34. Concert.*
109 Anhang 3: *Chronologie.*
110 Radiointerview vom 6.12.1992.
111 Anhang 3: *Chronologie.*

112 Anhang 3: *Chronologie*.
113 Isolde Ahlgrimm, die wusste, dass ihr Mann ein „Gschaftlhuber" war, war sich nie ganz sicher, ob dieses Instrument wirklich ein echtes „Walter" war. Mitte der 1990er Jahre sagte Leonhardt zu PW, dass es ihm nicht wichtig sei, wer es gemacht habe, da es in jedem Fall ein ausgezeichnetes Instrument sei.
114 Gustav Leonhardt: *The English Harpsichord Magazine*, Band 1, No. 2, 1974.
115 Gustav Leonhardt: *The Art of Fugue, Bach's last Harpsichord Work*, Den Haag: Martinus Nijhoff 1952.
116 Siehe Kapitel 3, Aufnahmen der Bachwerke.
117 *Österreichische Zeitung*, 11.12.1953.
118 Paul Kling war ein sehr begabter Geiger, der Theresienstadt und Auschwitz überlebt hatte und später in den USA wirkte.
119 Peter Watchorn: *Isolde Ahlgrimm, Vienna and the Early Music Revival*, Ashgate 2007
120 Er war da bereits wieder liiert.
121 Brief vom 18.7.1956.
122 Anhang 6: Angaben über die Instrumente finden sich nur in den Programmen der *Concerte* sowie einer Publikation in der Zeitschrift *Glareana*: Nachrichten der Gesellschaft der Freunde alter Musikinstrumente, Bd. 22 (Zürich 1973) S. 33–49 unter dem Titel „ Alte Musikinstrumente aus der Sammlung von Dr. Erich Fiala, Wien".
123 Siehe Anhang 6: *Das letzte Konzert* im elektronischen Anhang zum Buch bei www.boehlau-verlag.com
124 Brief an Christian Lambour vom 10.5.1978, Wien-Bibliothek H.I.N 229049.
125 Privates E-Mail an PW von 2006.
126 *Bösendorfer*, Nr. 7/2012, S. 9.
127 Gustav Leonhardt, aus einem privaten Gespräch mit PW, Amsterdam 1995.
128 Anhang 1: Diskographie.
129 Eine Person, die aus dem Hintergrund andere manipuliert. Der Ausdruck stammt aus einem Film von 1931. Ahlgrimm: privates Gespräch mit PW, 1989.
130 Die *Philips Phonographische Industrie* wurde 1950 gegründet, mit Marius (Us) van der Meulen als Aufnahmeleiter.
131 Ahlgrimm: privates Gespräch mit PW, 1989.
132 Ahlgrimm: Interview mit Richard Hallinan, 1989.
133 Siehe Anhang 1: Diskographie.
134 Ahlgrimm: Gespräch mit Peter Watchorn, 1984.
135 Putnam Aldrich: *Bach in Three Styles* S. 53–55, Saturday Magazine of literature 1951, S. 48–9.
136 Alois Ammer (1902–1946) und Michael Ammer (1905–1946).
137 Tafelförmiges Kielinstrument, Renaissance und Frühbarock, vergleichbar einem Virginal aber mit einer rechts von der Mitte angebrachten Klaviatur. Dunkler, lautenähnlichen Klang.
138 Im Gegensatz zum klassischen deutschen Cembalo von Hass, Hamburg, dessen 16'-Register seinen eigenen Steg und Resonanzboden hat.
139 Ahlgrimm: Gespräch mit PW, 1984.
140 Siehe Anhang 2: Texte auf Schallplattenhüllen zu den Philips-Aufnahmen.
141 Zu diesem Instrument siehe Anhang 2: Text auf der Schallplattenhülle: Die 3 Sonaten für Flöte und obligates Cembalo.
142 Anhang 2,11: Text auf der Schallplattenhülle zur *Kunst der Fuge*.
143 Jolande van der Klis, *Oude muziek in Nederland*, Utrecht: Stichting organisatie oude muziek 1991.

144 Siehe Anhang 6: Publikationen *Die Rhetorik in der Barockmusik* im elektronischen Anhang zum Buch bei www.boehlau-verlag.com
145 Siehe Anhang 6: Publikationen: *Das vielgestaltige Arpeggio* im elektronischen Anhang zum Buch bei www.boehlau-verlag.com
146 Siehe Anhang 8.2: *Musikbeispiele zu den Fantasien* im elektronischen Anhang zum Buch bei www.boehlau-verlag.com
147 Brief an PW, April 1988.
148 Wiener Presse vom 7.2.1958.
149 Die Weltwoche, Zürich, vom 13.11.1959.
150 Die Philips Aufnahmen waren mono und als die Stereophonie um 1955 Einzug hielt, entsprachen die Aufnahmen nicht mehr den Anforderungen der Hörer.
151 Das Instrument gelangte später in den Besitz von Bob van Asperen.
152 Diese Geschichte ist allgemein bekannt. Peter Watchorn hörte sie vom australischen Cembalobauer Alastair McAllister, der in den 1960er Jahren in Wien arbeitete.
153 Das Instrument war damals noch modern besaitet und hatte Lederplektra, aber, wie Leonhardt sagte: Es spielt alles keine Rolle, wenn das Instrument gut ist. (Privates Interview von Peter Watchorn mit Leonhardt, Juli 1995.) Das Instrument wurde später von Wittmayer restauriert.
154 Erichson nahm für das „alte Werk" nicht nur Leonhardt und Harnoncourt auf. Jaap Schröders *Concerto Amsterdam*, Frans Brüggen, Konrad Ruhlands *Capella antiqua* und Thomas Binkleys *Studio der frühen Musik* in München waren Teil dieser rapiden Ausbreitung von Aufführungen und Aufnahmen von Alter Musik, die in den 1960er Jahren begann. Erichson nahm zuerst für Telefunken und später für sein eigenes Label SEON auf.
155 Nicht auf ihrem eigenen Rubio-Cembalo.
156 Ihre persönliche Äußerung gegenüber PW.
157 Joop Schrier, Kritik über die Aufnahmen des Bachwerks, Album I und II, *Luister*, August 1974.
158 Tudor 73021-3.
159 Sie erzählte Peter Watchorn Jahre später bedauernd, dass es ihr, neben dem Studium aller Cembalowerke nicht möglich gewesen sei, ihre Pedaltechnik so weit zu entwickeln, dass sie die *Sechs Trio-Sonaten* so spielen konnte, dass es ihren Ansprüchen genügte, so gerne sie es getan hätte. „Vielleicht", sagte sie, „wird es in einem anderen Leben möglich sein".
160 Siehe Anhang 6: Publikationen, elektronischer Anhang zum Buch bei www.boehlau-verlag.com
161 Siehe Anhang 6: Publikationen, elektronischer Anhang zum Buch bei www.boehlau-verlag.com
162 Siehe Anhang 8: Musikbeispiele, *Kadenzen und Auszierungen* von Isolde Ahlgrimm: Elektronischer Anhang zum Buch bei www.boehlau-verlag.com
163 Dies war, was sie ihre Studenten lehrte.
164 Frederik Neumann: *Rhythmic Alteration and the Majestic, Studies in Music* 12 (1978): S. 68–100 und spätere Publikationen zum Thema.
165 Joop Schrier, „Bach: Clavecymbelwerken: Isolde Ahlgrimm (pedaalclavecymbel – Philips 6747053/4), Luister 8, [holländische Musikzeitschrift] 1974, S. 53–55.
166 Siehe Anhang 6: Publikation *Über romantische Interpretation barocker Musik*.
167 Bis 1938 hatte die Pianistin Hedda Ballon Cembalo an der Akademie unterrichtet.
168 Brief vom 31.1.1966 an Dr. F. Hoppler, Bundesministerium für Unterricht, für den sie Beschäftigungsnachweise erbringen musste.
169 Ahlgrimm: Gespräch mit Richard Hallinan.

170 Ibidem.
171 Jahresbericht der Akademie für Musik und darstellende Kunst „Mozarteum" in Salzburg 1958/1959, S. 13–21.
172 Gespräch mit Richard Hallinan.
173 Rundbrief, datiert Dez. 65.
174 Kim Kasling: *Cembalostunden für Anfänger à la Ahlgrimm*.
Original: *Harpsichord lessons for the beginner à la Isolde Ahlgrimm*. Erstmalig erschienen in *The Diapason*, März 1977, S.10 ff., dann abgedruckt in der englischsprachigen Biographie von PW, hier in deutscher Fassung von RW. Siehe Kapitel 7.1
175 Brief vom 8.8.1978 an RW.
176 Brief vom 17.11.1972 an RW.
177 Brief vom 6.10.1973 an RW.
178 Brief vom 28.9.1965 von Gustav Leonhardt.
179 Brief an RW vom 2.7.1971.
180 Dies sagte sie während einer Unterrichtsstunde 1970.
181 Siehe Anhang 5: Repertoire und Konzertorte.
182 2.12.1956.
183 Siehe auch Kapitel 5.2 „Unterrichten".
184 Brief vom 29.11.1966, Handschriftensammlung Wienbibliothek H.I.N 229063.
185 Rundbrief vom 21.12.1964.
186 Brief vom 16.5.1965 an Franz Kessler, ihren Agenten.
187 Rundbrief vom 29.11.1966.
188 Aus den Beitrag von John Henry van der Meer in der Festgabe zu Prof. Mertins 90. Geburtstag; Graz: Beim Pasqualatihaus.
189 Die *Albertina* ist ein Kunstmuseum in Wien mit einer bedeutenden grafischen Sammlung.
190 Brief vom 27.11.1966 an Franz Kessler, Zürich.
191 Brief vom 3.4.1967 von Silvia Kind, Berlin.
192 Zitat aus erster Hand RW.
193 Brief vom 19.2.1972 , Ruth Zechlin, Komponistin und Cembalistin in Berlin. Sie waren zusammen Jurorinnen des Berliner Cembalo-Wettbewerbs und wurden Freundinnen.
194 Brief vom 8.8.1970 an RW.
195 Brief vom 11.8.1971 an RW.
196 Gespräch RW mit Frau Dr. H. Scholz, 15.1.2015.
197 Div. Korrespondenz mit Prof. Dr. Alfred Berner.
198 Brief vom 25.5.1973 an Professor Rudolf Klein, Musikologe.
199 Jurorin von 1969–1977.
200 Es war dieses Konzert, das Leonhardt gegenüber Sheridan Germann, Historikerin und Cembalodekorateurin, erwähnte: „I have just heard Ahlgrimm play the Goldberg Variations. There was no articulation, of course, but the musicianship was just superb." (Gespräch von Peter Watchorn mit Sheridan Germann, 1993).
201 Brief vom 2.9.1979 an RW.
202 Brief vom 4.4.1980 an Christian Lambour, Wien-Bibliothek H.I.N 229053.
203 Verspäteter Weihnachtsbrief, vom 10. Februar 1970.
204 Die Firma wurde zwangsverstaatlicht.
205 Brief vom 7.5.1973 an Minister Dr. Werner Rackwitz.
206 Siehe Publikationen 6.12: „Zur heutigen Aufführungspraxis der Barockmusik", elektronischer Anhang zum Buch bei www.boehlau-verlag.com
207 Brief vom 8.8.1978 an RW.

208 Brief vom 8.3.1966 an Michael Scheck, Organisator der Konzerte im Rubenshaus in Antwerpen.
209 Brief vom 3.6.1963 an Dr. Friedrich W. Riedel, Musikologe in Kassel, Herausgeber der Gesamtausgabe Muffats.
210 Fux' Werke wurden, wie Mozarts, katalogisiert von Ludwig Ritter von Köchel (1800–1877)
211 Brief vom 8.8.1978 an RW.
212 Brief vom 6.10.1976 an RW.
213 Dale Carr: *Brugge Harpsichord Week*, The Diapason, Oktober 1977, S. 1, 7–8.
214 Der Artikel wurde in Organa Austriaca II veröffentlicht, in englischer Sprache im Diapason (April 1982) in der Übersetzung von Howard Scott.
215 Brief an RW vom 16.7.1979.
216 Vorwort des Buches *Ornamentik der Musik für Tasteninstrumente*, Graz: Akademische Druck- und Verlagsanstalt 2005.
217 Brief vom 21.1.1981 an RW.
218 Brief vom 20.2.1981 an RW.
219 Brief vom 16.3.1981 an RW.
220 Brief 1982, undatiert, an RW.
221 Brief vom 14.3.1984 an Christian Lambour, Wienbibliothek, interne ID LQH0245235
222 „Ich bin dankbar, dass ich nicht wusste, dass dieses Konzert mein Letztes sein würde. Mit dem Gedanken, dass es so sei, hätte ich es nicht spielen können. ... Im Dezember 1983 wären es fünfzig Jahre geworden seit meinem ersten Konzert ... (Klavier natürlich). So habe ich die 50 Jahre zwar nicht auf den Tag, aber auf das Jahr erreicht." Brief an Larry Palmer aus „Isolde Ahlgrimm, A Remembrance", Diapason, Dezember 1995.
223 Brief vom 2.8.1983 an RW.
224 Brief vom 16.4.1978 an RW.
225 Es erschien dann aber unter dem Titel: *Ornamentik der Musik für Tasteninstrumente – ein Kompendium*, herausgegeben von Helga Scholz Michelitsch, Graz: Akademische Druck- und Verlagsanstalt 2005.
226 Brief vom 21.12.1984 an RW.
227 Andere Auszeichnungen von Isolde Ahlgrimm waren: das große Ehrenzeichen für Verdienste um die Republik Österreich (1990) und die Verdienstmedaille in Gold der Hochschule für Musik und darstellende Kunst Wien (1994).
228 Brief vom 17.5.1986 an RW.
229 Zeitungsartikel vom 15.9.1995, Wienbibliothek Sig IMG 305.
230 Dies sagte sie zu PW, der an diesem Tag mit ihr telefonierte.
231 Brief an PW, 16.5.1992.
232 Brief an Christian Lambour, Wienbibliothek, interne ID LQH0244666.
233 Richard Strauss, *Suite für Cembalo aus Capriccio*, Av 138; herausgegeben von Rudolf Scholz, Schott Söhne RSV 9049.
234 Frau Dr. H. Scholz, die das Begräbnis organisierte, hatte keine private Adressliste gefunden; so wussten viele Freunde und Schüler (auch RW) nicht, dass Isolde Ahlgrimm gestorben war.
235 Isolde Ahlgrimm fand Eingang in die Ausgabe 1980 von *Grove's Dictionary*, durch den Artikel von Howard Schott in der Zeitschrift *Early Music* (Ausgabe Oktober 1977). Er veröffentlichte auch ihren Artikel *Zur heutigen Interpretation der Barockmusik* in englischer Übersetzung: *Current Trends in Performance of Baroque Music* in der Zeitschrift *The Diapason* (April 1982).
236 Aus dem Holländischen übersetzt von RW.
237 Charles Gounod: *Aufzeichnungen eines Künstlers*. Autorisierte Übersetzung aus dem Französischen von E. Bräuer, Breslau, Leipzig, Wien. 1896, S. 82 f.

238 Zitat von Bollioud de Mermet, das sie als Schlusswort ihres Vortrags *Zur heutigen Aufführungspraxis der Barockmusik* 1977 in Brügge verwendete.
239 Siehe Kapitel 6: Publikationen: Elektronischer Anhang zum Buch bei www.boehlau-verlag.com
240 Originalliste von Philips.
241 Auf Ahlgrimms eigener Liste.
242 Diese Angaben erheben keinen Anspruch auf Vollständigkeit.
243 Publikation Nr. 2, *Bach und die Rhetorik*, wurde als Plattenhüllentext für das Album mit den *Inventionen* und Sinfonien verwendet.
244 Bei den originalen Schallplattentexten wurden keine scharfen ß verwendet, wahrscheinlich weil die Platten für den internationalen Markt bestimmt waren. Die Genitivform mit apostrophiertem S, z. B. Bach's, die Ahlgrimm auch in den Publikationen inkonsequent oder den zum Teil veränderten Regeln entsprechend anwendete, wurde der neuen Schreibweise angepasst.
245 *Die Kunst der Fuge 1750, in ihrer ursprünglichen Form wiederhergestellt und von neuem herausgegeben / Joh. Seb. Bach*; hrsg. durch Wolfgang Graeser, Leipzig: Breitkopf & Härtel, 1926.
246 Gustav Nottebohm, in: *Die Musikwelt*, Berlin 1880/81.
247 [Richtig: Werckmeister].
248 Die originale Abbildung der Plattenhülle ist qualitativ so schlecht, dass sie hier durch eine ähnliche Abbildung aus Feuillets Werk ersetzt wurde.
249 [Dies wird von Mattheson zitiert in: *Kern musikalischer Wißenschafft* 1737].
250 Erschienen 1911 bei Schuster und Loeffler in Berlin.
251 Es ist erstaunlich, dass bei den Interpreten, Kritikern und beim Publikum bis vor Kurzem ein generelles Desinteresse bestand für die musikwissenschaftlichen Forschungen eines Schünemann (1913), Dolmetsch (1916), Haas (1928 und 1931) und Schering (1931) und dass die neuen Ausgaben von Quantz (1906), C. Ph. E. Bach (1906) und L. Mozart (1922) so wenig Beachtung gefunden haben.
252 [J. M. Bürger wurde erst 1844 geboren, baute aber nach dem Beispiel einer frühen Böhmflöte von 1832. Die von Pfersmann benutzte Flöte ist möglicherweise um ca.1890 entstanden. Bürger besaß damals eine Flötenmanufaktur in Strassburg. Vermutlich ist die Altersangabe abgeleitet vom Typ des Instrumentes und Fiala hatte keine Kenntnis von den Lebensdaten Bürgers.]
253 [Richtige Schreibweise: Woelfl]
254 [Richtige Schreibweise: Clerambault]
255 [Richtig: *Abhandlung von der Fuge*]
256 Forkel: *Ueber J. S. Bach's Leben, Kunst und Kunstwerke*, Leipzig 1802.
257 Joh. Mattheson: *Der vollkommene Capellmeister*, Hamburg 1739.
258 Siehe elektronischer Anhang 8, Notenbeispiele von Verzierungen und Kadenzen, bei www.boehlau-verlag.com
259 C. Ph. E. Bach: *Versuch über die wahre Art das Clavier zu spielen*, Berlin 1753.
260 Englischer Klavierbauer.
261 Die kursiv gedruckten Textteile wurden bei der ersten Drucklegung infolge der Scheidung ausgelassen.
262 Isolde Ahlgrimm benützt fälschlicherweise den Ausdruck Staatsmuseum für die Sammlung historischer Musikinstrumente im Kunsthistorischen Museum Wien. Siehe Kapitel 2.
263 Anmerkung R.W: Hans Ahlgrimm war zu diesem Zeitpunkt bereits tot. Isolde meinte mit „lebende Künstler" wahrscheinlich zeitgenössische Künstler.

Quellen- und Literaturverzeichnis

Quellen

Watchorn Peter: *Isolde Ahlgrimm, Vienna and the Early Music Revival*, Aldershot UK, Ashgate, 2007.
Ahlgrimm: *Eigene Chronologie*, im Besitz von Peter Watchorn.
Ahlgrimm, Isolde: Korrespondenzen mit Christian Lambour, Peter Watchorn und Regula Winkelman.
Ahlgrimm, Isolde: *Ornamentik für Tasteninstrumente, ein Kompendium*, herausgegeben von Helga Scholz-Michelitsch, Graz, Akademische Druck- und Verlagsanstalt, 2004.
Isolde Ahlgrimm: *Allgemeine Korrespondenzen, Konzertprogramme, Kritiken, Zeugnisse, Fotografien*, Wien, Archiv der Universität für Musik und darstellende Kunst, *mdw*, Ungargasse 14, 1030 Wien.
Isolde Ahlgrimm, *Publikationen, Noten und Schallplattentexte*, Bibliothek der Universität für Musik und darstellende Kunst, *mdw*, Lothringerstrasse 18, 1030 Wien.

Literatur

Akademie für Musik und darstellende Kunst „Mozarteum", *Jahresbericht 1958/1959*, S. 13–21, Salzburg 1995
Aldrich Putnam, *Bach in Three Styles*: Saturday Magazine of Literature, 1951
Bodky, Erwin: *Der Vortrag alter Klaviermusik:* Berlin Schöneberg: Hesse-Verlag, 1932
Brée, Malwine: *Die Grundlage der Methode Leschetizky*, Mainz: Schott's Söhne, 1902
Carr, Dale: *Brugge Harpsichord Week*, The Diapason, New York/ Arlington Heights, Oktober 1977
Dart, Robert Thurston: *The Interpretation of Music*, London: Hutchinson 1954
Eder, Franz X.: *Privater Konsum und Haushaltseinkommen im 20. Jahrhundert*, Innsbruck/ Wien/ München/ Bozen, Studien-Verlag 2003
Glareana, *Nachrichten der Gesellschaft der Freunde alter Musikinstrumente*, Zürich: Band 22, 1973
Graeser, Wolfgang: *Die Kunst der Fuge in der Realisierung von W. Graeser*, Zürich: Zentralbibliothek MM
Harich-Schneider, Eta: *A History of Japanese Music*, Oxford, University Press, 1972
Haskell, Harry, *The Early Music Revival: A History*, London, Thames and Hudson, 1988
Husmann, Heinrich: *Die Kunst der Fuge als Klavierwerk: Besetzung und Anordnung*, Leipzig: Bachjahrbuch 35, 1938
Internetrecherchen für Namensregister und musikologische Fragen
Kasling, Kim, *Cembalostunden für Anfänger à la Ahlgrimm*, Original: *Harpsichord lessons for the beginner à la Isolde Ahlgrimm*, The Diapason, New York/Arlington Heights, März 1977
Klis, Jolande van der, *Oude Muziek in Nederland - Het verhaal van de pioniers*, Utrecht, organisatie oude muziek 1991
Krickeberg, Dieter und Rase, Horst: *Beiträge zur Kenntnis des Mittel- und norddeutschen Cembalobaus um 1700*, Studia organologica, Festschrift für John Henry van der Meer, Tutzing, H. Schneider, S. 285-310, 1987.

Landowska, Wanda, *Landowska on Music*, New York: Stein & Day, 1964.
Lehmann: *digitalisiertes Einwohnerverzeichnis der Stadt Wien*, Internetrecherchen
Leonhardt, Gustav: *The Art of Fugue – Bach's last Harpsichord Work: An Argument*, Den Haag, Martinus Nijhoff, 1952
Lüttgendorff, Willibald L. von: *Die Geigen- und Lautenmacher vom Mittelalter bis zur Gegenwart*, Nendeln, Liechtenstein: Kraus Reprint 1968
Mar, Norman del, *A Critical Commentary on his life* (Richard Strauss), University of California Press, 1973
Musik muss man machen, eine Festgabe zum 90. Geburtstag von Josef Mertin am 21. März 1994: herausgegeben von Michael Nagy, Wien, vom Pasqualatihaus, 1994
Mertin, Josef: *Alte Musik, Wege und Aufführungspraxis*, Wien 1978, Elisabeth Lafite.
Neumann Frederik, *Rhythmic Alteration and the Majestic*, Studies in Music 12, 1978, S. 68-100
Palmer, Larry, *Harpsichord in America, A Twentieth-Century Reviv*al, Bloomington, Indiana University Press 1989
Palmer, Larry, *Letters from Salzburg, A Music Student in Europe 1958–1959*, Eau Claire, WI, Skyline, 2006
Pleasants, Henry, *The Agony of Modern Music*, New York: Simon and Schuster, 1955
Pischner, Hans: *Die Harmonielehre Jean Philippe Rameaus*, Leipzig: Breitkopf und Härtel, 1963
Radiointerview mit Isolde Ahlgrimm vom 6.12.1992, Archiv des ORF, Wien
Schrier Joop, *Bach: Clavecymbelwerken, Isolde Ahlgrimm, pedaalclavecymbel, Philips 6747053/4)*, Luister 8, 1974, S. 53-55
Strauss, Richard: *Capriccio-Suite*, [Musikalie] herausgegeben von Rudolf Scholz, Edition Schott, Mainz, 2001
Wienbibliothek im Rathaus, Wien, *Konzertplakate, Briefe von Christian Lambour*

Abbildungsnachweise

1. Textteil

Kapitel 1.1, S. 28	Abb. 1. Hans Ahlgrimm, Drei kleine Charakterstücke 1920, *mdw*-ub, sig. A II 63970)
Kapitel 2.3, S. 46	Abb. 2. Heiratsanzeige, Archiv *mdw*, Universität für Musik und darstellende Kunst, Wien
Kapitel 7.5, S.109	Abb. 3. Isolde Ahlgrimm hütet ihre Gänschen, aus einem Brief an Regula Winkelman
Kapitel 5.3, S. 118	Abb. 4. Erstes Konzert mit dem Rubio-Cembalo 1972, Archiv *mdw*, Universität für Musik und darstellende Kunst, Wien
Kapitel 7.2, S. 138	Abb. 5. Fingersetzung am Beispiel der Corrente aus der Französischen Suite E-Dur, aus Kim Kaslin, *Cembalostunden à la Isolde Ahlgrimm*
Kapitel 7.5, S. 147	Abb. 6. Zeichnung von Isolde Ahlgrimm, Weihnachts-Rundbrief Nov. 1968, allgemeiner Brief, Exemplar im Besitz von RW

2. Anhang

Kap. 2.2., S. 183	Notizen von Erich Fiala	Abb. 1. Isolde Ahlgrimms Clavicembalo mit Pedal-Instrument von 1941
Kap. 2.3., S.186	Wohltemperiertes Klavier I	Abb. 2. Klaviaturen, Kircher: Musurgia [Abb. 1. und 2. sind Kopien von Abbildungen auf der Schallplattenhülle zum WTK 1]
Kap. 2.6., S. 195	Englische Suiten	Abb. 3. Feuillet: Choreographie einer Sarabande Beispiel aus dem Internet. [Die Kopie vom Original der Schallplattenhülle war nicht reproduzierbar]
Kap. 2.8., S. 197	Wohltemperiertes Klavier II	Abb. 4. Silhouette von J. S. Bach
S. 198		Abb. 5. Isolde Ahlgrimm vor dem Bachporträt
S. 199		Abb. 6. Silhouette von Maria Barbara Bach
S. 201		Abb. 7. Foto von Bachs Schädel, einmontiert in die Silhouette [Beispiele 4 – 7 sind Kopien von Abbildungen auf der Schallplattenhülle WTK 2, Originalausgabe von Philips]
Kap. 2.9., S. 202	Goldberg-Variationen	Abb. 8. 2 Notenbeispiele aus der 3. französischen Suite
S. 203		Abb. 9. Beginn Chopin-Konzert Original
S. 204		Abb. 10. Beginn Chopin-Konzert, vereinfacht
		Abb. 11. Quantz: Wie man eine Quart verziert
Kap. 2.10., S. 206	Flötensonaten	Abb. 12. Flöte von J. M. Bürger [Die originale Schallplattenhülle zeigt barocke Traversflöten]
Kap. 2.11., S. 209	Kunst der Fuge	Abb. 13. Spannweitenvergleich von Schulhof/Ahlgrimm [Kopie von originaler Schallplattenhülle der Originalausgabe]
Kap. 2.12., S. 213	Musikalisches Opfer	Abb. 14. Königliches Thema [Friedrich der Grosse]
Kap. 2.15., S. 220	Fantasien	Abb. 15. Musikbeispiel Chromatische Fantasie und Fuge
		Abb. 16. Musikbeispiel einfaches Arpeggio

Alle Musikbeispiele wurden von Regula Winkelman mit dem Notenprogramm „Forte" hergestellt

Abbildungsnachweise | 267

Bild-Teil: Legende, Nachweis und Credits

Legende	Fotograf, Herkunft
1. Camilla Ahlgrimm-Christoph, Isolde Ahlgrimms Mutter	Fotograf unbekannt Nachlass I.A. im Archiv *mdw*
2. Karl Friedrich Ahlgrimm, Isolde Ahlgrimms Vater	Fotograf unbekannt Nachlass I.A. im Archiv *mdw*
3. Hans und Isolde Ahlgrimm, Kinderbild 1917 „für die liebe Grossmama"	Fotograf unbekannt Sammlung Ahlgrimm/Watchorn
4. Isolde ca. 5 Jahre	„Lilly", VII, Neubaugasse 14, Wien Nachlass I.A. im Archiv *mdw*
5. Isolde mit Zahnlücken, ca. 7 Jahre. In diesem Alter wurde sie bereits Schülerin an der Akademie	Fotograf unbekannt, Postkarte Private Sammlung Ahlgrimm/Watchorn
6. Hans und Isolde, Weihnachten 1925. Im Jahr ihres ersten Duo-Abend im Konzerthaus	Fotograf unbekannt Nachlass I.A. im Archiv *mdw*
7. Hans Ahlgrimm, um 1935, als junger Berliner Philharmoniker	Fotograf unbekannt Nachlass I.A. im Archiv *mdw*
8. Isolde als junges Mädchen, 1931, zur Zeit ihres England-Aufenthalts	Strauss, VIII, Alserstrasse Wien Private Sammlung Ahlgrimm/Watchorn
9. Erstes Werbefoto, wahrscheinlich für das Hamburger Konzert 1935	Albin Kobé, 1934 Bildarchiv Austria, Österreichische Nationalbibliothek
10. Das erste *Concert* im Palais Palffy Zeitschriftenbild	Kunstnachrichten, Sonderbeilage des österreichischen Reise- und Fremdenverkehrs-Blattes
11. Nach der Heirat wohnte das Paar in der Strudlhofgasse 17, im zweiten Haus rechts oberhalb der Strudlhofstiege	Regula Winkelman, 2015 [das Haus war zur Zeit eingerüstet]
12. Isolde Ahlgrimm am Rosenberger-Flügel	Foto aus *Wien intim*, Alice Oswald Ruperti 1944, erhalten von Virginia Pleasants
13. Ensemble für Alte Musik, zusammen mit Sylvia und Margot Grümmer, Gamben und Karl Schreinzer, Bass, Interieur des Hauses Strudlhofgasse, 1944	Unbekannt, [vermutlich wie Nr. 12] Private Sammlung Ahlgrimm/Watchorn
14. Höllersches Haus, Wienzeile 42, im 3. Stock mit den Bogenfenstern. Veranstaltungsort der Concerte ab 1948	Andreas Pronegg 2013
15. Isolde Ahlgrimm am Ammer-Cembalo von 1937	Nico Jesse/Philips Private Sammlung Ahlgrimm/Watchorn
16. Am Naschmarkt, erste Bananen nach dem Krieg	Nico Jesse/Philips Private Sammlung Ahlgrimm/Watchorn
17. Die *Kunst der Fuge* im Höllerschen Haus, 1953	Private Aufnahme
18. Lachende Isolde nach dem 73. *Concert*	Kurt Theiner, erhalten von Mag. Bernhard Prammer, Freistadt
19. 58. *Concert*. Sechs Sonaten für Violine und obligates Cembalo, mit Paul Kling und Josef Herrmann	Private Aufnahme Private Sammlung Ahlgrimm/Watchorn

Legende	Fotograf, Herkunft
20. Erich Fiala und die Instrumentensammlung	Foto aus *Wien intim*, Alice Oswald Ruperti 1944, erhalten von Virginia Pleasants
21. Grosses Werbefoto für Philips	Arjé Plas Private Sammlung Ahlgrimm/Watchorn
22. „Ihr Lebenswerk"	Nico Jesse/Philips
23. Isolde und ihre geliebte Katze	Nico Jesse/Philips Private Sammlung Ahlgrimm/Watchorn
24. Erich Fiala und Nikolaus Harnoncourt diskutieren während der Aufnahmen der Cembalo-Konzerte	Kurt Theiner Private Sammlung Ahlgrimm/Watchorn
25. Werbeaufnahme, verwendet von Bärenreiter	Simonis, Wien, Sammlung Ahlgrimm
26. „Ausklang in Wien", Mozartjahr 1956	Pressestelle der Stadt Wien, Private Sammlung Ahlgrimm/Watchorn
27. Profil-Aufnahme	Nico Jesse für Philips Private Sammlung Ahlgrimm/Watchorn
28. Arbeits- und Sammlungszimmer im Höllerschen Haus	Nico Jesse für Philips Private Sammlung Ahlgrimm/Watchorn
29. Werbeaufnahme für Philips ca 1960	Arjé Plas, Amsterdam Sammlung Christian Lambour
30. Mit Marius van der Meulen, Aufnahmeleiter bei den Aufnahmen der Bachkozerte 1954	Kurt Theiner Private Sammlung Ahlgrimm/Watchorn
31. Porträt [Autogrammkarte] 1974	Ellinger, Salzburg Credit Tudor Recording, Zürich
32. Isolde spielt die Kunst der Fuge, Aufnahme bei Tudor 1974	Franz Blaha, Wien Credit Tudor Recording, Zürich
33. Isolde Ahlgrimms Hände 1968	ORF Lichtbildstelle
34. Die Schülerin und Partnerin bei der Kunst der Fuge, Friederike (Resele)-Bretschneider	Kurt Theiner Sammlung Ahlgrimm/Watchor
35. Die Arbeit am Rubio-Cembalo	Fotograf unbekannt, für Philips 1974 Private Sammlung Ahlgrimm/Watchorn
36. Konzentration bei den Aufnahmen der *Acht grossen Suiten* von Händel durch die Firma Eterna 1976	Hans-Joachim Mirschel, Berlin Private Sammlung Ahlgrimm/Watchorn
37. Letzte Autogrammkarte	Kaufmann, Köthen ca. 1985?
38. Isolde Ahlgrimm 1989 mit ihren letzten Schülern, Gregory Miller und Peter Watchorn	Private Aufnahme Sammlung Peter Watchorn
39. Isolde Ahlgrimms Grab, Zentralfriedhof Wien, Gruppe 87B, Reihe 22. Nr. 47	Regula Winkelman

Isolde Ahlgrimm erwarb alle Rechte auf die mit Philips verbundenen Aufnahmen. Sie sind nach ihrem Tod an das Archiv der *mdw* übergegangen oder an Peter Watchorn, der die Fotos von Isolde Ahlgrimm erhalten hat.

Sachregister

Akademie für Musik und darstellende Kunst Wien: 18, 65,140, 255
Akademie für Musik und darstellende Kunst „Mozarteum", Salzburg: 261, 264
Albertina: 115, 261
Alte Musik: 13, 17–20, 22, 31, 34, 35, 48, 51, 56, 73, 81, 87, 88, 106, 107, 115, 117, 122, 123, 125, 129, 150, 152, 158, 202, 226, 229, 260, 265, 267
Amati, Geigenbauer, Cremona: 67, 69, 85, 218, 226, 231, 232, 245, 247, 247–249
Amati-Orchester: 8, 87, 88, 90, 174, 177, 224, 226, 249
American Guild of Organists: 114
Ammer, Cembalobau, Eisenberg: 20, 45, 58, 76, 77–79, 91–93, 95, 96, 100, 101, 105, 113, 117, 122, 141, 145, 159, 177, 178, 249, 259, 267
Archiv *mdw u.a.*: 13, 15, 73, 120, 124, 180, 181, 212, 256, 258, 264–267
Ashgate, britischer Verlag: 9, 13, 15, 142, 258, 259, 264
Aufführungspraxis: 3, 17, 18, 21, 40, 50, 56, 69, 72, 73, 81, 85, 89, 106, 107, 115, 125, 135, 139, 151, 182, 202, 208, 224, 231, 232, 261, 263, 265
Aufnahmen: 5–7, 13, 33, 42, 69, 70, 71, 74–77, 79, 80, 82–97, 99–105, 112–114, 129, 130, 132, 140–144, 146, 150, 151, 164, 168, 171, 173, 175, 177–183, 185, 221, 226, 232, 249, 250, 259, 260, 268
Bach, Johann Sebastian:
    Aria mit 30 Variationen, BWV 803, s. Goldberg-Variationen
    Aria variata alla maniera italiana, BWV 989: 82, 175, 205, 209, 210, 248
    Aria mit Variationen, BWV 991: 82, 205
    Brandenburgisches Konzert Nr. 5, BWV 1050: 61, 114, 115, 129, 181, 195
    Capriccio in B-Dur, BWV 992: 87, 92, 119, 121, 126, 177, 236, 240, 244
    Choral-Präludium „vor deinen Thron tret' ich hiermit", BWV 641: 84, 175
    Chromatische Fantasie, BWV 903: 39, 58, 85, 86, 98, 101, 113–115, 148, 176, 180, 218–221, 238, 266
    Clavierübung: 87, 90, 219, 236, 238, 239, 247
    Französische Ouverture (Partita b-Moll), BWV 831: 87, 90, 91, 115, 176-178
    Französische Suiten, BWV 812–817: 7, 81, 173, 175, 178–180, 189
    Englische Suiten, BWV 806–811: 74, 81, 102, 112, 175, 178, 179, 180
    Goldberg-Variationen, BWV 988: 7, 19, 55, 58, 61, 82, 90, 104, 114, 119, 121, 129, 149, 173, 175, 178, 179, 201, 205, 209, 229, 236, 238, 239, 242–244, 247, 261
    Inventionen, BWV 772–786 und Sinfonien BWV 787–801: 7, 11, 85, 88, 139, 143, 147, 173, 176, 179, 211, 218, 244, 247, 248, 263, 278, 270
    Italienisches Konzert, BWV 971: 31, 39, 85, 61, 87, 90, 91, 104, 114, 115, 119, 121, 176, 177, 178, 238
    Fantasien: 8, 39, 61, 85, 86, 98, 104, 113, 114, 148, 173, 176, 179, 180, 218–221, 260, 266
    Konzerte für Cembalo und Orchester: 80, 83, 87, 90, 119, 121, 164, 177, 178, 181, 225, 229, 238
    Kunst der Fuge BWV, 1080: 7, 22, 66, 68, 79, 83, 84, 86, 91, 94, 114, 119, 146, 160, 169, 170, 173, 175, 178–181, 183–185, 208–211, 215, 247, 259, 263, 264, 267, 268
    Musikalisches Opfer, BWV 1079: 7, 44, 66, 84, 115, 173, 175, 212, 214, 238
    Partiten, BWV 825–830: 7, 74, 77, 81, 87, 90, 102, 115, 173, 175, 119, 173, 176, 177–179, 195, 196, 234, 236, 238, 240–242, 244, 274

Partita B-Moll, BWV 831: s. Französische Ouverture
Passacaglia c-Moll, BWV 582: 80, 86, 94, 176, 179, 181, 223
Pastorale F-Dur, BWV 590: 87, 176
Sonaten für Flöte und obligates Cembalo, BWV 1030–1032: 7, 43, 44, 83-85, 88, 92, 173, 195, 205, 248, 256, 259
Sonaten für Viola da Gamba und obligates Cembalo, BWV 1027–1029: 7, 83–85, 87, 92, 173, 176, 178, 205, 215, 217, 236, 248
Sonaten für Violine und obligates Cembalo, BWV 1014–1019: 69, 83, 87, 112, 161, 177, 195, 205, 231, 232, 248, 267
Toccaten, BWV 910–916: 8, 11, 81, 86, 101, 104, 119, 121, 174, 176, 179, 180, 161, 219, 221, 246–248
Triosonaten, BWV 1038, 1039 und 1079: 87, 92, 176, 191. 260
Vier Duette, BWV 802–805; 90, 92, 176-178
Wohltemperiertes Klavier 1 und II, BWV 846–869 und BWV 870–893: 7, 9, 33, 74, 76, 79–82, 84. 94, 96, 101–103, 112–114, 117, 119, 121, 128, 140, 141, 142, 144, 148, 173, 175, 179, 184, 185, 188, 189, 195–197, 209–211, 215, 232, 244, 246, 247, 266
Kleine Präludien, BWV: 7, 74, 81, 102, 175, 179

Bach-Archiv der DDR: 120
Bach-Fest Schaffhausen: 115
Bach-Haus Eisenach: 119
Bachgemeinde Wien: 18, 117, 118, 126
Bach-Jahrbuch: 68, 215, 264.
Bach-Gesellschaft Leipzig: 18, 34, 81
Bach-Zyklus: 66, 67, 69, 74, 76, 79, 83, 182, 230–232
Belvedere, Recordings: 90, 92, 178, 179
Berlin: 18, 20, 21, 22, 30, 36, 38, 49, 57, 58, 78, 113, 115, 117, 118, 122, 155, 181, 211, 213, 214, 216, 253, 255
Berliner Philharmoniker: 36, 49, 155
Bösendorfer, Klavierbau, Wien: 58, 72, 132, 259
Bombardements, Bomben: 56–58, 125, 229
Brahms-Saal im Musikverein: 47, 51, 64, 68
Brügge: 116, 117, 119, 121, 122, 125, 126, 253, 262–264
Capriccio und Fuge (Fux): 124, 148, 179, 251
Capriccio, Oper von Richard Strauss: 57, 62, 63.
Capriccio-Suite für Cembalo (Strauss): 5, 62, 63, 114, 133, 145, 150, 180, 182, 239, 241, 253, 258, 262, 265
Clavichord: 16, 19, 21, 22, 67, 102, 104, 112–114, 129, 132, 144, 145, 146, 187, 221–223, 255
Challis, Cembalobau, New York: 79
Concentus Musicus: 72, 81, 89, 115
Concerte für Kenner und Liebhaber: 5, 8, 13, 41, 44, 45, 47, 51, 52, 56, 58, 61, 63–69, 71, 72–74, 80, 81, 83, 112, 123, 151, 159, 174, 182, 213, 228–230, 232, 233-250, 256, 257, 259, 267
Cembalobau, allgemein: 78, 89, 111, 260, 264
Chronologie: 8, 44, 47, 51, 52, 55, 64, 69, 256–208, 174, 228, 238, 264
Denkmäler der Tonkunst in Österreich: 18
Deutsches Museum, München: 19
Doblinger, Verlag, Wien: 124, 125
Dulcken, Cembalobau, Antwerpen: 89
Erard, Klavierbau, Paris: 19, 48

Sachregister | **271**

Eterna, Recording: 90, 92, 171, 178–180, 268
Fantasien, div: Komponisten: 8, 33, 39, 44, 59, 61, 67, 85, 86, 98, 104, 113, 114, 115, 121, 128, 148, 173, 176, 179, 180, 218–221, 234, 235, 235, 250, 252, 260, 266
Fortepiano: 11, 21, 42, 44, 45, 52, 56, 60, 67, 72, 73, 104, 150, 222, 233, 236, 241, 244, 245, 246, 250
Gaveau, Klavierbau, Paris: 19
Gefängnis, auch Haft: 53, 57, 58, 60
Germanisches Nationalmuseum Nürnberg: 41
Graf Conrad, Clavierbau Wien: 51
Grosse Suiten (Händel): 90, 91,180, 268,
Hammerflügel, Hammerklavier: 19, 20, 44, 49, 88, 104, 105, 113, 116, 121, 128, 132, 150, 182, 221, 222, 228, 231, 235, 250
Harraß, Cembalobau, Breitenbach: 78
Hass, Cembalobau, Hamburg: 117, 259
Hirl, Cembalobau, Berlin: 115
Hochschule für Musik und darstellende Kunst Wien: 9, 108, 109, 111, 127, 131–135, 140, 147, 262
Hofmann, Clavierbau, Wien: 52, 235
Höllersches Haus: 64, 65, 159, 160, 166, 243–249, 267, 268
Innsbruck: 30, 47, 60, 230, 239, 240, 242, 253
Instrumentensammlung: 5, 15, 39, 41, 46, 49, 58, 71, 105, 117, 162
Kammermusik, Kammermusikwerke: 21, 32, 37, 39, 44, 51, 53, 56, 58, 63, 67, 76, 80, 83, 87, 92, 107, 145, 182, 190, 216, 217, 226, 228–230
Kammerorchester der Stadt Innsbruck, mitwirkend bei den Concerten: 58, 230, 238, 239, 240, 242, 252
Kammerorchester der Wiener Philharmoniker, mitwirkend bei den Concerten: 217, 226, 228, 230, 250,
Konzerthaus Wien, s. Wiener Konzerthaus
Konzerthausgesellschaft, s. Wiener Konzerthausgesellschaft
Krieg: 5, 22, 27, 44, 45, 46, 47, 50, 52, 53, 56, 58, 59, 60, 63, 65, 70, 71, 78, 79, 90, 91, 100, 105, 106, 151, 181, 212–214, 229, 230, 267
Kunsthistorisches Museum Wien: 15, 48, 49, 51, 52, 71, 112, 229, 235, 245
Leipzig: 15, 18, 34, 57, 60, 68, 120–122, 127, 143, 184, 190, 192, 195–198, 207–209, 211–214, 217, 222, 227, 247, 253
mdw, Archiv der Universität für Musik und darstellende Kunst Wien: 13, 15, 124, 255, 259, 264, 266, 267
mdw, Universität für Musik und darstellende Kunst Wien: 13, 15, 112, 150, 181, 255, 266
Maendler-Schramm, Cembalobau, München: 19, 20, 22, 77
Metronom: 202
Moeck, Instrumentenbau, Celle: 20
Mozarteum Salzburg: 54, 107–108, 261, 264
Mozart-Zyklus: 67, 88, 182, 231
Musica Omnia, Recordings: 11, 181
Musikinstrumentenmuseum Berlin: 78, 117
Musikverein Wien, siehe Wiener Musikverein
Nationalsozialismus: 27, 47
Neupert, Cembalobau, Bamberg: 77, 79, 90, 111, 146, 147
Oberlin: 107–109, 114, 118, 254

Obligates Cembalo: 7, 76, 83, 84, 87, 161, 173, 175, 205, 215, 248, 250, 256, 259, 267
Ornamentik: 6, 16, 82, 100, 107, 123, 126, 127, 130, 139, 149, 202, 204, 205, 223, 262, 264
Palais Liechtenstein, Wien : 46, 80, 141, 177
Palais Palffy Wien : 44, 157, 233, 240, 241, 245, 267
Palais Pallavicini Wien : 52, 57
Partitur-Notation: 183, 208, 215
Peters, Verlag, Leipzig: 15, 127, 131
Piano-Forte, s. Fortepiano
Pleyel, Cembalo/Klavierbau, Paris: 19, 35, 49, 77, 78, 94, 101, 115, 257
Publikationen: 6, 13, 123-125, 150, 182, 260
Radiointerview: 25, 53, 66, 133, 255, 256–258, 265
Repertoire: 8, 13, 33, 44, 47, 51, 88, 106, 111, 114, 133,151, 174, 222, 250, 261, 263
Rhetorik: 82, 85, 86, 95, 107, 123, 194, 218, 260, 263,
Rosenberger, Clavierbau, Wien: 42, 44, 52, 158, 233, 235, 245, 267
Rothschild-Quartett: 30
Rubato: 6, 32, 92, 94, 99, 100, 147
Rubio, Cembalobau, Oxford: 20, 91, 110, 117, 118, 129, 132, 141, 170, 260, 266, 268
Ruckers, Cembalobau, Antwerpen : 89, 90, 180
Ruggieri, Geigen und Geigenbauer, 17. Jh., Cremona: 85, 218, 249
Salzburg: 53, 54, 107, 108, 115, 116, 121, 222, 128, 145, 179, 229, 232, 235, 247, 253, 256, 258, 261, 264, 265, 268
Sezession: 26
Skowroneck, Cembalobau, Bremen: 89
Staatsmuseum: 49
Stein, Clavierbau, Wien: 235
Stimmung: 80, 81, 91, 92, 97, 110, 186, 188, 189, 195, 207, 225
Stimmhöhe: 81, 195, 207, 225
Streicher, Clavierbau, Wien: 17, 225
Strudlhofgalerie: 49,
Strudlhofgasse: 46, 60, 61, 80, 105, 132, 141, 149, 157, 159, 267
Staatskapelle Dresden: 90, 178, 181
Staatsoper Wien: 59, 229
Taskin, Cembalobau, Paris: 20, 178, 180
Theorbe: 78
Tomasini, Cembalobau, Paris: 19
Traverso, Traversflöte: 83, 205–207, 235, 248, 266
Tudor Recording AG: 16, 91, 92, 169, 178, 180, 260, 268
Universität für Musik und darstellende Kunst, Wien: *siehe mdw*
Urania: 58, 143
USA: 15, 19, 22, 55, 76, 107, 119, 120, 123, 181, 254, 258, 259
Vienna and the Early Music Revival: 15, 258, 259, 264
Virginal: 148, 250, 251, 259
Walter, Clavierbau, Wien: 52, 67, 72, 88, 112, 231, 235, 245, 246, 259
Weimar: 82, 122, 123, 195, 200, 205, 216, 246, 253
Wienbibliothek im Rathaus: 257, 265
Wien-Film AG: 49, 50
Wiener Konzerthaus: 29, 35, 37, 51, 54, 59, 61, 63, 64, 128, 131, 155, 229, 234–339, 267
Wiener Konzerthausgesellschaft: 63, 128, 230, 258

Wiener Musikverein: 25, 35, 44, 47, 51, 64, 65, 68, 75, 132–234, 235, 238–242, 245
Wiener Musikverein, Brahmssaal: 47, 68, 51, 64
Wiener Philharmoniker: 18, 34, 36, 44, 47, 54, 228, 229
Wiener Symphoniker: 36, 44, 51, 229, 234, 237, 238
Wiener Sängerknaben: 229, 237, 238
Wiener Trio für Alte Musik: 51
Wiener Volkskonservatorium: 30
Wittmayer, Cembalobau, Wolfratshausen: 90, 111, 117, 178, 260
Zürcher Kammerorchester: 113

Personenregister

Dieses Register erhebt keinen Anspruch auf Vollständigkeit. Viele der Mitwirkenden bei den „Concerten" *sind nicht in Musiklexiken zu finden. Bei den Musikerinnen sind generell keine Altersangaben zu finden. Alle undatierten Musiker haben den Vermerk: „mitwirkend bei den Concerten".*

* Namen, die nur in Fussnoten vorkommen

EA sind Namen, die nicht im Buch, sondern nur im Elektronischen Anhang zum Buch bei www. boehlau-verlag.com erscheinen.

Abel, Carl Friedrich, 1723–1787, deutscher Gambist und Komponist: 217
Adler, Guido, 1855–1941, österreichischer Musikwissenschaftler: 18, 35
Adlung Jakob, 1699–1762, deutscher Organist, Musikwissenschaftler: 222
*Adelung, Johann Christoph, 1732–1806, deutscher Lexikograph
*Ahle, Johann Rudolf, 1625–1673, deutscher Organist und Komponist
Ahlgrimm, Karl Friedrich, 1874–1950, Vater von Isolde Ahlgrimm (I.A.): 25, 26, 66, 153
Ahlgrimm, Friedrich, †1908, Grossvater von Isolde Ahlgrimm: 25
Ahlgrimm, Hans Friedrich Hugo, 1904–1944, Violinist, Komponist, Bruder von I.A.: 27–30, 36, 49, 57, 59, 154, 155
Ahlgrimm-Christoph, Camilla Aloisia, 1878–1943, Mutter von I.A.: 26–28, 36, 56, 153, 255
Albeniz, Isaac Manuel Francisco, 1860–1909, spanischer Pianist und Komponist: 241
Albinoni Tomaso, 1671–1751, italienischer Violinist und Komponist: 87, 177
Albrechtsberger, Johann Georg, 1736–1809, österreichischer Musiker: 233
Aldrich Putnam, 1904–1975, amerikanischer Cembalist, Musikologe: 76, 101, 259, 264
Agricola, Johann Friedrich, (zusammen mit Tosi) 1757: *Anleitung zur Singekunst:* EA (Elektronischer Anhang zum Buch)
Amati, italienische Geigenbauerfamilie, Cremona: *siehe Sachregister*
Amatiorchester, *mitwirkend bei Concerten und Schallplattenaufnahmen: siehe Sachregister*
Amerbach, 1595–1562, Basler Humanist und Komponist: 125
Ammer, Alois, 1902–1946, deutscher Cembalobauer: 45, 77, 79
Ammer, Michael, 1905–1946, deutscher Cembalobauer: 45, 77, 79
Angerer, Paul, *1927, österreichischer Bratschist und Komponist, *mitwirkend bei den Concerten:* 16, 87, 114, 144, 250
*D'Anglebert, Jean Henry, 1629–1661, französischer Cembalist: *EA*
Anhalt-Cöthen von, Leopold I, 1694–1728, deutscher Fürst, Arbeitgeber Bachs: 189, 216, 217
*Antegnati, Costanzo, 1549–1624, italienischer Organist und Komponist: *EA*
*Babitz, Sol, 1911–1982, amerikanischer Violinist und Musikwissenschaftler
Bach, Anna Magdalena, 1701–1760, zweite Frau von J. S. Bach: 205
Bach, Carl Philipp Emanuel, 1714–1788, deutscher Komponist: 44, 52, 86, 95, 99, 110, 116, 144, 179, 183, 191, 196, 205, 211, 220, 228, 229, 234, 259, 234, 250, 263
Bach, Johann Christian, 1735–1782, deutsch/englischer Komponist: 120, 250
Bach, Johann Christoph, 1642–1704, deutscher Komponist: 189, 250
Bach, Johann Christoph Friedrich, 1732–1795, deutscher Komponist: 233, 250
Bach, Johann Sebastian, 1685–1750, deutscher Komponist: [nur Name erwähnt] 7, 9, 11, 18, 19, 20, 26, 31, 33, 34, 39, 44, 47, 48, 52, 54, 55, 58, 63, 66, 68, 69, 72, 74, 75–78, 80–89, 90–95, 98, 103, 104–106, 111, 112, 114–116, 119–121, 124, 126, 129, 134, 136, 138–141,

143, 144, 146, 148, 150, 173, 175–186, 188–192, 194–202, 204–221, 223, 224, 227–231, 234–244, 246, 247–250, 259, 260, 263–265, 266
Bach, Maria Barbara, 1684–1720, erste Frau von J. S. Bach: 198–200, 266
Bach, Wilhelm Friedemann, 1710–1748, deutscher Komponist, Pianist: 77, 81, 116, 191, 202, 218, 247, 250
Badura-Skoda, Paul *1927, österreichischer Pianist: 72, 150, 151
*Ballon, Hedda, 1893–1979, österreichische Pianistin, Cembalolehrerin an der Wiener Akademie bis 1938
Barsanti, Francesco, 1690–1770, italienischer Musiker und Komponist: 239
Bartl, Andreas Nikolaus, 1682–1762, Wiener Geigenbauer: 44 *EA*
Bartl, Christian Franz, 1737–1807, Wiener Geigenbauer: *EA*
Baumgartner, Rudolf, 1917–2002, Schweizer Violinist, Dirigent: 84, 85, 87, 112, 175–177, 248
Becke, Max, österreichischer Cellist, *mitwirkend bei den Concerten:* 239
Beethoven, Ludwig van, 1770–1827, deutscher Komponist: 29, 33–35, 47, 48, 52, 111, 190, 197, 201, 209, 210, 226, 228, 229, 234, 235, 240, 242, 250, 257
Beinum, Eduard van, 1901–1951, niederländischer Dirigent: 76
Benda Franz, 1709–1786, böhmischer Violinist, Komponist, Kapellmeister: 214
Bergonzi Michele Angelo, 1721–1758, italienischer Geigenbauer, Cremona: *EA*
Beyschlag, Adolf, 1845–1914, deutscher Musikwissenschaftler: *EA*
*Binkley Thomas, 1932–1995, englischer Lautenist und Musikologe
Birnbaum, Johann Abraham, 1702–1748, deutscher Rhetoriker: *EA*
Bischof, Joachim,*1945, deutscher Violoncellist, 178
Bischoff, Ludwig, 1794–1867, deutscher Musikpädagoge, Verlagswesen: *EA*
Bleyer, Gerda, österreichische Violinistin, *mitwirkend bei den Concerten:* *EA*
Blume, Friedrich, 1893–1975, deutscher Musikwissenschaftler: *EA*
Böhm, Georg, 1661–1733, deutscher Komponist: 116, 250
Böhm, Karl, 1994–1981, österreichischer Dirigent: 30, 49, 64, 226
Bösendorfer Ludwig, 1835–1919, Wiener Klavierbauer: *siehe Sachregister*
Boetius, Christian Friedrich, 1706–1782, deutscher Kupferstecher: 196
*Borrel Eugène, 1876–1962, französischer Violinist und Arrangeur
Borries, Siegfried, 1912–1980, deutscher Violinist: 49
Boulanger, Nadja, 1887–1979, französische Organistin und Komponistin: 21
Brahms, Johannes, 1833–1897, deutscher Komponist, Pianist: 26, 34, 35, 39, 40, 47, 51, 81, 145, 182, 250, 225, 257
Brandts-Buys, Hans, 1905–1959 holländischer Cembalist, Komponist, Dirigent, Autor: 22
Bretschneider (Resele) Friederike, österreichische Cembalistin, *mitwirkend bei Concerten u. Aufnahmen:* 79, 84, 91, 170, 175, 177, 178, 180, 208, 268
Bricht, Walter, 1904–1970, österreichisch/amerikanischer Pianist, Komponist: 29, 255
*Brossard de, Sebastien, 1703 Dictionnaire de Musique
Brouwenstijn, Gré, 1915–1999, niederländische Sopranistin: 76
Bruckner, Anton, 1824–1896, österreichischer Komponist, Organist: 26, 215
Brüggen, Frans, 1934–2014, holländischer Blockflötist: 83, 260
Brunold, Paul, 1875–1948, Organist St. Gervais, Paris: 21
Bülow, Hans von, 1830 – 1894, deutscher Klaviervirtuose, Dirigent: 33
Bürger, Julius Max, 1924, Pianist, Dirigent, Komponist: 17, 33, 39, 182, 202
Bussotti, Sylvano, *1931, italienischer Komponist: *EA*
Buttstett, Johann Heinrich, 1666–1727, deutscher Organist und Komponist: *EA*
Buxtehude, Dietrich, 1637–1707, dänisch/deutscher Organist und Komponist: 51, 235, 241

Caix d'Hervelois, Louis de, 1680–1759, französischer Komponist: *EA*
Campe, wahrscheinlich Joachim Heinrich, 1747–1818, deutscher Pädagoge: *EA*
Cappa, Antonio, um 1800, italienischer Geigenbauer, Cremona: 249
Challis, John, 1907–1974, amerikanischer Cembalobauer: *siehe Sachregister*
Champion de Chambonnières, Jacques, 1602–1672, französischer Cembalist und *Komponist*: *EA*
Charlemont, Ilse, österreichische Harfenistin, *mitwirkend bei den Concerten:* 234
Chopin, Frédéric, 1810–1849, polnischer Pianist: 35, 37, 38,40, 100, 116, 145, 203, 204, 266
Chrysander, Friedrich, 1826–1901, deutscher Musikwissenschaftler, Herausgeber: 34
Clerambault, (Clairembault) Louis Nicolas, 1676–1749, französischer Organist und Komponist: 211, 263
Clementi, Muzio, 1752–1832, italienischer Pianist, Editor, Pädagoge, Klavierbauer: 251
Coligny de, Louise, 1555–1620, französische Adelige: 194
Couperin, François, 1668–1733, französischer Komponist, Cembalist und Organist: 18, 34, 51, 95, 99, 110, 114, 120, 126, 136, 148, 179, 211, 223, 240, 251, 255,
Couperin, Louis, 1626–1661 französischer Komponist, Organist, Hofmusiker: 148, 251, 255
Corelli, Arcangelo, 1653–1713, italienischer Geiger und Komponist: 238
Corrette, Michel, 1707–1795, französischer Komponist und Musiktheoretiker: *EA*
Cortot, Alfred, 1877–1962, französischer Pianist: 100
Cramer, Johann Baptist, 1771–1858, deutsch/englischer Pianist, Klavierpädagoge: *EA*
Cullis, Michael F., Direktor der *Commission for Austria (British Element)*: 65, 258
Czerny, Carl, 1791–1857, österreichischer Klavierpädagoge: 33, 197, 202
Dandrieu, Jean-François, 1682–1738, französischer Organist und Komponist: *EA*
Dall'Abaco, Evaristo, 1675–1742, italienischer Violinist, Cellist und Komponist: 234
Dart, Thurston, 1921–1971, englischer Cembalist, Musikwissenschaftler: 121, 251, 264
Debussy, Claude, 1862–1918, französischer Pianist und Komponist: *EA*
Dechler, [auch Techler] David, *1666, deutscher Geigenbauer: *EA*
Demus Jörg, *1928, österreichischer Pianist: 72, 113, 150, 151
Dieupart, Charles, erste Hälfte 18. Jahrhunderts, französisch/englischer Komponist: *EA*
Diruta, Girolamo, 1561–1610, italienischer Komponist, Musikforscher: 110, 125, 136
Ditters von Dittersdorf, Karl, 1739–1799, österreichischer Komponist: 240, 241
Dobrowsky, Josef, 1889–1964, österreichischer Maler, Porträtist von Isolde Ahlgrimm: 52
Dolmetsch, Arnold, 1848–1940 England, Musiker und Instrumentenbauer: 17, 19, 21, 202, 255, 258, 263
Dorati, Antal, 1906–1988, ungarisch/amerikanischer Pianist und Dirigent: 76
Dretzel, Cornelius Heinrich, 1697–1775, deutscher Organist und Komponist: 124, *EA*
Drews, Hermann, deutscher Musikpädagoge: *Organische Klaviertechnik, 1959: EA*
Dulcken, Joannes Daniel, 1706–1757, flämischer Cembalobauer: *siehe Sachregister*
Dupré, Desmond, 1916–1974, englischer Lautenist: *EA*
Dussek, Jan Ladislav, 1760–1812, böhmischer Pianist und Komponist: 145, 234
Ebenstein, Viktor, 1888–1968, österreichischer Pianist, Musikpädagoge: 29, 30, 31, 33, 34, 42, 100
Eberhard III von Württemberg, 1614–1674, deutscher Fürst: *EA*
Eberle, Johann Udalricus, 1699–1768, österreichischer Geigenmacher: *EA*
Ebner, Wolfgang, 1612–1665, deutsch/österreichischer Komponist, Organist am Stefansdom: 251
Ehlers, Alice, 1887–1981, austro/amerikanische Cembalistin: 22
Ehrichson, Wolf, * 1937, deutscher Schallplatten-Aufnahmeleiter: 89, 251, 260,

Personenregister | **277**

*Eibner, Franz, 1914–1986, Musiktheoretiker, auch Alte Musik
Einem, Gottfried von, 1918–1996, deutscher Komponist: 251
Elssler, Johann Florian, 1769–1843, österreichischer Kopist von Haydn: *EA*
Elwert, Wilhelm Theodor, 1906–1997, deutsch/italienischer Philologe: *EA*
Engel, Carl, 1818–1882, Musikologe, Instrumentensammler 17:
Erard, Sébastien, 1752–1831, Gründer der Klavierfabrik Erard: *siehe Sachregister*
Erdmann, Georg, keine Daten, ungefähr zeitgleich mit seinem Freund J. S. Bach: 217
Ernesti, Johann August, 1707–1781, Rektor Thomasschule Leipzig: *EA*
Eybner, Richard, 1896–1986, Burgschauspieler in Wien, Bassist, *mitwirkend bei den Concerten:* 53, 59, 230, 243
Eysler, Edmund, 1874–1949, österreichischer Komponist: 26
Faffelberger, Toni, österreichische Sopranistin, *mitwirkend bei den Concerten:* 243
Fall, Leo, 1873–1925, österreichischer Komponist: 26
Falla, Manuel de, 1876–1946, spanischer Komponist: 251
Farnaby, Giles, 1562–1640, englischer Virginalist und Komponist: 251
Feuillet, Raoul-Auger, 1653–1710, französischer Tanzmeister und Choreograph: 192, 195, 263, 266
Fiala, Erich, 1911–1978, Instrumentensammler, Dirigent: 5, 7, 10, 15, 39, 40–46, 48–50, 52, 53, 56–58, 60, 64, 67, 70–76, 80–82, 85, 87, 88, 105,106, 112, 117, 143, 150, 151, 162, 164, 173, 177, 182, 201, 226, 228, 230, 231, 233, 238–240, 242, 249, 256, 257, 259, 263, 266, 268
Fichtl, Magnus Antonius,1736–1792, deutscher Geigenbauer, Füssen und Krems: *EA*
Fietz-Hübner-Quartett, Wien, *mitwirkend bei den Concerten: EA*
Fischer, Wilhelm, 1886–1962, österreichischer Musikwissenschaftler: 65
Fock, Gustav, 1893–1947, deutscher Musikhistoriker, Herausgeber Alter Musik: *EA*
Förtsch, Johann Wolfgang, um 1675–1743, deutscher Organist Nürnberg: *EA*
Forkel, Johann Nikolaus, 1749–1818 deutscher Organist, Musikforscher, erster Bach-Biograph: 136, 141, 183, 191, 208, 217, 218, 223, 263
Franck, César, 1822–1890, französischer Komponist: 51
Frank, Johann Peter, (1745–1821), österreichischer Arzt, Mozart-Biograph: 222
Frescobaldi, Girolamo, 1583–1643, italienischer Komponist: 63, 179, 251
Friedrich II, der Grosse, 1712–1786, preußischer König und Flötist: 84, 194, 200, 212, 213, 216, 266
Friedrich Wilhelm I., 1688–1740, preußischer König, 200, 216
Froberger, Johann Jakob, 1616–1667, französisch/österreichischer Organist, Komponist: 18, 65, 89, 90, 91, 116, 179, 211, 251
Frotscher, Gotthold, 1897–1967, deutscher Musikhistoriker, Herausgeber: *EA*
Fürstenau, Anton Bernhard, 1772–1819, deutscher Flötist: 207
Furtwängler, Wilhelm, 1886–1954, deutscher Dirigent: 49
Fux, Joh. Josef, 1660–1741, Wiener Hofkompositeur, Kapellmeister: 18, 90, 124, 148, 179, 251, 252, 262
Gál, Hans, 1890–1987, österreichisch/britischer, Komponist, Dirigent, Musiktheoretiker: 194, 209
Gabrieli, Giovanni, 1557–1612, italienischer Komponist: 237
Gallus, Jacobus, 1550–1591, österreichischer Komponist: 237
Gasparini, Francesco, 1661–1727, italienischer Opernkomponist, Musiktheoretiker: *EA*
Gaveau, Joseph Gabriel, 1824–1903, französischer Klavierbauer, Piano-Manufaktur ab 1847: *siehe Sachregister*

Geminiani, Francesco, 1687–1762, italienischer Komponist: 239
Gerlin, Ruggiero, 1899–1983, italienischer Pianist, ab 1920 Cembalist: 22, 101
*Germann, Sheridan, amerikanische Musikologin und Cembalo-Dekorateurin
Gerstenberg, Walter, 1904–1988, deutscher Musikologe, Bachforscher: *EA*
Gesner, Johann Matthias, 1691–1761, Rektor an der Thomasschule Leipzig: *EA*
Geoffroy-Dechaume, Antoine, 1905–2000, französischer Cembalist, Autor: *EA*
Georgiades, Thrasybulos, 1907–1977, griechisch/deutscher Musikwissenschaftler: *EA*
Giuliani, Erich, *1919, österreichischer Hornist, *mitwirkend bei den Concerten:* 239
Glastra van Loon, Otto, 1906–1986, Leiter von Philips phonographischer Industrie: 71
Goldberg, Johann Gottlieb, 1727–1756, deutscher Cembalist: *siehe Sachregister*
Gounod, Charles, 1818–1893, französischer Komponist: 144, 223, 262
Gordon Woodhouse, Violet, 1872–1948, englische Cembalistin: 17
Gottsched, Johann Christoph, 1700–1766, deutscher Sprachreformer: *EA*
Graf, Conrad, 1782–1851, deutsch/österreichischer Klavierbauer: 51
Graf, Erich, österreichischer Violinist, *mitwirkend bei den Concerten:* 44
Graeser, Wolfgang, 1906–1928, deutscher Musikologe, Violinist, Bachforscher: 184, 208, 209, 263, 264
Grancino, Giovanni, 1637–1709, italienischer Geigenbauer, Mailand: *EA*
Graun, Carl Heinrich, 1704–1759, deutscher Sänger und Komponist: 211, 214
Griepenkerl, Friedrich Konrad, 1782–1849, deutscher Musikwissenschaftler: *EA*
Groot, Cor de, 1914–1993, niederländischer Pianist: 76
Gruber, Franz Xaver, 1787–1863, österreichischer Lehrer, Komponist: 223
Grümmer, Margot, österreichische Gambistin, *mitwirkend bei den Concerten*: 51, 158, 235, 267
Grümmer, Paul, 1879–1965, österreichischer Gambist und Musikpädagoge, *mitwirkend bei den Concerten:* 235
Grümmer, Sylvia, Gambistin und Viola d'amore-Spielerin, *mitwirkend bei den Concerten:* 51, 158, 237, 238, 240, 241
Grünberg, Alfons, österreichischer Bratschist und Komponist, *mitwirkend bei den Concerten* : 234, 237, 238, 240, 241
Guarneri, Pietro, 1695–1762, italienischer Geigenbauer, Venedig: *EA*
Guggemos, Marcus, 1760–1804, deutscher Geigenbauer, Füssen: 44, 232
Haas, Robert, 1886–1960, österreichischer Musikwissenschaftler: 198, 231, 263
Hadamovsky, Hans, 1906–1996, österreichischer Oboist, *mitwirkend bei den Concerten:* 237, 238
Hammerschmid, Gerda, österreichische Lautenistin, *mitwirkend bei den Concerten:* *EA*
Händel, Georg Friedrich, 1685–1759, deutsch/englischer Komponist: 18, 34, 63, 81, 90, 113, 139, 171, 179, 180, 211, 229, 234–241, 243, 245, 252, 268
Hässler, Johann Wilhelm, 1747–1822, deutsch/russischer Organist und Herausgeber: *EA*
Hallinan, Richard, *1961, amerikanischer Mitarbeiter bei der englischen Biografie von Peter Watchorn: 9, 251, 257–261
Hammer, Franz Xaver, 1741–1814, deutscher Gambist und Komponist: *EA*
Harich-Schneider, Eta, 1897–1986, Pianistin, Cembalistin: 22, 107, 108, 255, 264
Harnoncourt, Alice, *1926, österreichische Violinistin, *mitwirkend bei den Concerten:* 22, 72, 84, 87, 175
Harnoncourt, Nikolaus, 1929–2016, österreichischer Cellist, Gambist, Dirigent, *mitwirkend bei Concerten und Aufnahmen:* 22, 72, 81, 84, 85, 87, 89, 112, 115, 151, 164, 175, 176, 248, 260, 268
Hartung, Philipp Christoph, 1706–1776, deutscher Musiktheoretiker: 120, 126

Harraß, Johann Heinrich, †1714, deutscher Cembalobauer: 78
Hasel, Johann Emmerich, 1828–1900, österreichischer Musiker und Komponist: *EA*
Haskil Clara, 1895–1960, rumänisch/schweizerische Pianistin: 76
Hass, Hieronymus Albrecht, 1689–1752, deutscher Cembalobauer: *siehe Sachregister*
Hauptmann, Moritz, 1792–1868, deutscher Violinist und Musiktheoretiker: 184
Haußmann, Elias Gottlob, 1695–1774, deutscher Portraitmaler: 179, 201
Haydn, Joseph, 1732–1809, österreichischer Komponist: 20, 25, 33, 40, 41, 52, 57, 64, 113, 114, 190, 229, 233–237, 239, 241, 243, 252
Haydn, Michael, 1737–1806, österreichischer Komponist, Bruder von Josef: 236
Hayward, John, englischer Erfinder der Pedalregistrierung (1776): 222
Heiller, Anton, 1923–1979, österreichischer Organist: 75, 76, 107, 110
Heine, Gottlieb, Orgellehrer Friedrichs des Grossen von Preußen: 213
Heinichen, Johann David, 1683–1729, deutscher Komponist und Musiktheoretiker: 188
Helfgott, Maria, *1974, österreichische Organistin und Musikwissenschaftlerin: 127
Helmesberger, Josef, 1828–1893, österreichischer Violinist und Herausgeber: *EA*
Helmholtz Hermann von, 1821–1894, deutscher Physiker: 225
Henry VIII, 1491–1547, englischer König, Gambenspieler: 216
Herrmann Josef, österreichischer Kontrabassist, *mitwirkend bei den Concerten:* 83–85, 161, 176, 177, 238, 240, 241, 246, 247, 267
Hiller, Johann Adam, 1728–1804, deutscher Komponist, Musikschriftsteller: 33, 197
Hipkins, A. J., 1826–1903, englischer Spezialist für Musikinstrumente: 255
Hirl, Wilhelm, deutscher Cembalobauer um 1900: *siehe Sachregister*
Hirsch, Robert, österreichischer Paukenist, *mitwirkend bei den Concerten:* 239
Hirsching, Friedrich Karl Gottlob, 1763–1800, deutscher Lexikograph: 184, 209
Hitler, Adolf, 1889–1945, österreichischer Politiker, Diktator in Mitteleuropa: 45, 52, 57
Höngen, Elisabeth, 1906–1997, österreichische Altistin, *mitwirkend bei den Concerten:* 229
Hofhaimer, Paul, 1459–1537, österreichischer Komponist: 65, 144
Hofmann, Ferdinand, 1756–1829, österreichischer Klavierbauer: *siehe Sachregister*
Homilius, Gottfried August, 1714–1785, deutscher Komponist, Domorganist, Kantor: 33, 119, 197
*Hopfner, Rudolf, *1954 Direktor Instrumentensammlung Wien
Hrnčirik, Peter, *1964, österreichischer Organist, Mitarbeiter bei der Herausgabe von Ahlgrimms *Ornamentik* 2005: 127
Hummel, Johann Nepomuk, 1778–1837, österreichischer Komponist: 51, 52, 117, 145, 229, 233, 234, 243, 252
Husmann, Heinrich, 1908–1983, deutscher Musikwissenschaftler: 68, 84, 209, 264
Huys, Johan, *1942, belgischer Cembalist, Fortepianist und Dirigent: 125
Immerseel, Jos van, *1945, belgischer Cembalist, Dirigent: 125
Isaak, Heinrich, 1450–1517, flämisch/italienischer Sänger und Komponist: 18, 35
*Jacoby, Werner, Schweizer Musiker
Jacottet, Christiane, 1937–1999, Schweizer Cembalistin: 125
Jacobs, Charles, englischer Herausgeber von Renaissance-Musik 1988: *EA*
Jauck, Johannes, 1752–1790, österreichischer Geigen- und Lautenmacher, Graz: *EA*
Joachim, Joseph, 1831–1907 österreichisch/ungarischer Violinist, Dirigent, Komponist: 30
Juch Hermann, 1908–1995, österreichischer Bass, mitwirkend bei den Concerten: 232
Junghanns, Rolf, 1945–1993, deutscher Cembalist: 21
Kálmán, Emmerich, 1882–1953, österreichisch/ungarischer Komponist: 26
Kamesch, Hans, 1901–1975, österreichischer Oboist, *mitwirkend bei den Concerten:* 234, 237, 238, 240, 241

Kammerorchester der Stadt Innsbruck, mitwirkend bei den Concerten: s. Sachregister Kamper,
Anton, österreichischer Violinist, mitwirkend bei den Concerten: EA
Kamykowski, Josef, österreichischer Toningenieur: 178
Kanth, Gustav W., deutscher Autor, Bilderatlas von Bach bis Strauss: 198–201
Karsten, Julius, österreichischer Sprecher, *mitwirkend bei den Concerten: EA*
Kaswiner, Salomon, österreichischer Musikologe, Dissertation 1930: *EA*
Keiser, Reinhard, 1674–1739, deutscher Komponist: 235
Keller Hermann, 1885–1967, deutscher Herausgeber, Bachkenner: *EA*
Kempen, Paul van, 1893–1955, niederländisch/deutscher Dirigent: 76
Kerll, Johann Kaspar von, 1627–1693, deutscher Cembalist und Komponist: 252
Kind, Silvia, 1907–2002, Schweizer Cembalistin in Berlin und USA: 115, 261
Kinsky, Georg Ludwig, 1882–1995, deutscher Musikforscher: 208
Kipnis, Igor 1930–2002, ukrainisch/amerikanischer Cembalist: *EA*
Kirchhof, Gottfried 1685–1746, deutscher Organist und Komponist: 188
Kircher, Athanasius, 1602–1680, deutscher Jesuit, Universalgelehrter: 186
Kirkpatrick, Ralph, 1911–1984, amerikanischer Cembalist und Musikologe: 17, 21, 92, 94,
    125, 186
Kirnberger, Johann Philipp, 1721–1783, deutscher Komponist, Musiktheoretiker: 211, 217
*Klein, Rudolf, 1920–2007, österreichischer Musikschriftsteller und Kritiker
Kloppers, Jacobus, *1937, kanadischer Organist und Musikologe: *EA*
Klotz, Egidius, 1733–1805, deutscher Geigenbauer, Mittenwald: *EA*
Klotz, Josef, 1761–1848, deutscher Geigenbauer, Mittenwald: *EA*
Klimt, Gustav, 1862–1918, Wien, österreichischer Maler, Sezessionist: 26
Kling, Paul, 1928–2005, österreichischer Violinist, *mitwirkend bei den Concerten:* 67, 69, 87,
    161, 231, 232, 245, 246, 248, 259, 267
Klingler, Christoph, †1677, Tiroler Geigenbauer: 85, 218, 248
Kneihs, Hans Maria, *1943, österreichischer Blockflötist, *mitwirkend bei Aufnahmen:* 179
Köchel, Ludwig von, 1800–1877, Musikwissenschaftler: 124, 262
Kocher, Konrad, †2012, belgischer Cembalist: *EA*
Koch, Heinrich Christian, 1749–1816, deutscher Musiktheoretiker, Lexikograph: *EA*
Korn, Johann Friedrich, 18. Jh. deutscher Herausgeber: *EA*
Korngold, Erich, 1897–1957, austroamerikanischer Komponist: 26
Kraus, Otakar, 1909–1980, tschechischer Bariton: 59
Krauss, Clemens, 1893–1954, österreichischer Dirigent: 33, 62, 226
Kraus, Greta, 1903–1998, österreichisch/kanadische Cembalistin: 22
Krebbers, Herman, *1923, niederländischer Violinist: 76
Krebs, Johann Ludwig, 1713–1780, deutscher Organist, Schüler Bachs: 252
Kretschmar, Hermann, 1848–1924, deutscher Organist und Musikologe: *EA*
Krieger, Johann Philipp, 1649–1725, deutscher Organist und Komponist: 236, 237
Krips, Josef, 1902–1974, österreichischer Dirigent: *EA*
Kriß, Ernst, österreichischer Bratschist, *mitwirkend bei den Concerten:* 241
Kroll, Erwin, 1886–1976, deutscher Pianist und Herausgeber: *EA*
Krotschak, Richard, 1904–1989, österreichischer Cellist, *mitwirkend bei den Concerten:* 54
Kuhnau, Johann, 1660–1722, deutscher Komponist: 111, 207, 211, 252
Kuijken, Wieland, *1938, belgischer Gambist: 85
Kunz, Erich, 1909–1995, österreichischer Bass, *mitwirkend bei den Concerten:* 229, 236 Kvarda,
Franz, österreichischer Cellist, *mitwirkend bei den Concerten:* 233, 234
Kytka, Maria, österreichische Sopranistin, *mitwirkend bei den Concerten;* 236

Kurz Walter, österreichischer Cellist, *mitwirkend bei den Concerten:* 44, 233, 236
Landolfi, Carlo Ferdinando, 1714–1787, italienischer Geigenbauer, Mailand: *EA*
Landowska, Wanda, 1879–1959, polnisch/französische Cembalistin, Musikwissenschaftlerin: 18–22, 55, 76, 77, 86, 88, 94, 97, 101, 121, 255, 265
Lambour, Christian, *1944 holländisch/schweizerischer Organist, Cembalist: 6, 15, 20, 143, 255, 259, 261, 262, 264, 265, 268
Lampe, Walter, 1872–1964, Pianist, Komponist, Musikherausgeber: *EA*
Landshoff, Ludwig, 1874–1941, deutscher Musikforscher und Herausgeber: *EA*
Leclair, Jean-Marie, 1697–1764, französischer Tänzer und Violinist: 235, 238
Leeder, Franz von, österreichischer Komponist, *mitwirkend bei den Concerten:* 58, 64, 230, 238
Leeuwen Boomkamp Carel van, 1906–2001, holländischer Gambist, Instrumentensammler: 85
Lehnfeld, Josef, österreichischer Violinist, *mitwirkend bei den Concerten:* 87
Leinsdorf, Erich, 1912–1993, österreichischer Dirigent: 61
Leitermeyer, Paul, österreichischer Violinist, *mitwirkend bei den Concerten:* 240, 241, 243
Leonhardt, Gustav, 1928–2012, holländischer Organist, Cembalist und Dirigent: 22, 23, 67, 68, 73, 83, 89, 90, 97, 107, 111, 121, 125, 146, 147, 151, 184, 259, 260, 261, 265
Leopold I, 1640–1705, Kaiser des Heiligen Römischen Reiches: 234
Leopold I, von Anhalt-Cöthen: 1694–1728, s. Anhalt-Cöthen
Louis Ferdinand, 1772–1806, Prinz von Preußen: 145, 252
Le Roux, Gaspard, um 1707, französischer Cembalist, Komponist: *EA*
Leschetizky Theodor, 1830–1915, polnischer Pianist und Musikpädagoge: 33, 256, 264
Lew, Henry, 1874–1919, polnischer Ethnologe, Gatte von W. Landowska: 20
Lichnowsky, Karl Alois, 1761–1814, österreichischer Fürst, Mäzen, Sammler von Autographen: 191, 247
Liszt, Franz, 1811–1886, Klaviervirtuose, Komponist: 32, 33, 34, 182, 197, 223, 256
Locatelli, Pietro, 1695–1764, italienischer Violinist und Komponist: 64, 240, 241
Lohenstein, Daniel Casper, 1635–1683, deutscher Barock-Dichter: *EA*
Löhlein, Georg Simon, 1725–1781, deutscher Musiktheoretiker: *EA*
Loos, Adolf, 1870–1933, österreichischer Architekt, Bauhaus: 26
Lotti, Antonio, ca. 1667–1740, venezianischer Komponist: 51
Loulié, Etienne, 1654–1702, französischer Musiker, Musiktheoretiker (Metronom): *EA*
Louis Ferdinand von Preussen, 1772–1806, König, Komponist: 145, 234
Lully, Jean-Baptiste, 1632–1687, Hofkapellmeister bei Ludwig XIV in Versailles: 18, 57
Mace, Thomas, 1613–1709, englischer Sänger, Musikschriftsteller: *EA*
Mälzel, Johann Nepomuk, 1772–1838, deutscher Erfinder, u.a. Metronom: *EA*
Maendler-Schramm, Karl, 1872–1958, Klavier- und Cembalobauer: *siehe Sachregister*
Mahler, Gustav, 1860–1911, österreichischer Komponist, Dirigent, Operndirektor: 26. 31, 34
Maichelbeck, Franz Anton, 1702–1750, deutscher Organist und Komponist: *EA*
Malcolm, George, 1917–1997, London, englischer Cembalist: 22
Mandyczewski, Eusebius, 1857–1929, österreichischer Musiktheoretiker, Pädagoge: 18
Marais, Marin, 1656–1728, französischer Gambist, Komponist: *EA*
Marcello, Benedetto, 1686–1739, italienischer Komponist: *EA*
Maria, Joannes, um 1600, norditalienischer Gambenbauer: 83, 207, 218
Mariani, Antonio, 1635–1685, italienischer Geigenbauer, Pesaro: *EA*
Marpurg, Friedrich Wilhelm, 1718–1795, deutscher Musiktheoretiker und Musikhistoriker: 84, 126, 185, 211
Martin, Frank, 1890–1874, Schweizer Komponist: 252
Mattheis, Willy, österreichischer Violinist, *mitwirkend bei den Concerten:* 240, 244

Mattheson, Johann, 1681–1764, deutscher Komponist, Musikwissenschaftler: 84, 189, 211, 219, 252, 263

Matton-Painparé, Juliette, 1880 bis vermutlich 1948, belgisch/englische Musikerin: 17, 31, 255

Mazzochi, Domenico, 1592–1665, italienischer Komponist: *EA*

Mayr, Rudolf, österreichischer Cellist, *mitwirkend bei den Concerten:* 240, 241

Mayrhofer, Karl, 1927–1976, österreichischer Oboist, *mitwirkend bei den Concerten:* 240, 241

McAllister, Alastair, *1942, australischer Cembalobauer: 260

Meer, John Henry van der, 1920–2008, holländischer Sachverständiger Musikinstrumente: 113, 115, 261, 270

Melkus Eduard, *1828, österreichischer Violinist und Dirigent: 9, 73, 115, 119, 151, 180, 246, 247

Mendelssohn-Bartholdy (Hensel) Fanny, 1805–1847, Pianistin, Komponistin: 35

Mendelssohn-Bartholdy, Felix, 1809–1847, deutscher Komponist, Pianist, Dirigent: 17, 34

Mengelberg, Willem, 1871–1951, niederländischer Dirigent: 76

Mersenne, Marin, 1588–1648, französischer Mathematiker, Musiktheoretiker: 194

Mertin, Josef, 1904–1998, österr. Kirchenmusiker, Gesangspädagoge, Dirigent, Instrumentenbauer: 18, 22, 56, 115, 255, 261, 265

Meulen, Marius van der, holländischer Aufnahmeleiter bei Philips: 59, 74, 75, 76, 89, 90, 168, 175, 232, 259, 268

Milchmeyer, Johann Peter, 1759–1813, deutscher Pianist, Klavierschule 1797: *EA*

Mizler, Lorenz Christoph, 1711–1778, deutscher Musiktheoretiker und Dozent, Herausgeber: *EA*

Moeck, Hermann, 1896–1982, deutscher Instrumentenbauer: *siehe Sachregister*

Monogrammist, C.G, Instrumentenbauer unbekannter Herkunft: *EA*

Monteverdi, Claudio, 1567–1643, italienischer Komponist: 237

Moralt, Rudolf, 1902–1958, Deutscher Dirigent, *mitwirkend bei den Concerten:* 229, 237

Moravec, Ernst, österreichischer Bratschist, *mitwirkend bei den Concerten:* 237, 238

Moravia Hieronymus de, gest. 1271, Traktat über Musik seiner Zeit: *EA*

Morgan, Miles, unbekannt, amerikanischer Instrumentensachverständiger, Dir. *Assoziazione Musicale Romana*, 117, 141

Morris, William, 1834–1896, englischer Gründer des *Arts and Crafts Movement*: 17, 255

Moscheles, Ignaz, 1794–1870, deutscher Komponist, Pianist und Musikpädagoge: 17, 223

Mozart, Leopold, 1719–1787, österreichischer Violinist und Musikpädagoge: 22, 236

Mozart, Wolfgang Amadeus, 1756–1791, österreichischer Komponist: 20, 21, 33, 35, 40, 41, 44, 47–49, 52, 56–59, 61, 63, 64, 66, 67, 72, 88, 111, 112, 114, 116, 120, 121, 128, 132, 150, 151, 165, 179, 181, 227, 228, 229, 231, 233–238, 240–246, 250, 262

Muffat, Georg, 1653–1704, deutscher Komponist: 124

Muffat, Gottlieb Theophil, 1690–1770, österreichischer Komponist: 91, 124, 179, 229, 252, 262

Muggelini, Bruno, 1871–1912, italienischer Pianist und Herausgeber: *EA*

Murr, Christian Gottlieb von, 1733–1811, deutscher Zeitungsherausgeber: *EA*

Murray, Gordon, *1948, kanadischer Cembalist, Nachfolger von Isolde Ahlgrimm an der *mdw*

Nägeli, Hans Georg, 1773–1836, Schweizer Komponist, Kantor: 183, 208

Naumann, Ernst, 1832–1910, deutscher Herausgeber, Bearbeiter: *EA*

Neefe, Christian Gottlob, 1748–1798, Komponist, Organist, Musiktheoretiker: 33, 197, 252

Nef, Isabelle, 1898–1976, Schweizer Cembalistin: 33, 101

Neßler, Robert, 1919–1996, österreichischer Komponist und Dirigent: 230, 240, 242

Neumeyer, Fritz, 1900–1983, deutscher Cembalist und Organist: 21, 23, 115, 116

Nichelmann, Christoph, 1717–1762, deutscher Komponist: 252

Nietsch [richtig Nitsch] Otto, österreichischer Hornist, *mitwirkend bei den Concerten:* 240
Nikisch Arthur, 1855–1922, ungarischer Dirigent: 20
Nivers, Guillaume Gabriel, 1617–1714, Organist, Musiktheoretiker: *EA*
*Nottebohm, Gustav, 1817–1882, deutsch/österreichischer Musikologe, Beethovenforscher
Novak, Hans, österreichischer Violinist. *mitwirkend bei den Concerten: EA*
Novak, L., österreichischer Dozent, *mitwirkend bei den Concerten: EA*
Novello, Pietro Valentino, 1759–1831, italienischer Geigenbauer Venedig: *EA*
Öhlberger, Karl, 1912–2001, österreichischer Fagottist, *mitwirkend bei den Concerten:* 234, 237, 238
Opitz, Martin, 1597–1639, deutscher Dichter: *EA*
Otterloo, Willem van, 1907–1978, niederländischer Dirigent: 76
Pachelbel, Johann, 1653–1706, deutscher Organist, Komponist: 211
Paganini, Niccolò, 1782–1849, italienischer Violinist und Komponist: 240, 252
Paisiello, Giovanni, 1740–816, italienischer Komponist: *EA*
Pank, Siegfried, *1936, deutscher Cellist und Gambist: 92, 93, 120, 178
Parry, Charles Hubert Hastings, 1848–1918, englischer Komponist und Musikhistoriker: 223
Pasta, Domenico, um 1700–1765, italienischer Geigenmacher, Brescia: *EA*
Pas, Theo van der, 1902–1986, niederländischer Pianist: 76
Pasquali, Niccolò, 1718–1757, italienischer Komponist, Generalbass-Schule: *EA*
Pauer, Ernst, 1826–1905, österreichischer Pianist, Komponist: 17, 223
Paulinus, Mönch in Prag um 1460, Beschreibung Clavichord: 222
Pertis, Zsuzsa, 1943–2007, ungarische Cembalistin Schülerin von I. A.: 121
Pessl, Yella, 1906–1979, österreichisch/amerikanische Cembalistin: 19, 22, 55
Petri, Egon, 1881–1962, deutscher Pianist und Herausgeber: *EA*
Petschke, Adolf Friedrich, 1759–1822, deutscher Musikpädagoge, Klavierschule 1785: *EA*
Peuerl, Paul, ca. 1570–1625, deutsch/österreichischer Komponist: 223
Pexenfelder, Michael, 1613–1685, deutscher Musikschriftsteller und Pädagoge: *EA*
Pfersmann, Ludwig von, österreichischer Flötist, *mitwirkend bei den Concerten:* 85, 175, 176, 233, 248, 248, 263, 43, 44, 83, 84
Picht-Axenfeld, Edith, 1914–2001, deutsche Pianistin, Organistin, Cembalistin: 22
Picuti, Romano, italienischer Dirigent, *mitwirkend bei den Concerten EA:*
Piguet, Michel, 1932–2004, Schweizer Oboist: 83
Pisendel, Johann Georg, 1687–1755, deutscher Violinist und Komponist: 211
Pischner, Hans, *1914, deutscher Cembalist und Herausgeber: 90, 178, 265
Playdy, Louis, 1810–1874, französischer Klavierpädagoge: *EA*
Pleasants, Henry, 1910–2000, amerikanischer Redaktor, Musikschriftsteller: 60, 61, 258, 265
Pleasants, Virginia, *1911, amerikanische Fortepianistin und Cembalistin: 9, 10, 60, 61, 258, 267
Pleyel, Ignaz, 1757–1831, französischer Komponist, Klavierbauer: *siehe Sachregister*
Poduschka, Wolfgang, österreichischer Violinist, *mitwirkend bei den Concerten:* 240, 241
Poglietti, Alessandro, erste Hälfte 17. Jh.–1663, italienisch/österreichischer Komponist: 51, 65, 111–114, 179, 180, 229, 235, 237, 238, 240, 243, 245
Pomey, Franciscus Antoine, 1619–1673, französischer Philologe, dreisprachiges Wörterbuch : *EA*
Posch, Antony, Wiener Geigenbauer um 1730: 49
Praetorius, Michael, 1571–1621, deutscher Komponist und Gelehrter: *EA*
Prinner, Johann Jakob, 1624–1694, österreichischer Musikpädagoge und Musikforscher: *EA*
Printz, Wolfgang Caspar, 1641–1717, deutscher Komponist, Musikschriftsteller, Reisender: *EA*
Prixner, Sebastian OSB, 1744–1799, deutscher Organist, Komponist: 211

Purcell, Henry, 1659–1695, englischer Komponist: 238
Pure, Michel de, 1620–1680, französischer Balletmeister, Louis XIV: 194
Quantz, Johann Joachim, 1697–1773, deutscher Flötist und Musikpädagoge: 98, 99, 136, 20–206, 224, 252, 263, 266
Raison, André, 1640–1719, französischer Organist und Komponist: *EA*
Rameau, Jean-Philippe, 1683–1764, französischer Komponist, Begründer der Harmonielehre: 18, 51, 110, 136, 238, 265
Ranic, Elisabeth, österreichische Sopranistin, *mitwirkend bei den Concerten:* 233
Rebay, Ferdinand, 1880–1953, österreichischer Pianist, Musikpädagoge, Lehrer I. A.: 28, 255
Redel, Kurt, 1918–2013, deutscher Flötist und Dirigent: 90, 178
Reger, Max, 1873–1916, deutscher Komponist: 202, 252
Reichardt, Johann Friedrich, 1752–1814, deutscher Hofkapellmeister, Reiseberichte: *EA*
Reichwein, Leopold, 1878–1945, deutsch/österreichischer Dirigent: *EA*
Reincken, Johann Adam, 1723–1722, niederländisch/deutscher Organist: *EA*
Reinhard, Ulrich, unbekannt, österreichischer Geigenmacher: *EA*
Reutlingen Hugo von, richtiger Name Spechtschart, 1285–1360, Autor Flores musicae: 222
Reznicek, Hans, 1910–1979, österreichischer Flötist, *mitwirkend bei den Concerten:* 235, 236, 238
Richter Christa, österreichische Violinistin. *mitwirkend bei den Concerten:* 234
Riedel, Friedrich Wilhelm, *1929, deutscher Musikwissenschaftler: 124, 262
Riegler, F. P, 1798 Traktat „Anleitung zum Gesang, Klavier und Orgel spielen": *EA*
Riemann, Hugo, 1849–1919, deutscher Lexikograph: *EA*
Ries, Ferdinand, 1784–1838, deutscher Komponist, Dirigent: *EA*
Rietsch, Heinrich, 1860–1927, österreichischer Musikwissenschaftler: 208, 209
Roitzsch, F. A., 1805–1889, deutscher Herausgeber bei Peters: *EA*
Rosenberger, Michael, 1766–1832, Klavierbauer in Wien: *siehe Sachregister*
Rothschild, Fritz, deutscher Musikschriftsteller, *Verlorene Traditionen in der Musik* 1964: 30
Rubinstein, Nikolai, 1835–1881, russischer Pianist und Pädagoge: 32, 33
Rubio, (richtiger Name Spinks) David, 1934–2000, englischer Cembalobauer: *siehe Sachregister*
Rück, Hans, nicht datiert, deutscher Instrumentensammler: 41
Rück, Ulrich, 1882–1962, deutscher Instrumentensammler: 41
Rudgers, Elisabeth, österreichische Sopranistin, *mitwirkend in den Concerten: EA*
Ruggieri (Rugger), Francesco, 1630–1698, italienischer Geigenbauer, Cremona: *siehe Sachregister Ruggieri*
Ruggieri, Vinzenzo, 1663–1719, italienischer Geigenbauer, Cremona: *siehe Sachregister Ruggieri*
*Ruhland, Konrad, 1932–2010, deutscher Dirigent und Musikhistoriker
Rust, Wilhelm, 1822–1892, deutscher Komponist, Bachforscher, Thomaskantor: 184, 208
Růžičková, Zuzana, 1927, tschechische Cembalistin: 90, 147, 178
Saint-Arroman, Jean, französischer Musikologe und Herausgeber: *EA*
Saint-Lambert, Michel, um 1700, französischer Cembalist und Musiktheoretiker
Samber, Johann Baptist, 1654–1717, deutscher Musiktheoretiker: *EA*
Savall, Jordi, *1941, spanischer Gambist: 85
Scarlatti, Domenico, 1685–1757, italienisch/spanischer Cembalist, Komponist: 21, 63, 116, 139, 238, 240, 253
*Schaefer, Gustav, deutscher Historiker, 1879 Publikation über Postwesen: *EA*
Schale, Christian Friedrich, 1713–1800, deutscher Komponist und Musiktheoretiker: 211, 262
Scheck, Michael, *1933, belgischer Chorleiter: 21
Scheibe, Johann Adolf, 1708–1776, deutscher Musikkritiker: 204

*Schenner, Wilhelm, 1839–1913, Organist, Pianist, Musikpädagoge, Lehrer von Camilla Ahlgrimm
Schiestl, Ludwig, österreichischer Hornist, *mitwirkend bei Concerten:* 239
Schindler, Anton Felix, 1795–1864, deutscher Jurist, Biograf Beethoven: *EA*
Schmieder, Wolfgang, 1901–1990, Musikwissenschaftler, BWV: 184, 209
Schmid-Lindner, August, 1870–1959, deutscher Pianist und Komponist: 223
Schmidt, Franz, 1874–1939, österreichischer Pianist, Komponist, Lehrer von Isolde Ahlgrimm: 31–33, 182, 255
Schmitz, Arnold, 1893–1980, deutscher Musikologe und Pianist: *EA*
Schneegass Cyriacus, 1546–1597, deutscher Komponist, Kirchenlieder: *EA*
Schneider, Anna, österreichische Bratschistin, *mitwirkend bei Concerten:* 239
Schneider, Franz, österreichischer Kontrabassist, *mitwirkend bei Concerten: EA*
Schollum, Robert, 1913–1987, österreichischer Komponist, Dirigent: 116, 253
Schönberg, Arnold, 1874–1951, österreichischer Komponist: 26, 35
Scholz, Rudolf, 1933– 2012, österreichischer Organist und Musikpädagoge: 126, 127, 132, 262, 265
Scholz-Michelitsch, Helga, österreichische Musikwissenschaftlerin, Herausgeberin von I. Ahlgrimms *Ornamentik*: 16, 117, 126, 127, 196, 225, 262, 264
Schorn, Joannes Paulus, 1682–1758, österreichischer Geigenbauer, Salzburg: 58, 247
Schott, Howard, 1923–2005 amerikanischer Musikologe: 125, 262
Schreinzer, Karl, österreichischer Kontrabassist, *mitwirkend bei Concerten:* 158, 234–238, 267
Schrier, Joop, 1918–1995, holländischer Pianist, Dutch Swing College Band: 84, 92, 260, 265
Schubert, Franz, 1997–1828, österreichischer Komponist: 33, 34, 41, 49, 51, 233
Schulhof, Otto, 1889–1958, österreichischer Pianist, Begleiter, Pädagoge: 209, 210, 266
Schumann, Robert, 1810–1856, Pianist, Komponist: 34, 40, 47, 48, 51, 52, 81, 222, 228, 229, 234, 235, 253
Schumann-Wieck, Clara, 1819–1896, Pianistin, Komponistin: 35, 51, 81, 222, 257
Schuschnigg, Karl, 1897–1977, Bundeskanzler von Österreich 1934–1938: 45
Schütz, Heinrich, 1585–1672, deutscher Organist, Komponist: 18
Schweitzer, Albert, 1875–1965, deutsch/französischer Arzt, Organist: *EA*
Seefried, Irmgard, 1919–1988, österreichische Sopranistin, *mitwirkend bei Concerten:*229
Seidlhofer, Bruno, 1905–1982, österreichischer Pianist: 106, 107
Selle, Thomas de la, französischer Tanzmeister, Lehrer von J. S. Bach: 81, 190
Serauky, Walter, 1903–1959, deutscher Musikwissenschaftler, Herausgeber: *EA*
Seyfried, Ignaz, 1767–1841, österreichischer Komponist: 209
Seyss-Inquart, Arthur, 1892–1946, österreichischer Jurist NSDAP: 46
Ševčik, Otakar, 1862–1934, tschechischer Violinist und Violin-Pädagoge: 28
Shaw, Bernard, 1856–1950, irisch/britischer Schriftsteller, auch Musikkritiker: 223
Shedlock, John South, 1843–1919, englischer Musikologe: *EA*
Siebenkees, auch Siebenkäs, Johann, 1714–1781, deutscher Organist: *EA*
Simon, Abbey, *1922, amerikanischer Pianist: 76
Simon, Franz, 1772–1851, deutscher Geigenbauer, Mittenwald: *EA*
Silbermann, Gottfried, 1683–1753, deutscher, bedeutender Orgelbauer: *EA*
Sittner, Hans, 1903–1990, Direktor der Wiener Musikakademie: *EA*
Skowroneck, Martin, * 1926, deutscher Cembalobauer: *siehe Sachregister*
Soldan, Kurt, 1891–1946, deutscher Opernkapellmeister, Herausgeber: *EA*
Sorge, Georg Andreas, 1703–1778, deutscher Komponist und Musiktheoretiker: *EA*
Swoboda, Karl, österreichischer Oboist, *mitwirkend bei den Concerten:*238
Spiridion a monte Carmelo, 1615–1685, deutscher Musiktheoretiker und Komponist: *EA*

Spitta, Philipp, 1841–1894, deutscher Musikwissenschaftler, Bach-Biograph: 184, 200, 208
Spohr, Louis, 1784–1859, deutscher Violinist und Komponist: 234
Stadelmann, Li, 1900–1993, deutsche Cembalistin: 22
Stamitz, Carl, 1745–1801, böhmischer Violinist und Komponist: 234
Starck, Claude, *1928, Schweizer Cellist: 180
Steglich, Rudolf, 1886–1976, deutscher Musikologe, Herausgeber Bachwerke: 68, 84, 183, 184, 208, 209
Stein, André, 1776–1842, österreichischer Klavierbauer: *siehe Sachregister*
Steiner, Georg, österreichischer Violinist und Dirigent, *mitwirkend bei den Concerten:* 234
Steiner, Thomas Friedemann, *1950, Cembalo- und Clavichordbauer in Basel: 16, 255
Stelzhammer, Rudolf, 1864–1938, österreichischer Klavierbauer: 41, 42, 233
Stiglitz, Otto, 1887–1980, österreichischer Cellist, *mitwirkend bei den Concerten:* 54, 236–238
St-Lambert, Michel, um 1700, französischer Cembalist und Musiktheoretiker
Stoutz, Edmond de, 1920–1997, Schweizer Dirigent: 113
Stradal, August, 1860–1930, tschechischer Pianist und Pädagoge: 182
Strauß, Johann, 1825–1899, österreichischer Komponist, Walzerkönig: 26
Strauss, Richard, 1864–1949, deutscher Komponist: 5, 31, 33, 50, 51, 53, 54, 57, 60, 62, 63, 114, 133, 143, 145, 150, 180, 182, 198, 229, 230, 236, 239, 241, 253, 258, 262, 265, 267
Streicher, Johann Baptist, 1796–1871, österreichischer Klavierbauer: *siehe Sachregister*
Streng, Rudolf, österreichischer Violinist, *mitwirkend bei Concerten:* 54
Stricker, Augustin Reinhard, um 1680–1718, deutscher Hofkapellmeister in Köthen: 216
* Sturtevant, Erich, 1869–1947, deutscher Historiker: *EA*
Stwertka, Julius, 1872–1942, österreichischer Violinist und Musikpädagoge: 28
Suchý, Jaroslav, tschechischer Violinist, *Duo-Partner, mitwirkend bei den Concerten:* 30, 50, 51, 54, 228, 234, 235, 236, 238, 240, 242, 243, 257
Suitner, Otmar, 1922–2010, österreichischer Dirigent: *EA*
Sulzer, Johann Georg, 1720–1779, Schweizer Philosoph: 211, 217
Sung, Alexander, *1947, amerikanischer Pianist und Cembalist: 6, 15, 121, 142
Suppig, Friedrich, um 1720, deutscher Musiktheoretiker, Temperatur: 188
Swarowsky, Hans, 1895–1975, österreichischer Dirigent: 68, 73
Sweelinck, Jan Pieterszoon, 1562–1621, niederländischer Komponist: 18, 148, 179, 235, 253
Swieten, Gottfried van, 1733–1802, österreichischer Gesandter in Preußen: 213
Tachezi, Herbert *1930, österreichischer Organist und Cembalist: 115, 125
Tartini, Giuseppe, 1692–1770, italienischer Violinist, Komponist und Musiktheoretiker: 51, 235, 238
Taskin, Pascal-Joseph, 1723–1793, französisch/wallonischer Cembalobauer: *siehe Sachregister*
Tast, Werner, *1940, deutscher Flötist, Aufnahmen mit Ahlgrimm: 92, 120, 178, 180
Teichmüller, Robert, 1863–1939, deutscher Klavierpädagoge, Herausgeber: *EA*
Taubert, Gottfried, 1679–1746, deutscher Tanzmeister, Autor: 192
Tauchner, Eva, österreichische Altistin, *mitwirkend bei Concerten:* 233
Tausig, Carl, 1841–1871, polnisch/deutscher Pianist, Dirigent, Komponist: 33
Telemann, Georg Philipp, 1681–1767, deutscher Komponist: 51, 180, 211, 229, 235, 236, 237
Theiner, Kurt, österreichischer Bratschist und Tenorgeigenspieler, *mitwirkend bei den Concerten:* 84, 87, 175, 267, 268
Thilo (Thielo), Carl August, um 1747: Musik-Lexikograph in Kopenhagen: *EA*
Thir, Johann Georg, 1710–1781, österreichischer Geigenbauer, Wien: *EA*
Tilney, Colin, *1933, englisch/kanadischer Cembalist: 125
Titze, Karl M., österreichischer Violinist, *mitwirkend bei Concerten:* 233

Tomasini, Louis, Ende 19. Jh., italienisch/französischer Instrumenten-Restaurator, Cembalobauer: *siehe Sachregister*
Tononi, Carlo, 1675–1730, italienischer Geigenbauer, Bologna/Venedig: 249
Torelli, Giuseppe, 1658–1709, italienischer Violinist und Komponist: 239
Tourlén, Christoph, um 1713, deutscher Fagottist in Köthen: 208
Tosi, Pier Francesco, (zusammen mit Agricola) 1757: *Anleitung zur Singekunst: EA*
Tovey, Donald Francis, 1875–1940, britischer Pianist und Musikwissenschaftler: 68, 77, 84, 141
Tracey, Bradford, 1951–1987, kanadisch/deutscher Cembalist: 21
Treiber, Johann Philipp, 1675–1727, deutscher Theologe, Philosoph, Musiktheoretiker: 188
Trichter, Valentin, 1685–1750, deutscher Stallmeister, *Ritter-Exercitien-Lexikon: 192*
Trimmel, Paul, österreichischer Violinist, *mitwirkend bei den Concerten:* 87
Trötzmüller, Karl, österreichischer Violinist, *mitwirkend bei den Concerten:* 87
Tubel, Christian Gottlieb, †1776, Komponist, Musikpädagoge, Musikschriftsteller: *EA*
Türk, Daniel Gottlob, 1750–1813, deutscher Pianist, Komponist und Pädagoge: 233, 253
Tureck, Rosalyn, 1914–2003, amerikanische Pianistin und Bach-Interpretin: 76
Ulbricht, Reinhart, deutscher Violinist DDR, Aufnahmen mit Ahlgrimm: 178
Unger, Hans Heinrich, deutscher Musikwissenschaftler: *EA*
Uninsky, Alexander, 1910–1972, ukrainischer Pianist: 76
Valbecke, Louis van, †1318, belgischer Erfinder des Orgelpedals: 222
Veleba, Josef, 1914–1997, österreichischer Hornist: 240, 241
Vester, Frans, 1922–1987, holländischer Flötist, Pionier für Traversflöte: 83
Veyron-Lacroix, Robert, 1922–1991, französischer Pianist und Cembalist: 90, 121, 178
Vieth, Gerhard Ulrich Anton, 1763–1836, deutscher Turnpädagoge: 194
Vincent, Jo, 1898–1989, niederländische Sopranistin: 76
Vischer, Antoinette, *1909–1973, Schweizer Cembalistin, moderne Musik:* 22
Vivaldi, Antonio, 1687–1741, italienischer Violinist und Komponist: 66, 86, 180, 242, 244
Vogt, Martin, 1781– 1854, elsässischer Organist und Komponist: *EA*
Vötterle, Karl, 1903–1975, deutscher Musikverleger bei Bärenreiter: *EA*
Wagenseil, Georg Christoph, 1715–1777, österreichischer Komponist, Musikpädagoge: 65, 91, 179, 253
Wagner, Otto Koloman, 1841–1918 Wien, Wiener Stadtplaner der *Belle Epoque*: 27
Wagner, Richard, 1813–1883, deutscher Opernkomponist: 28, 56
Walther Johannes, *1937, deutscher Flötist, *Plattenaufnahmen mit Ahlgrimm:* 178
Walther, Johann Gottfried, 1684–1741, deutscher Organist, Musikwissenschaftler: 194, 207
Walter Anton, 1752–1826, deutsch/österreichischer Klavierbauer: *siehe Sachregister*
Weber, Johann Adam, Philologe, 1734, Lateinisch-Deutsches Wörterbuch: *EA*
Webern, Anton, 1883–1945, österreichischer Komponist: 35
Weisbach, Hans, 1885–1961, deutscher Dirigent, *mitwirkend bei den Concerten:* 51, 229, 234
Weiss, Erich, österreichischer Bratschist, *mitwirkend bei den Concerten:* 240, 241
Weiss, Günther, österreichischer Cellist, *mitwirkend bei den Concerten: EA*
Weißenborn, Christoph, um 1713, deutscher Rhetoriker und Pädagoge: *EA*
Weitsch, Friedrich Georg, 1758–1828, deutscher Maler: *EA*
Wellesz, Egon, 1885–1974, österreichisch/britischer Komponist: 26
Weninger, Josef, 1886–1959, österreichischer Anthropologe: 201
Wering, Janny van, 1909–2005, holländische Cembalistin: 22
Werner, Gregor Josef, 1693–1766, österreichischer Komponist: 253
Werckmeister, Andreas, 1645–1706, deutscher Musiktheoretiker, 1691: Temperierte Stimmung: 253

Wieck, Clara, siehe Schumann Clara
Wiedeburg (Wideburg), Michael Johann Friedrich, 1720–1800, deutscher Organist, Musikforscher: *EA*
Wiele, Aimée van de, 1907–1991, belgisch/französische Cembalistin, Komponistin: 22
Wiener Sängerknaben, *mitwirkend bei den Concerten: siehe Sachregister*
Wildgans, Friedrich, 1913–1965, österreichischer Komponist, Klarinettist: 64
Will, Georg Andreas, deutscher Herausgeber, 1755: *Nürnberger Gelehrtenlexicon: EA*
Willet, ev. Willet John [unsicher], 1907–2002, englischer Literaturwissenschaftler, Brecht-Übersetzer: 61, 258
Winkler, Wilhelm, österreichischer Cellist/Gambist, *mitwirkend bei den Concerten*: 237
Wimmer, Luitgard, österreichische Cellistin, *mitwirkend bei den Concerten*: 44, 233 Winiewicz, Lida, österreichische Sopranistin, *mitwirkend bei den Concerten: EA*
Winiewcz, Maria, österreichische Sopranistin, *mitwirkend bei den Concerten*: 243
Wittgenstein, Paul, 1887–1961, österreichischer Pianist: 32
Wlach, Ferdinand, 1902–1956, österreichischer Klarinettist, *mitwirkend bei den Concerten*: 234
Wölffl (Woelfl), Josef Johann Baptist, 1773–1812, deutscher Pianist: 209, 210
Wührer, Friedrich, 1900–1975, deutsch/österreichischer Pianist: 49
Wunderer, Alexander 1877–1955, Oboist, Gründer der Bachgemeinde Wien: 18, 34
Wutzelhofer, Bernardus, 1789–1861, böhmischer Geigenbauer, Prag: 44
Yvelin Etienne, Schweizer Schallplattenproduzent, *Aufnahmen mit Ahlgrimm:* 178
Zechlin, Ruth, 1926–2007, deutsche Komponistin und Cembalistin: 116, 261
Zelter, Carl Friedrich, 1758–1832, deutscher Musikpädagoge, Komponist, Dirigent: 214, 218
Zemlinsky Alexander, 1871–1942, österreichischer Komponist und Dirigent: 26
Zimmer, Hans, österreichischer Violinist, *mitwirkend bei den Concerten*: 239